Gewalt, Medien und Aggressivität bei Schülern

Gewalt, Medien und Aggressivität bei Schülern

von

Rudolf H. Weiß

mit Beiträgen von

Katja Grimm und Winfried Klingler

Hogrefe · Verlag für Psychologie
Göttingen · Bern · Toronto · Seattle

Dr. phil. Rudolf H. Weiß, geb. 1936 in Neustadt a. d. Aisch. 1956-1963 Studium der Psychologie, Philosophie und Pädagogik in Bamberg, München und Würzburg. Danach als Forschungs-Assistent am Psychologischen Institut der Universität Würzburg tätig. 1970 Promotion. Seit 1967 Tätigkeit als Schulpsychologe in Baden-Württemberg, zunächst als Leiter der Bildungsberatungsstelle Schwäbisch Hall und von 1970-1976 in leitender Funktion am Institut für Bildungsplanung und Studieninformation in Stuttgart. 1977-1999 Leitender Psychologe (Studienprofessor) für schulpsychologische Beratung (Bildungsberatung) am Oberschulamt Stuttgart und im Rahmen dieser Tätigkeit u.a. für die Ausbildung der Beratungslehrer und die Fortbildung der Suchtpräventionslehrer zuständig. Zahlreiche Veröffentlichungen zu Testdiagnostik, Rechenschwäche und Medienwirkung.

Die Deutsche Bibliothek - CIP-Einheitsaufnahme

Ein Titeldatensatz für diese Publikation ist bei
Der Deutschen Bibliothek erhältlich.

© by Hogrefe-Verlag, Göttingen • Bern • Toronto • Seattle 2000
Rohnsweg 25, D-37085 Göttingen

http://www.hogrefe.de
Aktuelle Informationen • Weitere Titel zum Thema • Ergänzende Materialien

Umschlagbild: Olgert Lindau, Göttingen
Druck: AZ Druck und Datentechnik GmbH, 87435 Kempten/Allgäu
Printed in Germany
Auf säurefreiem Papier gedruckt

ISBN 3-8017-1247-8

Inhaltsverzeichnis

Teil II: Forschungsergebnisse

Teil III: Intervention

Vorwort

Zum Aufbau des Buches

Das Buch ist so aufgebaut, dass den meisten Abschnitten aktuelle Einzelfall-Beispiele vorangestellt sind. Den wissenschaftlichen Teilen I (Grundlagen) und II (Forschungsergebnisse) werden unmittelbar von den Ergebnisberichten bzw. Analysen ableitbare Konsequenzen und Empfehlungen angeschlossen. Nach den drei Hauptthemen des audio-visuellen Medienbereichs (TV, Video und Computerspiel) erfolgt eine Gesamtzusammenfassung, in der auch der Kontext zu den Gewaltphänomenen hergestellt wird. Teil III enthält zum Thema Intervention mittelbar ableitbare Konsequenzen und darauf aufbauende und in der Praxis erprobte Materialien zur Gewaltprävention und zum Umgang mit den thematisierten audio-visuellen Medien.

Dank

Zunächst bedanke ich mich bei *Frau Dipl.-Psych. Susanne Weidinger* vom Verlag Hogrefe für die kompetente Beratung und Kooperation bei der Planung des Buches und bei der Strukturierung dieser komplexen Materie; sodann bei *Frau Katja Grimm* (Neckarsulm) und *Herrn Winfried Klingler* (Heilbronn) für die beiden Erfahrungsberichte aus ihrer Beratungspraxis und ihr Engagement für neue Lösungsansätze bei der Bewältigung aggressiver schulischer Konflikte. Herrn *Präsident Manfred Hahl* vom Oberschulamt Stuttgart gilt mein besonderer Dank für sein großes Interesse am Thema Gewalt in den Medien und in der Schule und die vielen ermunternden und aufbauenden Gespräche, die meine zwischenzeitlichen resignativen Phasen bewältigen halfen. Ähnliches gilt auch für meine ehemaligen Mitarbeiter beim Oberschulamt, *Herrn Wolfgang Rieck, Herrn Uli Jerg* und *Herrn Traugott Knecht*, sowie für die Kollegen aus der Schulpsychologie, *Herrn Manfred Schmitz* (Esslingen) und *Herrn Dieter Glatzer* (Aalen). Herrn *Dr. Werner Hopf*, München, Schulberater für Oberbayern/Ost, selbstlos und engagiert mit ähnlichen Projekten in seinem Berufsumfeld beschäftigt, danke ich für viele Anregungen, Gespräche, Hinweise, Materialien und den gemeinsamen Workshop beim Schulpsychologen-Kongress 1998 in Halle und die kooperative Behandlung des Themas Medienkonsum und Gewalt beim 4. Psychologentag in Würzburg 1997. *Herrn Dr. Hans Hopf*, Baiersbronn-Osterhof, für den gemeinsamen Vortrag zu ,,Angst-Aggressivität und Horror-Gewalt" bei der Tagung experimentell arbeitender Psychologen (32. TeaP) in Gießen 1991, die anschließende Veröffentlichung in einer Fachzeitschrift und die unzähligen, auch kritischen Auseinandersetzungen mit dieser Thematik.

Meinen beiden Enkelkindern Valeria (8) und Johannes (5) für die Möglichkeit, in die kindliche Welt der Medienrezeption und -verarbeitung hinein zu tauchen und besser zu verstehen, und meiner Frau für das Verständnis zeitweiliger geistiger und physischer Abwesenheit in der Toscana, um in der ländlichen Abgeschiedenheit bei Pienza Analyseergebnisse und Gedanken über Gewalt und Medien zu Papier zu bringen.

Dennoch wäre dieses Buch vielleicht nicht zustande gekommen, wenn mir nicht schon vor fünf Jahren mein Kollege, *Prof. Helmut Lukesch* von der Universität Regensburg, einen entscheidenden Anstoß dazu gegeben hätte. Er war mir auch sehr behilflich bei methodischen Fragen für das Projekt „Von der Gewalt fasziniert" (1990), bei der „Sächsischen Jugendstudie" (1992) und einem ähnlichen Projekt 1992 für Baden-Württemberg. Von diesen Projekten wurden auch Teile in dieses Buch aufgenommen.

In den zehn Jahren von 1989 bis 1998 hatte ich die Gelegenheit wahrgenommen, bei insgesamt neun psychologischen Fachkongressen, darunter allein fünfmal bei den Tagungen experimentell arbeitender Psychologen (TeaP), vor allem Analyseergebnisse zur Medienwirkung, einer breiten wissenschaftlichen Öffentlichkeit vorzustellen und zu diskutieren.

Mit Ausnahme dieser damaligen Projekte von 1989 bis 1992, bei denen recht bescheidene Fördermittel des baden-württembergischen Sozialministeriums und des Kultusministeriums sowie des Kultusministeriums Sachsen bereitgestellt wurden, sind alle mit der Vorbereitung dieser Buchveröffentlichung verbundenen finanziellen Aufwendungen von mir selbst getragen worden. Dem Verlag Hogrefe gilt aber mein besonderer Dank für die Bereitschaft, das Buch verlegerisch zu betreuen.

Wünsche

Ich wünsche mir, dass dieses Werk dazu beiträgt, gewaltsame Konfliktlösungen unter unseren Kindern und Jugendlichen zu vermindern, dass Eltern mit Medien besser umgehen lernen und ihren Kindern Grenzen setzen, dass die Medienmacher und kommerziellen AV-Medienverbreiter in die Pflicht genommen werden und die Verantwortlichen in Wirtschaft und Politik etwas nachdenklicher werden.

Auenwald, den 31. 1. 2000   Dr. Rudolf H. Weiß

0 Einleitung

0.1 Fallbeispiele

0.1.1 Welche Einstellung haben Schüler zur Gewalt?

So wie sich der Suizid eines Schülers zumeist ankündigt, so kündigen sich auch extreme Gewalttaten gegen andere an. Anders als beim heimtückischen Mobbing werden schwere Körperverletzungen oder gar Tötungsabsichten gegen Schüler oder auch Lehrer vorher entweder indirekt, in manchen Fällen aber auch ganz direkt angedroht. So soll es im Falle des 15-jährigen Gymnasiasten aus Meißen gewesen sein, der am 9. November 1999 eine Lehrerin überfallartig vor den anderen Schülern im Klassenzimmer mit einem Messer erstach, so war es auch einige Tage vorher im Falle des 16-jährigen Berufsschülers aus Bad Reichenhall, der seine Bluttat mit fünf Toten und ebenso vielen Schwerverletzten vor Mitschülern einige Tage vorher ankündigte. Nur – diese Ankündigungen wurden nicht ernst genommen, so wie Schüler Suizidandrohungen von Mitschülern nicht ernst nehmen. In gewissem Umfang trifft dies leider auch für Lehrer zu, insbesondere wenn es um Suizidabsichten von Schülern geht, die man oft als Suizid,,drohungen" falsch interpretiert. Sicher ist es nicht leicht, im Trubel des schulischen Tagesgeschehens den Wahrheitsgehalt solcher Drohungen zu überprüfen. Soll man z. B. eine Eintragung eines 17-jährigen Schülers in seinem Tagebuch, das zufällig gefunden wird, für bare Münze nehmen, wenn er darin die Tötung von gehassten Lehrern durch einen Bombenanschlag ankündigt? Soll ein gemobbter Schüler die Drohung von Mitschülern, die ihn erpressen, ernst nehmen, dass sie ihn vor den Zug stoßen werden, wenn er etwas davon ausplaudert? Sicher gibt es ein Vielfaches an Gewaltandrohungen als davon später als Tathandlungen ausgeübt werden, sonst gäbe es ja täglich in unseren Schulen Mord, Totschlag und Selbstmord. Aber grundsätzlich muss ich zunächst jede verbale oder auch schriftliche Androhung ernst nehmen und darauf reagieren. Ich denke die Zeiten sind längst vorbei, wo man noch mit ruhigem Gewissen sagen konnte, gewiss nur ein dummer Jungenstreich oder pubertäres Imponiergehabe, nicht weiter ernst zu nehmen, kein Handlungsbedarf. Die Lage ist ernster und schwieriger für Pädagogen geworden. Deshalb sind auch psychologische Hilfen, z. B. zur Gesprächsführung bei aggressiven Konflikten, in der Schule immer mehr gefragt.

Schulische Gewaltgespräche sind schwierig zu führen und auch zu bewerten. Da hat man es als Berater wegen des zumeist vorliegenden Leidensdrucks beim Klienten schon etwas leichter, wenn etwa ein Schüler (16), der wegen Gewalttätigkeiten schon häufig aufgefallen ist, im Beratungsgespräch bemerkt:

Wenn ich schon nicht gut sein kann, so möchte ich wenigstens bös sein... Mit dem Wissen, dass dies keine außergewöhnlich seltene Einstellung ist, weil eine ähnliche Meinung immerhin 7 % der von uns befragten Gymnasiasten vertreten, kann ich seine Grundeinstellung mit den Worten ergänzen: ,,Damit man dich

1

wahrnimmt." Im weiteren Gesprächsverlauf erfahre ich dann, dass es ihm und den anderen mit der gleichen Meinung an Möglichkeiten zu einer gesunden Ichstärkung fehlte, weil er familiäre und schulische Demütigungen jahrelang hat erdulden müssen. Nahm man ihn nicht ernst genug? Sucht er etwa dafür jetzt eine „Ersatzstärkung"? Ist er deswegen in der Klasse einer der Anführer, der Schwächere terrorisiert, weil sie seine Heavy-Metaltexte bescheuert finden? Ist er deswegen an einer gewalttätigen Streetgang aktiv beteiligt, weil er dort Anerkennung unter Gleichgesinnten findet?

Bössein ist geil, bemerkt ein anderer Schüler (17), der im Ethikunterricht der Oberstufe nach dem Sinn des Lebens gefragt wird. Diese *an sich* grundlose Lust am Bösen, so fragen sich Pädagogen, entspringt diese destruktive Grundhaltung nicht einem *angeborenen männlichen Aggressionstrieb,* wie es die Verhaltensbiologen annehmen, also primär genetisch bedingt, oder resultiert es nicht doch eher aus einem Gefühl von Langeweile oder auch aus mangelndem Unrechtsbewusstsein, also sozialisationsbedingt? Dieser Schüler, der sich voller Lust an Mobbing-Spielen gegen Klassenkameraden beteiligte, macht sich keinerlei Gedanken über die Gefühle seiner Opfer. Mancher Suizidversuch – mir ist auch ein tragischer Suizid mit dieser Symptomatik bekannt – kann durch solche psychischen Verletzungen mit verursacht sein. 8 % der befragten Gymnasiasten, die eine solche Haltung vertreten, können unter ihren Mitschülern ordentlich Unheil anrichten.

Da habe ich einfach aus Lust zugeschlagen – um meine Wut auszulassen, sagt eine Berufsschülerin (16) im Schlichtergespräch einem Beratungslehrer. An einer völlig unbeteiligten Mitschülerin hatte sie ihren Schulfrust körperlich abreagiert, der sich wegen ungerechter Benotung und abwertend-verletzenden Bemerkungen durch einen Lehrer aufgestaut hatte. Sicher setzen es nicht alle der 15 % Schüler in eine entsprechende Handlung um, die auf die Frage, ob sie Spaß an Gewalt haben, Zustimmung bekunden.

In diesen Zusammenhang ist auch die folgende Bemerkung einer Schülerin (15) im vertraulichen Beratungsgespäch einzuordnen:

Wenn ich schlage, fühle ich mich gut, und fügt hinzu, *ich kann mich dann gar nicht mehr erinnern, wie ich zugeschlagen habe – und warum.* Ähnliche lustvolle Gefühlszustände mag wohl auch ein Sadist haben, wenn er andere quält oder sich an Mobbingspielen gegen Kollegen beteiligt. Ein schwieriger und langwieriger therapeutischer Prozess, der hier nötig ist, um eine von Mitgefühl geprägte Einstellungsänderung erfahren zu lernen. Um wieviel schwieriger ist es dann in der Schule, Verhaltensänderungen zu erzielen:

Wenn ein Physiklehrer in seiner 9. Klasse das Thema *antisoziales Schülerverhalten* anspricht und ohne pädagogischen Zeigefinger um Verständnis wirbt: „es sei doch besser sich darüber zu freuen, wenn man jemand hilft, anstatt sich auf Kosten anderer zu freuen" und darauf die ironische Antwort aus der Klasse erhält: „Amen, jetzt hat der Pfarrer gesprochen".... „zum Helfen gebe es ja andere Leute, wie Sozialarbeiter", braucht man sich nicht zu wundern, wenn er sich in Zukunft auf seine physikalischen Experimente beschränkt.

Mir sind als Schulpsychologen in Seminaren mit Schulleitern und Lehrern in letzter Zeit mehrfach auch Fälle bekannt geworden, bei denen es bei den normalen Schulhofraufereien (häufiger Grund: Rivalenkämpfe – Hackordnung in Klasse oder Gruppe), die es schon immer gab, zu ganz brutalen Auseinandersetzungen mit schwersten Körperverletzungen kam, weil der Sieger auf den am Boden liegenden Unterlegenen weiter mit den Füßen eintrat. Dabei handelt es sich um keine Einzelfälle mehr und dies gab es in dieser Form vor 15 Jahren noch nicht. Wenn Farin (1994) in seinem Buch „Die Scharfmacher" meint, da habe es mal *einen* Fall gegeben, der dann von vielen *Scharfmachern* wiederholt und in unzulässiger Weise generalisiert würde, so irrt er sich.

0.1.2 Aktuelle Beispiele von Gewalt, Mobbing und Massaker

Beide hießen Martin. Beide waren 16 Jahre alt und lebten in einer Kleinstadt, der eine in Nord-Württemberg, der andere in Oberbayern. Beide wuchsen in soge-nannten „geordneten" Familienverhältnissen bei Vater und Mutter auf, waren so zu sagen aus „gutem Haus". Der schwäbische Martin war Gymnasiast, der bayerische Martin Berufsschüler. Beiden war gemeinsam – neben der Namens-gleichheit und einer zwei Jahre älteren Schwester – eine gewisse Isolation und beide nahmen sich mit einem Gewehr des Vaters das Leben, der schwäbische Gymnasiast Martin allein auf einem Jägerstand an einem Sonntag Vormittag, der bayerische Schlosserlehrling Martin am Feiertag Allerheiligen gegen Mittag allein im elterlichen Einfamilienhaus, nachdem er vorher drei unbeteiligte Men-schen auf der Straße und seine zwei Jahre ältere Schwester mit einem der Gewehre seines Vaters erschossen und fünf weitere Menschen durch Gewehr-schüsse schwer verletzt hatte. Warum beging der eine Suizid ohne Fremdschädi-gung und warum richtete der andere ein Massaker an, das weit über die Grenzen unseres Landes hinaus Entsetzen und Trauer auslöste?

Warum stelle ich diese beiden Fälle an den Anfang meines Buches über Gewalt, Medien und Aggressivität bei Schülern? Sie begingen beide eine Gewalttat, also eine extreme destruktive aggressive Handlung indem sie töteten. Aber warum tötete der eine erst sich selbst, nachdem er ein Blutbad anrichtete und vier Menschen (es hätten auch noch mehr sein können) mit in den Tod riss und der andere nur sich selbst? Warum hatte dieser z. B. nicht gewartet, bis er einem Spaziergänger begegnete, um diesen vor seiner Selbsttötung noch zu erschießen?

Die Ermittlungsbehörden recherchierten sorgfältig, ob nicht etwa Fremdver-schulden mit beteiligt war, z. B. ob die Eltern einen Waffenschein hatten und die Waffen ordnungsgemäß verwahrt worden waren. In beiden Fällen lag hier kein Verschulden vor. Die beiden Fälle liegen zeitlich nicht weit auseinander (1997 und 1999). Warum war aber in der Öffentlichkeit bei dem Suizid des Gymnasia-sten keine Stimme zu hören, die eine Verschärfung der Waffengesetzgebung forderte, während bei dem Berufsschüler, der das Massaker beging, plötzlich ein Aufschrei durch die Presse ging und alle plötzlich danach schrien? Warum unternahm man bei den Ermittlungsbehörden nicht mehr Anstrengungen, um nach den wahren Motiven des Täters zu forschen? Den Eltern ist wohl kein Vorwurf zu machen, es läge allein in der Persönlichkeit des Schülers begründet, hieß es in einer Presseerklärung lakonisch. Und gegen einen „Amoklauf" sei man machtlos, er käme aus heiterem Himmel.

Über dpa-Meldungen wurden dann reihenweise kompetente Spekulationen verbreitet von Fachleuten, die immer gefragt werden, wenn sich etwas Spektakuläres in der Republik ereignet. So z. B. von Jugendforscher Hurrelmann, Bielefeld, zwei Tage nach dem Massaker (zitiert nach Stuttgarter Nachrichten unter dem Titel „Amoklauf könnte zur Mode werden" vom 4. 11. 1999): Neben dem vermuteten Motiv „Rache an der Umwelt, die ihn missachtete", war da von einer „unbewussten Speicherung der jüngsten Schießereien in US-Schulen" die Rede sowie von „längerer Vernachlässigung und keiner Anerkennung durch Familie und Freunde".[1] Dann übernimmt auch er den Begriff Amoklauf, wie er zuerst von „Bild" als Titelblatt-Schlagzeile verwendet wurde, obwohl der Junge am Fenster stand und ziemlich kaltblütig eine dreiviertel Stunde lang exakt wie auf eine Zielscheibe zielend die Menschen auf der Straße und in fahrenden Autos abknallte. Zitat: „Ein Amoklauf werde schließlich ‚zu einer Inszenierung vor sich selbst, der Familie und einer gedachten Umwelt' nach der Devise ‚Jetzt will ich es euch aber zeigen', erklärte der Jugendforscher."

Meine gedachte Zwischenfrage: Hatten Jugendforscher in den 60er, 70er und 80er Jahren nicht bereits ähnlich argumentiert, wenn es um Erklärung von Jugendgewalt ging? Jugendliche Selbstmorde hatten wir damals ähnlich viele wie heute, aber derartige Massaker und auch andere Gewalttaten mit Fremdschädigung und Tötungsdelikten durch Jugendliche gab es in dieser Zeit zumindest bei uns nicht. Da muss es doch noch etwas anderes als Erklärung geben!

Vielleicht hat sie Christian Pfeiffer parat, der als Kriminologe und Direktor des Kriminologischen Forschungsinstituts Niedersachsen immer wieder, wenn im

---

1   Neben einem Hitlerbild fand die Polizei im Zimmer Naziembleme wie selbst gefertigte Hakenkreuz-Symbole und eine selbst gezeichnete Reichskriegsflagge. Mitglied in einer rechtsradikalen Gruppierung sei er aber nicht gewesen. Der Täter habe sehr zurückgezogen gelebt, hatte wenig Kontakt zur Außenwelt, er sei ein Einzelgänger gewesen. In seinem Zimmer fand man CDs mit Musik mit gewaltverherrlichenden Inhalten sowie Gewaltvideos und Computer-Tötungsspiele.
Von Klassenkameraden wurde er als Waffennarr und Einzelgänger beschrieben; er war ein stiller, zurückgezogener Junge, Sozialkontakte fehlten. Er hatte kaum Erfolgserlebnisse, beim Umgang mit Waffen war er aber toll, er war ein guter Schütze, da konnte er sich profilieren; mit dem Vater machte er Schießübungen im Wald. Von Lehrern wird er als leise und introvertiert beschrieben, von seinen Mitschülern wurde er öfters gehänselt. Einer sagt wörtlich: „Das war einer, der dauernd verarscht worden ist." Ein anderer: „Angeblich soll er auch Fotos mit Naziinhalten in seine Schulhefte geklebt haben." Eine Nachbarin beschrieb ihn aber so: „Das war ein ganz braver und anständiger Bub."
In der Bildzeitung waren folgende Beobachtungen zu lesen (2. 11. 1999): Ein Mitschüler: „Martin war ein großer Waffennarr, er brachte immer Waffenkataloge und Magazine mit in die Schule, ballerte mit Freunden im Wald oft mit einem Gotcha-Gewehr Farbkugeln ab. Nach dem Massaker von Littleton wurde er noch verrückter." Im Juli bekam Martin P. wegen seiner Nazi-Parolen einen Schulverweis – der Vater tobte. Und fast schon mehr als ein Zufall: Der Amokläufer von Bad Reichenhall – seine Vorbilder waren die Attentäter von Littleton (Colorado). Der Lehrling Martin P. schwärmte nach „Bild" für Eric Harris und Dylan Klebold. Für diese beiden rechtsradikalen Schüler, die in einer High-School in Colorado (USA) zwölf Mitschüler und einen Lehrer getötet hatten. „Das war cool", tönte er, „das müsste man auch mal machen." Doch niemand nahm ihn ernst. „Das ist doch bloß ein Spinner", sagten die Mitschüler.

4

Bereich der Jugendkriminalität Erklärungsbedarf entsteht, seine Meinung bundesweit kundtut. Und in der Tat, er äußert sich bereits am folgenden Tag in einem Fernsehinterview über das Massaker: „die Tat sehe für ihn aus, wie die eines isolierten, ohnmächtigen Menschen. Man müsse sich fragen, ob der Junge seine Eltern vielleicht bestrafen wollte" (zitiert aus Stuttgarter Nachrichten vom 3. 11. 1999). Eine etwas enge Erklärung, wenn man die mögliche Bandbreite der heutigen kindlichen Sozialisation betrachtet – und auch nicht mehr an Gehalt wie die Darstellung von Hurrelmann. Bei Pfeiffer wundert es mich nicht, wenn er denkbare Medieneinflüsse ignoriert, hatte er doch erst im Frühjahr 1999 bei der Vorstellung einer Schülerbefragung für Stuttgart am 22. 6. 1999,[2] wo er sich ausführlichst über die Gründe der zunehmenden Jugendkriminalität äußerte, eingestehen müssen, dass er den möglichen Medieneinfluss bei der Ursachenerklärung von Jugendgewalt ausgespart hat – er hatte ihn gar nicht untersucht.

Bestimmt hilft da die Psychologie weiter, dachte ich, und in der Tat äußert sich am selben Tag eine Rechtspsychologin in der Presse, Frau Irmgard, Antonia Rode, Köln. Es geht um die Frage, was für Amokläufer typisch sei: „Diese Menschen sind sehr zurückhaltend und haben große Schwierigkeiten sich mitzuteilen." Frau Rode geht selbst bei einem Amoklauf von einer Frustrationsaggression aus und bezieht auch einen möglichen Medieneinfluss in den Ursachenkontext mit ein, nimmt ihn durch eine Relativierung aber sogleich wieder zurück. Die *psychisch schwer Gestörten* seien äußerst sensibel und reagierten selbst auf kleine Rückschläge mit schwerer Frustration. Die mit der Zeit angestaute Wut entlade sich dann in einem exzessiven Gewaltausbruch, der sich wegen der Verschlossenheit der Täter nicht ankündige. Eine Vorbeugung sei kaum möglich. Rode: „Wir müssen damit leben." Der *Konsum von Gewaltvideos* allein kann nach Meinung der Psychologin eine solche Tat nicht auslösen, diese aber fördern, falls der Täter isoliert lebe. Ein möglicher Hinweis auf einen potentiellen Amokläufer sei ein offenkundiger Hang zu Waffen, wie ihn auch der 16-jährige Martin gezeigt hat.

Nur einer geht mit seiner Erklärung einen deutlichen Schritt weiter: der Vize-Chef der Deutschen Polizeigewerkschaft, Wolfgang Speck, wenn er meint: „Die Beziehung von Kindern zu Waffen hat sich verändert." Durch Fernsehen und Videospiele seien sie sich nicht mehr der Gefahr von Schusswaffen bewusst (zitiert aus Stuttgarter Nachrichten vom 4. 11. 1999 unter der Überschrift: „Nach Reichenhall Ruf nach verschärftem Waffenrecht").

Und der Kommentator in der selben Ausgabe der Stuttgarter Nachrichten, Dieter Hoss, bringt eine noch weitergehende Vermutung zu Papier: „Wo man seine eigene Schwäche nicht mehr eingestehen darf, über Gefühle und Ängste mit niemandem sprechen kann und nirgendwo Bestätigung findet, da kann sich Selbstwertgefühl nur schwer entwickeln. Ein Hang zu Waffen und der intensive

---

2 Pfeiffer, Ch. U. a. (1998): „Gewalterfahrungen und Kriminalitätsfurcht von Schülerinnen und Schülern in Stuttgart." Kriminologisches Forschungsinstitut Niedersachsen e. V., November 1998 (öffentlicher Vortrag am 24. 6. 1999 in Stuttgart/unveröffentlichter Bericht).

Konsum von Gewaltvideos können dann zum Ausdruck des Wunsches nach Anerkennung werden, dem schließlich mit Gewalt Nachdruck verschafft wird." Leider relativiert Hoss im folgenden Abschnitt diese Erkenntnis wieder, indem er von Amokläufern spricht, die nun mal psychisch kranke Menschen seien und keine herangereiften kaltblütigen Killer. Vielmehr seien sie sehr verschlossen und geben vor dem exzessiven Wutausbruch kaum Signale, die auf die sich anbahnende Katastrophe hindeuten. Nach psychologischen Erkenntnissen sei es nahezu unmöglich, einem Amoklauf vorzubeugen. Demnach würde es einen Amoklauf auch nicht verhindern können – was natürlich sinnvoll wäre – ,,Kinder und Jugendliche vor einem unreflektierten Konsum von Gewaltvideos, Horrorfilmen und blutrünstigen Computerspielen zu schützen".[3]

Man macht es sich ein wenig zu leicht, wenn man dieses Massaker einem fast schicksalhaften und damit unabänderlichen Ereignis wie einem ,,Amoklauf" zuschreibt, zumindest ist es ein voreiliger Schluss, denn nach meinen Informationen hat er die Tat Mitschülern gegenüber einige Tage vorher angekündigt.

Symptome einer psychotischen Entwicklung, die eine Erklärung des Massakers von Bad Reichenhall mit einem ,,Amoklauf" begründen würden, liegen nach meinen Erkenntnissen nicht vor. Es kann daher mit einer großen Wahrscheinlichkeit angenommen werden, dass die Tat in einer Art virtuellem, von Medien stark beeinflussten Gewaltrausch ausgeübt wurde. Parallelen zu den fast zeitgleichen Tötungsdelikten, die Anfang November 1999 die Schlagzeilen beherrschten, in Meißen (15-jähriger Gymnasiast, der maskiert seine Lehrerin im Klassenzimmer mit zwei Küchenmessern erstach, hatte seine Tötungsabsicht ebenfalls Mitschülern gegenüber vorher angekündigt und sogar Wetten abgeschlossen, was kein ,,Amokläufer" macht) und Koblenz (Andy B., 19-jähriger ehemaliger Gymnasiast, tötet achtjährige Schwester und seine Eltern) sind erkennbar, da bei allen Taten Gewaltmedienkonsum mit im Spiel war. Unter den drei Tätern konnte man erschreckende Ähnlichkeiten in Persönlichkeit und Medienkonsum ausmachen.

Ich empfehle an dieser Stelle im Buch vorzublättern, und im Abschnitt 3.2.3 über Computerspiele und Gewalt die Beschreibung und Motivanalyse des Falles Sascha F. zu lesen, denn dieser junge Mann sah ähnliche Videos und spielte die gleichen Spiele... Eine Bilanz von Tötungsdelikten unter Medieneinfluss seit 1984 ist im Kapitel 3.2.1 unter b) ,,Einzelfallanalysen" zu finden.

Warum hat es solche Fälle mit extremer destruktiver Aggressivität noch nicht vor 20 oder 15 Jahren bei uns gegeben? Wir hatten doch die gleichen Waffengesetze und Erziehungsdefizite bei den Eltern, vernachlässigte Kinder und solche, die isoliert und ohnmächtig waren und niemals ein aufbauendes Erfolgserlebnis hatten – und dennoch nicht zur Waffe griffen und ein Blutbad anrichteten.

Zurück zum Fall Martin, dem Gymnasiasten, der Suizid ohne Fremdschädigung beging. Er lebte ebenso zurückgezogen mit wenig Kontakt zur Außenwelt, in der Schule gewisse Probleme mit viel Angst verbunden. So fälschte er zweimal die

---

3   ,,Der Albtraum von Reichenhall." Leitartikel von Dieter Hoss in Stuttgarter Nachrichten vom 3. 11. 1999.

Zeugnisunterschrift, aus Angst vor Blamage oder Strafe durch die Eltern. Er war ausgesprochener Liebhaber der Literatur von Steven King, dessen Bücher für die Horrorfilmszene oftmals verfilmt wurden.[4] Das letzte Buch von Steven King, das Martin vor seinem Suizid las, hieß „Stark – The Dark Half", ein ziemlich verwirrender Roman. Dazu war Martin ein Fan der Rockgruppe „Nirwana", deren Sänger sich etwa ein Jahr vor Martins Tod durch Erschießen das Leben genommen hatte. Von diesem und von der Gruppe hingen auch Poster in seinem Zimmer.

Die beiden Martins hatten beide durchaus vergleichbare ähnliche Probleme im persönlichen Umfeld und in ihrer Persönlichkeit. Wo sie sich grundsätzlich unterscheiden, ist ihre Vorliebe für bestimmte Medien. Während der Gymnasiast Martin vorwiegend solche Medien, einschließlich der Musik, konsumierte, die man als *angst- und depressionsstimulierend,* bis hin zu nihilistische Gedanken anregend, bezeichnen kann, sind die Medien des Berufsschülers Martin, soweit es die CDs mit der gewaltverherrlichenden Musik neonazistischer Bands betrifft, eher der Kategorie *aufputschend und Rachephantasien fördernd* zuzuordnen; soweit es den Gewaltvideokonsum und PC-Tötungsspiele[5] betrifft, können stimulierende Wirkungen auf die nach außen gerichteten *destruktiv-aggressiven Impulse* angenommen werden. Vorherrschendes Motiv für diesen Martin war Frustration, verbunden mit Ärger über hänselnde Klassenkameraden, also *Frustrationsaggression*, für den Martin ohne Fremdschädigung, die *angstmotivierte Aggression* mit einer Tendenz zur Selbstschädigung. Im wissenschaftlich-analytischen Teil dieses Buches werden zur Klärung dieser Begriffe anerkannte psychologische Aggressionsmodelle mit erweiterten Erklärungsansätzen und Beispielen dargestellt (siehe hierzu 1. Kapitel).

Im April 1999, kurz nach dem bisher größten Schulmassaker von Littleton (Denver, USA) mit 15 Toten, wurde mir in Interviews mit mehreren Rundfunksendern die Frage gestellt, ob ich mir als Psychologe vorstellen könne, dass so etwas auch bei uns geschieht. Meine Antwort lautete immer „grundsätzlich ja", mit der einzigen Einschränkung, dass die Wahrscheinlichkeit bei uns nur deshalb geringer sei, weil es bei uns ein schärferes Waffengesetz gibt als in den USA. Es dauerte gerade mal fünf Monate, bis sich meine Befürchtung bewahrheitete und wir innerhalb von zehn Tagen (Anfang November 1999) schreckliche und durchaus vergleichbare Bluttaten auch bei uns erfahren mussten. Nur Einzelfälle, nicht generalisierbar? Tatsache ist, dass jugendliche Gewalttäter immer häufiger und schneller zuschlagen. Im folgenden Abschnitt dazu einige statistische Daten.

---

4 z. B. stammt das Drehbuch für den vielerseits bekannten Horror-Film „Friedhof der Kuscheltiere" aus der Feder von Steven King.
5 Lt. „Stern", Nr. 46 vom 11. 11. 1999 werden in einer sorgfältig recherchierten Reportage mit dem Titel „Im Rausch der Gewalt" – Waffen, Videospiele, Hitlerbilder – folgende Medien, die man bei ihm fand, aufgezählt: Lange Zeit sei „Road Rash 3D", ein Motorradrennen und „Toca" ein Autorennen seine Lieblingsspiele gewesen. Dazu einige indizierte Gewaltspiele, wie z. B. „Resident Evil", in dem Zombies getötet werden. Videospiele waren Martins Hobby. Und Zeichnen, wobei er wiederum die Helden aus seinen Spielen zeichnete, wie Super Mario und Lara Croft (Stern, S. 26).

0.2 Kinderdelinquenz, Jugendkriminalität und Gewalt in der Schule

0.2.1 Überblick

Es gibt inzwischen eine Reihe von seriösen kriminalpolizeilichen und psychologischen Untersuchungen, in denen nachgewiesen wurde,

- dass sich die Jugendkriminalität im alten Bundesgebiet mit Schwerpunkt Gewaltkriminalität seit 1984 mehr als verdoppelt hat (+138,5 %; siehe auch Abb. 2),
- dass in Baden-Württemberg im Jahr 1997 die Zahl der tatverdächtigen Kinder bei Gewaltdelikten (u. a. Körperverletzung) um 26,9 % angestiegen ist. Von 1997 auf 1998 gab es eine weitere Steigerung um 13 %. (s. Abb. 1) Die Ursache ist nur zum geringen Teil in einer erhöhten Bereitschaft zu einer Anzeige zu finden,
- dass der Anstieg der Jugendgewalt zu 85 % den Jungen, zu 15 % den Mädchen zuzurechnen ist,
- dass die Täter immer jünger werden, und
- dass in allen Schularten in den letzten fünf Jahren die Gewalthandlungen zugenommen haben. Mindestens jeden zehnten Schüler kann man als ‚gewaltbereit' bezeichnen. Etwa 5 bis 7 % sind zum harten Täterkern zu rechnen. Aber weit mehr als 10 % sind Opfer von Gewalt. Jugendliche suchen sich ihre Opfer meistens unter Gleichaltrigen.

Noch nie sind auch so viele Schüler mit Angst in die Schule gegangen, nicht nur weil sie Angst vor einer Prüfung haben, sondern weil sie Gewalttätigkeiten von Mitschülern befürchten, weil sie einem Erpressungsversuch aus dem Weg gehen wollen oder weil sie einen unangenehmen Gruppendruck nicht mehr ertragen können. Es gibt Schulen, wo bereits mehr als die Hälfte der Schüler „bewaffnet" in die Schule kommt, mit dem Vorwand, man könne sich nur gewaltsam wehren. Nach Pfeiffer (1998) nehmen durchschnittlich 3 % der Schüler des 9. Schuljahres scharfe Waffen mit in die Schule. Die Bereitschaft, Konflikte nur noch gewaltsam zu lösen, hat sich erhöht.

17 % mehr Verfahren mit *rechtsextremistischen und fremdenfeindlichen Straftaten* gab es 1998 im Vergleich zu 1997 (Justizminister Goll, Baden-Württemberg, am 20. 2. 1999, nach Stuttgarter Nachrichten). Weiter heißt es in diesem Bericht: „Bedrohlich ist, dass über die Hälfte davon Jugendliche und Heranwachsende gewesen sind." Zwar sind die rechtsextremistischen Gewalttaten von 1992 bis etwa 1996 insgesamt leicht rückläufig, doch liegen sie noch immer auf einem sehr hohen Niveau. Schwerpunkt der hohen Steigerungsquote sind Straftaten wie *Volksverhetzung* und *Aufstachelung zum Rassenhass*. Bedenklich ist in diesem Zusammenhang auch der starke Zulauf bei rechtsextremistischen Skinheads in Baden-Württemberg, was kürzlich vom Landesamt für Verfassungsschutz mitgeteilt wurde. Wie ich aus Gesprächen mit Eltern, Lehrern und Befragungen von

Schülern weiß, ist die Schule davon in gleicher Weise berührt. Das Spektrum reicht von verbalem Terror, Formen von Nötigung, Schikanieren und körperlichen Attacken, zumeist gegen schwächere Mitschüler. Aus vielen Einzelfällen, bei denen ich beratend beteiligt war, sind die Auswirkungen auf die meist schwächeren Opfer sehr nachhaltig, z. T. führt die Angst vor neuen Angriffen zur Schulverweigerung, zu Schulwechsel und in manchen Fällen auch zu psychotherapeutischen Maßnahmen.

0.2.2 Fakten aus der Kriminalstatistik

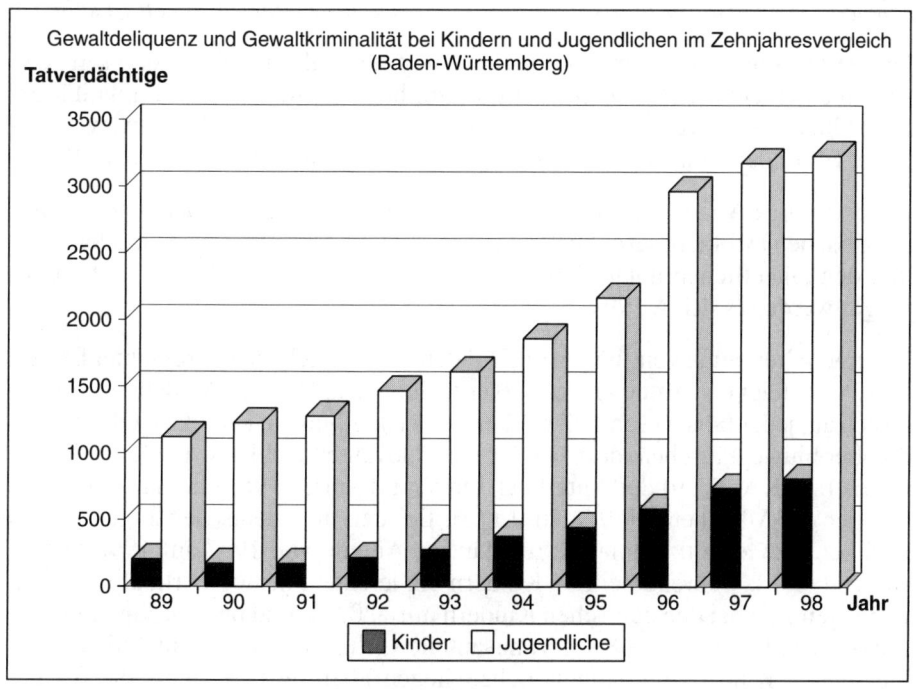

Abbildung 1:
Entwicklung der Gewaltkriminalität bei Kindern und Jugendlichen – Zahl der Tatverdächtigen im Zehnjahresvergleich für Baden-Württemberg (die Daten sind entnommen dem Jahresbericht 1998 des Landeskriminalamtes – LKA-Baden-Württemberg).

Die in Abbildung 1 dargestellten Entwicklungsverläufe für Gewaltkriminalität sind auch bei der Differenzierung nach schwerer Körperverletzung oder Raubdelikten, wie räuberische Erpressung, feststellbar. Auch für Diebstahl aus Warenhäusern, Sachbeschädigung, einfache Körperverletzung gilt dieser negative Entwicklungsverlauf.

Wenn auch die Tatverdächtigenzahlen bei der Gewaltkriminalität gegenüber anderen Delikten relativ gering sind, so geben sie im Hinblick auf die Qualität der unter dem Oberbegriff „Gewaltkriminalität erfassten Delikte dennoch Anlass

9

zur Besorgnis". Im Jahresbericht des Landeskriminalamtes wird außerdem erwähnt, dass die Delikte zur Gewaltkriminalität überwiegend von mehreren gemeinsam begangen werden, dass es sich häufig um Mehrfachtäter handelt, und dass bei den minderjährigen Opfern diese oft aus Angst vor Repressalien keine Anzeige erstatten. Fehlende Anzeige- bzw. Aussagebereitschaft sind zudem ein Indiz für ein „möglicherweise hohes Dunkelfeld in diesem Deliktsbereich" (LKA, 1999, S. 40f.). Wichtig ist folgende Feststellung im LKA-Bericht: *Bei der Bearbeitung von Gewalttaten Minderjähriger wird erkennbar, dass die Anwendung von Gewalt zur Durchsetzung eigener Interessen zunehmend von vielen Kindern und Jugendlichen als völlig legitimes Mittel angesehen wird. Die Hemmschwelle, gewaltsam Konflikte auszutragen, scheint weiter gesunken zu sein.*

Die Verlaufskurve von Kinderdelinquenz und Jugendkriminalität zeigt seit zehn Jahren einen deutlichen Anstieg. Insgesamt hat sich die Gewaltkriminalität bei Jugendlichen etwa verdreifacht, die Gewaltdelinquenz bei Kindern etwa vervierfacht. Besonders stark war der Anstieg bei der Jugendkriminalität seit 1996.

Durchgängige Aussage im Jahresbericht war es, dass die Täter bei allen jugendspezifischen Delikten, sei es bei Sachbeschädigung, Diebstahl aus Warenhäusern, und den eigentlichen unter Gewaltdelikten subsumierten Tatbeständen[6] immer jünger werden (s. LKA 1999, S. 35f.).

Bei einem Vergleich von Jungen und Mädchen zeigt sich ein interessanter Effekt: Seit 1994 steigt der Anteil an der Tatverdächtigenzahl bei den Mädchen kontinuierlich an, jedenfalls wesentlich stärker als bei den Jungen. Dies darf jedoch nicht darüber hinwegtäuschen, dass bei der hier relevanten Deliktsform Gewaltkriminalität (s. LKA, S. 39) der Anteil der Jungen im Jahre 1998 zehnmal so groß ist wie der der Mädchen (90,9 % zu 9,1 %). Bei den nichtdeutschen Jugendlichen sind bei der Gewaltkriminalität rückläufige Anteile von 1997 auf 1998 festzustellen (–9 %), während bei den Kindern ein leichter Anstieg vorliegt (+3,3 %). Hingegen sind bei den deutschen Kindern mit +20,9 % und bei den Jugendlichen mit +11,8 % beträchtliche Steigerungsanteile vorhanden. Bei den nichtdeutschen weiblichen Kindern und Jugendlichen liegen allerdings beträchtliche Steigerungsraten bei der Gewaltkriminalität von +48 % und +41 % vor.

Die starke Zunahme der Gewaltdelikte bei den Kindern und die Tatsache, dass die Täter immer jünger werden, sollte Anlass zur Sorge sein. Dies beklagen auch Wetzels und Pfeiffer (1996, S. 146), von denen mir die BRD-Daten von 1984 bis 1995 (bzw. 1997)[7] vorliegen (s. Abb. 2). Die in den Jahren von 1988 bis 1995 besonders hohen Wachstumsraten bei Kindern und Jugendlichen können nur z. T. auf Veränderung polizeilicher Kontrollstrategien oder einem Wandel des Anzei-

---

6 Unter Gewaltkriminalität werden in der Kriminalstatistik alle Tötungsdelikte inkl. Mord, Vergewaltigung, Raubdelikte, gefährliche und schwere Körperverletzung sowie Körperverletzung mit Todesfolge subsumiert. Nicht jedoch das Delikt Sachbeschädigung und leichte Körperverletzung.

7 Inzwischen werden von Pfeiffer ergänzende Daten für die weitere Gewaltkriminalitätsentwicklung bei Jugendlichen (14–18 Jahre) bis 1997 berichtet (Pfeiffer, 1998). Danach geht die Zunahme, ähnlich wie für Baden-Württemberg aus Abbildung 1 ersichtlich, steil nach oben weiter: Die Tatverdächtigenziffer erreicht für Jugendliche 1996 den Wert von rund 890 und für 1997 einen Wert von rund 980.

geverhaltens zurückgeführt werden. Dies gilt insbesondere für die registrierte Gewaltdelinquenz bei Jugendlichen und Heranwachsenden. „Alle vorliegenden Daten sprechen vielmehr dafür, dass hier ein realer Anstieg zu verzeichnen ist" (Wetzels & Pfeiffer, 1996, S. 147). Als Erklärung werden die veränderten sozialen Lebenslagen junger Menschen angeführt. Ob es dabei vorwiegend um die zunehmende Armut geht, wie es Wetzels und Pfeiffer vermuten, sei dahingestellt. Vergleichsuntersuchungen mit möglichen Effekten anderer bedeutsamer Sozialisationsbedingungen, wie z. B. den Einflüssen durch die veränderte Medienlandschaft und das mediale Konsumverhalten, können allein zur Klärung dieser Frage beitragen. Hierzu sind in den Analyseteilen dieser Veröffentlichung hinreichende Antworten vorhanden.

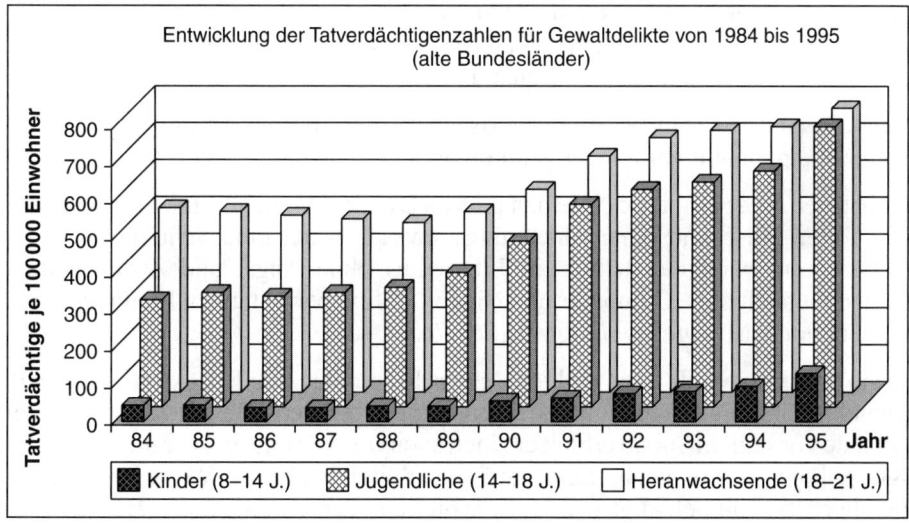

Abbildung 2:
Entwicklung der Gewaltkriminalität bei Kindern und Jugendlichen – Zahl der Tatverdächtigen in den alten Bundesländern im Zeitraum von 1984 bis 1995 (die Daten wurden grafisch ermittelt aus P. Wetzel & C. Pfeiffer: Kindheit und Gewalt, 1996, Abb. 1, S. 147).

0.2.3 Mobbing von Schülern gegen Schüler und gegen Lehrer – Einstellung zur Gewalt – Ergebnisse aktueller Schülerbefragungen

Ich möchte diesem Abschnitt einen Fall voranstellen, der mir in meinem dienstlichen Auftrag sehr naheging, der mich sehr bewegte, weil er zeigt, dass bereits von vielen als harmlos beschriebenes *verbales bzw. schriftliches Mobbing* zu einer Suizidhandlung wesentlich mit beitragen kann.

11

0.2.3.1 Der Fall Markus

Es war keine endogene Depression, die beim 14-jährigen Markus aus einer 8. Gymnasialklasse einer schwäbischen Kleinstadt zum Suizid führte, sondern nach unseren Recherchen war seine Selbsttötung überwiegend ‚exogen' und multikausal bedingt:

- durch das Elternhaus: ängstlich-überbesorgt, was dazu führte, dass Markus starke Angst davor hatte, seine Eltern durch schulisches Versagen zu enttäuschen,
- durch seine Isolation, die innerhalb der Schule durch extrem *aggressive Mitschüler* verstärkt wurde und zu einer persönlichen Abwertung führte,
- durch psychologisch inadäquate Reaktionen seitens einzelner Lehrer (die sehr positive Einstellung und außergewöhnlich große Hilfsbereitschaft besonders eines Lehrers wurde dadurch wieder zunichte gemacht),
- und auch durch die systemischen Bedingungen unseres Bewertungssystems und deren Handhabung in vielen unserer Schulen.

Dies alles führte zu einer extremen Krisensituation, zu einer Art ‚Ichkatastrophe', die er allein nicht mehr bewältigen konnte:

Er hätte eine Lebenspause ohne den ganzen Druck gebraucht. Eine Lebenspause, die voller Muse und ohne Einengung gewesen wäre, eine Schule, die einen Lebensraum beinhaltet hätte, ein Elternhaus ohne Angst und Zwang, einen Freizeitbereich ohne Computer und Video – dafür aber mit guten Freunden, und, last but not least, *eine mobbingfreie Schule.*

Denn Markus wurde von einigen seiner Klassenkameraden extrem „verbal" gemobbt und in die Isolation getrieben, weil er der Schwächere war. Etwa drei Monate vor seinem Suizid erhielt er einen anonymen Brief, der aber nur aus seiner Klasse kommen konnte, in dem er auf zwei Seiten in übelster Weise beschimpft, herabgesetzt und beleidigt wurde. Er gipfelte in der demütigenden Bemerkung, dass er mit Dummheit gestraft sei, dumm geboren und nichts dazu gelernt, und dass seine Intelligenz so niedrig sei, dass er eigentlich gar kein Recht zum Leben habe. Der Beratungslehrer, dem Markus sich anvertraut hatte, versuchte ihm wieder Mut zu machen und ihn trotz allem wieder in die Klasse zu integrieren. Die psychische Verletzung durch den ehrenrührigen anonymen Brief war aber vermutlich so tief, dass letztlich alle Bemühungen vergebens waren. Sie hatte sicherlich an seinem Entschluss, aus dem Leben zu scheiden, mit einen wesentlichen Anteil.

0.2.3.2 Weitere Fallbeispiele

Andere Beispiele für *körperliches Mobbing,* die zwar ohne Suizidfolge waren, jedoch psychische Traumatisierungen bei den Opfern bewirkten, aus meinem beruflichen Erfahrungsbereich stichwortartig: Death-Metal-Schulclique zwängt beim Halt der S-Bahn einen Klassenkameraden, der sich ihnen verweigerte, in den Spalt zwischen Waggon und Bahnsteigkante. Hätte es der Schaffner nicht bemerkt und wäre der Zug abgefahren, hätte dies unweigerlich zum Tod geführt. Angstattacken, Schlafstörungen und Alpträume machten einen weiteren Besuch dieser Schule (Gymnasium) unmöglich. Neben einem Schulwechsel war eine längere medizinische und psychotherapeutische Behandlung erforderlich. Die ergriffenen Maßnahmen erwiesen sich als erfolgreich.

Schulbande aus 9. Hauptschulklasse erpresst von elfjährigem Mitschüler zuerst kleinere, dann größere Geldbeträge. Schüler stiehlt dafür Geld von Mutter, getraut sich aber niemand etwas zu sagen, da sie ihn sonst vor den Zug werfen wollten. Zur Abschreckung schleifen sie ihn so über den Schulhof an den Füßen, dass seine Handrücken bis auf den Knochen durchgeschürft wurden. Er schwänzt eine Woche lang die Schule, bekommt panikartige Angstzustände, bis das Mobbing in der Schule bekannt wird und der Fall auch diziplinarisch behandelt wird.

Eine Mutter beklagt sich bei mir an einem ,,Mobbing-Telefon" des SWR, dass ihr 10-jähriger Junge, der in einer kleinen Landgemeinde die 4. Grundschulklasse besucht, sich nicht mehr in die Schule mit dem Bus fahren getraut, weil er vor einigen Tagen von einem der älteren Schüler aus einer 9. Klasse im Bus gestoßen und getreten und zuletzt mit einem ,,Elektro-Schocker" angegriffen wurde, sodass er einen sehr schmerzhaften Stromstoß erhielt. Die Schulleitung hatte sich für solche Dinge für nicht zuständig erklärt, da sie für die Sicherheit auf dem Schulweg nicht verantwortlich sei, die Eltern sollten sich selbst darum kümmern.

In letzter Zeit häuften sich Fälle mit körperlichem Mobbing durch neonazistische Gruppen vor allem in Gymnasien und Realschulen. So wurde zum Beispiel ein etwas ängstlicher Neuntklässler aus einem Gymnasium von einer Gruppe von Schülern körperlich so bedrängt und terrorisiert, dass er sich nicht mehr in die Schule getraute. Trotz verhaltenstherapeutischer Maßnahmen war er über ein Jahr lang nicht mehr schulbesuchsfähig.

0.2.3.3 Gewalt und Mobbing in der Schule

Was versteht man unter Mobbing? Bei Schülern(innen) heißt das, dass er (sie) *Gewalt ausgesetzt ist, indem er (sie) wiederholt oder über eine längere Zeit den negativen Handlungen eines oder mehrerer Schüler(innen) ausgeliefert ist.*[8]

Negative Handlungen können begangen werden durch:
● Worte – zum einen durch direktes Drohen, Spotten, Herabsetzen, Beschimpfen, zum anderen auch dadurch, dass man über jemand schlecht redet, ohne dass der oder die Betroffene davon was mitbekommt;
● körperlich durch Schlagen, Stoßen, Treten, Kneifen oder Festhalten.

---

8   Zitiert nach Hanewinkel und Knaak (1997).

13

Nicht dazu gehört, wenn zwei Schüler, die körperlich oder seelisch etwa gleich stark sind, miteinander kämpfen oder streiten. Es muss also immer ein Ungleichgewicht der Kräfte vorliegen.

Lehrer(innen) werden von Schülern(innen) auch gemobbt; das heißt, sie fügen ihnen bewusst Schaden zu, indem sie hässliche und unangenehme Dinge sagen und sie schikanieren, so dass diese darunter leiden.

Mobbing unter Lehrern nennt man auch „Tribalismus" (Stammesdenken). Dies war aber nicht Gegenstand meiner Untersuchungen, obwohl die Auswirkungen sehr wohl nachhaltig die Schulatmosphäre beeinflussen können und vorzeitige Pensionierungen nicht selten die Folge sind. Der SWR 3 hat in der Sendereihe „Thema M" mit dem Thema „Kollegen und andere Feinde" dieses Problem 1999 aufgegriffen und dabei auch eine ehemalige Lehrerin zu Wort kommen lassen, die ihren Fall, der ungewollt in einer kurzfristigen psychiatrischen Behandlung und dann in vorzeitiger Pensionierung endete, sehr authentisch darstellte. Sie hat diese Geschichte in einem Buch aufgearbeitet („Zurück zum Leben" von Marianne Baum, 1998).

0.2.3.4 Fakten aus Schülerbefragungen

Nach meinen Schülerbefragungen[9] aus dem Jahre 1998 legitimieren bereits 25 % bis 30 % der befragten 160 Berufsschüler Gewaltanwendung zur Durchsetzung eigener Interessen, unter 210 befragten Neuntklässlern aus allen Schularten waren 25 % Schüler zu finden, welche zustimmende Antworten gaben auf die Frage *Gewaltanwendung ist in Ordnung, wenn ich mich im Recht fühle.*

Hauptprobleme bei Schülern heute sind: Die „Beißhemmung" und die Hemmung, einen Streit gewaltsam auszutragen, ist gesunken und sinkt weiter, die Lust an Grausamkeiten nimmt zu, Bössein ist geil. Die Qualität körperlicher Gewalthandlungen hat sich verändert, z. B. bei Rivalenkämpfen wird der besiegte Gegner noch weiter mit Fußtritten traktiert. In der Lehrerschaft ist man überwiegend überzeugt, dass hierbei ein deutlicher Medieneinfluss offenkundig wird: brutale filmische Auseinandersetzungen werden wie Modell gelernt, internalisiert und in Handeln umgesetzt.

In der folgenden Übersicht werden wenige aber typische Schlüsselfragen zur Einstellung zur Gewalt, zu Gewalterfahrungen und zur Ausübung von Gewalt aus eigenen neuen Untersuchungen synoptisch dargestellt. Wie oft ereignet sich dies im 9. Schuljahr von Hauptschulen, Realschulen und Gymnasien?

---

9 Befragt wurden in der Zeit zwischen Oktober 1998 und Oktober 1999 rund 740 Schüler aus 6. bis 9. Klassen der allgemeinbildenden Schulen und 160 aus einer beruflichen Schule im März 1998. Der Schwerpunkt lag im 8. und 9. Schuljahr. Das Befragungsgebiet erstreckte sich auf Stuttgart und einen Umkreis von rund 50 km. Der eingesetzte Fragebogen ist im Kapitel 6.7.1 beigefügt.

Gewalterfahrungen (,,Opfer")

- 8–14 % (je nach Schule/Schulart) der Schüler wurden schon einmal erpresst,
- 15–20 % schon einmal zusammengeschlagen,
- 20 % – also jeder fünfte Schüler – war schon einmal sog. ,Mobbing-Opfer', dem körperlicher Schaden mit Verletzungen zugefügt wurde. Dies geschah durch Schlagen, Treten oder heftiges Stoßen. Durch Verspotten, herabsetzende Äußerungen und Beschimpfungen wurde noch weiteren Leid zugefügt: verbales Mobbing wird bereits von jedem(r) zweiten Schüler(in) irgendwann einmal erfahren (53 %).
- 5 % der Schüler in 9. Klassen machen ,,Harte und andauernde Gewalterfahrungen" mit körperlichen Attacken. Sie wurden in den letzten 3 Monaten mindestens einmal bis mehrmals wöchentlich körperlich gemobbt.
- Jede(r) 10. Schüler(in) leidet an Isolation. Das sind zumeist solche, die durch Ausgestoßenwerden aus einer Gruppe so geschädigt werden, dass sie in eine schlimme soziale Isolation geraten sind. Daraus entsteht bei manchen eine soziale Schulangst, die in besonderen Fällen bis zu einer Schulverweigerung und sogar Suizidgefährdung führen kann. Diese Schulangst muss nicht mit schlechter Leistung zu tun haben.

Ich kenne einige Fälle von sozialer Isolation mit Verschweigen den Eltern gegenüber oder von offener Schulverweigerung, die auf solche Ängste zurückgehen. Dies kann sich bis zu einer Außenseiterrolle oder Opferrolle während der gesamten Schulzeit aufschaukeln, beim Vorliegen anderer ungünstiger Umstände wie Leistungsversagen, fehlender Anerkennung durch die Eltern oder auch durch die Lehrer, auch zum Suizidversuch führen.

Ausübung von Gewalt (,,Täter")

Zugrunde liegende Motive oder Auslöser einer aggressiven Handlung sind häufig Macht, Lust und Spontanaggression auf Frust.

- 6–7 % der Schüler sind an ,,harten und andauernden Gewalthandlungen" mit körperlichen Attacken gegen andere Schüler beteiligt. Sie waren in den vergangenen drei Monaten mindestens einmal bis mehrmals wöchentlich an Gewalthandlungen (körperliches Mobben) aktiv beteiligt.
- Etwa jede(r) vierte Schüler(in) hält Gewaltanwendung in Ordnung, wenn er (sie) sich im Recht fühlt (22–30 %); Gewalt ist etwas Normales für rund 20 %.

Opfer- und Tätererfahrungen der gleichen Person (,,Opfer-Täter")

Frustrations-Aggression ist dabei das vorherrschende Reaktionsmodell, weniger die Spontanreaktion auf Frust, da sich der Aggressionstypus erst nach längeren, oft jahrelangen leidvollen Opfererfahrungen heraus entwickelt.

- Fast jeder 2. Täter ist in unseren Befragungen als Opfer-Täter zu bezeichnen. Wenn 15–20 % zum engeren Täterkreis gehören, sind etwa 7–8 % zu den

Opfer-Tätern zu rechnen, bei denen in den meisten Fällen längere Opferer-fahrungen vorausgingen. Opfer-Täter agieren jedoch zumeist in einer Clique, die ihnen eine gewisse Sicherheit und Stärke verleiht. In Problemsituationen greifen sie häufiger auf Freunde zurück. Etwa jeder zweite Schüler meint auch, dass er sich in seiner Clique wohl fühlt.

● Aus den Pfadanalysen von Jäger (1998) sind folgende Zusammenhänge bzw. Effekte erwähnenswert:
Opfer-Täter und Täter geben häufiger als andere Gruppen an, zusammen mit ihren Freunden andere zu provozieren, zu verprügeln, Drogen zu nehmen; dazu höherer Konsum an Suchtmitteln, wie Alkohol, Tabak, Ecstasy, Marihuana, Hasch, sowie jugendgefährdende Filme. Insbesondere Horror-, Kriegs- und Pornofilme mit viel Gewalt, und „Verbotenes" zu machen. Opfer-Täter fühlen sich innerhalb des Schulgeländes unsicherer als andere Schüler.
Täter leben häufiger in Familien mit einer alleinerziehenden Mutter. Wie die Opfer und die Opfer-Täter haben die Täter häufig Streit mit ihren Eltern. Überraschend hoch ist dennoch der Anteil von Tätern, die angeben, von den Eltern klare Verhaltensregeln vorgegeben zu bekommen (Jäger, 1998, S. 8).

Differenzierte Ergebnisse eigener Schülerbefragungen zum Thema Gewalt – Zusammenfassung für die vergleichbaren Fragen im Überblick

Tabelle 1:
Differenzierte Ergebnisse eigener Schülerbefragungen zum Thema Gewalt – Zusammenfassung für die vergleichbaren Fragen im Überblick

Neun von 36 Fragen aus dem Schülerfragebogen	Zustimmung (‚stimmt') zu den Fragen in Prozent						
	mehrere Klassenstufen/Schularten im Vergleich					Einzelklassen-vergleich	
(Durchführung von März 1998 bis Februar 1999) (weitere Daten und Analysen siehe Abschnitt 4.2)	Kfm. Schule 1./2. Schj.	HS+RS +Gy 9. Klasse	Gymnasium 6.–9. Klasse	7.–9. Klasse	Gesamt-Band-breite	Hauptschule 9. Klasse	8. Klasse
	N = 163	N = 210	N = 99	N = 168	**N = 640**	N = 22	N = 24
Persönliche Gewalterfahrungen							
Ich bin schon einmal zusammengeschlagen worden.	–	19,0 %	15 %	19,9 %	**15–20 %**	28,6 %	21,7 %
Ich bin schon einmal erpresst worden.	–	8,1 %	14 %	12,2 %	**8–14 %**	9,1 %	25,0 %
Einstellung zur Gewalt (Bereitschaft, Legitimation)							
Ohne Gewalt wäre das Leben viel langweiliger bzw. Ein bisschen Gewalt gehört einfach dazu, um Spaß zu haben.	20,9 %	13,8 %	17 %	12,8 %	**13–21 %**	18,2 %	26,1 %
Ich finde es gut, wenn es Leute gibt, die mit Gewalt für Ordnung sorgen.	20,4 %	39,1 %	34 %	27,8 %	**20–39 %**	9,5 %	50,0 %
Wenn ich zeigen muss, was ich drauf habe, würde ich auch Gewalt anwenden.	9,3 %	14,3 %	17 %	14,2	**9–17 %**	9,5 %	41,7 %

Tabelle 1: Fortsetzung

Neun von 36 Fragen aus dem Schülerfragebogen	Zustimmung („stimmt') zu den Fragen in Prozent					Einzelklassen-vergleich	
	mehrere Klassenstufen/Schularten im Vergleich						
(Durchführung von März 1998 bis Februar 1999)	Kfm. Schule 1./2. Schj.	HS+RS +Gy 9. Klasse	Gymnasium 6.–9. Klasse	7.–9. Klasse	Gesamt-Band-breite	Hauptschule 9. Klasse	8. Klasse
	N = 163	N = 210	N = 99	N = 168	N = 640	N = 22	N = 24
Auge um Auge, Zahn um Zahn, so ist nun mal das Leben.	30,0 %	32,9 %	11 %	7,7 %	8–33 %	0,0 %	29,2 %
Gewaltanwendung ist in Ordnung, wenn ich mich im Recht fühle.	–	27,5 %	30 %	22,2 %	22–30 %	42,9	41,7
Angst Gewalt macht mir Angst.	–	38,1 %	51 %	52,7 %	38–53 %	76,2 %	27,3 %
Clique In meiner Clique fühle ich mich stark.	–	43,3 %	52 %	64,7 %	43–65 %	52,6 %	43,5

Vergleich zwischen Jungen und Mädchen
(differenzierte Tabelle siehe Anhang, S. 295f.)

Zusammenfassung zu den Geschlechtsunterschieden

Gymnasium (9. Klasse):
Mit Ausnahme der Fragen zu verbalem (passivem) Mobbing (Fr. 27), erpresst worden (Fr. 23) und Isolation (Fr. 34) sind zwischen Jungen und Mädchen bei allen anderen Fragen deutliche Unterschiede vorhanden. Einstellung zur Gewalt im Sinne von Gewaltlegitimation und aktive Gewaltanwendung (insbesondere körperlich) ist im Gymnasium eine Domäne der Jungen. Auch bei den körperlichen Gewalterfahrungen liegen die Jungen mit 21 % deutlich vor den Mädchen mit 8 %. Mädchen haben mehr allgemeine Angst vor Gewalt (60 %, Jungen 39 %), Jungen dagegen mehr konkrete Angst (Schulweg Jungen 33 % zu Mädchen 12 %)

Hauptschule (8. + 9. Klasse):
Trotz geringerer Anteile bei Bereitschaft zur und Legitimation von Gewalt, berichten die Mädchen von häufigerer Beteiligung an gelegentlichem Mobbing, und zwar sowohl beim vebalen (55 %) als auch beim körperlichen Mobbing gegen Mitschüler (20 %) als dies bei den Jungen (50 %:13 %) der Fall ist. Auch beim *Mobben von Lehrern* sind Mädchen häufiger beteiligt (35 %:12 %).

● Auch die Einstellung zur Gewalt im Sinne von Gewaltbereitschaft und Gewaltlegitimation zeigt große geschlechtsspezifische Unterschiede: so stimmen die Jungen den Fragen wie „Bössein ist geil" (17 % zu 3 %) oder „Auge um Auge, Zahn um Zahn..." (15 % zu 4 %) oder „Über Gewalt schaffen Jugendliche klare Verhältnisse..." (40 % zu 15 %) dreimal bis fünfmal so häufig zu, als die Mädchen.

Auch bei den Gewalterfahrungen im Sinne von Opfer von Gewalt (erpresst worden: 20 %:13 %, zusammengeschlagen worden: 35 %:14 %) sowie bei der Angst vor Gewalt (allgemein: 68 %:41 %, und konkret, auf Schulweg: 25 %:13 %) sind Mädchen häufiger betroffen als die Hauptschul-Jungen.
Anders ist es bei den „Dauer-Opfern" und „Dauer-Tätern": Länger dauerndes und häufiges Mobbing kommt bei den Mädchen in dieser Hauptschulstichprobe nicht vor.

Vergleich zwischen Gymnasium und Hauptschule:
Es treten interessante gegensätzliche Geschlechtereffekte sowohl bei der einmaligen Gewaltanwendung als auch bei den einmaligen Gewalterfahrungen bei einem Vergleich der beiden Schularten auf. Bei den Bedingungsanalysen muss dieser Erkenntnis Rechnung getragen werden (siehe Abschnitt 4.2).

Die Vergleiche zwischen Mädchen und Jungen beziehen sich auf zwei Gymnasien und zwei Hauptschulen mit den 8./9. Klassen aus Baden-Württemberg.

0.2.3.5 Vergleich mit anderen Untersuchungen

a) national

Die bisher vorliegenden Ergebnisse unserer Schülerbefragungen weichen nur leicht von den publizierten Schülerbefragungen aus Schleswig-Holstein (Hanewinkel & Knaak, 1997) und von der DFG-Studie bei Hessischen Schülern.

Vergleich mit repräsentativen Daten aus Schleswig-Holstein

Bei „harter" Mobbingdefinition liegen für die *Gymnasien* sowohl die Mobbing-Opfer-Anteile (Fr. 35 = 6,5 % für Jungen und Mädchen) als auch die Mobbing-Täter-Anteile (Fr. 36 = 5,5 % für Jungen und Mädchen) nicht weit vom Durchschnitt der für die Schleswig-Holsteinschen Gymnasien ermittelten repräsentativen Werte ab (Opfer = 4,9 %; Täter = 6,5 %), d. h. seit den Herbstferien – seit ca. 3 Monaten – etwa einmal bis mehrmals in der Woche gemobbt worden bzw. beim Mobben mitgemacht. Bei der „weichen" Mobbingdefinition (seit den Herbstferien mehr als zweimal gemobbt) kommt es allerdings in Schleswig-Holstein zu höheren Anteilen sowohl bei den Opfer- als auch bei den Täterfragen (Gymnasium Opfer: 17 % zu 11,5 %; Täter: 19 % zu 13,8 %, s. Abb. 3).

Die Werte für Baden-Württemberg, die sich auf anonyme Befragung von rund 500 Schülern aus 6. bis 9. Klassen beziehen, liegen sowohl für Mobbing-Opfer als auch für Mobbing-Täter insgesamt etwas niedriger als für Schleswig-Holstein. Dies gilt auch bei einer getrennten Berechnung für die Hauptschulen.

Bezüglich „harter" Täter mit häufigen Mobbing-Attacken werden auch von Pfeiffer (1999) ähnliche Werte aus den 9. Klassen aller Schularten berichtet. Man kann deshalb davon ausgehen, dass wir es an unseren Schulen mit einem „harten Täterkern" von 5–9 % der Schüler zu tun haben, die regelmäßig an Gewalthandlungen gegen andere Schüler beteiligt sind. Bezieht man die „Gelegenheitstäter" mit ein, so gehört mindestens jeder sechste Schüler dazu. Genug um sich über die wahren Ursachen Gedanken zu machen und gezielte Gegenmaßnahmen zu ergreifen.

In den Pfadanalysen im Kapitel 4.4.2 wird die Einstellung zu Gewalt und Mobbing im Kontext mit den Effektstärken der Gewaltmedienwirkung und anderer möglicher Bedingungen differenziert analysiert und interpretiert.

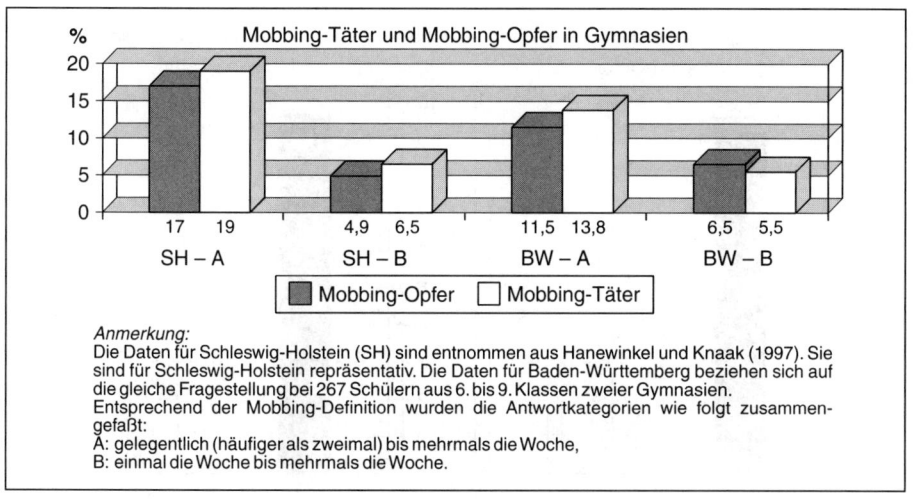

Abbildung 3:
Mobbing-Opfer und Mobbing-Täter in Gymnasien im Vergleich zwischen
Schleswig-Holstein und Baden-Württemberg

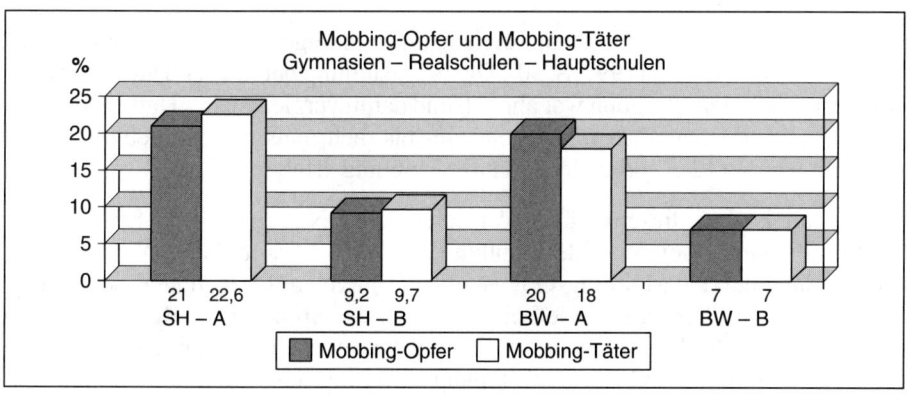

Abbildung 4:
Mobbing-Opfer und Mobbing-Täter im Vergleich zwischen
Schleswig-Holstein und Baden-Württemberg für Gymnasien, Realschulen und Hauptschulen

b)   international

In der folgenden *Grafik* wird ein internationaler Vergleich vorgenommen. Die
Daten für Schleswig-Holstein, England, Japan und Norwegen sind aus Hanewin-
kel et al. (1997) entnommen. Da für diese keine genauen Altersangaben bzw.
Klassenstufen enthalten sind, liefert dieser Vergleich mit den eigenen Daten aus
Baden-Württemberg nur grobe Anhaltspunkte.

19

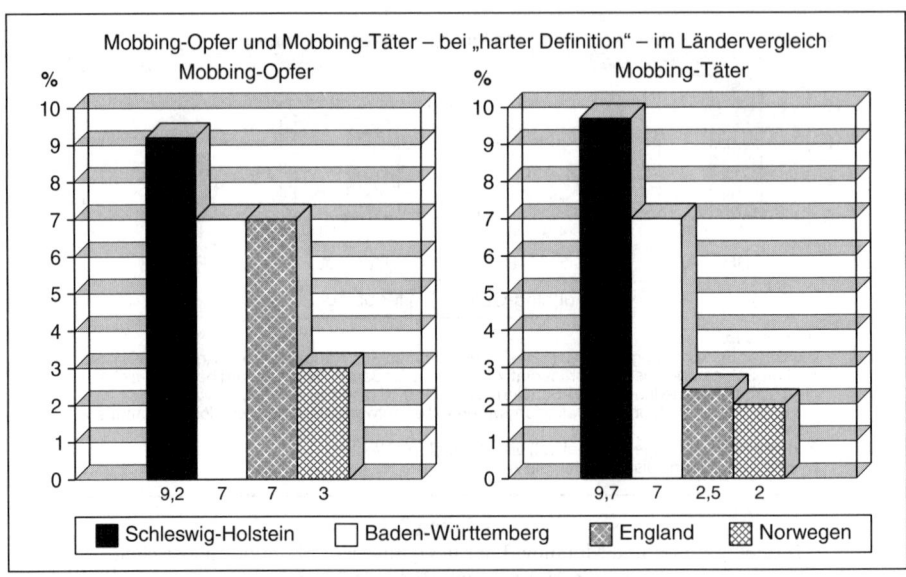

Abbildung 5:
Mobbing-Opfer und Mobbing-Täter bei „harter Definition" im Ländervergleich

Die Daten für Schleswig-Holstein, England und Norwegen wurden entnommen aus Hanewinkel und Knaak (1997, S. 30). Die Fragestellung bei meiner baden-württembergischen Schülerbefragung war ähnlich und damit vergleichbar. „Harte Mobbing-Definition" bedeutete, dass mindestens ein- bis mehrmals wöchentlich körperlich gemobbt wurde (Täter) oder gleich häufig Mobbing erfahren wurde.

Interessant ist bei diesem Ländervergleich, dass Norwegen und England die niedrigsten Werte bei den Tätern hatten (2 % bzw. 2,5 %), Baden-Württemberg und England bei den Mobbing-Opfern mit 7 % gleich auf liegen, und Schleswig-Holstein sowohl bei Tätern wie bei Opfern an der Spitze liegt. Beim Vergleich der „weichen Mobbing-Definition" liegen die anderen Länder wie Norwegen (7,2 %), England (9 %), aber auch Japan (13 %) bei den Täteranteilen niedriger als die deutschen Anteile (Schleswig-Holstein 22,6 % und Baden-Württemberg mit 18 %).

0.3 Schulleiterbefragungen zum Thema Gewalt in der Schule in Baden-Württemberg 1991 und 1994[10]

Trotz der vermuteten hohen Dunkelziffer erbrachte die Wiederholungsbefragung 1994 bei 398 Schulleitern in Baden-Württemberg eine statistisch nachweisbare Steigerung der Gewaltvorkommnisse über alle Schularten. Die höchste Zunahme

---

10 Thiel und Sikorski (1994 und 1995): „Gewalt in der Schule". Landesinstitut für Erziehung und Unterricht, Stuttgart. Zitiert nach Beratungslehrer-Information 1/99 des Landesinstituts, Stuttgart.

verzeichnen mit 7,52 Vorfällen pro 100 Schüler die Förderschulen (S. 67). „Insgesamt hat besonders die Gewalt gegen Mitschüler zugenommen. Die Zuwachsrate beträgt hier im Schnitt 0,96 Vorfälle pro 100 Schüler. Die damit verbundenen Körperverletzungen werden 1994 zu 89,3 % als ‚leicht‘, zu 10,7 % als ‚schwer‘ eingestuft." „Nach subjektiver Einschätzung der Schulleiter (qualitativ) kann bei ca. 43 % der Schulen eine Zunahme von Gewaltdelikten festgestellt werden. Nimmt man dagegen die von den Schulleitern angegebenen Zahlen zum Maßstab (quantitativ), so sind ca. 60 % der Schulen von einer Gewaltzunahme betroffen."

Bei der „Entwicklung der Gewaltbereitschaft" hat bei einer differenzierten Betrachtungsweise insbesondere die „Verbale Gewalt" zugenommen. Darüber hinaus berichten die Schulleiter davon, dass besonders Disziplinlosigkeiten und Missachtungen von Regeln deutlich zunehmen" (S. 69). Bei der Verbreitung der einzelnen Deliktsformen steht wieder an erster Stelle die „Verbale Gewalt", an zweiter Stelle die „Physische Gewalt, und an dritter Stelle die „Sachbeschädigungen der leichteren Form".

Die Schulleiter zeichnen zudem ein eher negatives Bild von der heutigen Schülergeneration: u. a. wird der durchschnittliche Schüler als eine „materiell eingestellte und narzistische Persönlichkeit, die sich durch Reizhunger auszeichnet und deren Lebensrhythmus von Schnelllebigkeit und Sucht nach Abwechslung gekennzeichnet ist" beschrieben. Er halte sich zudem weniger an Regeln und interessiere sich hauptsächlich für seine Belange und sein Vergnügen (S. 70). Die Beschreibung der jetzigen Schülergeneration durch die Schulleiter lässt quer durch alle Schularten das Bild einer „Zapping-Generation" entstehen.

Die pädagogische Situation an den Schulen habe sich gegenüber früher verschlechtert. Dies gilt auch für kleinere Schulen in „dörflicher und kleinstädtischer Umgebung (Stichwort „Heile Welt in der kleinen Schule"), wo relativ hohe Zuwachsraten bei den verschiedenen Gewaltformen zu verzeichnen waren" (S. 79).

Als Ursachen für das gewalttätige Verhalten von Kindern und Jugendlichen werden von den Schulleitern am häufigsten genannt: „Familiäre Entwurzelung, gewaltverherrlichende Filme, Musik und Computerspiele, Erosion des Rechts- und Unrechtsbewusstseins und schulische Überforderung" (S. 71).

Als pägagogische Maßnahmen werden u. a. gefordert, dass in der Schule konsequenter als bisher dafür gesorgt werden muss, dass sich Hemmfaktoren gegenüber gewalttätigem Verhalten aufbauen können. Viele Schulleiter meinen allerdings, dass die Schule dies heute nicht mehr allein leisten kann und dabei Unterstützung braucht, z. B. durch Schulsozialarbeit und verstärkte Lehrerfortbildung, um im Umgang mit „aggressiv getönten Situationsmerkmalen besonders geschult zu werden". Vermittlung medienkritischen Denkens ist für den überwiegenden Teil der Schulleiter eine vordringliche Aufgabe der Schule, weil das Elternhaus als „medienkritische Instanz" häufig ausfällt. Dies gilt auch im Hinblick auf Korrektur bestimmter Werte- und Normensysteme (S. 75). Von der großen Mehrheit der Schulleiter wird es jedoch verneint, ob die Schule dies auch leisten kann (S. 81).

Die Situation hat sich seit dieser Wiederholungsbefragung 1994 sicher nicht verbessert, vielmehr ist nach den berichteten Daten des Landeskriminalamtes Baden-Württemberg bis 1999 von einer weiteren Verschlechterung der Situation an unseren Schulen auszugehen.

0.4 Die Rolle der Medien im Ursachenkontext von Jugendgewalt

Erzieher sind neben den Eltern und Lehrern heute auch die Medien. Wenn man vor 15 Jahren noch sagen konnte, *,,Zerstörung ist die Kreativität des Hoffnungslosen"* (*E. Fromm*), so kann man heute hinzufügen, *,,Zerstörung ist auch die unheimliche Macht der Medien"*. Perspektivelosigkeit und Gewaltmedien muss man heute in einem Atemzug nennen. Mich erstaunt immer wieder, wenn manche Politiker ausschließlich Arbeitslosigkeit und ökonomische Situation als Ursache von Jugendgewalt ansehen und Erziehungswissenschaftler oder Entwicklungspsychologen immer noch längst überholte und antiquierte Modelle zuhilfe nehmen, wenn es um die Ursachenerklärung von Aggressivität geht, indem man diese allein als Haupteffekt aus Frustration und Ärger definiert.

Die Bereitschaft, eigene Interessen auch durch Anwendung von körperlicher Gewalt durchzusetzen, steigt im gleichen Umfang wie der Gewaltmedienkonsum an.[11]

Emotionale Abstumpfung, Gefühllosigkeit, herabgesetzte Hemmschwelle gegenüber Gewaltanwendung, verminderte Affektkontrolle und fehlende Kritikfähigkeit machen solche Jugendliche anfällig für geistlose politische Parolen und Propaganda. Wegen ihrer leichten Manipulierbarkeit können sie auch zu Gewalttaten instrumentalisiert werden.

Für Baden-Württemberg kann man von etwa 15 % der männlichen Jugendlichen ausgehen, die in dieser Hinsicht gefährdet sind. In Sachsen sind es gut 10 % mehr. Bei Jugendlichen ist nicht nur die fehlende Lehrstelle oder die Arbeitslosigkeit als alleinige Ursachenerklärung für die Zunahme rechtsextremistischer Ausschreitungen oder Gewalttaten heranzuziehen, sondern mindestens im gleichen Ausmaße auch das mediale Gewaltangebot.

Es gibt gesellschaftlich einflussreiche Kräfte, die ein professionelles Interesse daran haben, dass zwischen Jugendgewalt und Medienkonsum kein Zusammenhang besteht. So setzen sie alles daran, dieses Bild in der breiten Öffentlichkeit zu stärken. Die Bandbreite reicht dabei von eigenen Presseorganen bis hinein in bestimmte Wissenschaftskreise. Mir sind unser Land, unsere Kinder und Jugend-

---

11 Gerade diese Risikogruppe von Gewaltmedien-Nutzern stellte sich in meinen Studien als besonders anfällig für rechtsextremistische Beeinflussung heraus (Weiß 1998).

lichen so viel Wert, um diesen professionellen Geschäftemachern mit Gewalt, auf die Finger zu sehen und ein wenig ins „Handwerk zu pfuschen".

In den folgenden Kapiteln werden deshalb zunächst objektive Fakten zusammengetragen zum Nutzungsverhalten und den Rezeptionsgewohnheiten von Kindern und Jugendlichen für die am meisten benutzten Medien wie Fernsehen, Video und Computerspiele, in einem Abschnitt über „Das Geschäft mit der Gewalt" werde ich versuchen, gesellschaftliche Zusammenhänge transparent zu machen.

Teil I

Grundlagen

1 Determinanten von Aggression und Aggressionsmodelle

1.1 Determinanten destruktiver Aggressivität

Erklärungsmodelle der Psychologie zu den Entstehungsbedingungen und -prozessen von Aggressionen sind sehr zahlreich. Neben rein phänomenologischen Beschreibungen der Erscheinungsformen aggressiven Verhaltens, wie wir sie etwa bei Petermann (1994) finden, gehen wohl die meisten Psychologen, die sich wissenschaftlich mit diesem Thema beschäftigen davon aus, dass es sich bei Aggressionen überwiegend um gelerntes Verhalten handelt. Der Streit um die genetischen Anteile von Aggressionen wurde eher außerhalb der Psychologie bei den Verhaltensbiologen (z. B. Eibl-Eibesfeldt, 1967) geführt. Dies spielt bei meiner Absicht, Erklärungsmodelle für beobachtete Veränderungen im Verhalten von Schülern darzustellen bzw. zu entwickeln, nur eine untergeordnete Rolle, denn in diesem Kontext sind die Erbanteile zu vernachlässigen, da sich in einem Zeitraum von 20 Jahren kaum Mutationen oder größere Sprünge ereignen dürften. Es ist eher eine statische Größe, etwa bei der Erklärung der Unterschiede im aggressiven Verhalten zwischen Jungen und Mädchen. Darauf werde ich weiter unten kurz eingehen.

Worauf es mir in diesem Abschnitt ankommt ist, eine Verbindung herzustellen zwischen wissenschaftlich weitgehend akzeptierten Aggressionstheorien der Psychologie und neueren Erkenntnissen über Veränderungen in den Sozialisationsbedingungen, unter denen Kinder heute aufwachsen. Sozialisation wird dabei vor allem unter dem zeitlichen Verlauf in der Entwicklungsgeschichte eines Kindes gesehen, d. h. die Zeitdauer, wärend der ein Kind einem bestimmten Einfluss z. B. von *Bezugspersonen* unterliegt, ist wichtig für seine Entwicklung. Dabei steht an erster Stelle die Familie, bzw. die Person, die sorgeberechtigt ist, an zweiter Stelle der Bereich außerhalb der Familie, Kindergarten, Schule, außerhäusliche Bezugspersonen, wie Bekannte, Verwandte, Freunde oder Clique und schließlich weitere Einflussgrößen wie Medien, die das Kind je nach kognitivem und emotionalem Entwicklungsstand mehr oder weniger bewusst wahrnehmen kann und durch die es beeinflusst werden kann. Über die Rangreihe der Einflussgrößen nach ihrer zeitlichen Extensivität und inhaltlichen Intensität sollen neuere Erkenntnisse beigetragen werden. Wichtig könnte auch sein, in wieweit weitere mittelbar wirkende Bedingungen, wie z. B. Arbeitslosigkeit der Eltern, sozio-ökonomischer Status oder vermeintliche Bedrohungen der Lebensperspektive durch andere Personen, z. B. aus anderer ethnischer Herkunft, sich auf das Verhalten von Schülern auswirken könnten.

Da wir es nach dieser Darstellung in der Regel mit mehreren Einflussgrößen zu tun haben, die wahrscheinlich in einem Bedingungsgeflecht zueinander stehen, sich wechselseitig beeinflussen und unterschiedliche Effektstärken aufweisen, wird eine einseitige und momokausale Betrachtungsweise von vornherein ausgeschlossen. Die Analysemethoden dürfen sich deshalb nicht auf einfache Häufigkeits- oder Prozentvergleiche beschränken – auch wenn diese mit statistischen Signifikanzberechnungen und im sukzessiven Filterverfahren wie bei Pfeiffer (1999) erfolgen – sondern auf mehrdimensionale komplexe Verfahren, mit Hilfe derer die Effektrichtung und die Effektstärke mit dem Haupteffekt auf ein bestimmtes Verhalten (hier: destruktive Aggressivität oder delinquentes Verhalten von Kindern) bestimmt werden können (s. Kleiter, 1997). Dies kann ausschließlich durch hypothesengeleitete Pfadanalysen geschehen. Erstmals wurde eine solche Vorgehensweise von R. Klockhaus und B. Habermann-Morbey (1986) mit einer vergleichbaren Fragestellung erfolgreich praktiziert (‚Psychologie des Schulvandalismus‘).

Wir können davon ausgehen, dass die Jugendkriminalität, insbesondere die Gewaltkriminalität, seit Mitte der 80er Jahre stark zugenommen hat. Die Täter werden nachweislich auch immer jünger. Das Delinquenzverhalten der Kinder hat ebenfalls stark zugenommen.

Was hat sich bei den Determinanten von Aggression und Gewalt in diesem Zeitraum sichtbar verändert?

- *Familie:* Stetige Zunahme der Scheidungsquoten auf einen jährlichen Höchststand im Jahre 1998. Nach Angaben des Statistischen Bundesamtes wurde im Jahre 1998 die Rekordzahl von 192 438 Scheidungen in Deutschland erzielt. Entsprechend stark ist auch die Zahl der sog. Scheidungswaisen angestiegen. Jährlich sind es derzeit schon mehr als 150 000 Kinder, die nur von einem Elternteil versorgt bzw. hauptsächlich erzogen werden. Auf einen Jahrgang bezogen handelt es sich dabei um ca. 18 % der Kinder. Man kann also feststellen, dass fast jedes fünfte Kind aus einer unvollständigen Familie kommt.
- *Gesellschaftliche Bedingungen:* Anstieg der *Arbeitslosigkeit*, in Baden-Württemberg aber erst bedeutsam seit 1992. Bis dorthin fast konstant bei rund 4 %, dann Anstieg auf 7–8 %. Sachsen etwa doppelt so viele.
- *Schule:* in Baden-Württemberg hat sich Situation, gemessen an der Lehrerversorgung, eher verbessert, jedenfalls nicht verschlechtert. Verbesserung der Kindergartensituation durch neue Auflagen für die Kommunen zur Schaffung von Kindergartenplätzen. In Sachsen herrschten zum Zeitpunkt meiner Schülerbefragung 1992 weitgehend noch die alten schulischen Bedingungen (z. B. gab es noch die ‚Polytechnische Oberschule‘ aus DDR-Zeiten) sowie zumindest bis 1991 noch viele sog. Kinderhorte.
- *Freizeitangebote für Kinder und Jugendliche:* Leichte Verbesserung in Baden-Württemberg durch Zunahme der Jugendzentren und vereinsgebundener Freizeitangebote (insbesondere für Sport). Sachsen seit 1992 Verschlechterung der Situation.
- *Medien:* Starke Zunahme des Programmangebots im AV-Medienbereich durch rasanten Anstieg der privaten TV-Anstalten; dadurch auch Zunahme

an Gewaltfilmen. Höchststand war 1996 mit rund 190 von der Bundesprüfstelle indizierten jugendgefährdenden Filmen. Zunahme der Videogeräte in den Haushalten (bis 80 % heute), Zunahme der eigenen Fernsehgeräte bei Kindern (auf 50 %) mit Veränderung des Rezeptionsverhaltens (Anstieg der Verweildauer auf rund drei Stunden bei Kindern, starker Anstieg der Zahl der Vielseher). Zunahme der PC-Ausstattung in den Haushalten mit weiter Verbreitung von gewalthaltigen sowie rassistischen-neonazistischen Computerspielen und CDs. In letzter Zeit zunehmend Versorgung über Internet.

• *Resümierend* kann man feststellen, dass sich für Baden-Württemberg, auf das sich meine letzten Schülerbefragungen zentrierten, nur im Bereich Familienstruktur und Medien stärkere Veränderungen beobachten ließen, bei Arbeitslosigkeit seit 1992 lediglich bei +3–4 % der Familien.

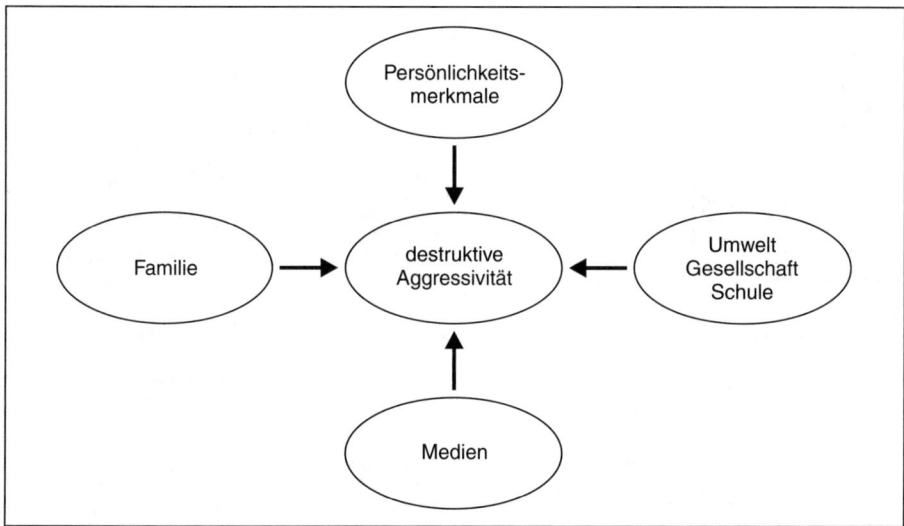

Abbildung 1.1:
Determinantenschema der destruktiven Aggressivität – vereinfachte schematische Darstellung –

Tabelle 1.1:
Determinanten destruktiver Aggressivität und Gewalt bei Schülern
– Übersicht zu den Einzeleffekten –

Persönlichkeit	Familie	Umwelt	Medien
geringe Frustrationstoleranz	repressiver, gefühlsarmer Erziehungsstil	**Gruppenerfahrung:** Peer-Group/Clique „Streetgangs"	destruktive aggressive Modelle in TV, Video, PC-Spiel, Konditionierung, Gewöhnung und Modelllernen
geringe Stabilität und Belastbarkeit	Eltern als destruktives aggressives Modell	Gruppennormen, destruktive Gruppenziele	Tätermodelle mit Identifikationsprozessen

Tabelle 1.1: Fortsetzung

Persönlichkeit	Familie	Umwelt	Medien
Stimmungslabilität	Familienkonstellation (z. B. Brokenhome-Situation, alleinerziehender Elternteil)	**Schule:** Misserfolgserlebnisse, keine Anerkennung, aggressive Lehrpersonen, Notendruck, Überforderung, Schulatmosphäre, schulisches ‚Umfeld‘	Realitätsüberzeugung beim Medienkonsum, Vermischung von fiktionaler und realer Welt
reduzierte Affektkontrolle bis zu fehlender Affektsteuerung, Unfähigkeit, Kompromisse einzugehen	vaterlose Jungen, fehlendes Erleben von Männlichkeit, ‚Junge (S)ucht Männlichkeit‘		Eltern als Negativ-Modell beim Medienkonsum: Sie konsumieren selbst extreme Gewaltfilme – Horror/Gewalt und Porno/Sex
Triebhaftigkeit, Impulsivität, spontanes Handeln, verminderte kognitive Steuerung	schlagende Eltern	**Gesellschaft:** schlechte Rahmenbedingungen, starkes ökonomisches Gefälle, Arbeitslosigkeit und fehlende Berufsperspektiven	Medienanbieter: ‚Das Geschäft mit der Gewalt‘, aggressive Werbung, jugendgefährdende Filme im Spätabendprogramm
geringes Selbstkonzept, geringe Ichstärke, ängstlich und unsicher im Umgang mit anderen, soziale Angst, übersensibel gegenüber Bedrohung	keine Grenzen setzen, Laissez-Faire-Haltung in der Erziehung	politische Bedingungen, Politikverdrossenheit, extremistische und gewalttätige politische Gruppierungen, keine sinnvollen Freizeitangebote	unbegrenzte Zugangsmöglichkeiten zu Fernsehen, Video, Computerspiel und Internet auch für Minderjährige
unkontrollierte archaische Affekte (Gier, Neid, Hass, Wut)	sozio-ökonomischer Status, soziale Benachteiligung	religiöser Fanatismus, ethnische Konflikte	Multimedia im Kinderzimmer, Isolation durch mediales Überangebot, Fremdbestimmung durch Bilder aus zweiter Hand (Fremdbilder)
unverarbeitete traumatische Ereignisse in der Vergangenheit, unbewusste Konflikte, illusionäre Größenfantasien, aggressive Vergeltungsfantasien, Schuldangst	ethnische Herkunft	materialistisches Konkurrenz-Denken in Wirtschaft und gesellschaftlichen Bereichen	
	naiver Umgang mit Medien, Fernseher als ‚Baby-Sitter‘ und ‚Einschlafhilfe‘	fehlende Zukunftsperspektive, Orientierungslosigkeit, Hoffnungslosigkeit, keine attraktiven Ziele und Aufgaben, Langeweile, Werteverlust	aus Bildern werden Vorbilder ⇒ *aggressive Konfliktlösung*, eigene Phantasiebilder werden eingeschränkt, in besonderen Fällen ‚Realitätsdurchbruch‘ möglich
Borderline-Syndrom, psychotische Erkrankung			

Versagermentalität, übersteigertes Bedürfnis nach Beachtung	Gewalt bzw. destruktives aggressives Handeln wird in den meisten Fällen nicht durch einen einzelnen relevanten Effekt ausgelöst, sondern durch ein Bündel von Bedingungen. Z. B. hat ein Schüler mit geringer Affektsteuerung, einem übersteigerten Anerkennungsbedürfnis (⇒ *Persönlichkeit*), gefühlsarmen und autoritär-dirigistischen Eltern, die u. U. Schlagen als Erziehungsmittel anwenden (⇒ *Familie*), bei fehlender Zukunftsperspektive und Langeweile (⇒ *Umwelt/Gesellschaft*) und schulischen Misserfolgen (⇒ *Umwelt/ Schule*) vor allem dann eine hohe Delinquenzprognose zu erwarten, wenn noch ein exzessiver Gewaltmedienkonsum (z. B. Horror-Gewalt-Filme, PC-Ballerspiele) mit gewaltstimulierenden Identifikationsprozessen (⇒ *Medien*) hinzukommt. Umgekehrt kann dieser Medienkonsum aber auch einen auslösenden Effekt darstellen, wenn durch ihn z. B. aggressive Vergeltungsphantasien, gewaltsame Konfliktlösungsstrategien oder antisoziales Verhalten gelernt wurden (siehe Modelldarstellung unter 1.21.c).
genetische Disposition, ADS mit Hyperaktivität, oft mit unkontrolliertem, vermeintlich aggressivem Bewegungsdrang	
geschlechtsspezifische Einstellung	
‚Täter-Typen‘, ‚Opfer-Täter-Typen‘	

Aufgrund epochaler Veränderungen im Bereich von Familienstruktur und Medien dürften die bedeutsamsten Effekte für destruktive Aggressivität aus diesen Determinantenbereichen zu erwarten sein. Welche Prozesse dabei wirksam sind, soll im folgenden dargestellt werden. Dabei orientiere ich mich an den Hauptrichtungen der Psychologie, nämlich der Verhaltenspsychologie (Behaviorismus), der kognitiven Psychologie und der Tiefenpsychologie.

1.2 Psychologische Aggressionsmodelle

1.2.1 Behavioristische-lernpsychologische Modelle

Als klassisches behavioristisches Modell ist die Frustrations-Aggressionstheorie von Dollard, Miller u. a. anzusehen.

**a) Klassisches behavioristisches Modell
nach der „Frustrations-Aggressionstheorie"** (Dollard, Miller u. a.)

Das Frustrations-Aggressionsmodell ist wohl das bekannteste Modell zur Aggressionsgenese aus der Blütezeit des Behaviorismus, bei dem ein direkter Zusammenhang zwischen Frustration und Aggression im Sinne eines ‚Wenn-Dann-Mechanismus' postuliert wird. Das Ereignis mit Stimulus und Response verläuft nahezu automatisch. Das Auftreten einer Aggressionshandlung hängt aber nach Dollard et al. (1939, 1971) auch noch wesentlich von der Stärke des Frustrationsereignisses und der Antizipation einer Strafe ab. Da es jedoch sehr allgemein definiert ist, und Erkenntnisse der kognitiven Psychologie (unter Einbeziehung von Affekt- und Emotionsbereich) in der Folgezeit das Wissen erweiterten, musste es fast zwangsläufig elaboriert und ergänzt werden. Als wesentliche Erweiterung des Grundmodells wurden weitere Wahlmöglichkeiten auf ein Frustrationsereignis eingeführt, wie Regression (von Barker, Lewin u. a., 1941), Bandura et al. (1963) ergänzte es durch weitere Möglichkeiten der Wahl von Verhaltensalternativen, wie Abhängigkeitsverhalten, Rückzug, Apathie, Somatisierung, Autismus oder konstruktive Situationsbewältigung (zitiert nach Kleitter, 1997, S. 558). Von Buss (1961) wurde die Zielgerichtetheit der Aggression im Sinne eines bewusst ablaufenden Wenn-Dann-Mechanismus sowie einer bewussten Absicht zur Verletzung infrage gestellt, indem er zusätzliche interessante Bedingungen, unter denen Frustration zur Aggression führt, als zwingend plausibel einführte: der *instrumentelle Wert einer Aggression* (begündet in der Art der Person, heute würden wir sagen die Art des Opferverhaltens sowie der *Belohnung*, die dann eintreten kann, wenn in einer aggressiven Handlung ein schädigender Reiz extern verstärkt wird, z. B. durch Nahrung, Sex, Geld, Beifall, Dominanz) sowie die *Frustrationstoleranz.* Das erweiterte Modell von Buss ist insofern interessant, als es auch den Begriff der *pro-sozialen Aggression* enthält. Auch der später in einer Modellerweiterung eingeführte Schlüssel-Begriff *Ärger* ist bereits bei Buss zu finden (nach Kleitter, 1997).

b) Elaboriertes und erweitertes Modell
nach der „Frustrations-Aggressionstheorie"

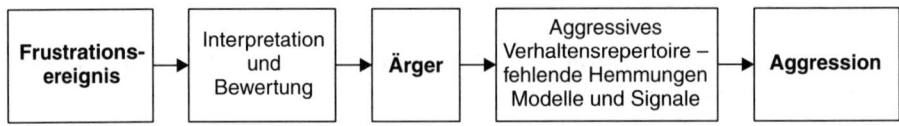

Die entscheidende Frage ist hier, wie und wie stark muß der Ärger, der bei einem Frustrationereignis entsteht, sein, dass er sich in einer schädigenden aggressiven Handlung auf den Frustrator richtet, oder noch weiter gefragt, muss es überhaupt einen Frustrator geben und genügen auch fiktive Frustrationen oder ein innerer Zustand oder Antrieb? Wie müssen Modelle beschaffen sein und agieren, dass sie verhaltenswirksam für den Aggressor werden? Es bleiben auch in diesem Modell eine ganze Reihe von Fragen offen.

Bei dieser erweiterten Modelldarstellung fehlen vor allem folgende wesentliche Aspekte: *Wie entsteht das aggressive Verhaltensrepertoire, woher kommen die fehlenden Hemmungen und welche Modelle und Signale sind relevant?* Schlüssige Anworten darauf werden von sozial- bzw. entwicklungspsychologischer Seite nicht gegeben, sie liegen aber nach den Erkenntnissen der Lernpsychologie und der Motivationsforschung seit langem vor (siehe sozial-kognitive Lerntheorie von Bandura et al., 1963, ergänzt von Bandura, 1973, sowie kognitive Motivationstheorie der Aggression von Kornadt, 1982), und auch die Medienpsychologie hat durch vielfältige Untersuchungen zur Medienwirkungsforschung entscheidende Erkenntnisse zur Entstehung von Aggression bzw. Gewalt beigetragen. Aus diesen Befunden – inklusive eigener Ergebnisse zur Wirkungsforschung – habe ich folgendes erweiterte Modell für die Frustrations-Aggression entwickelt:

c) Erweitertes Modell aus lernpsychologischen Erkenntnissen
und der Medienforschung

Ich gehe davon aus, dass Aggression sowohl destruktiv als auch konstruktiv sein kann; die Modellparameter müssen deshalb aber nicht verändert werden.

32

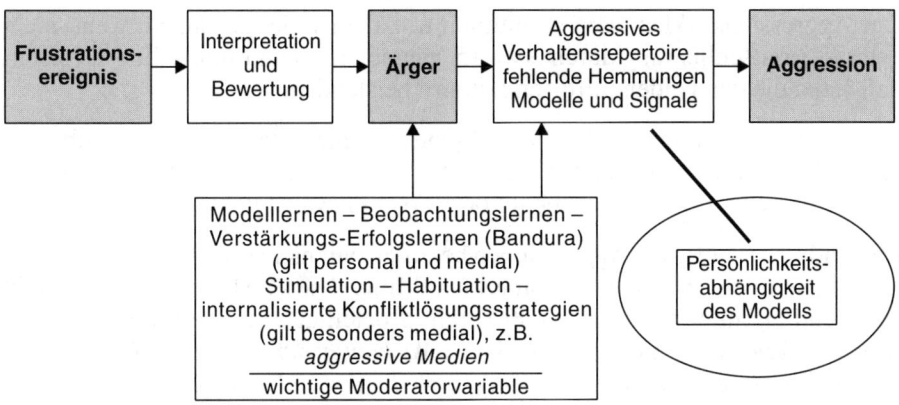

Beispiele:

● Die *Frustration* über bornierte politische Entscheidungen können bei einem ökologisch gebildeten und friedlichen Menschen enormen *Ärger* hervorrufen, so dass er beschließt, sich einer Bürgerinitiative anzuschließen, die ihre Forderungen in *konstruktiv-aggressiver Weise* vorbringt.

● Ein Schüler aus einer 9. Hauptschulklasse aus Stuttgart, die bei einem Filmstudiobesuch in München auf eine Gladbacher Hauptschulklasse stößt, fühlt sich durch eine abfällige Bemerkung eines Gladbachers über den VFB so *beleidigt (frustriert)*, dass er seinem *Ärger* spontan freien Lauf lässt, die Gladbacher insgesamt beschimpft und eine *Schlägerei* beginnt. Am Ende der wüsten Keilerei, bei der auch Eisenstangen und Messer eingesetzt wurden, bleibt ein Stuttgarter Schüler schwerverletzt liegen, er ist querschnittgelähmt.

Ein relativ harmloses *Frustrationsereignis* wird als Ehrverletzung *interpretiert,* so dass *Ärger* entsteht. Dieser *Ärger* wird mittels *aggressivem Verhaltensrepertoir und geringer Hemmschwelle* in eine *destruktive aggressive Handlung, verbunden mit Anschreien und Schlagen mit Eisenstangen,* umgesetzt. Vermutlich im Sinne einer Vergeltungsaggression – vom Schüler wurde „aus Notwehr" angegeben – kommt es dann zur Messerattacke durch einen Gladbacher Schüler, die zu einer schweren Körperverletzung mit Querschnittslähmung bei einem Stuttgarter Schüler führte (der Vorfall ereignete sich im Juli 1998; als ltd. Psychologe beim Oberschulamt Stuttgart war ich mit diesem Fall befasst).

Eine Kette von Spontanreaktionen führte so zu einer Eskalation von Gewalthandlungen, in die fast 50 Schüler verwickelt waren, der „harte Kern" aber aus etwa zehn Schülern bestand. Im Sinne eines Ausgleichsmotivs streben nicht nur Erwachsene sondern auch Schüler nach Vergeltung („Rache ist süß"). Schlüsselereignis könnte eine *Vergeltungsaggression* gewesen sein. Eine Vergeltungsaggression wirkt jedoch nur dann abschreckend, wenn die zu erwartende Rückvergeltung besonders massiv ist (Shortell et al., 1970).

Der Aggressionszyklus wäre vermutlich trotzdem weitergegangen, wenn nicht externe Streitschlichtung durch etwa 15 Männer aus dem Filmstudio stattgefunden hätte, die den beiden hilflosen Lehrern beistanden.

Nachtrag: Eine Stuttgarter Schülerin drohte nach ihrer Heimkehr der Gladbacher Klasse Rache für den verletzten Stuttgarter Schüler an. Der Gladbacher Messerstecher war exzessiver Konsument von Horror-Gewalt-Filmen.

Frustration ist häufig bei Aggressionen beteiligt. Nur nicht im Sinne der einfachen mechanistischen Theorie von Dollard und Miller. Dieser Mechanismus ist nicht zwingend, es muß nicht immer Frustration beteiligt sein, weil sich sonst die *spontane Aggression* nicht erklären läßt. *,,Wo kommt der zwingende F-A-Mechanismus her? Ist er angeboren, sozusagen phylogenetisch mitgebracht? Für diese Art eines organisch manifestierten WENN-DANN-Mechanismus gibt es keine Belege"* (Kleiter, 1997, S. 557). Allenfalls könne man eine gewisse Disposition für aggressives Handeln annehmen. Aus der neuro-physiologischen Forschung gibt es inzwischen allerdings etliche Hinweise, dass z. B. die neuronale Transmittersubstanz Dopamin beim ADD- bzw. ADS mit Hyperaktivität eine Rolle spielt, wodurch man sich auch die bereits sehr früh in der kindlichen Entwicklung zu beobachtenden Unterschiede zwischen Jungen und Mädchen z. T. erklären kann.

Allerdings sollte man dabei bedenken, dass es geschlechtsspezifische Differenzen gibt, bei denen genetisch bedingte Dispositionen sicher mit eine Rolle spielen. Ich habe häufiger bei männlichen Kleinkindern beobachtet, dass sie eher mit Angriffsverhalten reagieren, wenn ein anderes Kind z. B. ein Spielzeug wegnimmt, bei Mädchen sieht man häufiger die Rückzugsreaktion. Da dies schon sehr früh geschieht, kann man ein solches aggressives Verhalten sicher nicht ausschließlich auf Lernerfahrungen zurückführen.

In einer experimentellen Studie wurde nachgewiesen, *dass Hinweisreize mit aggressiver Bedeutung, wie z. B. Waffen, aber auch aggressive Reden und Filme (Berkowitz 1993, S. 60ff.) die Instigation zur Aggression allein oder im Verbund mit situativ bedingten negativen Affekten verstärken bzw. bahnen können. Hierher gehört z. B. das rauhe und aggressive Umgangsklima in einer Schulklasse, in Banden oder in Parlamenten sowie die Lärmkulisse wie etwa bei Techno-"Musik"* (zitiert nach Kleiter 1997, S. 582).

Lernen von Aggression durch Befehl läßt sich ebenfalls nicht mit der F-A-Theorie erklären. Hierfür gibt es sehr beeindruckende Beispiele aus *unserer braunen Vergangenheit. Befehlsnotstand und Rechtfertigungsstrategien,* z. B. von KZ-Aufsehern, mit denen diese und ihre Verteidiger schlimmste Greueltaten an Häftlingen entschuldigten, sind mir in diesem Zusammenhang noch gut in Erinnerung. Dies gilt aber nicht nur für die Judenverfolgung, sondern auch für den Vietnamkrieg. Man kann Befehle von Vorgesetzten als Ersatz für die eigene Gewissensentscheidung benutzen und so aggressive Handlungen und Gewalt offiziell legitimieren (kirchenhistorisches Beispiel mit Folterszene siehe S. 43).

Im Milgram-Experiment wurde ein eindrucksvoller experimenteller Beweis er-bracht. Milgram hatte in sieben Testserien herausgefunden, dass die Elektro-schocks von den Vpn umso häufiger verteilt wurden, je weiter entfernt sie vom Opfer ihrer Bestrafung waren. Solange sie den Befehl von einer legitimierten Autorität erhielten, die ihnen die Verantwortung abnahm, versetzten sie den nicht sichtbaren ‚Opfern‘ Stromschläge bis 450 Volt. 62,5 % der Versuchspersonen verhielten sich so, sie erteilten von Mal zu Mal stärkere Elektroschocks. Sie äusserten zwar moralische Bedenken, gehorchten aber weiterhin der Autorität des Versuchsleiters. Das Schreckliche daran war eigentlich, dass die ‚Opfer‘ nicht als minderwertig dargestellt worden waren und die Vpn auch nicht gegen sie aufgehetzt worden waren. Es handelte sich um anonyme, unsichtbare neutrale Personen, die das ‚Opfer‘ der Bestrafungshandlung spielten.

Ähnlich mag auch das brutale Verhalten der Verantwortlichen für die Judenver-nichtung im Dritten Reich zu erklären sein, wie z. B. die zentrale Rolle, die dabei der ehemalige SS-Obersturmbannführer Adolf Eichmann spielte. Er wurde von der Philosophin Hannah Arendt[1] als typischer *Verwaltungsmassenmörder* be-zeichnet, während er in den Medien als brutaler Sadist beschrieben wurde. Sie stellt zurecht fest, dass das wichtigste Motiv Eichmanns vor allem in einer „irregeleiteten Pflichterfüllung und einem bürokratischen Kadavergehorsam lag“. Hierin sah sie die „Banalität des Bösen“ (zitiert nach Justine Schuchhardt im Schüler-Begleitkommentar zum Dokumentarfilm von Egon Humer, *Gehor-sam und Verweigerung*, Österreich, 1994).

„Warum war es so einfach für Eichmann, so zu handeln? Es war so einfach für ihn, weil er nicht sah, was er mit seinen Handlungen anrichtete. Er sah seine Opfer nicht. Auch die Versuchsperson bei Milgram ist eine Art Bürokrat – sie sieht das Opfer nicht. Der Trick, den alle Autoritäten verwenden, um Gehorsam zu erzie-len, ist, das Opfer unsichtbar zu machen“ (Wim Meeus, zitiert nach Schuchhardt, 1994, S. 5).

Dennoch gab es Fälle mit extremen Grausamkeiten, obwohl die Opfer gesehen wurden: Die örtlichen Kommandanten, die an Judenerschießungen durch Son-dereinheiten in Russland (Ukraine) beteiligt waren, beriefen sich zwar ebenfalls auf die Befehle von oben, sie mussten jedoch bei den Erschießungen dabei sein. Dazu entwickelten sie ‚Techniken der Bewältigung‘ angeblicher Skrupel und Unterdrückung des Ekels, der bei Massenerschießungen auftrat, indem sie ein-fach öfters hingingen, um sich „dran zu gewöhnen“. So schrieb ein örtlicher Kommandant, der gleichzeitig Verwaltungsleiter bei einem deutschen Komman-do in einem ukrainischen Dorf war und der dort die Massenerschießung von rund 400 Juden kontrollieren musste, im Jahre 1942 an seine Angehörigen: „Die Schwäche überwindet man, wenn man die Toten im Massengrab nicht sehen kann und ihre Schreie bei der Erschießung nicht hören kann, indem man öfters hingeht, um es zu sehen und zu überwinden, dann wird es zur Gewohnheit“ (zitiert nach einer TV-Sendung von Radio Bremen vom 22. 8. 1999).

---

1   Hannah Arendt (1986): Eichmann in Jerusalem. Ein Bericht von der Banalität des Bösen. München, 1986.

Eibl-Eibesfeld, I. (1967, S. 8) geht von folgendem aus: Wenn Gehorsam und Nächstenliebe, die als hohe ethische Werte anerkannt sind, im Konflikt miteinander stehen, „dann erweist sich der Gehorsam oft als stärker, offenbar auf Grund uns angeborener Dispositionen, deren Wurzeln wahrscheinlich in die Rangstruktur unserer affenähnlichen Vorfahren zurückreichen". Tröstlich bleibt, dass es bei Milgrams Experiment immerhin 37,5 % an Versuchspersonen gab, die keine schweren oder gar tödlichen Stromschläge erteilten; offenbar waren es solche, die sich von unseren ‚affenähnlichen Vorfahren' emanzipiert hatten und sich dem Befehl des Versuchsleiters widersetzten.

Die Beispiele zeigen jedenfalls, dass es Formen von extrem destruktiver Aggressivität gibt, die bei Menschen durch Befehl, aus ideologischer Verblendung und ohne vorausgehende Frustration verübt werden. Anfängliche Skrupel und Ekelgefühle können durch Gewöhnung an Gewalt, ja sogar durch Gewöhnung an Grausamkeiten und Gräueltaten, überwunden werden.

Nach Berkowitz (1993, S. 63ff.) gibt es auch in einer Vielzahl von Arbeiten Belege, dass zwischen *Depression und Instigation zur Aggression* mittels Ärger eine Verbindung besteht. Der Depressive neigt leicht dazu, schon leichteste kritische Bemerkungen aus seiner Umgebung als Kränkung zu empfinden und den Ärger in Form einer Aggression gegen den vermeintlichen Frustrator umzusetzen. Allerdings kommt es dabei nicht immer zu einer nach außen gerichteten Aggression, sondern zuweilen auch zu einer weiteren Verminderung des Selbstwertgefühls bis hin zu einer Autoaggression mit suizidalen Handlungen. Depression ist im Grunde genommen eine *Aggressionskrankheit.* Suizid als Autoaggression hat fast immer eine depressive Komponente. *Selbstzerstörung ist der letzte kreative Akt eines Hoffnungslosen,* während „Fremdzerstörung als Kreativität eines Hoffnungslosen" (im Sinne von Erich Fromm) selbsterhaltende Impulse hat, weil eigenes Leben nicht zerstört werden will – dann allerdings auf Kosten anderer.

Von Kornadt wurde bereits 1982 in seiner kognitiven Motivationstheorie der Begriff Frustration nicht mehr generell an den Anfang gestellt. Er geht vielmehr von Motiven aus, die relativ überdauernde generalisierte und stabile Dispositionen innerhalb der Person darstellen. Er spricht von Aggressionsmotiven als ersten Schritt zu einer Aggressionshandlung. Ein Frustrationsereignis in Verbindung mit Ärger wird dabei nicht als alleiniger Aggressionsauslöser betrachtet, es sei ebenso *Lust als Motiv* möglich. Ich habe deshalb in meine Schülerbefragung die Motive *Spaß an Gewalt, Gewalt aus Langeweile* und *Gewaltanwendung um beachtet zu werden* mit aufgenommen (siehe Kapitel 4.2).

Vereinfacht und schematisch betrachtet kommt es nach Kornadt zu folgendem Aggressionsverlauf als konsequente Ableitung aus seiner Motivationstheorie:

1.2.2 Kognitivistische-motivationstheoretische Modelle

a) Feindselige Ärgeraggression (reaktiv/ärgermotiviert)

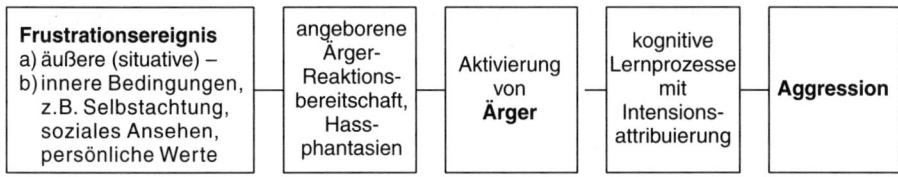

b) Lustvolle Aggression (lustmotiviert)

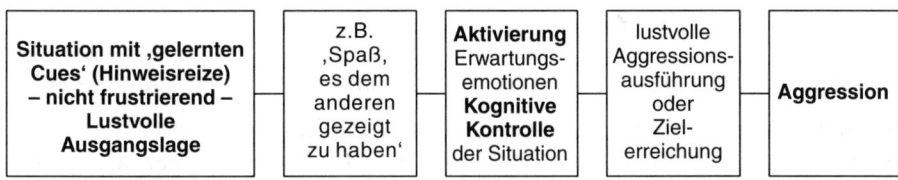

c) Spontane Aggression

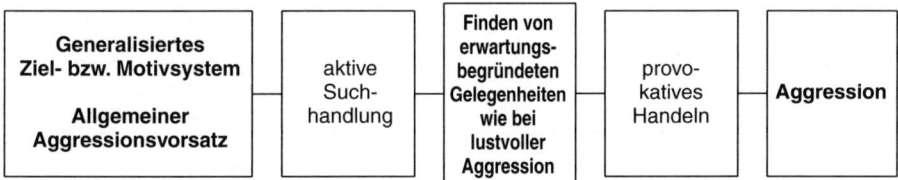

Als Erklärung für Ursache und Verlauf der weiter oben erwähnten Schlägerei zwischen den beiden Klassen aus Stuttgart und Gladbach können theoretisch alle drei Modellvarianten eine Rolle spielen, da es sich um eine Gruppenaggression von Schulklassen handelte, in der mit unterschiedlich vielen Aggressionsmotiven zu rechnen ist.

⇒ *spontane Aggression* ⇒ Klassenausflug, allgemeiner Aggressionsvorsatz, aufgeheizte Stimmung, Finden einer günstigen Gelegenheit, Provokation ⇒ Aggression durch Schlägerei; es könnte aber auch bei einzelnen eine ⇒ *lustvolle Aggression* im Spiel gewesen sein, mit einer lustmotivierten Ausgangslage nach Teil 1 der Schlägerei (vor dem Besuch des Bavaria-Filmstudios) verbunden mit dem Bedürfnis „Spaß daran haben, es den anderen gezeigt zu haben". Jedenfalls war was los, es gab *action*. Bei der anderen Schülergruppe könnte aber eine *Vergeltungsaggression* überwogen haben: eine Reaktion auf eine Frustration, also eigentlich wieder eine ⇒ *Frustrations-Aggression*. Eine eindeutige Zuordnung ist also bei den komplizierten Verhältnissen in Situationen mit Gruppenaggressionen so kaum möglich. Ich habe deshalb in einer Fragebogenerhebung bei Schülern aus dieser Altersgruppe versucht, Gruppen-/Cliqueneinstellung und aggressives Handeln näher zu untersuchen und in den Kontext mit dem Medienkonsum zu stellen (siehe Kapitel 6.7.1). Eine ausführliche Beschreibung der sehr komplizierten Modellstruktur der Kornadt'schen ,,kognitiven Motivationstheorie der Aggression" ist neben den Originaltexten bei Kleiter (1997, S. 608ff.) zu finden.

d) Aggressionshemmungen

Zu Aggressionshemmungen kann es nach Kornadt kommen, wenn bei der Erwartungsvorstellung für die Zielerreichung eine Aggressionsangst oder antizipierte Schuldangst vorhanden ist. Zur Wirkung von Schuldangst wurde jedoch von Hopf und Weiß (1996) ein anderer Effekt gefunden.

e) Angstmotivierte Aggression nach Petermann und Petermann (1994)

In ihrem Modell gehen sie von einem *Kreislauf der angstmotivierten Aggression* aus bzw. von einer Rückkoppelungsschleife nach Abschluss einer aggressiven Handlung auf eine der Ausgangspositionen, z. B. erneute Bedrohung. Schematisch wird das wie in Abbildung 1.2 dargestellt.

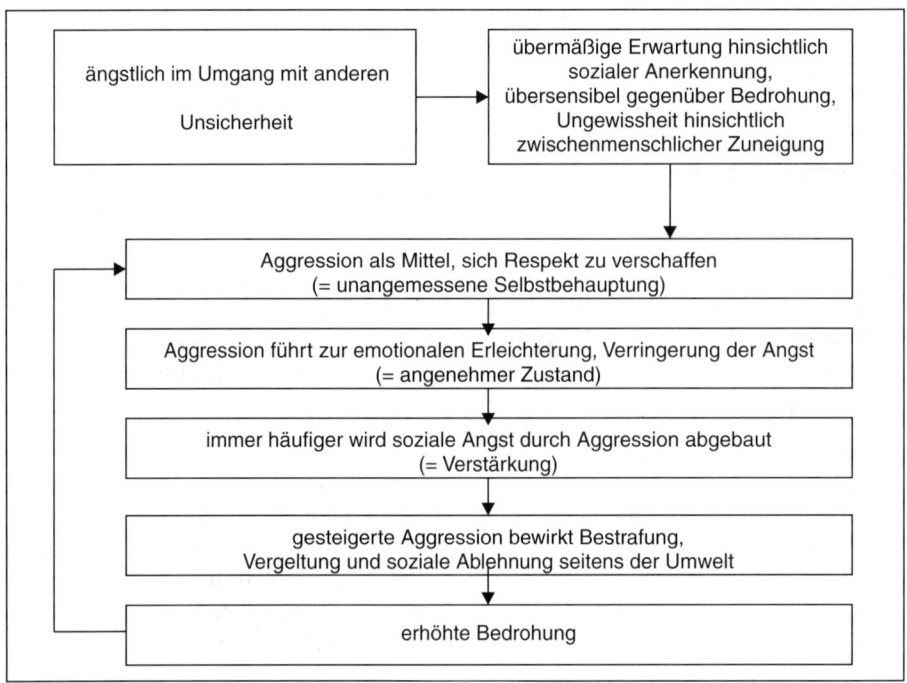

Abbildung 1.2:
Kreislauf der angstmotivierten Aggression nach Petermann und Petermann (1994, S. 8)

1.2.3 Psychoanalytischer Ansatz

Trotz dieser motivationstheoretischen Erweiterungen und Einwände von Kornadt, kann wohl das Frustrations-Aggressionsmodell als das bedeutsamste Modell
betrachtet werden, weil der zahlenmäßig größte Anteil aggressiven Handelns mit
Frustrationen zu tun hat. Auch wird dieses Modell in der wissenschaftlichen
Psychologie weitgehend anerkannt. Der alte Streit, nach dem Kognitionspsycho-
logie und Verhaltenspsychologie einerseits und Tiefenpsychologie bzw. Psychoanalyse anderererseits wie in einem Grabenkrieg ihre jeweiligen Positionen
verteidigten, kann eigentlich als begraben gelten, seit namhafte neuere Psycho-
analytiker wie H. Hopf in seinem Buch über ,,Aggression" (Hopf, 1998) bei
destruktiver Aggression als Auslöser von aggressiven Handlungsimpulsen ebenfalls ein Frustrationsereignis annehmen: Unter Berufung auf Parens (1995, 1996)
geht er zwar davon aus, dass Feindseligkeit ein angeborenes Reaktionssystem
sei. Feindselige Destruktivität entstehe jedoch nicht spontan. ,,Damit sie aktiviert
wird, muß exzessive Unlust vorhanden sein" (Hopf, 1998, S. 26). Auch Lichtenberg (1990) kommt zu ähnlichen Ergebnissen: Bereits bei Säuglingen könne man
beobachten, dass sie entweder mit Wut und Angriffsverhalten reagieren, oder mit
Rückzug, wenn eine *Frustration* eingetreten ist (nach Hopf, S. 26). Auch hier
wird übermäßige Unlust (= Ärger im F-A-Modell) als Auslöser für destruktive
Aggression angenommen (auf den Begriff der nicht-destruktiven bzw. konstruktiven Aggressivität wurde bereits oben kurz Bezug genommen). Hopf geht unter
Berufung auf Parens auch davon aus, dass diese feindselige Destruktivität erfah-
rungsabhängig und somit reaktiv ist. ,,Sie ist also nicht primär die Folge von
angeborenen Dispositionen. Vom Gelingen der Kind-Umwelt-Interaktion hängt
es ab, ob konstruktive oder destruktive Züge der Aggression überwiegen werden"
(Hopf, S. 26).

Diese Wende in der Psychoanalyse ist interessant, öffnet sie doch einem breiten
Konsens die Türen, wenn es um die Anerkennung von Sozialisationseffekten, wie
dem Medienkonsum bei der kindlichen Entwicklung und seine Auswirkungen
auf destruktive Aggressivität in Form von Gewalt gegen Personen oder als
Gewalt gegen Sachen (Vandalismus), geht.

In unser lern- und kognitions- bzw. motivationspsychologisches System passen
dann auch gut eigentliche psychoanalytische Erkenntnisse wie folgende (Hopf,
S. 27):

,,Was der menschlichen Aggressivität erst ihre Bösartigkeit verleiht und sie so
unerschöpflich macht, das ist ihre *Bindung an bewusste und unbewusste Phantasiesysteme*. Banal erscheinende Kränkungen gewinnen erst durch unbewusste
Phantasien den Charakter einer schweren Bedrohung und setzen destruktive
Prozesse in Gang" (Hopf, S. 27, nach Thomä & Kächele, 1985, S. 133). Phantasie
und Denken sind gelegentlich Bremse (vergleiche die oben erwähnte ,,Aggres-
sionshemmung" nach Kornadt), andererseits jedoch der entscheidende Motor für
destruktive Aggression.

1.3 Anschauliche aktuelle und historische Beispiele mit Medienbezug

Ein hervorragendes, wenngleich makabres Beispiel hierfür ist die Zeichnung des 14-jährigen Jan, Schüler einer 8. Hauptschulklasse, in seinem Physikheft, das ich von seiner Klassenlehrerin erhielt. Die „Comic-Geschichte" stellt in vier Bildern die in seiner Phantasie stattfindende Tötung seines Hauptfeindes aus seiner Klasse mittels eines Sprengkörpers dar. Beim letzten Bild explodiert der Kopf seines Feindes. Jan ist Exzessivkonsument von Horror-Gewalt- und Pornofilmen. Vermutlich lieferten ihm diese die Anregung dazu, sein Rachedenken in dieser bewussten Phantasie umzusetzen. Aus der Bedrohung könnte eine Drohung geworden sein, sich auf Kränkungen in dieser extrem destruktiv-aggressiven Form zur Wehr zu setzen.

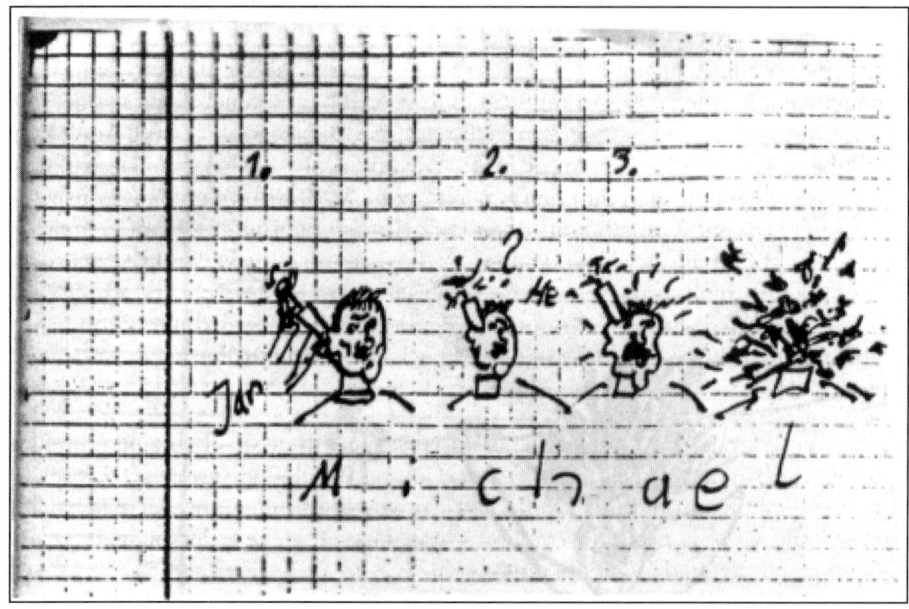

Abbildung 1.3:
Beispiel für ‚aggressive Vergeltungsfantasie‘

Die Gestaltung des Tötungsaktes lässt jedoch darauf schließen, dass er Michaels Todesangst durch die brennende Zündschnur verlängert. Soweit fast eine noch normale Reaktion. Im Kinofilm ‚Moritz lieber Moritz‘ wird dargestellt, wie bei Moritz, einem 15-jährigen Schüler Tötungsphantasien gegen seinen verhassten Mathematiklehrer entstehen, der ihn permanent demütigte. Er kreuzigt ihn in seiner Phantasie auf der Tafel und seziert den hilflos dort hängenden Lehrer.

Zu Tötungsphantasien kommt es sehr häufig bei Menschen. Wenn sie als Bremse fungieren, ist es o.k. Wenn aber destruktive Prozesse in Gang gesetzt werden –

und dafür gibt es eine Menge Fälle –, kann es zu einer Art unkontrollierter Kettenreaktion und zu einem Realitätsdurchbruch kommen. Filmische Vorbilder können solche Prozesse verstärken, in manchen Fällen auch auslösen (siehe Fallbeispiele auf S. 97f.).

Im Falle von Jan, der auch in der Klasse ein auffälliges Verhalten mit körperlichen Aggressionen zeigte, scheint Denken und Fantasie von Rachebildern mit sexistischer Prägung durchsetzt zu sein, denn besagtes Physikheft strotzte nur so vor sexistischen Darstellungen in Verbindung mit brutalen Gewalthandlungen, wie in Abbildung 1.4.

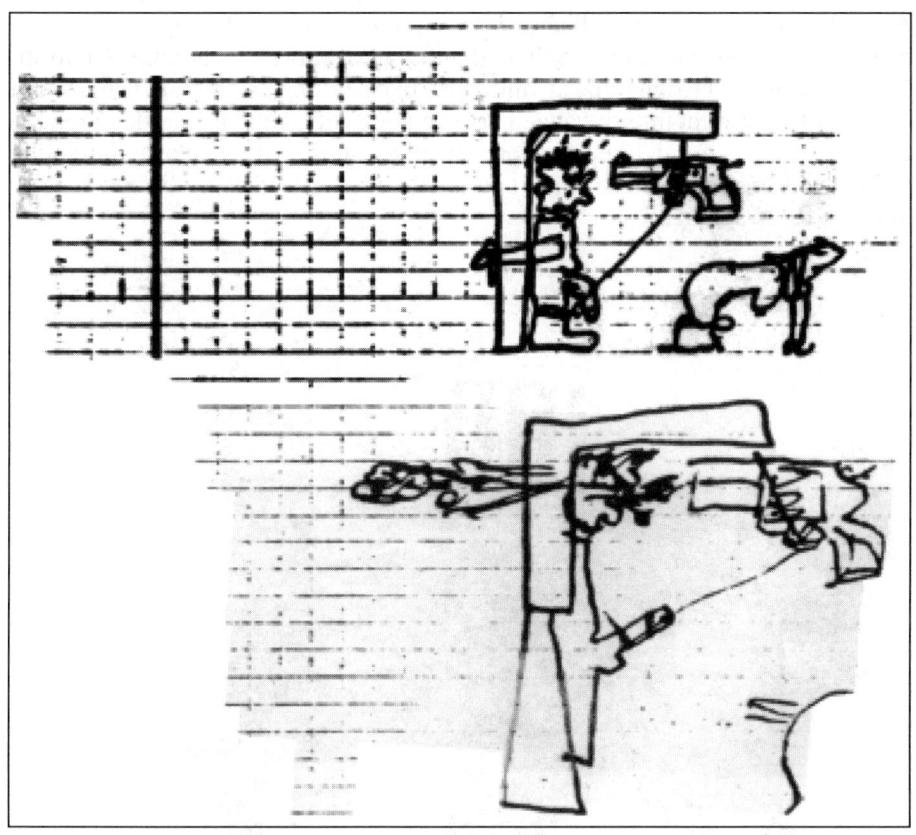

Abbildung 1.4:
Beispiel für „aggressive Vergeltunsfantasie mit sadistisch-sexistischem Element"

Eine nackte männliche Figur an einem Marterpfahl festgebunden, vermutlich wieder der Lieblingsfeind Michael aus seiner Klasse. Der Penis mit einem Revolver verbunden, der auf den Kopf der männlichen Figur zielt. Der Anblick der nackten Frau führt bei der männlichen Figur zu einer Erektion des Penis, was dann, physikalisch zwar nicht ganz richtig, den Schuss auslöst, dessen Kugel dem Opfer durch den Kopf fährt.

Für eine tiefenpsychologische Interpretation, die zur Erklärung der Zeichnung notwendig wäre, fehlen leider notwendige Zusatzinformationen. Sollte Jan sich selbst am Marterpfahl sehen, so wäre die Interpretation eine völlig andere. Darauf kommt es aber gar nicht so sehr an. Für unsere Fragestellung ist die Beobachtung des Szenariums mit den Tötungswerkzeugen Dynamit-Patrone und Revolver, die in hier nicht dargestellten anderen Zeichnungen von Jan noch öfters auftaucht.

Zweifellos mediale Einflüsse, wie auch auf Abbildung 1.5, das ein Sechstklässler (12 Jahre alt) im Religionsunterricht zum Thema ‚Paulus im Gefängnis‘ malte. Allein hier kommt es zur bildlichen Darstellung von sieben Tötungswerkzeugen bzw. Tötungsarten: Guillotine, Scheiterhaufen, Axt, Sense, Kochtonne, Schaffott, Galgen. Inwieweit Erinnerung an mittelalterliche Tötungsformen als Thema vom Geschichtsunterricht mitschwangen sei dahingestellt, allein die Art des Szenariums in der Zelle mit der gepeinigten Person zeigt, dass die Fantasie durch den nachgewiesen exzessiven Konsum von Horror-Gewaltfilmen bei diesem Schüler mit eine Rolle spielte.

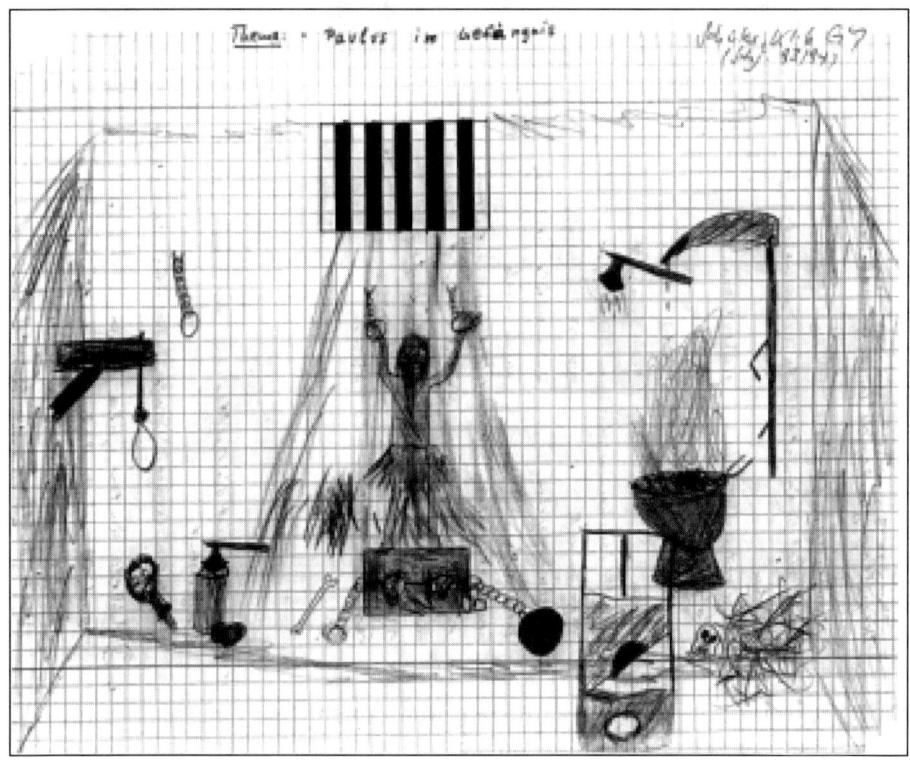

Abbildung 1.5:
Beispiel für medienbeeinflusste tötungsfixierte Fantasietätigkeit

Abbildung 1.6:
Gemälde in der Kirche S. Stefano Rotondo in Rom

Fantasie und Denken werden durch die grausamen Fremdbilder nachhaltig beeinflusst. Dennoch könnte man das Bedürfnis nach zeichnerischer Darstellung dieser pathologischen Racheakte und Tötungsfantasien noch durchaus positiv bewerten, weil sie als Signale, vielleicht sogar als Hilferufe aus einer abgerückten Welt dem Berater zeigen, welchen Weg er in seiner therapeutischen Intervention einschlagen muss. Zumindest haben wir es bei Jan mit einem Fall zu tun, der dringend eines externen Therapeuten bedarf um seine pathologischen Fantasien aufzuarbeiten, damit es nicht zu einem Realitätsdurchbruch mit einer folgenschweren aggressiven Handlung kommt.

Wie mir eine Journalistin – Frau Lück, Sindelfingen, die mir das Foto für Abbildung 1.6 zur Verfügung stellte – mitteilte, wurde dieses und andere farbige Foltergemälde mit Frauen als Opfer, in der römischen Missionskirche Mitte des 16. Jahrhunderts aufgehängt, um die angehenden Missionare auf ihre schwierige Aufgabe in Südamerika „vorzubereiten".

Die Missionare sollten abgehärtet werden. Dieses Bild hat bei mir eine Verbindung zum Horrorfilm *Halloween IV* hergestellt, in dem eine ähnliche Tötungsszene vorkommt: Eine nackte Frau wird, auf der Couch liegend, von einem Täter mit einer ähnlichen Harke durch einen Schlag in den Hals getötet. Gleichzeitig entstand eine Assoziation bezüglich der Art, wie vor allem manche Väter ihren minderjährigen Kindern in diesen Tagen Videos zur „Abhärtung" anschauen lassen, so wie einer, der seinen achtjährigen Jungen mit den Worten animierte, „wenn du dieses Horror-Video anschaust und bis zum Ende durchhältst, dann wird einmal ein rechter (gemeint ist harter und starker) Mann aus dir". Pädagogisches Ziel war in beiden Fällen – sowohl beim Missionar, wie bei dem Jungen –, sie für Grausamkeiten und Schmerz unempfindlich zu machen, d. h. zu desensibilisieren. So wie die Kirche damals Missionare für Südamerika durch Abhärtung vorbereitete, so wollte der Vater von heute einen starken und durchsetzungsfähigen Sohn erziehen (der mit 15 ein Krimineller wurde), und so betreibt heute auch die amerikanische Armee systematisch Desensibilisierung, um bei den Rekruten die Tötungshemmung weg zu trainieren, mit der erprobten psychologischen Methode des klassischen Konditionierens (Grossmann, 1999). Letztlich bedienen sich alle psychologischer Methoden, um Menschen zu manipulieren, natürliche Hemmschwellen außer Kraft zu setzen und ohne nachzudenken gegen andere aggressiv zu sein. Das ganze nennt man dann Abhärtung, und diejenigen, die sich dagegen wehren, dass fast täglich mit unseren Kindern über die Medien so etwas geschieht, werden von bestimmten Kreisen als Bewahrpädagogen oder Scharfmacher beschimpft (wie bei Farin, 1994).

Am raffiniertesten sind jedoch solche Methoden, bei denen tiefenpsychologische Erkenntnisse für solche o. g. Zwecke instrumentalisiert werden und mit den Methoden der Lernpsychologie verbunden werden, z. B. die bereits zitierte Erkenntnis von Hopf (1998), dass die Bindung an bewusste und unbewusste Phantasiesysteme der menschlichen Aggressivität erst ihre Bösartigkeit verleiht. Phantasie und Denken können so der entscheidende Motor für destruktive Aggression sein.

Man benutzte vor 400–500 Jahren Bilder, um Menschen mit den Möglichkeiten der damaligen Technik zu desensibilisieren und letztlich zu manipulieren. Heute hat man ganz andere Möglichkeiten, solche Bilder – und dazu noch bewegte – zu verbreiten. Auf dem Gemälde in der römischen Kirche sind sieben Zuschauer auf der Ballustrade zu erkennen, darunter zwei Kinder, die diese Folterszene mit beobachten. Dies ist die Vorstellungswelt des Malers. Vielleicht haben auch einige Kinder das Bild selbst in der Kirche gesehen. Heute würde man es in „Reality TV" zeigen und ein Millionenpublikum erreichen. Damals war es etwas Exclusives, einem ausgewählten Publikum vorbehalten und nicht fürs breite Volk gedacht. Wenn aber ein solcher Film mit der Tötungsszene aus Halloween, zu der sich der Drehbuchautor vielleicht sogar in der römischen Kirche die Anregung geholt hat, in ProSieben oder in RTL zu sehen ist, so können 700 000 Kinder an einem Abend dabei sein. Das Problem heute liegt in der massenhaften Verbreitung von Bildern, die die Fantasie unserer Kinder nachhaltig beeinflussen und belasten können. Dieses Problem wird uns später noch im Zusammenhang mit der Beschreibung der Medienwirkung durch TV, Video und PC-Spiel beschäftigen (siehe 3. Kapitel).

1.4 Exkurs: Aufmerksamkeitsdefizit-Syndrom (ADS) – oder „Gib's ihm, mach ihn fertig"

Wie ADS-Kinder Anlass für Aggressionen sind

Gib's ihm, mach ihn fertig, könnte sich auf eine Szene in *„Rambo"* beziehen, stammt aber aus einer fünften Realschulklasse und bezog sich auf einen Jungen mit dem Namen Marius, den man als typischen Hypie bezeichnen kann (= Junge, der mit dem ‚Aufmerksamkeits-Defizit-Syndrom mit Hyperaktivität', abgekürzt mit ADS+H, belastet ist).

Marius wurde mehrmals fertig gemacht, zusammengeschlagen von Mitschülern. Sicher hatte er, wie es bei Hypies oft der Fall ist, provoziert. Dies geschieht auch ohne Absicht. Eltern verzweifelt. Ein paar Wochen vor Schuljahresende. Er war nicht mehr zu bewegen, in die Schule zu gehen. Für mich stellte sich die Frage als leitender Schulpsychologe, was macht man in dieser Situation, nachdem Marius auch nicht mehr bereit war, im neuen Schuljahr in diese Schule zu gehen. Will sich nicht mehr fertig machen lassen. Schule hat von sich aus nicht reagiert, mit Ausnahme von Strafen, die jedoch nichts nützten.

Was tun? Lehrerwechsel, Wechsel in Parallelklasse, Schulwechsel? Marius war bis vor einem Jahr in psychotherapeutischer und medizinischer Behandlung. Im vergangenen Jahr war die Ritalindosis herabgesetzt worden. Vermutlich zu stark. Jetzt bemühen sich die Eltern um eine Behandlung (‚Kur') in einem Therapiezentrum im Schwarzwald. Dies war ihnen von der bisherigen Therapeutin empfohlen worden.

Marius war irgendwann einmal wegen seiner Symptomatik in eine Außenseiterrolle und damit Opferrolle geraten: zuerst Klassenkasper und Clown, dann die Schläge, die Drohungen, dieses Fertigmachen von den Klassenkameraden usw.; dies waren die Stationen auf seinem Leidensweg bis zu seiner Schulverweigerung. Der Leidensdruck war nicht mehr auszuhalten. Er war durch nichts mehr zu einem weiteren Schulbesuch zu bewegen.

Ein alltäglicher Fall, hyperaktives Kind, Opfer von mobbenden Klassenkameraden, wie er häufig in der Praxis vorkommt. Wichtig war, Marius aus der total verfahrenen Situation zu befreien. Da die Schule ihr ‚Setting‘ nicht veränderte und keine geeignete Schule in erreichbarer Nähe lag, blieb in diesem Fall nur der Weg in eine kindertherapeutische stationäre Einrichtung.

Schulische Widerstände

In einigen Schulen besteht die Tendenz, Schüler, die ‚den Schulfrieden in unzumutbarer Weise stören‘, möglichst abzuschieben. Ich habe eine Reihe solcher Fälle in letzter Zeit erfahren müssen. Dazu gehören leider häufig auch ADS-Kinder und von diesen fast ausschließlich die mit der eher aggressiven Komponente von Hyperaktivität. In zwei besonders krassen Fällen wurden die 13 und 14 Jahre alten Schüler fünfmal von der Schule verwiesen. Es entstand der Eindruck, dass besonders Kinder mit ADS+H manchmal wie ein ungeliebter ‚Wanderpokal‘ von einer Schule in die andere weitergereicht werden, bis sie regelrecht auf der Straße stehen oder sie kommen wegen angeblicher ‚Erziehungsunfähigkeit‘ oder ‚Verwahrlosung‘ in besondere ‚Problemklassen‘ oder in ‚E-Schulen‘, wo sie jedoch nicht immer pädagogisch adäquat behandelt werden, weil ja auch noch niemand ein fachliche Diagnose über die wahre Störsymptomatik erstellt hat.

Dazu einige Beispiele (siehe dazu Weiß, 1996):
Zwei verzweifelte Mütter, Anrufe einige Tage vor Schuljahresende:
1. Fall: Schule lehnt Unterstützung bei der medizinisch verordneten Ritalinbehandlung des 13-jährigen Schülers ab[2]. Junge flippt dann regelmäßig gegen Unterrichtsende aus, streunt nach der Schule mit Kumpels herum und war auch schon in strafbare Handlungen verwickelt. Der Schüler wurde daraufhin von Schule verwiesen – zum 5. Mal!
2. Fall: Eine eindeutig als hyperaktiv diagnostizierte Schülerin soll wegen ‚Unerziehbarkeit‘ einer sogenannten Problemklasse zugewiesen werden, wogegen sich die Eltern zurecht wehren, da zu vermuten ist, dass sich die speziellen Störsymptome dort nicht verbessern, zumal keine hyperaktivitätsspezifische pädagogisch-psychologische Betreung oder Behandlung erfolgt.

---

2   Die rechtliche Klärung dieses Falles, der auch in der Diskussion mit den Kongressteilnehmern (Ev. Akademie Bad Boll, September 1996) eine Rolle spielte, brachte folgendes Ergebnis:
   a) Bei einer medizinisch indizierten Behandlung eines Schülers besteht für die Schule eine dienstliche Verpflichtung, diese zu unterstützen. Konkret heißt dies im vorliegenden Fall, dass der Schulleiter oder ein von ihm delegierter Lehrer verpflichtet ist, dafür Sorge zu tragen, dass der Schüler gemäß ärztlicher Medikation das Ritalin während der Anwesenheit in der Schule unter Aufsicht einnehmen kann. Dies ist im vorliegenden Fall besonders wichtig, da die Eltern dem Kind das Medikament nicht selbst in die Schule mitgeben dürfen, weil es unter das Betäubungsmittelgesetz fällt.
   b) Zur Absicherung für die Schulleitung über die Notwendigkeit der Medikation während der Schulzeit durch eine Lehrkraft empfielt es sich, dies von den Eltern unter Vorlage des ärztlichen Attestes schriftlich bestätigen zu lassen.

Weitere Fälle mit inadäquaten Behandlungsmethoden – allerdings durch außerschulische Institutionen – tragen ebenfalls zu einer Verunsicherung bei:

1. Ein Fall mit permanenten Schulausschlüssen, der nicht unmittelbar mit schulischen Versäumnissen zu tun hat, sondern mit einer Fehlbehandlung durch eine in diesem Fall nicht angebrachten psychologischen Therapiemethode (einjährige Familientherapie mit „Vergangenheitsbewältigung")[3]: Es handelte sich um einen 14-jährigen Jungen mit ADS+H der, wie oben beschrieben, viele Störsymptome von Hyperaktivität zeigte, den Unterricht und die Mitschüler störte, dann Leistungsverweigerung und eklatanten Leistungsabfall. Neben dem schulischen Versagen war der Leidensdruck in der Schule so stark, dass man ihn von der Schule verwies (zum 5. Mal in seiner ,Schulkarriere'). Die Diagnose lautete ziemlich deutlich auf ADS+H. Bereits nach einigen Wochen der kombinierten medizinisch-psychologischen Behandlung – wobei Ritalin als ,Anstoßmedikation' für die verhaltenstherapeutischen Schritte sehr gute Dienste erwies – und der Einbeziehung pädagogischer Maßnahmen der aktiv beteiligten Schule, waren erstaunliche Veränderungen im Verhalten und Verbesserungen der Schulleistung festgestellt worden. Der enorme Leidensdruck in einer intakten Familie und die ungerechtfertigten Schuldzuweisungen waren verschwunden, der Familienfrieden wieder hergestellt, da es dem ,Symptomträger' endlich besser ging.

2. Jüngst sind mir allerdings mehrere Fälle bekannt geworden, bei denen das hausärztlich verordnete Ritalin über vier bis fünf Jahre eingenommen wurde, ohne dass die unbedingt erforderliche verhaltenstherapeutische Begleitung erfolgte und auch die Schule nicht in ein Verhaltenstherapieprogramm einbezogen war. In einem solchen Fall ist natürlich auch eine süchtigmachende Komponente der medikamentösen Behandlung nicht auszuschließen.

Der ,schulische Teufelskreis'

So wie es häufig geschieht, hätte auch beim zuerst erwähnten Fall eine Nicht-Behandlung zu schwerwiegenden Entwicklungsstörungen, zu sozialen Phobien, zu häufigeren sekundären Krankheiten sowie zu Jugendalkoholismus bis hin zum Suizid führen können. Schulisch kommt es häufig zu Leistungsversagen, Schulwechsel und Schulausschluss.

Bedingt durch den impulsiven kognitiven Stil bei ADS+H (wird von den meisten Fachleuten als angeborene Affektlabilität bezeichnet) versagen Kinder in der Grundschule oft bei Textaufgaben, Impulsivität bedingt häufig auch ein vorzeitiges Aufgeben. Es kommt auch zu Vermeidungsstrategien. Ängste verschlimmern das noch, denn Angst steigert das Erregungsniveau. Ebenso übermäßiger Fernseh-Video- und Computerspielkonsum. Insbesondere Videoclips halte ich in diesem Zusammenhang für besonderes gefährlich. Bezüglich der Computernut-

---

3 Sicherlich gibt es auch Ursachen-Mischformen von Verhaltensstörungen (z. B. Hyperaktivität + familiäre bedingte traumatische Entwicklungsverläufe) bei denen andere psychotherapeutische Behandlungsmethoden mit analytischer Vorgehensweise oder interdisziplinäre pädagogisch-psychologische Interventionsmethoden angezeigt sind. Wichtig ist vor allem, dass das Kind nicht als ,Störer' isoliert oder stigmatisiert wird.

zung ist jedoch anzumerken, dass dieser – weil er für ADS-Kinder besonders attraktiv ist – sowohl bezüglich der Anwendung von Lernprogrammen (unmittelbare Rückmeldung als ‚Belohnung') als auch für diagnostische Zwecke (Testverfahren[4]) durch den (die) Fachmann (Fachfrau) sinnvoll genutzt werden kann.

Als Sekundärsymptome sind häufig bei ADS-Kindern auch ein gestörtes Selbstwertgefühl und Beziehungsstörungen zu beobachten. Daneben wird zuweilen eine Unfähigkeit festgestellt, sich selbst bzw. die eigene Leistung reell einzuschätzen. Die Neigung zu Affekthandlungen und zu aggressiven Ausbrüchen trägt ebenfalls dazu bei, dass sie in der Beliebtheitsskala bei den Klassenkameraden ziemlich weit hinten rangieren, und dass es immer wieder zu heftigen Konflikten kommt. Dies stört natürlich auch die Lehrer, wodurch der Teufelskreis für das hyperaktive Kind perfekt wird.

Die Beziehung der Eltern zu ihrem hyperaktiven Kind ist vielfach belastet. Ein Aspekt dieser Beziehung sind die starken Schuldgefühle der meisten Eltern solcher Kinder, dass sie in der Erziehung versagt hätten. Therapeuten verschiedener Richtungen arbeiten mit Eltern an dieser Problematik: Durch Aufklärungsarbeit, Elterntraining u. ä. wird versucht, Schuldkomplexe aufzulösen, um die Eltern-Kind-Beziehung zu entkrampfen und den Beteiligten eine neue Hoffnungsperspektive zu geben.

In der Lehrer-Kind-Beziehung gibt es ähnliche Probleme: Viele Lehrerinnen und Lehrer sind in ihrem täglichen Umgang mit diesen Kindern starken Belastungen ausgesetzt, und auch sie neigen, oft unbewusst, zu Schuldgefühlen und, meist unbegründet, zu Gefühlen von eigener pädagogischer Unzulänglichkeit. Hier ist die Öffnung durch das Gespräch, sei es unter Kollegen, mit den Eltern, der Beratungslehrerin oder dem Beratungslehrer, Therapeuten oder Ärzten eine Hilfe. Bereits ein kurzes Telefongespräch mit einer dieser Beziehungspersonen kann Impulse geben für einen Neuanfang im Umgang mit den Kindern.

Eine Entfernung schwieriger hyperkinetischer Kinder von der Schule ist meist keine Lösung, sondern eine Verschiebung des Problems.

Hyperaktiv oder aggressiv/oppositionell?

In einem Informationsbericht für die Schulpsychologinnen und Schulpsychologen des Landesinstituts für Schule und Weiterbildung in Soest, werden empirische Befunde für die Behandlung aggressiv/oppositioneller Kinder und schulische Interventionsmöglichkeiten dargestellt (K. Landscheidt, 1998). Es werden widersprüchliche Befunde aus der wissenschaftlichen Literatur referiert, die nach Landscheidt Anlass dafür sind, von einem eigenständigen Syndrom Hyperakti-

---

4 Wegen der ADS-typischen fluktuierenden Blickbewegungsrichtung ist es bei einer Intelligenz-Diagnostik besonders wichtig, dass die Items singulär dargeboten werden. Bei Paper-Pencil-Tests kann man sich dabei mit einer Schablone behelfen, in der ein Sichtfenster in Itemgröße enthalten ist, das von Aufgabe zu Aufgabe verschoben werden kann. Neuerdings gibt es auch Testverfahren als PC-Version, bei denen die Testaufgaben einzeln auf dem Bildschirm dargestellt werden. Sie stellen für Kinder mit Aufmerksamkeitsstörungen eine objektivere Messmethode dar (z. B. der CFT20 von Weiß, 1998).

vität nicht weiter auszugehen, weil die Symptomüberschneidungen mit aggressiv/oppositionellem Verhalten sehr groß seien. Er geht sogar so weit, zu behaupten, dass es zwischen dem Konstrukt ‚hyperkinetischem Syndrom' und oppositionell/aggressivem Verhalten überhaupt keine Unterschiede gibt. Der Begriff Hyperkinetisches Syndrom habe nur heuristischen Wert.

U. a. wird unter Berufung auf Döpfner (1997) behauptet, dass es ungeklärt sei, ob die Nichtbeachtung elterlicher Anforderungen ein Ergebnis oder eine Folge der Aufmerksamkeitsstörung ist. Diese Wirkrichtung sei nicht belegt (S. 14). Aufgrund der empirischen Befundlage müsse derzeit jedoch davon ausgegangen werden, dass die Wirkrichtung eher entgegengesetzt sei. So gehe das sehr gründlich fundierte Coercion-Modell von Patterson (1992) von folgendem Zusammenhang aus:

Ein schwieriges, das heißt lebhaftes Temperament ist deshalb ein Risikofaktor, weil es erhöhte Anforderungen an die Erziehungskompetenz der Eltern stellt. Es stellt keinen notwendigen Faktor für die Herausbildung aggressiv-oppositionellen Verhaltens dar, erhöht aber die Wahrscheinlichkeit, dass die Eltern aufgrund des explosiven Verhaltens des Kindes in Auseinandersetzungen unterliegen und dadurch die aversiven aggressiven Verhaltensweisen des Kindes verstärkt werden. Nach diesem Modell ist auch hyperkinetisches Verhalten Ergebnis eines Interaktionsprozesses, in dem das Kind systematisch lernt, sich Anforderungen zu widersetzen und seine Umwelt durch seinen exzessiven Verhaltensstil zu kontrollieren (S. 15).

Damit wären wir wieder bei den Eltern, denen die Sündenbock-Rolle wegen Erziehungsversagen zugeschrieben wird.

Bezüglich des Entwicklungsverlaufes der hyperkinetischen Störung findet Landscheidt angeblich eine annähernd vollständige Übereinstimmung mit der Entwicklung von Kindern mit oppositionell-aggressivem Verhalten. Dies versucht er zu belegen durch einen Vergleich der Symptomlisten, wie sie bei Döpfner et al. (1997) und Barkley (1993) für das hyperkinetische Syndrom dokumentiert sind, und denen von Patterson (1992) für oppositionell-aggressives Verhalten.

Pro Entwicklungsphase werden zwei bis sechs Einzelsymptome einander gegenübergestellt und daraus geschlossen, dass eine annähernd vollständige Übereinstimmung bestehe. Beim näheren Hinsehen fällt jedoch auf, dass
1. die Symptomliste für das hyperkinetische Syndrom unvollständig ist und besonders typische Merkmale fehlen, wie sie z. B. von Lauth und Schlottke (1995, S. 4f.), Neuhaus (1996, S. 54ff.) berichtet werden: erhöhte Ablenkbarkeit durch externe Reize, übermäßiges Reden, Vordrängeln, Vergesslichkeit (verlegt dauernd Gegenstände), chaotische ‚Ordnung', diffuses Schriftbild usw., und neuere Erkenntnisse aus dem medizinischen Bereich fehlen, z. B. die Untersuchung von Zametkin (1990) zur Bedeutung des Glukosestoffwechsels im frontalen Hirnlappen bzw. im prämotorischen Bereich der Hirnrinde (zitiert nach Altherr, 1996, S. 25), wodurch auf eine mangelnde Produk-

tion von Transmittersubstanz im Zwischenhirn geschlossen werden kann und damit auf die für ADS typische Reizfilterschwäche mit den negativen Folgen im Bereich der visuellen Aufmerksamkeit, der Motorik (motorische Unruhe) und der Impulssteuerung, (zur medikamentösen Behandlung siehe auch Trott, 1996, S. 89ff.), dass

2. mehrere Symptome des hyperkinetischen Syndroms nicht beim Syndrom oppositionelles-aggressives Verhalten auftreten. *Vorschule: extrem* unruhig, geringe Spielintensität und Ausdauer. *Grundschule:* Unruhe im Unterricht. *Jugendalter:* Aufmerksamkeitsstörung, aggressiv-*dissoziales* Verhalten, Alkoholmissbrauch. *Erwachsenenalter:* dissoziales Verhalten, und dass

3. einige als Symptome des hyperkinetischen Syndroms benannte Merkmale wie Leistungsversagen im Grundschulalter, geringes Bildungsniveau im Jugendalter und geringer Beschäftigungsstatus im Erwachsenenalter falsch sind oder falls sie als Diskriminationsmerkmale auftreten, zumeist ‚Folgeerscheinungen' eines nicht erkannten oder falsch behandelten ADS-Hyperaktivitäts-Syndroms sind.

4. ADS ohne Hyperaktivität wird von Landscheidt nicht richtig beachtet, weil dieser ADS-Varianten die aggressive Komponente fast gänzlich fehlt. Im Gegensatz zu ADS+H sind von ADS–H eher die Mädchen betroffen. Der größte Mangel des Symptomlisten-Vergleichs liegt darin, dass nicht zwischen den Geschlechtern differenziert wird.

Resümierend möchte ich feststellen, dass ich auf die Arbeit aus dem Soester Landesinstitut deshalb ausführlicher eingegangen bin, weil derartige einseitige Darstellungen eines für die Schulpsychologie und Schulberatung eminent wichtigen Bereichs fatale Auswirkungen auf Behandlungsanstrengungen und damit auch auf Behandlungserfolge haben können. Denn – eine falsche Diagnose kann auch nicht durch noch so ausgefeilte und durchdachte Interventions- und Behandlungsstrategien bei aggressiv-oppositionellem Verhalten, wie sie auf den Folgeseiten im Papier von Landscheidt sehr schön dargestellt werden, kompensiert werden. Kaum hat sich in schulischen Hilfsinstanzen, wie bei Suchtpräventionslehrern, Beratungslehrern, Schulpsychologen und Schulsozialarbeitern wenigstens partiell die Erkenntnis durchgesetzt, dass eine wesentliche Ursache für Jugendalkoholismus ein nicht behandeltes ADS ist, da erfolgt bereits durch solche Darstellungen eine neue Verunsicherung. Ich denke, dass es Psychologen gut anstehen würde, auch mal bei wissenschaftlichen Nachbardisziplinen, wie der Medizin, nach zu schauen, was es dort an neuen Erkenntnissen gibt. Dies würde sicher zu weniger Fehldiagnosen führen und damit zu einer Verbesserung psychotherapeutischer Behandlungserfolge . Dies gilt in gleicher Weise auch für pädagogisch-psychologische Maßnahmen in der Schule.

Hilfen für die Schule und durch die Schule

Einzelfallhilfe

Gelegentlich werden durch schulische und außerschulische Fachleute bei starken Störungen durch verhaltensauffällige Kinder oder bei gestörten Klassen Interventionsprogramme angeboten. Einzelne Beratungslehrer, aber auch – soweit deren personelle Kapazität ausreicht – Schulpsychologen wären dafür kompetente Ansprechpartner aus dem Bereich Schule und Schulverwaltung[5]. Unter Einbeziehung außerschulischer Fachkräfte können im Rahmen solcher Programme auch wesentliche Hilfen für ADS-Kinder und entsprechende Verhaltensänderungen erreicht werden. ,Therapie im Klassenzimmer' für Hyperaktive ist allemal besser als Schulausschluß oder ein Abschieben in Sonderklassen für ,erziehungsresistente Kinder mit Verwahrlosungssyndrom'.

Wann sollte man auf jeden Fall eine(n) Fachfrau/-mann konsultieren?
Was ist ein zuverlässiges Signal?

a) Bei hohem ,Leidensdruck' aller am Erziehungsprozess Beteiligten (Schule/Schulleitung/Lehrer, Mitschüler und Eltern).
b) Bei starkem Leistungsabfall, Schulversagen, vorangegangenem Schulverweis oder unfreiwilligem Schulwechsel.
c) Bei Verhaltensstörungen, wie starke Unruhe, Autoaggressionen und gestörtes Sozialverhalten u. a. Symptome, wie oben beschrieben.

Empfehlungen für Schule und Eltern

Bei der Diagnose ADS ist besonders darauf zu achten, dass einer *Stigmatisierung* der betroffenen Schüler vorgebeugt oder entgegengewirkt wird. Auch sollte man sich vor voreiligen Schuldzuweisungen an die Adresse der Eltern enthalten, sondern eher aufklärend wirken, z. B. darauf hinweisen, dass insbesondere *beim Vorliegen von Hyperaktivität der Medienkonsum des Kindes eingeschränkt wird* (vor allem Computerspiele, Gameboy u. ä., Videoclips und andere visuelle Produkte mit schnellem Szenenwechsel). Positive Auswirkungen auf das Verhalten des Kindes wären vielmehr zu erreichen durch Entspannungsübungen, vor allem in der Form der progressiven Muskelentspannung, aber auch durch beruhigende Phantasiereisen. Dies gilt in gleicher Weise auch für den schulischen Bereich, wo spielerische Lernformen in Kleingruppen notwendig wären.

Präventive Maßnahmen im Rahmen der Lehrerfortbildung

Seitens der schulpsychologischen Beratung sollten im Rahmen der Lehrerfortbildung für Suchtpräventionslehrer bzw. Beratungslehrer verstärkt Informatio-

---

5 Ein guter Überblick zu den Möglichkeiten des Schulpsychologischen Dienstes bei der Diagnostik und teilweise Behandlung bei ADS wird durch L. Ueberall in der Kongressdokumentation Bad Boll (1996) gegeben.

nen zur ADS-Problematik gegeben werden. Diese Fortbildungsteile sollten auch bei Schulleitertagungen und anderen Lehrerfortbildungen (z. B. in den Staatlichen Akademien) verstärkt werden. Gleichzeitig sollte auch bei der Ausbildung von Beratungslehrern diese Thematik in das Curriculum mit aufgenommen werden. Immerhin sind von der ADS+H-Problematik rund 5 % der Schüler eines Jahrganges betroffen, so dass man im Durchschnitt mit mindestens einem Kind pro Klasse rechnen kann, das mit dieser Störsymptomatik belastet ist.

Fazit

1. Es besteht Handlungsbedarf bei allen am Erziehungsprozess Beteiligten.
2. Die ADS-Thematik geht jeden Lehrer an.
3. Die Heilungschancen sind für die betroffenen Schüler(innen) als gut einzuschätzen, wenn das Syndrom rechtzeitig erkannt, die Therapie ursachenorientiert medizinisch und psychologisch ausgerichtet ist und in der Schule mit unterstützt wird.
4. Es besteht kein Grund zur Resignation bei Lehrern oder Panikreaktion bei Eltern.
5. Es gibt Hilfsangebote für Schule und Eltern: Beratungslehrer – Schulpsychologen – in besonderen Fällen auch die Schulverwaltung sowie therapeutische Einrichtungen.
6. Eine Aussonderung oder gar ein Schulausschluss von Schülern mit Hyperaktivitätssyndrom ist nicht der richtige Weg, sondern eine Verschiebung des Problems.

2 Medienpolitik und Medienindustrie

2.1 Das Medienkartell und seine Argumente

Medienbetreiber machen sich gerne die Argumente zu eigen, welche von der affirmativen Medienforschung ins Feld geführt werden. Auch die Medienpolitik von Landesmedienanstalten, eigentlich zu Ausgewogenheit verpflichtet, übernimmt häufig diese Argumente; ich habe den Eindruck, dass deren Sympathien, mit wenigen Ausnahmen, eher auf der Seite der kommerziellen liegen, denn bei den öffentlich-rechtlichen Anstalten[1]. Deshalb lassen sie es an der notwendigen Konsequenz fehlen und setzen vor allem auf remediale Maßnahmen durch Medienerziehung, denn auf Kontrolle und Sanktion. Es ist zwar anerkennenswert, wenn große Anstrengungen unternommen werden, um die vernachlässigte Medienpädagogik zu intensivieren, wenn es aber um eine stärkere Kontrolle der Medienbetreiber geht, lässt man es zuweilen an der nötigen Konsequenz fehlen. Viel zu selten werden Sanktionen rechtlicher Art ergriffen und Geldstrafen den Sendern auferlegt, die eine „Grenzüberschreitung" begangen haben. Auch in öffentlichen wissenschaftlichen und medienpolitischen Diskussionen[2] wird den Argumenten des Medienkartells zu wenig widersprochen.

Wie wird argumentiert:

- Globalisierung und Medienvielfalt stellen eine untrennbare Einheit dar. Wir müssen da eben mitziehen, um den „Medienstandort Deutschland nicht zu gefährden". Politische Aussagen gipfeln zuweilen in Forderungen wie „Stär-

---

1 Wie anders ist es zu erklären, wenn ausgerechnet die Programmanalysen der Landesmedienanstalten (LMA) zu anderen Ergebnissen kommen, wie die Analysen von ARD und ZDF sowie die der Arbeitsgemeinschaft Fernsehforschung (AGF), z. B. beim Vergleich der Informationsanteile zwischen öffentlich-rechtlichen Anstalten und den privaten Anbietern: „Die Studie der Landesmedienanstalten kommt für RTL, SAT 1 und ProSieben zu wesentlich höheren Anteilen. Der Grund dafür ist, dass sie die Talkshows, die vor allem die Privatsender am Vor- und Nachmittag reichlich anbieten, pauschal der Programmsparte Information zurechnet." „Der von interessierter Seite immer wieder in die Medienpolitik hineingetragene Vorwurf, öffentlich-rechtliche und kommerzielle Sender würden sich zunehmend angleichen, lässt sich nicht belegen. Durch die Codierpraxis der LMA-Studie wird eine Ähnlichkeit kommerzieller mit öffentlich-rechtlichen Programmprofilen im Informationsbereich ausgewiesen, die sich in der Programmrealität nicht wiederfindet" (Gerhard 1999, S. 343 und 387). Vielmehr ist es so, dass der Informationsanteil von ARD und ZDF mehr als doppelt so hoch ist wie derjenige der kommerziellen Anbieter RTL, SAT 1 und ProSieben, und an diesen Verhältnissen hat sich seit Jahren nichts geändert. Nach der Programmanalyse von Krüger (1999, S. 387) dominieren bei ARD und ZDF die Informationsangebote mit einem Anteil von 42 % am Gesamtprogramm, während es bei den Privaten die fiktionalen und nonfiktionalen Unterhaltungsangebote sind (RTL: 29 % Fiction, 22 % Nonfiction; SAT 1: 38 % Fiction, 18 % Nonfiction; ProSieben: 50 % Fiction und 10,5 % Nonfiction). Ich finde es fatal, wenn man z. B. „Arabella Kiesbauer-Talkshow" genau so als Informationsangebot bewertet wie den „ARD-Weltspiegel" oder das „ZDF-Auslandsjournal". Warum unternimmt man eigentlich bei den Landesmedienanstalten solche „akrobatisch anmutenden Kunstkniffe", um die Privaten aufzuwerten?

2 Zum Stand der Wissenschaftskritik: Die einen bestreiten einen substanziellen Zusammenhang zwischen Mediengewalt und Aggressionsbereitschaft vermutlich aus Unwissenheit (siehe Arbeiter, 1998), die anderen aus bewußtem Kalkül, erwachsen aus einer Überstrapazierung des grundgesetzlich geschützten Verbots jeglicher Vorzensur (siehe Stellung der LFK-Ba-Wü). Eine dritte Gruppe vertritt einzig und allein vordergründige kommerzielle Interessen, weil sie das große Geld immer noch mit brutaler Gewalt, Sensation und Horror machen: Das sind die, die im weitesten Sinne mit Produktion und Verbreitung (Privat-TV, Internet-Server) zu tun haben. Wissenschaftler liefern allen drei Gruppen die argumentative Munition, manche auch ungewollt: z. B. Bachmair, Schorb und Theunert den naiven Jugendschützern und „Spät-68ern", Grimm den TV-Produzenten, Rogge den Landesmedienanstalten, J. v. Gottberg seiner FSF (Freiwillige Selbstkontrolle Fernsehen) und damit natürlich in erster Linie den „Privaten". Von diesen wird wiederum unterstellt, dass andere Forscher, die im Auftrag von ARD und ZDF Gutachten und Vergleichsanalysen erstellen – z. B. Krüger mit seinen Programmanalysen in den Media Perspektiven – den privaten TV-Anstalten gegenüber voreingenommen seien.

kung des dualen Systems im Medienbereich" (Politiker aus Baden-Württemberg). Dabei kann doch wohl nur der private Systemanteil gemeint sein.[3]

- Presse- und Rundfunkfreiheit ist eines unserer höchsten Rechtsgüter. Jegliche Vorzensur ist grundgesetzwidrig und undemokratisch.
- „Freie Fahrt dem freien Bürger" wird auch auf Medien übertragen.
- Die Einschaltquote ist das Maß aller Dinge. Wertfragen werden ausgespart.
- Crime and Sex- und Gewaltdarstellungen werden als Geschmacksfrage bewertet.
- Kritische Medienwissenschaftler werden entweder ignoriert oder als „Bewahrpädagogen", „Skandaliseure" oder gar als „Scharfmacher" abqualifiziert (siehe Psychologie Heute, 5/1998, oder Fahrin, 1994).
- Die Katharsis-These wird wieder aufgewärmt, obwohl längst wissenschaftlich widerlegt (siehe Interview mit dem Kommunikationswissenschaftler Grimm, in Psychologie Heute, 5/98).[4]

Historisierende Argumente werden häufig zur Verharmlosung der Gewaltdarstellung in Medien bebenutzt, z. B. die Gewalt im griechischen Drama, in der griechischen Tragödie, in den Märchen, in der Musik, in der bildenden Kunst oder in der Literatur. Es seien nur graduelle Unterschiede zwischen diesen Gewaltdarstellungen und dem was wir heute in AV-Medien vorfinden. Typisches Beispiel hierfür ist eine Kolumne in „Sonntag Aktuell" (Titel: „Sodom- & Gomorrha-TV" am 3. 10. 1999) von Ernst Elitz, in dem er die Geschichte der Weltliteratur wie einen Horror-Kultur-Report voller Schauder- und Gruselstorys beschreibt. Soweit o.k. Wenn er aber eine Relativierung der heutigen Massenlager an Gewalt- und Horror-Szenarien bei Leo Kirch (u. a. ProSieben) und Bertelsmann (u. a. RTL/RTL 2) durch diese antiken oder mittelalterlichen Horror-Szenarien vornimmt, so stellt das eine kardinale Fehleinschätzung und Verharmlosung dar, und er macht sich so ungewollt zum Handlanger derer, die heute das große Geschäft mit der Gewalt in Medien machen. „Der Mensch braucht seine Gänsehaut", damals wie heute. Das ist seine zu einfache Schlussfolgerung aus dem Sodom & Gomorrha-TV.

Die historisierenden Argumente erscheinen mir so bedeutsam, dass ich an dieser Stelle anhand von Beispielen einen kleinen geschichtlichen Rückblick einschieben möchte:

---

3 Im Vergleich zu anderen CDU/CSU-Politikern ist diese Haltung den öffentlich-rechtlichen TV-Anstalten gegenüber sogar recht moderat, wenn man es etwa mit dem Bestreben von Ministerpräsident Stoiber (Bayern) vergleicht, der 1995 ganz offen die Abschaffung des ersten Programms forderte: „Stoiber will dem Flaggschiff der ARD an den Kragen – Der bayerische Regierungschef lässt nicht locker und fordert erneut die Abschaffung des ersten Programms" (Stuttgarter Nachrichten vom 31. 1. 1995). Ähnlich argumentierte auch der sächsische Ministerpräsident Biedenkopf zur gleichen Zeit. Der damalige Bundeskanzler Kohl äußerte „nachdrückliche Unterstützung, den Rundfunkstaatsvertrag zu kündigen", wollte aber primär die „Machtposition des WDR in der ARD brechen" (StN vom 2. 2. 1995).
4 Eine ausführliche Stellungnahme zu den Einwänden von Grimm findet man auf den Seiten 71ff.

2.2 Geschichtlicher Exkurs

Wenn es um die Folgen von Medienwirkung geht, werden mir in Diskussionen immer wieder geschichtliche Vorbilder entgegengehalten, um zu beweisen, dass es in früheren Jahren genauso schlimme Erfahrungen durch Medien und möglicherweise auch Transfer durch Gewaltmedien gab wie heute. Als Beispiele führen solche Medienkritiker wie Ernst Elitz ins Feld die Märchen, die bildlichen Darstellungen mit Folter und Tötung und anderen Grausamkeiten oder die Dramen und Tragödien aus der griechischen Antike. Deshalb möchte ich in einer Replik auf Medea aus der griechischen Sage, auf Märchen und auf bildliche Darstellung eingehen.

a) Der Medeamythos

,,Medea, die Göttliche, die Tochter der Sonne, die Zauberin, die Grausame, die Kindesmörderin. Eine in ihrer Widersprüchlichkeit und Rätselhaftigkeit faszinierende Gestalt in der griechischen Mythologie. Über sie haben sich Generationen von Dichtern und Tragöden den Kopf zerbrochen, nach einer Erklärung des Rätsels Medea gesucht. Lösungen sind es nicht, die sie gefunden haben, vielmehr sind es Deutungen, Interpretationen, Annäherungen. Eine solche Annäherung möchte ich versuchen: Als Nachfahrin des Sonnengottes Helios verfügt Medea über übernatürliche Kräfte. Ihre Zauberküste, die wie eine Wissenschaft anmuten, umfassen symbolhafte Rituale, darunter auch sehr grausame. So tötet sie wiederholt Tiere, aber auch Menschen und zerstückelt anschließend die Leichen, z. B. als Bestandteil eines Verjüngungsrituals. Mit ihrer Zauberkunst verhilft Medea dem Jason, dem Helden der Argonautensage zur Erlangung des goldenen Flieses. Als Gegenleistung verspricht er ihr, die in Liebe zu ihm entbrannt ist, die Ehe. Medeas Hilfe geht weit: um Verfolger aufzuhalten, darunter auch ihren eigenen Vater, tötet sie ihren Bruder und wirft seine Körperteile einzeln ins Meer. Jason und Medea heiraten und führen eine jahrelange glückliche Ehe, die ein jähes Ende findet, als Jason sich von Medea abwendet, um die korinthische Königstochter Kreusa zu heiraten. Medea ist tief verletzt durch die Wortbrüchigkeit des Jason und sinnt auf furchtbare Rache. Sie lässt Kreusa in einem vergifteten Kleid in Flammen aufgehen. Doch damit nicht genug: ihre Rache an Jason geht so weit, dass sie ihm nicht nur die neue Lebensgefährtin nimmt, sondern auch die gemeinsamen Kinder. Sie wird zur Mörderin ihrer eigenen Kinder."

Diese Quellen, die ich einer Einführung in einen musikalischen Beitrag einer S2-Kultur-Sendung aus dem Jahre 1993 entnommen habe, treffen auf die Mehrzahl der Quellen und *literarischen Bearbeitungen* des Stoffes zu. Anders als Kassandra, hat Medea schon immer die Gemüter erhitzt. Von Euripides und Appolonius Rodius über Pindar und Seneca bis zu Grillparzer und Heiner Müller haben weit mehr als ein Dutzend Autoren ihren Beitrag dazu geleistet. ,,Auch in der Musikgeschichte wimmelt es geradezu von Medeamusiken. Vor allem *Opern* sind es, die meisten aus dem 18. und 19. Jahrhundert. Und fast alle sind heute vergessen, bis auf die Opern von Charpentier und Cherubini. Außerhalb der Opernbühne begegnet uns Medea in der Musik noch in Kantaten, Monodramen, kleinen Charakterstücken und Balletten. Die wohl bekannteste *Medeavertonung* ist die Arie ‚Dei tuei filii de la madre' – ‚sieh die Mutter in mir, die Mutter deiner Söhne' aus der Oper Medea von Luigi Cherubini."

Medea wird dabei im ersten Akt noch als liebende Gattin und Mutter gezeichnet, der Wärme und zärtliche Empfindungen durchaus nicht fremd sind. In der Interpretation von Maria Callas sehr wohl ein Kunstgenuss. In den späteren Teilen dieser Oper werden dann die grausamen Akte des Mythos und die brutalen, rachelüsternen Charakterzüge musikalisch und sprachlich ausgemalt.

Der Unterschied zwischen Oper und brutalen Horror-Filmen wie ,,Der Fan" – so wird von Bejahern der Mediengewalt behauptet – sei nur noch gradueller Art. (In diesem Film tötet aus enttäuschter Liebe ein Mädchen mit Schulproblemen ihr Idol, zersägt die Leiche und verspeist die in einer Tiefkühltruhe eingefrorenen Körperteile nach und nach in fast genüßlicher Weise.) Auch in den Horror-Filmen ,,Kettensägen-Massaker" oder ,,Muttertag" könnte man Parallelen finden.

Es gibt aber auch musikalische Interpretationen der Medeagestalt, in denen Athmosphärisches begriffslos eingefangen wird. In der Musik von Verson Dandie findet die Vielschichtigkeit des Medeamythos seine musikale Entsprechung in einer ebenso vielschichtigen Musik. Diese Orchestersuite könnte durchaus als musikalische Begleitmusik zu den Tötungsszenarien im Horror-Film ,,Freitag der 13." passen und dabei Angstschauer beim Betrachter stimulieren.

Nun gibt es Kritiker der Wirkungstheorie von Horror-Gewalt-Filmen, die argumentieren, dass die durch Text oder musikalische Interpretation ausgelösten Phantasieproduktionen genauso wirkungsvoll auf den Rezipienten wirken können wie ein Horror-Gewaltfilm auf den jugendlichen Betrachter. Das mag zwar stimmen, geht man davon aus, dass jede Zeit ihre eigenen medialen Darstellungsformen – auch für Gewalthandlungen – hatte. Das griechische Theater beinhaltete Katharsis und Kultur. Wenn der Stoff aus der griechischen Mythologie für die jeweiligen Zeitgenossen uninteressant gewesen wäre, so hätte es sicher nicht so viele literarische, musikalische u. a. Interpretationen gegeben und – nach dem der Phantasie ja keine Grenzen gesetzt sind – vermutlich auch entsprechende Auswirkungen auf das Verhalten von Erwachsenen. Allerdings: Kinder und Jugendliche waren bestimmt weniger davon berührt, weil der Distributionsgrad wegen der fehlenden technischen Möglichkeiten sehr stark eingeschränkt war. Es war ein Privileg der Erwachsenenwelt und in dieser noch auf die Schichten beschränkt, die sich einen Opernbesuch leisten oder die lesen konnten. Heute stellt sich die Situation gänzlich anders dar. Bedingt durch die technischen Möglichkeiten über Video, TV und PC können zu jeder Zeit und praktisch an jedem Ort bewegte Bilder wiedergegeben werden, und dies praktisch mit nahezu unbegrenzten Wiederholungsmöglichkeiten. Und dementsprechend ist auch das Nutzungsverhalten völlig anders als in früheren Jahren. Vor allem bei Kindern und

Jugendlichen. Der Horror-Gewaltkonsum heute ist – im Gegensatz zum griechischen Theater – Massenkonsum ohne Verarbeitung.

b) Die Märchen

Kritiker, die meine Interpretation von Wirkungszusammenhängen exzessiver filmischer Gewaltdarstellungen mit Verhaltensänderungen von Schülern als „bewahrpädagogische Scharfmacherei" (z. B. Fahrin, 1994, oder sinngemäß auch Meyer, in Psychologie Heute, 9/1998) bezeichnen, führen gerne einen Verweis auf die grausamen Märchen in unserer Geschichte ins Feld. Diese Argumentation höre ich immer wieder auch von Vertretern der privaten Medienbetreiber. Märchen seien ja an Grausamkeiten kaum zu überbieten, sie sind voll von Tötungsversuchen bis hin zu kannibalistischen Androhungen (z. B. im Märchen „Hänsel und Gretel").

Es besteht aber inhaltlich ein fundamentaler Unterschied: Gewalt dient im Märchen nie zum Selbstzweck, meistens haben sie ein gutes Ende, sie vermitteln häufig positive Wertvorstellungen. Zum Gruseln ist es schon zuweilen, aber diesen kleinen Nervenkitzel und ein bisschen Gänsehaut lieben ja Kinder, und das Wichtigste, sie sind nie allein dabei, diese Geschichten wurden von lebenden Personen, der Mutter, der Großmutter, zuweilen auch von Vätern oder Opas erzählt, deren körperliche Nähe und Wärme das Kind verspürte, weil diese Bezugspersonen selbst erzählten oder aus dem Märchenbuch lasen. Ein Gefühl von Geborgenheit konnte trotz einer gewissen Angst erhalten bleiben. „Wo jahrtausende lang erzählt, gelesen und gespielt wurde, wird jetzt vorerzählt, vorgespielt und vorgezeigt. Der Bilderreichtum menschlicher Phantasie wird durch die Bilderflut begrenzt" (Schorlemmer, 1995). Und noch etwas: Die Erzählerin oder der Erzähler konnte die Geschichte in seinem Verlauf und Ausgang auch verändern, die Kinder konnten Fragen stellen, auf die die Erzählperson eine direkte Antwort geben konnte. Auf diese Weise konnte auf die Individualität des Kindes (Alter, Angstneigung, Ichstärke usw.) eingegangen und die angstvollen Kognitionen, die Vermischung von Fiktion und Wirklichkeit und möglicherweise auch ungewollte Identifikationsprozesse, wie sie bei den vielen Alleinkonsumenten unserer Tage zu beobachten sind, vermieden werden.

Sicher gab es auch früher wie heute den Mißbrauch: z. B. durch Projektionen von enttäuschten Müttern, Vätern, Großeltern und anderen Verwandten, wobei die „Medien" (Märchen, Fabeln, Erzählungen) für ihre eigenen Übertragungsbedürfnisse auf das Kind instrumentalisiert wurden. Solchem erzieherischen Fehlverhalten sind Kinder damals wie heute vor allem im Vor- und Grundschulalter recht hilflos ausgesetzt. Was heute jedoch prinzipiell anders ist, ist der autonome, unmittelbare und unpersönliche Einfluß der Medien, der durch die technischen Voraussetzungen und ihre Allgegenwärtigkeit unbeschreiblich größer ist, und das weitgehend fehlende Gespräch mit den Eltern über das Gesehene.

c) Bildliche Darstellungen

Ein Bild aus einer römischen Kirche, auf dem eine unbekleidete Frau auf der Folterbank liegend dargestellt ist und von einem der Folterknechte mit einer vierzackigen gebogenen Harke in die Brüste eingeschlagen wird. Solche Bilder, von denen es in dieser Missionarskirche ‚S. Stefano Rotondo‘ mehrere gibt, sollten angehende Missionare für ihren Auftrag in Südamerika durch Abhärtung vorbereiten (siehe hierzu auch 1. Kapitel, Abschnitt 1.3). Dieses Bild erinnerte an eine Szene aus dem indizierten Horror-Film ‚Halloween IV‘, die ich zur Veranschaulichung in einen Vortrag eingebaut hatte. Darin tötet ein verkleideter Täter mit einer fast identischen Harke, wie auf dem Kirchengemälde, eine unbekleidet auf einer Couch liegende Frau durch einen Schlag in den Hals. Es stellte sich die Frage, ob der Horror-Filmautor sich nicht durch diese bildliche Folterdarstellung in der römischen Kirche die Anregung für seine ähnliche Filmszene entliehen haben könnte. Mag sein – aber diese Horror-Filmszene hat sicher mehr Kinder und Jugendliche erreicht, als das Bild in der römischen Kirche aus dem 16. Jahrhundert, denn der Bekanntheitsgrad der Halloween-Serie liegt nach meinen repräsentativen Schülerbefragungen 1992 bei 20–30 %.

Hexenverbrennungen und öffentliche Hinrichtungen hatten demgegenüber schon eine größere „Reichweite“. Aber diese unmittelbare Gewalt steht hier nicht zur Diskussion, sondern die medial vermittelte.

Resümee

Wenn man heute eine Gegenwartsskizze der Gewaltmentalität durch Mediengewalt machen würde, so könnte man als am weitesten verbreitete mediale Highlights und als typische Zeugnisse unserer Tage benennen: „Rambo“, „Terminator“, „Cyborg“, „Natural born killers“, „Freitag der 13.“, „Tanz der Teufel“, „Gesichter des Todes“, „Muttertag“, „Das Schweigen der Lämmer“, „Savage Street“ (Straße der Gewalt), „Friedhof der Kuscheltiere“ oder „Power Ranger“ und einige relativ gewaltfreie wie „Titanik“, „Miss Saigon“, „Die Schöne und das Biest“, dazu noch einige Kinohits. Wenn ein Kulturkritiker wissenschaftlich objektiv bewerten würde, so befänden sich in seiner Hitliste, so wie es vor etwa 200–300 Jahren die Medea war – obwohl diese mythische Figur zu dieser Zeit schon fast 2000 Jahre medial existierte – als typische Kultfiguren unserer Zeit Rambo und Terminator (siehe u. a. auch UNESCO-Studie, Groebel, 1998). Der Schlächter Jason aus dem Horror-Video „Freitag der 13.“ (übrigens eine interessante Namensgleichheit mit dem Jason aus Medea), dürfte, wenn man sich auf meine Schülerbefragungen beziehen würde, in einem Kulturreport unserer Tage nicht unerwähnt bleiben, auch weil es da 1996 einen Nachahmungstäter in Niederbayern gab (14-jähriger Junge der maskiert wie Jason mit einer Axt einem Mädchen aus dem Nachbarhaus und deren Tante in den Kopf schlug), was gerichtlich dokumentiert ist.[5]

---

5 Zur Klarstellung folgende wichtige Information: Einige der erwähnten Horror-Gewaltfilme („Kettensägenmassaker“,

Die „Reichweite" mit den unbegrenzten und allgegenwärtigen Zugangs- und Zugriffsmöglichkeiten ist heute das eigentliche Problem, das wir dem Fetisch „Medienvielfalt" zu verdanken haben. Sie ist das „Goldene Kalb" unserer Zeit.

2.3 „Das Geschäft mit der Gewalt"

Einige wenige machen Riesenprofite mit Gewaltmedien. Vielleicht ist es aber nicht nur das Geld, das reizt, sondern die Macht, denn wer die Medien hat, der hat auch gesellschaftlichen Einfluss. Medienmogule wie Leo Kirch und der Bertelsmannkonzern bei uns, in Italien Berlusconi und in Australien, England und USA der Mega-Mogul Murdock. Wer diese zum Gegner hat, der tut sich auch mit dem Gewinn an politischer Macht schwer, auch wenn es in Italien eine erfreuliche Wende gab.

Rechtsorientierte Politiker bei uns tun sich besonders hervor, wenn es um die Bekämpfung der Drogensucht geht. Hier können Sanktionen und polizeiliche Maßnahmen nicht hart genug sein. Wenn es aber um Sanktionen gegen Gewalt in den Medien geht, die ebenfalls zu Suchtverhalten führen und dazu eine enorme sozialschädliche Wirkung haben können, zieht man sich allzu schnell auf einen Rechtsstandpunkt zurück, mit der Konsequenz, es lieber bei Appellen an die Medienverantwortlichen zu belassen als einmal einen Rechtsstreit zu wagen. Oder geriete vielleicht unsere Demokratie in Gefahr, wenn man das Ausstrahlen indizierter Filme auch nach 23.00 Uhr verbietet, wenn man eine für Kinder äußerst bedenkliche „Schmuddel-Talkshow" absetzt oder zumindest in das Abendprogramm verlegen lässt, oder wenn man den Internet-Anbietern gesetzlich zur Aufgabe macht, die Produkte ihrer Kunden vor dem Einspeisen in das Netz auf ihren jugendgefährdenden Inhalt überprüfen zu lassen?

Nochmals: Zentrale gesellschaftliche Machthaber sind heute die Medienmacher und Medienverbreiter. Und diese entscheiden nun mal anders. Wenn Helmut Thoma, ehemaliger Intendant von RTL, auf die Frage in einem Interview, warum denn das TV-Programm immer flacher werde, antwortet, gerade die Leute im Osten wollten das ja nicht anders, sie wollten nur anspruchslose Unterhaltung, weil nur so das Leben einigermaßen erträglich sei, so grenzt das an Zynismus. Sein Nachfolger als RTL-Chef, Gerhard Zeiler, steht ihm nicht viel nach, wenn er sich für das Recht auf „Eskapismus" im TV so stark macht. Die, die das nicht sehen wollten, könnten ja ab- oder umschalten.

„Muttertag" und „Freitag der 13. – Das letzte Kapitel") gehören der Kategorie der beschlagnahmten Filme nach der Definition der BPjS an (Gesamtzahl 1999 rund 300), deren Verbreitung nur über Video (zumeist als Raubkopie) möglich ist. Diese dürfen weder über Videotheken ausgeliehen, noch über TV ausgestrahlt werden. Darüber gibt es keinen Dissens in Fachkreisen. Die Diskussion dreht sich vielmehr um die rund 2700 von der BPjS ‚indizierten Sex- und Gewaltfilme', die über TV ab 23.00 Uhr ausgestrahlt werden dürfen, wenn es der vom Sender bestellte Jugendschutzbeauftragte bzw. die FSF für richtig halten (z. B. „Rambo II", „Cyborg", „Der Terminator II", „Friedhof der Kuscheltiere"). Davon wurden in den letzten Jahren jährlich durchschnittlich 130 über die kommerziellen TV-Sender ausgestrahlt: wöchentlich waren das etwa 2–3 indizierte Filme. Teilweise werden von der BPjS indizierte Filme von der FSF „nachbewertet" und nach der sogenannten 16er-Regelung und kleineren Schnitten bereits ab 22.00 ausgestrahlt, so wie „Rambo III" (4.9.1999, 22.15 Uhr, in ProSieben) und „Total Recall" (28.8.1999, 22.15, ebenfalls in ProSieben).

Aber es geht nicht nur um das Geschäft mit flacher Unterhaltung, Sex und Eskapismus, sondern auch um das Geschäft mit der Gewalt. Besonders typische und „herausragende TV-relevante Ereignisse" waren 1991 „Rambo II und der Golfkrieg" (RTL), die „Fernsehinszenierungen bei der Geiselnahme von Gladbeck" (1989), der „Rechtsstreit um die Freigabe von Rambo III" zwischen RTL, der „Bundesprüfstelle für jugendgefährdende Schriften-BPjS" (1993) sowie das Ergebnis der sogenannten Kommission „Gewalt in den Medien" (siehe Staatsministerium Baden-Württemberg, 1993) in Baden-Württemberg bezüglich der Freigabe der von der BpjS indizierten Filme für die TV-Ausstrahlung (1993/94).

Rambo II und der Golfkrieg

Am Abend vor Beginn des Golfkrieges (30. Januar 1991) war „Rambo II" in RTL um 23.00 Uhr zur Ausstrahlung angekündigt. Der Sprecher, der den Film ankündigen sollte, sagte mit ernster Miene, dass die Verantwortlichen des Senders in Anbetracht der bevorstehenden kriegerischen Ereignisse darauf verzichten würden, diesen Action-Kriegsfilm auszustrahlen. (Bei „Rambo II" handelt es sich um einen actionbetonten, sehr grausamen Kriegsfilm, der den Vietnamkrieg thematisiert, allerdings in einer heldenhaft glorifizierenden Art. Er wurde zu Recht von der BPjS auf den Index gesetzt, da er eine gewalt- und kriegsverherrlichende Handlung hat, obwohl der damalige US-Präsidet Reagan diesen Film mit dem Prädikat „besonders wertvoll" seinen Landsleuten empfahl. Psychologisch interpretiert bedeutet diese präsidiale Einschätzung nichts anderes als eine gute Möglichkeit, auf einfache Weise das amerikanische ‚Vietnam-Trauma' zu ‚verarbeiten'. Mit anderen Worten, ein fiktionales Geschehen auf der Leinwand sollte dazu beitragen, das Desaster des verlorenen Vietnamkrieges vergessen zu lassen. Eine sicherlich sehr erfolgreiche Geschichtsfälschung – medial sehr eindrucksvoll in Szene gesetzt.)

Was ich vermutet hatte, trat ein: Kaum war der Golfkrieg zu Ende (März 1991), stand „Rambo II" bei RTL wieder auf dem Programm. Um 23.00 Uhr wie gewohnt, meldete sich der Sprecher mit dem einleitenden Hinweis, man habe sich dem Druck der Öffentlichkeit nicht mehr verschließen können, denn in unzähligen Zuschriften hätten die Fernsehzuschauer nachdrücklich die Ausstrahlung des Filmes verlangt. Und, weil die Einschaltquote wahrscheinlich sehr groß war, wurde „Rambo II" am Folgeabend gleich nochmals ausgestrahlt. Scheinheiliger geht's wahrlich nicht. Es hieße ja ‚Eulen nach Athen tragen, wenn in den Monaten Januar bis März 1991 ohnehin „Rambo-Live" gesendet wird, wie es ein Schüler ausdrückte, indem allabendlich martialische Kriegsbilder die Wohn- und Kinderzimmer beherrschten. Die hohen Einschaltquoten hatte man ja ohnehin durch die tägliche Kriegsberichterstattung.

Fernsehinszenierungen bei der Geiselnahme von Gladbeck

Diese „Medien-Live-Show" war neben der Behinderung von polizeilichen Maßnahmen durch „Paparazzis" an Geschmacklosigkeit nicht zu übertreffen. Aus der
Lust am Leid anderer, am sich weiden an der Angst der beiden entführten Frauen,
aus dem Bedürfnis nach Spannung und Nervenkitzel durch den offenen Ausgang
der Entführung, aus dem Wunsch endlich einmal live dabei sein können, resul-
tierten die hohen Einschaltquoten. Sicherlich ein Festtag für sensationsgeile
Jugendliche und Erwachsene. Dabei wurden bei vielen lediglich die niedrigsten
menschlichen Instinkte aktiviert. Für viele auch eine Gelegenheit, einmal ein
seltenes „Flow-Erlebnis" haben zu können.

Freigabe von „Rambo III"
zwischen RTL, der Bundesprüfstelle für jugendgefährdende Schriften-BpjS
(Rechtsstreit zwischen 1991 und 1993)

„Rambo III", in dem Sylvester Stallone als Rambo seine feuerspeienden Kampf-
hubschrauber-MG- und Feuerbomben-Einsätze im Afghanistan-Krieg noch zur
Sowjet-Zeit vorführt, war wegen seiner gewalt- und kriegsverherrlichenden
Handlung zunächst indiziert worden. Dagegen hatten die Besitzer der Filmrechte
geklagt. Sie bekamen nach etwa einem halben Jahr recht, weil der BPjS in dem
Rechtsverfahren eine Art Formfehler nachgewiesen werden konnte: Man hatte
den künstlerischen Gehalt des Filmes nicht genügend gewürdigt. Der Rechtsstreit
hat sich für die Betreiber gelohnt, ging es dabei doch um etliche Millionen. Seit
diesem Urteil und nach einer Neubewertung 1993 mit der Freigabe ab 16 Jahren,
darf dieser Film bereits ab 22.00 Uhr ausgestrahlt werden. ProSieben hält sich
natürlich an diese Regelung und strahlte „Rambo III" am 4. 9. 1999 bereits um
22.15 Uhr aus. Natürlich mit einem Maximum an Werbespots[6], da hohe Einschaltquoten zu erwarten waren, wie man von den Erstausstrahlungen durch RTL
(1993) und RTL 2 (1996) natürlich weiß.

Die Novellierung des Rundfunkstaatsvertrages
durch alle Bundesländer aus dem Jahre 1994 ist auch ein typisches Beispiel aus
der jüngsten Vergangenheit.

Diese gesetzliche Regelung wurde in Baden-Württemberg durch die sogenannte
„Vetter-Kommission" und deren Gutachten vorbereitet (s. Staatsministerium
Baden-Württemberg, 1993). Der damalige Staatsminister Vetter im Baden-Würt-
tembergischen Staatsministerium leitete diese Expertenkommission „Gewalt in

---

6   In den rund zwei Stunden von 22.10 Uhr bis 00.14 habe ich 84 Spots von rund 70 verschiedenen Firmen gezählt; wenn
    man die ProSieben-Eigenwerbung für TV-Filme hinzuzählt, waren es in dieser Zeit 94 Werbesendungen! Die drei
    Werbeblocks während „Rambo III" um 22.50, 23.20 und 23.53 brachten es auf 61 Spots, inklusive ProSieben-Eigenwer-
    bung waren es 69, pro 10-Minutenblock zwischen 20 und 25 Spots, darunter bekannte Autofirmen wie Opel, Fiat,
    Mitsubishi, Toyota, Peugeot, Telekommunikation/PC wie Telekom, AOL ARCOR und Intel-Inside, „Fernsehbiere" wie
    Radeberger, Holsten, Beck's, sowie diverse andere wie Jägermeister, Volvic, Faber, R+V-Versicherungen, Hamburg-
    Mannheimer-Versicherung, Visa-Card, Pril, Thomy, Ritter-Sport, Iglo, Schwarzkopf, Bild, Mc Donalds, Shell usw.

den Medien". Ihre Arbeit hatte bundesweite Auswirkungen in Gestalt der Novellierung des Rundfunkstaatsvertrages.

In einem Brief an den Landesfrauenrat in Baden-Württemberg musste Vetter auf eine besorgte Anfrage von dort wegen der zunehmenden Gewalt in Medien bekennen, dass sich nach der Umsetzung der Kommissionsergebnisse nichts Entscheidendes geändert habe (Brief vom 24. 5. 1995). Dieses Ergebnis wundert mich nicht, wenn man derartige halbherzige Ergebnisse produziert.

Was mich an der Arbeit dieser Kommission noch störte, war einmal die einseitige Zusammensetzung, was den Anteil an Medienwissenschaftlern anbetraf. Nur ein Vertreter aus der Medienpsychologie war dabei, der aber dem Kreis der sogenannte affirmativen Wissenschaftler zuzurechnen ist. Zum anderen störte mich, dass die intensive Forderung vieler Verbände, die indizierten Gewaltfilme gänzlich aus dem Programmangebot der Sender zu streichen, im Kommissionsbericht nicht berücksichtigt wurden. Die überwältigende Mehrheit der 16 Verbände (z. B. GEW, Kinderschutzbund, Aktion Jugendschutz, Kirchen, öffentlich-rechtliche Rundfunkanstalten usw.) hatte schriftlich und in einer öffentlichen Anhörung im Stuttgarter Neuen Schloss auch mündlich ihre Bedenken vorgebracht und das grundgesetzlich gesicherte Recht der Kinder auf körperliche und geistige Integrität höher eingeschätzt als das Informationsrecht der Erwachsenen (siehe Staatsministerium Baden-Württemberg, 1994). Dagegen hatte sich nur der Deutsche Journalistenverband ausgesprochen und natürlich der Vertreter der privaten Programmanbieter. Die bei der öffentlichen Anhörung auf dem Podium sitzenden Kommissionsmitglieder hüllten sich in Schweigen. Im Abschlussbericht wurde dennoch nicht der Mehrheitsmeinung, die ich ebenfalls teile, Rechnung getragen. Was blieb, war eine Empfehlung an die Industrie, ein Chip zur Fernseh-Gewaltsperre zu entwickeln, dieses aber nicht obligatorisch in die TV-Geräte einzubauen. Das Zusatzgerät wurde entwickelt, kostete rund 300.- DM und wird kaum gekauft, was zu erwarten war. Dann wurde noch vorgeschlagen, was dann auch in den novellierten Staatsvertrag aufgenommen wurde, dass jeder private TV-Anbieter einen sogenannte Jugendschutzbeauftragten zur Bewertung der Programme für Kinder und Jugendliche zu beschäftigen habe, und dass man der „Freiwilligen Selbstkontrolle Fernsehen" (FSF) mit Sitz in Berlin, die Rechte für die Filmbewertung nach den Jugendschutzkriterien übertrug, die eigentlich den Landesmedienanstalten zustehen.

Die Folgen

„Wes Brot ich ess, des Lied ich sing", dieser alte Landsknechtspruch dürfte auch dabei seine Wirkung nicht verfehlen. Denn auch für die Zeit nach der obligatorischen Bestellung von Jugendschutzbeauftragten bei den privaten TV-Anstalten bzw. die Übertragung deren Aufgaben an die FSF als Folge des novellierten Rundfunkstaatsvertrages der Länder im Jahre 1994 sind die Veränderungen im TV-Angebot der werbefinanzierten Sender nur als marginal zu bezeichnen. Dies geht aus der Zwischenbilanz, die vom Landtag von Baden-Württemberg am 23. 2. 1996 als Landtagsdrucksache veröffentlicht wurde, eindeutig hervor:

Von den Fernsehanstalten wurden **352 geprüfte indizierte Filme** der FSF mitgeteilt (Stand vom 31. 12. 1995). Davon waren bereits vom Antragsteller 160 ‚bearbeitet' worden. 196 wiesen eine antragsgemäße Entscheidung auf. Es blieben 156 übrig, bei denen die Entscheidung nicht antragsgemäß war. Von diesen zunächst abgelehnten Anträgen wurden

- 25 nicht für die Ausstrahlung empfohlen,
- 20 erhielten eine Empfehlung für spätere Sendezeit (nach 24.00) und Schnittempfehlungen bzw. sonstige Auflagen,
- 22 durften erst nach 24.00 Uhr ausgestrahlt werden, und bei
- 89 wurden beantragte Sendezeit und Schnittempfehlungen moniert und sonstige Auflagen erteilt.

Letztlich wurden also von den 352 indizierten Filmen *von der FSF nur 25 für die Ausstrahlung nicht empfohlen* (rund 7 %). Wenn man sich vor Augen hält, dass

- **alle 352 Filme** von der Bundesprüfstelle für jugendgefährdende Schriften überprüft und indiziert worden waren, mit der Folge, dass sie Kindern und Jugendlichen nicht zugänglich gemacht werden dürfen (Verleih über Videotheken ist erst ab 18 Jahren erlaubt!),
- aus der ARD-ZDF-Medienforschung (‚Media Perspektiven', 4/97) bekannt ist, dass durchschnittlich rund 50 000 Kinder nach 24.00 Uhr noch immer vor dem Fernseher sitzen – mit ansteigender Tendenz – und
- dass die Aufzeichnungsmöglichkeiten durch Videogeräte, mit denen 80 % der Haushalte ausgestattet sind, auch Kindern einen unbegrenzten Zugang zu diesen indizierten Filmen ermöglichen,

so kann man ermessen, dass die eingeführten Selbstkontrollmaßnahmen keine wesentliche Veränderung erbracht haben. Zu den Schnittempfehlungen ist zudem zu vermerken, dass bei diesen Filmen lediglich einige besonders ekelerregende und gewaltverherrlichende Szenen herausgeschnitten wurden, dass jedoch die *Botschaft* der Filmhandlung mit den violenten Konfliktlösungen nach wie vor erhalten bleibt und auf den Betrachter einwirkt. Jedenfalls stellt es für manche Schüler einen besonderen Anreiz dar, sich die Langfassung mit den bestimmten Szenen auf dem schwarzen Markt zu beschaffen.

Eine Bemerkung noch zur Position der FSF: Joachim von Gottberg, der Leiter dieser Institution, begründete in einer umfangreichen Broschüre (v. Gottberg, 1995) deren Aufgabe. Dabei fiel mir als neutralem Beobachter jedoch auf, dass er die wichtigsten wissenschaftlichen Arbeiten zur Wirkungsforschung bezüglich Filmgewalt zwar darstellt und auch zugestehen muss, dass es nachweislich schädliche Wirkungen auf Kinder und Jugendliche gibt. Aber wenn es um die Zulassung indizierter Filme für eine TV-Ausstrahlung geht, schätzt er das aus der Nutzungsforschung bekannte Sehverhalten von Kindern und Jugendlichen falsch ein, wenn er meint, dass nach 24.00 Uhr nur noch ganz wenige Jugendliche fernsehen, deshalb könne man in diese Zeit ruhig schon einmal etwas härtere Sachen positionieren. Faktum ist aber, dass es rund 50 000 Kinder zwischen drei bis 13 Jahren gibt, die um diese Zeit noch zuschauen (!). Weiter meint er, dass die Zahl derer, die nach 23.00 Uhr noch fernsehen, ebenfalls so gering ist (in

Wirklichkeit sind es noch rund 200 000 Kinder), dass etwas geschnittene indizierte Filme bereits um diese Zeit zumutbar sind (z. B. „Rambo II"), und dass man andere indizierte Filme mit entsprechenden Schnitten (z. B. „Rambo III" oder „Total Recall") bereits ab 22.00 Uhr zeigen könne. Dabei dürfte ihm auch entgangen sein, dass um diese Zeit nach den neuesten Erhebungen bis zu 800 000 Kinder, und die überwiegend alleine, noch fernsehen.

So ganz wohl scheint es ihm mit seiner Argumentation nicht zu sein, denn entschuldigend und beruhigend stellt er in einem kleinen Absatz fest (S. 68), dass nach einem Bericht des Kriminologischen Forschungsinstituts für Niedersachsen kein Anstieg der Jugendlichenkriminalität bis 1995 beobachtet worden sei. Zitat (v. Gottberg, S. 68): *Nicht zu vernachlässigen, aber auf dem Rückzug sind jugendliche Gewalttäter. Allen Unkenrufen zum Trotz werden es weniger. Daten des Kriminologischen Forschungsinstituts Niedersachsen und aktuelle Verbrechensstatistiken belegen dies eindrucksvoll.* Als Quelle wird J. Groebel (ohne Jg.) angegeben mit „Gewaltdarstellungen im Fernsehen", herausgegeben vom Ministerium für Arbeit, Gesundheit und Soziales des Landes NRW, Seite 44.

Diese Darstellung ist nachweislich falsch, denn in der *Zeitschrift Praxis der Kinderpsychologie und Kinderpsychiatrie*, Nr. 3/97, wurde eine Arbeit Christian Pfeiffers, des Leiters des erwähnten Kriminologischen Instituts, veröffentlicht (P. Wetzels & C. Pfeiffer, 1997) mit dem Titel „Kindheit und Gewalt: Täter und Opferperspektiven aus Sicht der Kriminologie" (S. 143–152), in dem genau das Gegenteil steht: Es wurde für den beobachteten Zeitraum von 1984 bis 1995 eine signifikante Zunahme an Gewaltdelinquenz sowohl bei Kindern als auch bei Jugendlichen festgestellt. Besonders stark war der Anstieg zwischen 1989 und 1995 (Daten beziehen sich auf die alten Bundesländer). *Insgesamt hat die Tatverdächtigenziffer der 8- bis unter 14-Jährigen zwischen 1989 und 1995 von 1458,4 auf 1967,4 zugenommen (+34,9 %). Diese Zunahme registrierter Gewaltdelinquenz lässt sich auch bei Jugendlichen und Heranwachsenden feststellen, wo sie nach unseren Analysen nicht auf eine Veränderung polizeilicher Kontrollstrategien oder einen Wandel des Anzeigeverhaltens zurückgeführt werden kann. Alle vorliegenden Daten sprechen vielmehr dafür, dass hier ein realer Anstieg zu verzeichnen ist* (S. 146 f.). Vor allem im Bereich der Kinderdelinquenz ging diese negative Entwicklung in den Folgejahren rasant weiter. Neben der Arbeit von Pfeiffer gibt es zudem eine Reihe weiterer seriöser Kriminalitätsstatistiken (z. B. die Jahreskriminalitätsstatistik des Landeskriminalamtes Baden-Württemberg), die zu ähnlichen Ergebnissen mit eskalierender Kinder- und Jugendlichengewalt kommen, und wo sich Herr von Gottberg auch zuverlässige Informationen über die Entwicklung von Kinderdelinquenz und Jugendkriminalität hätte besorgen können (siehe hierzu Abschnitt 2.1 und 2.2 in der Einleitung).

In Anbetracht dieser Ergebnisse, der weiteren Entwicklung des Medienmarktes, der zunehmenden Gewalt in den Medien und langfristigen negativen Folgen für unsere Kinder, muss man dieser Kommission mangelnden Weitblick und fehlenden Mut vorwerfen.

Zulassung neuer Sender durch die Landesmedienanstalten

Einzelbeispiel

Nach dem Rundfunkstaatsvertrag sind die Landesmedienanstalten zuständig für die Zulassung neuer Sender und die Vergabe der Senderfrequenzen. So auch für die Zulassung von RTL 2, der am 6. März 1993 auf Sendung ging. Dort war es die Hessische Landesmedienanstalt. Der junge Chef von RTL 2, Gerhard Zeiler (damals 37 Jahre), stammt aus Wien. Zuletzt war er Geschäftsführer von TELE 5. Dieser Sender hatte kurz zuvor sein Programm eingestellt, da er angeblich rote Zahlen schrieb. TELE 5 rangierte nach Groebel (1992) mit 13 Mordszenen pro Abend auf dem 3. Platz in der Gewaltskala, gleich nach ProSieben und RTL.

Das neue RTL 2-Team wollte „um jeden einzelnen, möglichst jungen Zuschauer kämpfen" und bei „ihrem Programm wollten sie dort weitermachen, wo TELE 5 aufgehört hat" (Geschäftsführer Kloiber von RTL 2, in TV-Movie, Heft 6/93, S. 42). Im gleichen Bericht von TV-Movie mit dem Titel „Filme, Serien, Comics – RTL 2 ist auf Sendung,, wird ein Interview mit dem Chef von RTL 2, Gerhard Zeiler, abgedruckt:
1. Frage von TV-Movie:
     „Wodurch unterscheidet sich RTL 2 von anderen TV-Sendern?"
Zeiler: „In erster Linie dadurch, dass wir ein jugend- und familienorientiertes Programm anbieten. Aber auch dadurch, dass wir auf gewaltträchtige Filme und Sexfilme verzichten."
2. Frage von TV Movie:
     „Werden bei RTL 2 vor allem Filme und Serien gezeigt, die zuvor schon bei RTL gelaufen sind?"
Zeiler: „Wir werden selbstverständlich Filme und Serien zeigen, die im deutschen Fernsehen, also auch bei RTL, schon gezeigt wurden. Aber wir haben auch deutsche Erstausstrahlungen usw..."

Es klingt wie Hohn, wenn man Zeiler's Antwort mit dem Verzicht auf gewaltträchtige Filme und Sexfilme liest und mit den Fakten einige Jahre später vergleicht:

Zur ersten Interviewfrage:
● RTL 2 hat den 3. Rangplatz in der Gewaltskala gehalten, den der Vorgängersender TELE 5 bereits innehatte. Mit einem relativ hohen Wert von 6,3 in der Skala des Instituts Integral vom Frühjahr 1999 rangiert er gleich nach PRO 7 mit 6,5 und RTL mit 6,4 (vergleiche hierzu Kapitel 3.2.2).
● Als konkretes Beispiel muss man nur das Programm an einem normalen Samstag im August 1999 bei RTL 2 anschauen: 28. 8. 1999, 20.30 Uhr der Thriller „Fatal Sky – Sie bringen den Tod", 22.14 Uhr Actionfilm „Jackie Chan: Zwei Schlitzohren in der Knochenmühle", 23.40 Uhr Psychothriller „Sexkiller", 1.25 Uhr Actionthriller „Fist of Justice", 3.15 Uhr Psychothriller „Sexuell belästigt". Im Nachmittagsprogramm Abenteuer- und Actionfilme, Dramen, Science-Fiction-Serie wie „Kampfstern Galactica". Den

Oktober 1999 kündigt man selbst reißerisch an mit: *Der Oktober bei RTL 2, heißer als die Hölle.* Unter anderem mit „Amok" von Steven King. Wahrlich ein tolles „Familienprogramm für ein junges Publikum", wie die „Sender-philosophie" lautete und – ohne Gewalt und Sex? Während der Woche bringt man dann noch mehrmals Wrestling-Schaukämpfe, Comicserien mit viel Gewalt, Reality TV, Videoclips und natürlich Schmuddel-Talk und Action-News. Am Sonntagabend ist eher Sex angesagt mit erotischen Videoclips in „Electric Blue" und dem Erotikfilm „Junge Nixen auf Ibiza" (29. 8. 1999). Am Samstag, den 4. 9. 1999, kündigt man „Waffen einer Hure" um 22.15 Uhr als *Krimikomödie* an (Fernsehmagazin rtv, Nr. 35), bei der Wiederholung des selben Films am darauf folgenden Sonntag um 0.05 Uhr mutierte er zum *Thriller*. Möglicherweise wurden bei der Erstausstrahlung um 22.15 Uhr einige harte Sexszenen geschnitten. Eine zusätzliche Einstimmung am Sonn-tag erfolgt durch eine extrem dümmlich-geschmacklose Peep-Show um 22.20 Uhr und die Erotikreihe „Electric Blue". Weil es mit Sex anscheinend wieder was zu verdienen gibt, wurde im November 1999 sogar noch eine Striptease-Show am Samstag um 22.15 Uhr ins Programm genommen. Es ist wie „die Reeperbahn im Wohnzimmer". Der Informationsanteil von RTL 2 ist nach dem Krüger-Gutachten 1999 verschwindend gering.

Zur weiteren Interviewfrage:

- Stimmt! Z. B. wurden von RTL die „Renner" Rambo I, Rambo II, Rambo III übernommen, die im April 1996 von RTL 2 gesendet wurden, die allerdings mit Ausnahme von Rambo I wegen Jugendgefährdung von der Bundesprüf-stelle für jugendgefährdende Schriften indiziert worden waren!

- *Innerhalb von drei bis vier Jahren wollen wir einen Marktanteil von fünf Prozent erreichen* und *Mittelfristig streben wir einen Marktanteil von 10 Prozent an*, verkündete der Sender-Chef Gerhard Zeiler in TV-Movie vom März 1993. Heute, nach nur sechs Jahren, hat man das mittelfristige Ziel von 10 % schon erreicht (Media Perspektiven 7/99). Die Rechnung ging also auf – allerdings mit dem großspurig verkündeten Verzicht auf gewaltträchtige Filme und Sexfilme war's wohl nichts. Ganz im Gegenteil.

- Und die für die Zulassung zuständige Landesmedienanstalt in Hessen hatte damals nur wegen der verschärften „Konzentrationsbestimmungen" des Medienmarktes Bedenken vorgebracht. Es wäre an der Zeit, einmal die von den damaligen Beteiligungsgesellschaftern (Tele-München, Heinrich Bauer-Verlag, CLT, Ufa, Burda-Verlag und FAZ) vorgelegten Sender-Zielvorgaben im Hinblick auf ihre Verwirklichung zu überprüfen. Ich meine dabei nicht die angestrebten Marktanteile.

„Imagepflege" im Privat-TV oder die Metamorphose von Gewalt

Wenn man fiktionale Gewalt braucht um mit einem TV-Sender Geld zu verdienen oder aus den roten Zahlen heraus zu kommen, muss man als Medienverbreiter natürlich auch etwas investieren, um den Geruch von Jugendgefährdung durch

Gewaltsendungen loszuwerden. Dazu braucht man natürlich auch wissenschaftliche Argumente, möglichst aus den Medienwissenschaften, denn allein durch Gegenbehauptungen wird man nicht glaubwürdiger. Und ohne professionelles Marketing geht es allerdings auch nicht:

- man plaziert geschickt zu bestimmten Zeitabständen über Pressemeldungen Ergebnisse von Studien über Gewalt in den Medien, natürlich nur solche, die im Sinne ihrer Senderphilosophie ausgefallen sind. Da kann man dann auch in den seriösen Tageszeitungen Artikel finden mit Überschriften wie ,,Gewalt im Fernsehen macht nicht aggressiv" oder ,,Bilder können den Horror bannen", ,,Zuschauer von Reality-TV sind charakterlich bessere Menschen...". Im Sinne der bewährten lerntheoretischen Erkenntnis des ,,intermittierenden Verstärkens" muss man solche Meldungen natürlich leicht variiert in bestimmten Zeitabständen immer wiederholen;
- da sponsert man als Medienkonzern einschlägige Fachkongresse zur Medienwirkungsforschung und erhält als ,,Gegenleistung", dass ein Vertreter des Medienkonzerns ein Positionsreferat gut getimed unmittelbar nach der Kongresseröffnung – sozusagen zur besten Sendezeit – halten darf;
- da wird versucht Einfluss zu nehmen auf Lehrstuhlbesetzungen zur Medienpsychologie oder Medienpädagogik zugunsten affirmativer Wissenschaftler;
- da werden gut dotierte Forschungsaufträge an ebenso genehme Wissenschaftler vergeben;
- möglicherweise wird dabei sogar ein eigenes kleines Forschungsinstitut eingerichtet, in denen ebenso genehme Wissenschaftler einen guten Nebenverdienst erhalten.

Mit anderen Worten, man lässt sich seine Programmgestaltung schon etwas kosten. Ob dies allerdings für unsere Gesellschaft und unsere Kinder von Vorteil ist, steht auf einem anderen Blatt.

Ich möchte den Wissenschaftlern, die sich für solche Zwecke instrumentalisieren lassen, nicht unterstellen, dass sie das mit Absicht oder aus finanziellem Gewinnstreben machen. Dennoch ist die Frage nach der wissenschaftlichen Dignität solcher Arbeiten erlaubt. Desalb sollten gerade die ,,Medienwächter" solche Arbeiten kritisch hinterfragen und auf Objektivität überprüfen. Von ganz besonderer Bedeutung ist allerdings das Wissen um die Verbreitung dieser Medieninhalte bzw. das Rezeptionsverhalten bei Kindern und Jugendlichen. Denn es muss konstatiert werden, dass durch die permanente Ausstrahlung indizierter Gewaltfilme mittels privater TV-Anstalten[7] gerade bei den jüngeren Schülern eine enorme Konsumsteigerung feststellbar ist. Wie bereits erwähnt, schauen täglich noch rund 620 000 Kinder von 6 bis 13 Jahren (nach den neuesten Daten aus Media Perspektiven 3/99 ist ihre Zahl inzwischen auf 800 000 angestiegen)

---

7 In den vergangenen Jahren wurden in Deutschland jährlich durchschnittlich rund 130 indizierte – z.T. leicht geschnittene – Horror-Gewaltfilme, oft auch in Verbindung mit ,,Sex and Crime", ab 23.00 fast ausschließlich durch private Fernsehanstalten ausgestrahlt. Nach einer Neuregelung dürfen bei entsprechender Empfehlung durch die FSF solche Filme, die ab 16 Jahren freigegeben sind, obwohl sie von der BPjS indiziert wurden (z.B. ,,Rambo III" oder ,,Total Recall"), bereits ab 22.00 Uhr gesendet werden.

zwischen 21.00 und 24.00 fern, nach 23.00 sind es noch rund 200 000 Kinder (Media Perspektiven 1997 und 1999). Demgegenüber erreichte der Verleih der einschlägigen Videos einschließlich Raubkopien nur einen Bruchteil davon. Da in den meisten Haushalten Aufzeichnungsmöglichkeiten vorhanden sind (80 % besitzen einen Videorekorder) kommt es via TV zu einer noch größeren Sender-reichweite. Wegen dieser technischen Möglichkeiten (zunehmend auch via Inter-net) und der Unfähigkeit vieler Eltern, den Kindern ein zeitlich begrenztes Fernsehverbot aufzuerlegen – was auch für die Zeit nach 23 Uhr gilt – hilft es nicht weiter, wenn solche Filme in das späte Abend- oder Nachtprogramm verlegt werden.

Die Zukunftschancen der öffentlich-rechtlichen Sender verringern sich vermut-lich angesichts solcher Daten zunehmend, zumal diese sich in Bezug auf die Ausstrahlung indizierter Filme abstinent verhalten. Bereits 1992 hatte Groebel in einer Analyse der Gewaltanteile der TV-Sender (Anzahl der täglichen Mord-szenen, Gewalt im Vorabendprogramm) festgestellt, dass ein riesiger Unterschied zwischen den Privaten einerseits und ARD und ZDF andererseits besteht. So lag bereits damals ProSieben mit 12,7 % Gewaltanteilen (zum Vergleich ARD mit 6,6 %), ProSieben mit 52 % an Aggressionen im Vorabendprogramm (ARD 7,9 %) und 20 täglichen Mordszenen in ProSieben (ARD 6), einsam an der Spitze (Groebel & Gleich, 1992). An diesen Verhältnissen hat sich bis 1999 nichts geändert. ProSieben ist nach einer Studie des Instituts Integral auch 1999 Spit-zenreiter, was die Gewaltanteile betrifft, die Öffentlich-rechtlichen rangieren am Ende der Gewaltskala (siehe die Tabellen in Kapitel 3.2.2).

Nach einer Analyse der Zeitschrift „HÖRZU" (dpa, 29. 1. 1999) wurden im Jahre 1998 im deutschen Fernsehen 439 Spielfilme und Serien gesendet, in denen – häufig zur Steigerung der Einschaltquote – wehrlosen Kindern Gewalt angetan worden sei. Auffällig oft waren besonders in den privaten Sendern sensationslü-stern zugespitzte Gewaltszenen zu sehen: bei SAT 1 70mal, ProSieben 57mal und RTL 50mal. ARD und ZDF sind ebenfalls nicht frei davon, sie liegen jedoch mit 33 bzw. 32 Gewaltszenen deutlich niedriger als die Privaten.

Angesichts solcher Fakten erstaunen mich Presseberichte über neuere kommu-nikationswissenschaftliche Studien, in denen man zu gegenteiligen Ergebnissen kommt. Dazu zwei Beispiele:

Beispiel 1:

Im August 1999 konnte man in der *Stuttgarter Zeitung* unter dem Titel *Fernsehen und Gewalt* einen Bericht *von Inge Jakobs* lesen, in welchem die Ergebnisse zweier Studien einer Hohenheimer Forschergruppe (siehe Claudia Mast, 1999, und Michael Schenk, 1999) aus dem Bereich der Kommunikationwissenschaft vorgestellt werden (Stuttgarter Zeitung vom 14. 8. 1999). In der einen Studie mit dem Titel *Programmpolitik zwischen Markt und Moral* wird die Behauptung aufgestellt, dass der Markt sich schon selbst regulieren würde, weil die TV-Anstalten auf Werbefirmen angewiesen seien, die Werbewirtschaft aber einer der kritischsten Zensoren bei Gewaltfilmen sei und diese zunehmend sensibel auf Gewaltfilme reagieren würden, denn „im Horror-Umfeld lässt sich mit Werbespots wenig Geld verdienen". Gewalthaltige Programme würden als Werbeumfeld von der Werbewirtschaft negativ eingestuft. Und außerdem hätten die Sender selbst Angst, ein negatives Image zu bekommen. Dadurch würden *Gewaltfilme trotz vorhandenem Publikumsmarkt zurückgedrängt, da sie die Produktionskosten nicht refinanzieren.* Dies habe eine Befragung der neun gefragtesten deutschen Sender erbracht.

Deswegen hätten die Fernsehanbieter interne Richtlinien in Bezug auf Gewalt festgelegt und Kontrollgremien eingerichtet[8]. Laut einer Studie bemühen sich die Sender auch im journalistischen Alltag, so wenig Gewaltszenen wie möglich zu zeigen. Auf Gewaltdarstellungen werde vor allem dann zurückgegriffen, wenn dies notwendig erscheine, um Zusammenhänge zu zeigen. In strittigen Fällen entscheide darüber das Redaktionsteam. Deshalb würden auch keine gesetzlichen Regelungslücken im Bereich Gewaltdarstellungen im Fernsehen bestehen, es gäbe vielmehr eine Übernormierung.

Ich habe mir kurz darauf (eine Woche nach dem Zeitungsbericht) das Programmangebot von ProSieben angeschaut und bin folgendermaßen fündig geworden:

RAMBO I:
Samstag, 21. 8. 1999, von 22.55 Uhr bis 00.50 (115 Minuten, Filmlänge 90 Minuten)

Amerikanischer „Actionfilm" mit Sylvester Stallone. Kultfilm der Jugendszene seit 1983. Weltweiter Bekanntheitsgrad liegt bei 80 %. Ziemlich extremer Gewaltfilm mit Rambo als Hauptfigur, einem Vietnam-Veteranen, der durchdreht, weil er zu Unrecht von einem Sheriff einer Straftat beschuldigt wird. Gedemütigter Kriegsheld, der dann fast eineinhalb Stunden von einer Meute von Hilfssheriffs verfolgt und gejagt wird. Etliche der Verfolger bleiben auf der Strecke. Der Hauptgegner, ein Sheriff überlebt das Kampfszenarium schwerverletzt Dank eines großzügigen Gnadenaktes von Rambo. Seinen Kampf und seine zerstörerischen Handlungen rechtfertigt Rambo mit dem Motiv „Die haben angefangen". Mit dieser Rechtfertigungsstrategie stürzt er sich immer wieder in den aussichtslosen Kampf, der am Schluss mit einem gesprengten Supermarkt und einer, in einer gigantischen Feuersäule explodierenden Tankstelle endet. Erst durch eine Art Übervater, seinem ehemaligen Coronel, kann er zur Aufgabe des Kampfes bewogen werden. Der Coronel entschuldigt Rambos Verhalten durch seinen Einsatz und seine Erlebnisse im Vietnamkrieg mit den Worten: „Sieg durch Zerstörung – und Rambo war der Beste." Er sei wie eine Tötungsmaschine gewesen.

---

8 Dies stimmt so nicht, vielmehr wurde den Sendern durch Staatsvertrag 1994 obligatorisch vorgeschrieben, sogenannte Jugendschutzbeauftragte zu bestellen und/oder die Filme durch die Freiwillige Selbstkontrolle Fernsehen (FSF) in Berlin bewerten zu lassen.

Ca. 15 Min. nach Beginn des Films ein Werbeblock mit rund 10 Werbespots. Während des Films dann noch zwei weitere Unterbrechungen durch Werbeblocks:

- 23.45 Uhr, 11 Spots: darunter Opel, mehrere Biersorten, Waschmittel, Fernsehzeitschrift.
- 00.15 Uhr, 20 Spots: darunter Opel-Vectra, Toyota, Adidas, Iglo-Pizza, HUK-Coburg, Hanuta, Intel Inside-Pentium, Arcor, Giotto (Nussecken von Guildo Horn), mehrere Biersorten, Bacardi und andere alkoholische Getränke, Telefonsex-Werbung, Werbung für Werbung (weil sonst viele Arbeitsplätze verloren gehen), und gegen Ende des Blocks Eigenwerbung für Action-Film ‚Total Recall' am Samstag, den 28. 8. um 22.25 (obwohl von der BPjS seit 1991 indiziert, fällt aber neuerdings unter die Altersgrenze 16 Jahre und darf nach einer FSF- Entscheidung bereits ab 22.00 Uhr ausgestrahlt werden).
- 00.50 Uhr (nach Ende von Rambo I), 11 Spots: darunter mehrere Biersorten, Coca Cola, Kinowerbung für Bang-Boom-Bang, zwei Waschmittel. Dazwischen noch zweimal Telefonsex-Werbung. Eigenwerbung für „Rambo II", der nächsten Sonntag um 23.15 Uhr in ProSieben gezeigt werden soll („Rambo II" ist seit 1986 von der BPjS indiziert).

Bilanz der Werbung um „Rambo I": 52 Werbespots, darunter 5 Eigenwerbungen, verbleiben 47 Werbespots von Firmen und einer „Dame". Rund 6–7 Wiederholungen der selben Spots. Also wurde für rund 40 verschiedene Firmen mit ihren Produkten geworben.

Vergleich mit „Rambo I"-Ausstrahlung im April 1996:
Damals lief die Rambo-Reihe bei RTL 2 zur gleichen Abendzeit wie 1999 bei ProSieben. Drei Werbeblocks können miteinander verglichen werden:
- 1999: 37 Werbespots ohne eigene Filmwerbung bei ProSieben,
- 1996: 37 Werbespots ohne eigene Filmwerbung bei RTL 2.

Die Zahl der werbenden Firmen war bei beiden Ausstrahlungen ebenfalls gleich. Offenbar gab es im Jahre 1999 keine veränderte Nachfrage bei den werbenden Firmen, etwa weil es sich um einen Gewaltfilm handelt. Die Sender konnten so an das Maximum von Werbespots gehen, das während eines solchen Filmes zumutbar und erlaubt ist. Bei Rambo III am 4. 9. 1999 in ProSieben von 22.15 Uhr bis 0.14 Uhr waren es sogar 69 Spots während der drei Werbeblöcke innerhalb des Films.

Diese Fakten sprechen für sich und lassen es unverständlich erscheinen, warum Kommunikationsforscher zu solchen Aussagen, wie oben zitiert, kommen. Die Einschaltquoten bestimmen nach wie vor den Markt und damit auch das Angebot an Gewaltfilmen und nicht die Moral oder die angebliche Imageschädigung durch Werbung im Umfeld von Gewaltdarstellungen.

Der zweite Forschungsbericht passt gut dazu, wird doch im Zusammenhang mit ziemlich verharmlosenden Aussagen bezüglich Wirkung von TV-Gewalt auf

Kinder festgestellt, dass *die häufig behauptete These, dass der Konsum von Gewaltfilmen im Fernsehen oder im Kino Jugendliche zu eigenen Gewalthandlungen animiere, sich nicht bestätigte.* Diese Ergebnisse widersprechen total dem, was ich aus dem Bereich der psychologischen Medienwirkungsforschung in den vergangenen Jahren zusammentragen konnte (siehe hierzu die Bilanz in Kapitel 3.1).

Widersprüchlich ist es, dass die Hohenheimer Forschungsergebnisse doch noch relativiert werden, indem im Pressebericht vermerkt wird: *Als Fazit halten die Forscher jedoch eine Verzahnung der Kontrollinstanzen für unerlässlich. Nur so könnten die vorhandenen Jugendschutzkriterien einheitlich und effektiv angewandt werden.* Man meint also doch etwas gegen Gewalt im Fernsehen tun zu müssen.

Beispiel 2:

Widersprüchlich ist auch die Argumentation von Grimm (1999) in seinem neusten Werk über „Fernsehgewalt", wenn er schreibt (Grimm, 1999, S. 66): *Deshalb ist es auch nicht gerechtfertigt, inhaltsanalytische Befunde* (mit denen Krüger in seiner TV-Gewaltanalyse in ‚Media Perspektiven' arbeitet) *als argumentative Munition im gesellschaftlichen Streit um die Wirkungen der Fernsehgewalt zu gebrauchen, sei es, um das eigene Image pazifistisch zu polieren, sei es um die Gefahren des Fernsehens zu dramatisieren.*

Auch dem angesehenen Medienpsychologen Selg, der auch Wirkungsforschung betreibt, unterstellt er solche Motive: *Eine Medienforschung, die ihre Hauptaufgabe darin sieht, vor den Gefahren der Fernsehgewalt zu warnen, kann sicherlich auf die Unterstützung durch das öffentliche Protestpotential rechnen, das gleichfalls ein erkleckliches Wählerreservoir darstellt. Dies mag in Bezug auf die Finanzierung öffentlicher Forschungsvorhaben eine günstige Ausgangslage schaffen, ist jedoch mit Kosten für die wissenschaftliche Glaubwürdigkeit verbunden, wenn ein komplexer Forschungsgegenstand in die Nähe populistischer Positionen gerückt wird* (Grimm, 1999, Fußnote S. 67).

Ich frage mich nur, warum Grimm selbst so viel Geist verwendet und welches Motiv ihn treibt, um den gegenteiligen Nachweis zu führen und um seriöse Wissenschaftler in einer solchen Art zu verunglimpfen? Vielleicht liegt auch im Angriff die beste Verteidigung, denn es gibt diverse dpa-Meldungen, von Grimm in die Presse lanciert, mit Überschriften wie „Positive Wirkung von Gewaltszenen – Überraschende Ergebnisse an der Mannheimer Uni über Brutalitäten im Fernsehprogramm" (Fränkische Nachrichten vom 29. 3. 1994) sowie „Studie über Gewalt im TV – Mannheimer Medienforscher: Weniger Aggressionen" (ste-eigener Bericht in FN vom 29. 3. 1994) oder „Eher Angst statt Wut – Studie: Aggression wird duch Gewaltdarstellungen gehemmt" (Frankfurter Rundschau vom 4. 4. 1995) oder wie „Gewalt im Fernsehen macht nicht aggressiv" in vier Tageszeitungen 1994 (u. a. in den Stuttgarter Nachrichten) oder „Bilder können den Horror bannen – Gewaltdarstellung im Fernsehen muß nicht zur Verrohung führen"- (Stuttgarter Zeitung vom 15. 3. 1996) oder „Wer Rambo toll findet, ist noch lange nicht gewalttätig – Jugendforscher können simple Nachahmungstheorie nicht bestätigen" (AP-Meldung vom 19. 2. 1998) oder das Interview in Psychologie Heute aus 5/1998, in dem er die Katharsis-These wieder etwas aufzuwärmen versucht, oder die Veröffentlichung in der Zeitschrift Pädagogik aus dem Jahre 1992, in dem er fast ein Loblied auf den Video-Horror anstimmt (vergleiche hierzu Kapitel 3.2.3, Videonutzung). Dies alles klingt für einen neutralen Beobachter schon etwas bedenklich. Selbst wenn man aus den Überschriften nicht immer auf den gesamten Inhalt der Pressemeldung schließen kann – z. B. wird in einer Meldung ganz am Ende erwähnt, dass „neben einer kurzfristigen Aggressionshemmung Grimm jedoch langfristig die Zunahme ‚antisozialer Tendenzen' bei den Probanden feststellt" --, eine Korrektur von suggestiven Überschriften von Presseberichten habe ich noch nie durch Grimm in der Presse entdeckt. Warum Grimm lange Jahre, bevor die Forschungsergebnisse in Buchform erschienen (Grimm, 1999), Vor- und Zwischenberichte an die Presse lancierte? War es etwa die Sorge um unsere Jugend, der man die entwicklungspsychologisch so wichtige „wahre Fernsehgewalt" durch Bewahrpädagogen vorenthalten wollte? Mit dem gleichen Recht könnte dazu die Gegenseite Herrn Grimm sicherlich abwegig unterstellen, er sei von ergebnisinteressierten Verlagen abhängig, da der Westdeutsche Verlag, der sein Buch veröffentlichte, ein Unternehmen der Bertelsmann Fachinformation GmbH ist, und der Bertelsmannkonzern ist ja im TV-Geschäft mit diversen Privatsendern sehr stark involviert. Die folgenden Feststellungen von Grimm könnte ein Kritiker daher genauso gut auch auf ihn selbst beziehen: *Wenig sinnvoll wäre es, sich in den unfruchtbaren Definitionsstreit um die Frage, „was ist ‚richtige', was ist ‚falsche' Fernsehgewalt?" einzumischen, weil selbst eine noch so ausgeklügelte Definition das Grundproblem nicht löst. Problematisch erscheinen nicht in erster Linie die ökonomischen und medienpolitischen Interessen, die hinter den Studien sichtbar werden; denn eine „wertfreie" Forschung ohne jedes praktische Interesse ist weder durchführbar noch finanzierbar noch wünschenswert* (Zitat-Ende, Grimm, 1999, S. 65). Damit hat Grimm aber wirklich die Katze aus dem Sack gelassen!

Für mich sind solche „wissenschaftlichen" Auseinandersetzungen, die schon Grabenkriegcharakter angenommen haben, ein Anlass für die Forderung nach einer objektiven wissenschaftlichen Kontrolle. „Wer kontrolliert die Wissenschaft?" ist die entscheidende Frage. Grimm sollte sich auch einmal ernsthaft mit Medienpsychologen wie Lukesch oder Selg auseinandersetzen und nicht nach der Rambo-Devise seinen „gerechten" Kampf entschuldigen mit „Aber *die* haben zuerst angefangen" (Zitat von Rambo in Rambo I). Wenn Selg seine Aktivitäten mehr auf remediale pädagogisch-psychologische wissenschaftliche Arbeiten verlagert, so hat er sicher seinen Grund, denn eigentlich gibt es weltweit im Bereich der Wirkung von Gewalt in den Medien genügend Erkenntnisse, um pädagogische und medienpolitische Entscheidungen bereits jetzt mit hinreichender Sicherheit treffen zu können (siehe dazu auch Kapitel 3.1).

Ein weiteres Beispiel:

Auf die weltweit angelegte und sehr sorgfältig durchgeführte UNESCO-Studie (Groebel, 1998) wird vom Leiter des FWU-München unverzüglich in einer Gegen-Pressemeldung reagiert und darin u. a. behauptet, dass „Kinder nach Erkenntnissen von Medienforschern die Realität durchaus von der Filmwelt unterscheiden können". Die „Qualitätsstudie", auf die sich eine solche Aussage stützt, besteht aus sage und schreibe 22 Mittelschichtkindern (s. Barthelmes & Sander, 1997), die UNESCO-Studie auf weltweit in 23 Ländern durchgeführte Befragungen bei 5000 Kindern aller Schichten im Alter von 12 Jahren!

Aber solche und andere auf längere Sicht und auf Langzeitwirkungen angelegte wissenschaftliche Studien haben kaum eine Chance in der öffentlichen Diskussion! Dies gilt besonders für das Filmgenre Zeichentrick, die in Massen in der Computerretorte produziert und ohne Prüfung der kindlichen Reaktion ausgestrahlt werden – mit Ausnahme der Einschaltquoten natürlich. Diese besonders in den Privatsendern überhand nehmenden Comicserien für Kinder haben aber die höchsten Gewaltanteile unter den fiktionalen Programmteilen. Verharmlosende Stellungnahmen zur Wirkung dieses Genres von TV-Produktionen auf Kinder höre ich auch immer wieder in Diskussionen[9]. Dabei wird oftmals argumentiert, Kinder seien bis auf wenige Ausnahmen in der Lage, zwischen den fiktionalen Welten des Films und der Wirklichkeit zu unterscheiden. Mit der Nachahmung von Film-Idolen sei es auch nicht so weit her. Hier ist Zweifel angebracht, zumal dabei eine entwicklungspsychologisch unbestrittene Erkenntnis übersehen wird, dass dies eben nicht von Kindern zu bewältigen ist, solange sie sich noch in der „magisch-animistischen Phase" (bis ca. 6./7. Lebensjahr) befinden und dass es nach dieser Phase noch einen großen Anteil von Kindern gibt, denen diese Trennung nicht gelingt, wenn die Filminhalte mit starken Affekten besetzt und hohe Identifikationsanreize enthalten sind. Ich gehe nach meinen Beobachtungen und Schülerbefragungen davon aus, dass 10 bis 15 % der Schüler (Exzessivseher) affektiv stark belastet werden, insbesondere in Verbindung mit permanenten Gewaltdarstellungen in TV und Video, und dass sie nicht in der Lage sind, das Gesehene adäquat zu verarbeiten. Es entsteht wahrscheinlich auch kein „kathartischer Effekt", sondern es ist eher zu erwarten – wie jüngste Befragungen von mir in der Sekundarstufe zeigen –, dass viele sogar Lustgefühle beim Betrachten von Grausamkeiten entwickeln (manche Medienforscher meinen, dies sei Katharsis), dass sie Verhaltensmodelle unreflektiert und unbewusst übernehmen, weil sie ihrem momentanen Frust und den permanenten Demütigungen in Schule und Familie damit „begegnen" können. Man sollte doch einmal bedenken, ob nicht durch diese massenhafte Flucht in fiktionale Gewaltwelten – auch von Jugendlichen und Erwachsenen –, gewaltfreie Konfliktlösungen behindert werden, soziale Einstellungen verkümmern, die Sprache sich verändert oder auch, ob nicht Machtstreben und Geltungssucht gesteigert werden. Diese Konditionie-

---

9   z. B. B. Schorb, München, bei der Jahrestagung der Aktion Jugendschutz, Stuttgart im Februar 1996, oder im Positionsreferat eines Medienvertreters des Bertelsmann-Verlages bei der TeaPP-Satelitentagung zur Medienwirkungsforschung in Eichstätt, 1996.

rung zur destruktiven Aggressivität könnte u. U. bis hinein in den Beruf wirken, wo die Vernichtung des wirtschaftlichen Konkurrenten manchem besondere Lust bereitet.

Zur Beurteilung der Objektivität wissenschaftlicher Studien ist es auch wichtig, die Quellen der Fördermittel, die sie ermöglichten, zu kennen. Aus dem Fachbereich der Politischen Psychologie gibt es inzwischen viele Erkenntnisse darüber, dass bestimmte Wirtschaftszweige Auftragsarbeiten vergeben, in der Erwartung auftragskonformer Ergebnisse. Dabei ist gerade die Medienforschung ein hochsensibler Bereich, aber auch andere Bereiche können davon betroffen sein. Jüngste Beispiele: In einer Untersuchung aus einem Institut an einer deutschen Universität fand man heraus, dass Kaugummi kauende Versuchspersonen bei der Lösung von Gedächtnisaufgaben 30 % mehr Leistung erzielten als solche, die nicht Kaugummi kauten. Die Untersuchung war vom Kaugummi-Verband gefördert worden (dpa-Meldung vom 14. 8. 1999). Eine gewisse Skepsis beschlich mich auch, als ich über eine andere dpa-Meldung vom 12. 11. 1999 (zitiert nach Stuttgarter Nachrichten) über die Ergebnisse einer Studie aus einer anderen deutschen Universität informiert wurde, nämlich dass ,,Jugendliche durch Werbung nicht zum Trinken animiert werden". Durch das von der EU angedrohte Werbeverbot würden deshalb die Alkoholprobleme nicht gelöst. Sie seien vielmehr verursacht durch ,,problematische Familien, die ihren Kindern zu wenig Anleitung geben, wie sie mit der ,hochkonfliktären Pubertät' umgehen können". Das Ergebnis wäre sicherlich überzeugender, wenn die Studie nicht mit 80 000,– DM von den Brauereien finanziert worden wäre.

Der Widerstand

Ich unterstelle keinem unlautere Absichten, ich stelle nur kritische Fragen als Wissenschaftler und als Praktiker, der viel mit mediengeschädigten Kindern zu tun hatte, und um diese geht es mir. Deshalb bin ich froh, dass sich inzwischen Widerstand formiert. Die Mittel, die jedoch hier zur Verfügung stehen, nehmen sich sehr bescheiden aus. Am meisten wird dabei noch von den öffentlich-rechtlichen Anstalten über ihre Dritten Programme getan:

- seit einiger Zeit strahlen Dritte Programme (z. B. der SDR, jetzt als SWR) gegen 23.30 Uhr sogenannte Anti-Gewalt-Spots aus, um Eltern die Gefährdungen ihrer Kinder durch TV-Gewaltdarstellungen, bildlich hervorragend in Szene gesetzt, vor Augen zu halten;
- seit einiger Zeit gibt es auch Unterschriften-Sammlungen von Elternvereinigungen gegen das Überhandnehmen von Gewalt im Fernsehen; so sammelte der Bayerische Landfrauenverband mehr als 500 000 Unterschriften, andere Frauenvereinigungen zogen inzwischen nach;
- man startete durch Elternbeiräte (z. B. Stuttgarter Gesamtelternbeirat) Postkarten-Aktionen mit der Androhung an Firmen, die während der Ausstrahlung indizierter Filme für ihr Produkt werben lassen, dieses nicht mehr kaufen zu wollen;

- hinzu kommen noch eine ganze Reihe von Einzelinitiativen, z. B. von Schulpsychologen u. a. Praktikern, die sich in ihrer Beratungsarbeit immer häufiger mit mediengeschädigten Kindern beschäftigen müssen, von Lehrerverbänden (z. B. VBE in Baden-Württemberg) und der Gewerkschaft: Sie bringen in ihren Presseorganen und offiziellen Verlautbarungen oftmals ihre Sorge über den schädlichen Medieneinfluss zum Ausdruck.

Viele dieser Aktionen und Appelle verhallten bisher fast wirkungslos an der geballten Macht und der Raffinesse der Medienkonzerne. So wie bei ProSieben (inzwischen auf dem Aktienmarkt) oder RTL 2, die ganz bewusst in ihre „Senderphilosophie" die Kinder als Hauptzielgruppe aufgenommen haben. Wie man an den Einschaltquoten sieht, mit großem Erfolg. Wer die Kinder für sich gewinnt, hat später auch die Macht, sein einträgliches Produkt „an den Mann oder an die Frau zu bringen".

Die Einschaltquoten der seriösen öffentlich-rechtlichen Programme mit anspruchsvollen und auch gewaltfreien Beiträgen gehen im gleichen Maße zurück. Auch erreichen die eindrucksvollen Antigewalt-Spots vermutlich gar nicht die richtige Zielgruppe von Eltern, um sie zum Nachdenken über die Wirkung von Mediengewalt anzuregen, weil diese wahrscheinlich gerade vor einem der rund 20 kommerziellen Senderprogramme sitzen und sich gerade „Rambo II", den „Terminator" in RTL oder ProSieben oder „Schulmädchen-Report VI" auf SAT 1 anschauen. Der 14-jährige Sohn zieht sich zur gleichen Zeit in seinem Zimmer einen am Tag vorher auf Video aufgezeichneten indizierten Horror-Gewaltfilm rein.

Appelle, das wissen wir aus der menschlichen Verhaltensforschung und aus der Gesprächsführung, erzielen meist wenig Resonanz. Einsicht in eine Verhaltensänderung kommt erst dann zustande, wenn zur persönlichen Betroffenheit auch ein starker Leidensdruck hinzu kommt; aber dann ist es zumeist zu spät.

In den USA hat dieser nach den vielen Schulmassakern, insbesondere nach dem von Littleton im April 1999 mit 15 Toten, einen Höhepunkt erreicht. Aber was macht man dort, obwohl sogar Präsident Clinton eindringlich vor der TV-Gewalt als Mitverursacher warnte: Massenhaft werden in diesen Tagen die Schulen mit Sicherheitsanlagen, Überwachungskameras an allen Ecken und Enden ausgestattet, Ausweis-Personenkontrollen werden eingeführt, und trotzdem ist die Zahl der Eltern, die ihre Kinder aus Angst nicht mehr zur Schule schicken und zu Hause unterrichten oder unterrichten lassen, in den letzten Monaten von 1,2 auf 1,5 Millionen angestiegen (ARD-Bericht in Tagesthemen vom 1. 9. 1999). Bei uns sind mir bisher nur Einzelfälle von eingeschüchterten und verängstigten Kindern zu Ohren gekommen, bei einigen habe ich auch beratende Hilfe geleistet, die sich wegen Repressalien oder Gewalthandlungen von Mitschülern nicht mehr in die Schule zu gehen wagen. Aber wie lange noch bleibt es bei Einzelfällen?

Um gegen den Medienterror und eine weitere Verflachung von TV-Programmen von wissenschaftlicher Seite etwas entgegen zu setzen, sollten sich unabhängige

Medienwissenschaftler zu gemeinsamen Aktionen zusammenfinden. Dabei sollten auch Sender-Programmanalysen einbezogen werden, wie sie in den Media Perspektiven regelmäßig publiziert werden (z. B. die Arbeit von Krüger, 7/99, und diverse Analysen von Feierabend und Windgasse in den Media Perspektiven). Schon allein die Frage, ob z. B. Talk-Shows der Privaten als Informationssendungen klassifiziert werden sollen, wie es in den Analysen von Landesmedienanstalten gemacht wird, oder als Unterhaltung, wie es Krüger tut, bedarf einer Klärung. Dabei darf man sich nicht auf die Geschmacksfrage einschränken lassen, sondern in die ‚Bewertung‘ auch die Wertfrage mit einbeziehen. Auch aus solchen Gründen erscheint es mir unabdingbar, dass die Arbeit der Landesmedienanstalten von unabhängigen Gutachtern bewertet und von der Bundespolitik stärker kontrolliert und koordiniert wird.

Das *Zauberwort „Medienerziehung"* ist nicht der Weisheit letzter Schluss. Da Appelle an die Medienverantwortlichen und auch die seit drei Jahren obligatorische Bestellung von Jugendschutzbeauftragten bei den Fernsehanstalten bisher keine wesentliche Veränderung in Bezug auf Gewaltanteile bewirkt haben, helfen nach meiner Meinung und auch nach Meinung vieler Kollegen nur noch restriktive Auflagen, für die der Gesetzgeber zuständig ist.

Auch wenn dies Groebel (Medienpsychologe an der Universität Utrecht und Autor der neuesten UNESCO-Studie zur Mediengewalt, s. Groebel, 1998) nicht so deutlich fordert, sondern eher an das Gespräch zwischen den Medienverantwortlichen appelliert, so bin ich mir mit dieser Forderung mit einigen wachen und kritischen Zeitgenossen einig, wie z. B. dem Medienkritiker und Prediger aus Wittenberg, Pfarrer Schorlemmer, der eindringlich vor einer Verflachung mit einhergehender Verdummung warnt:

Die politischen und ethischen Vorstellungen der Medienmacher werden dem Diktat der Quoten geopfert: Der uralte Konflikt zwischen Freiheit und Verantwortung führt durch Perfektion und Quantität der Medien zu einer neuen „Qualität". Das totale Medienzeitalter birgt große Chancen, aber auch viele Möglichkeiten von Zerstörung in sich. Das Gesetz des geringsten Widerstandes, auf den Menschen übertragen, verspricht schnellen Erfolg, wenn der Bedarf an Unterhaltung mit Nervenkitzel kombiniert wird. So wird der Dumme dümmer gemacht, und die Medien verdienen noch dabei. Dummheit, so sagt Dietrich Bonhoeffer, sei ein gefährlicherer Feind als Bosheit, die wenigstens den Keim der Selbstzerstörung in sich trage. Gegen Dummheit aber seien wir wehrlos.

Und weiter schreibt er, er wünschte sich *Medien, die nicht nur ihr großes Geld damit machen, dass sie an unsere dunkle Seite, an unsere eher niedrigen Instinkte appellieren, ein vordergründiges Lustbedürfnis befriedigen, sondern dem Gelingenden im Leben wie dem Tragischen Stimme geben, die Konflikte des Lebens ohne Ausblendung der Dramatik zur Darstellung bringen, Lösungen aber nicht ausschließen. Ich wünsche mir Medien, bei denen die Tragik nicht zur Sensation verkommt, bei denen der Tod nicht zum bloßen Nervenkitzel wird, bei denen Leiden nicht ausgespart werden. **Die Grenzen unserer Freiheit sind erreicht.***

Wer aber soll Grenzen setzen, ohne die Freiheit selber einzuschränken? *Unsere medialen Möglichkeiten werden zur Geißel. In einer Welt, in der das Verrückte normal ist, wünschte ich mir von den Medien mehr Aufmerksamkeit für die ,,gute Nachricht", das versöhnende in allem Streit, das Gelingende in allem Scheitern, das Ermutigende in allem Verzweifelnden.* (Friedrich Schorlemmer, zitiert aus Stuttgarter Nachrichten vom 17. 1. 1995).

Teil II

Forschungsergebnisse

3 Nutzung und Wirkung von Audio-Visuellen (AV)-Medien

Wie kommt das nur in diese Köpfe rein? Aus dieser fast hilflos wirkenden Frage eines Politikers in einer Fernsehdiskussion wird die Aktualität des Themas deutlich, und unter Umständen hat die Antwort auf diese Fragestellungen auch etwas mit unserer Frage nach der Medienwirkung zu tun.

Wie kommt das nur in diese Köpfe rein? bezog sich in dieser Gesprächsrunde auf die erschreckende Zunahme rechtsradikaler Gewalttaten durch Jugendliche. Ein Gesprächspartner reagierte darauf sofort mit dem Hinweis auf die zunehmende Jugendarbeitslosigkeit, ein anderer verwies auf allgemeine gesellschaftliche Probleme und den Werteverlust.

Auch Erklärungsversuche von namhaften Jugendforschern wie Hurrelmann in der „Bielefelder Erklärung zur Kinder- und Jugendpolitik" (*Prävention*, Juni 1997) oder Soziologen wie Heitmeyer in einem großen Zeitungsartikel (*Die Zeit*, Januar 1998) zielen in die gleiche Richtung und kommen eigentlich über Erklärungsmuster „schlechte wirtschaftliche Lage und Perspektivlosigkeit, familiäre Gewalt und schulische Defizite" (Hurrelmann) oder „zunehmende Individualisierung mit mehr Freiheiten, denen nur die Starken gewachsen sind" (Heitmeyer) nicht wesentlich hinaus. Ich halte dies schlichtweg für einen Erklärungsnotstand, weil das Lebensumfeld und die veränderten Sozialisationsbedingungen unserer Kinder und Jugendlichen unzureichend beschrieben werden. Ich finde es schon erstaunlich, wenn ein so bekannter Soziologe wie Heitmeyer eine der Hauptsozialisationsfaktoren unserer heutigen Kinder, nämlich den Fernseh- und Videokonsum, völlig unberücksichtigt bei der Ursachenerklärung von Jugendgewalt lässt. Es müsste doch wenigstens diskutiert werden. Dies meine ich auch in Bezug auf die erwähnte „Bielefeler Erklärung zur Kinder- und Jugendpolitik", der man in allen Punkten grundsätzlich zustimmen kann, warum man aber die Rolle der Medien als denkbare Erklärung für zunehmende Jugendgewalt gänzlich ausspart, ist mir unerklärlich. Es werden lediglich die „spektakulären und skandalisierenden Darstellungen und Kampagnen in den öffentlichen Informationsmedien als schädlich bezeichnet, weil sie das Verständnis erschwerten und Ängste erzeugten" (S. 89). Dabei meinen die Autoren nicht die fiktionalen Gewaltdarstellungen in Filmen, sondern die TV-Berichterstattung über Gewalt innerhalb der Familie. Man sollte doch wenigstens mit bedenken, ob nicht durch diese massenhafte Flucht in fiktionale Gewaltwelten gewaltfreie Konfliktlösungen behindert werden und soziale Einstellungen verkümmern.

Ich behaupte nicht, dass es eine generelle Aggressionssteigerung durch Gewaltmedien bei Menschen gibt. Es gibt auch Menschen, die von Gewaltdarstellungen abgeschreckt werden. Wenn man jedoch annimmt, dass Werbesendungen das Kaufverhalten der Rezipienten beeinflussen können – dies geben sogar Vertreter kommerzieller Medienanstalten zu, da sie ohne deren Wirksamkeit ja nicht existieren würden –, so ist es doch naheliegend anzunehmen, dass auch andere filmische Darstellungen Verhalten beeinflussen können. Ausmaß und Richtung dieser Wirkeffekte stehen dabei im Mittelpunkt meiner Überlegungen. Dabei gehe ich von der Hypothese aus, dass Gewaltmedienkonsum beim Rezipienten etwas bewirkt, dass diese Wirkung je nach Persönlichkeitsstruktur unterschiedlich intensiv sein kann, dass es Risikogruppen[1] gibt, die möglicherweise besonders beeinflussbar und damit besonders gefährdet sein können, dass es aber auch bei einem normalen kindlichen Entwicklungsverlauf – unabhängig von den Entwicklungsbedingungen – und bei sehr frühzeitigem und dauerhaftem Gewaltmedienkonsum zu Verhaltensänderungen und zu devianten Entwicklungen kommen kann.

3.1 Übersicht zum neueren Stand der Medien-Wirkungsforschung

In einer Sichtung der neueren wissenschaftlichen Literatur zur Wirkungsforschung werden eine Reihe von Arbeiten dargestellt, bei denen mit hoher Wahrscheinlichkeit ein Effekt medialer Gewaltdarstellungen auf die psychische Entwicklung von Kindern und Jugendlichen angenommen werden kann. Danach ist wohl davon auszugehen, dass es je nach Rezeptionsbeginn (Alter), nach Rezeptionsumfang und nach Rezeptionsinhalten Entwicklungsbeeinflussungen auf besondere Persönlichkeitsmerkmale sowie auf das Rechtsbewusstsein und die moralische Urteilsbildung gibt.

In vielen Untersuchungen weisen die nachgewiesenen Haupteffekte auf Veränderungen im affektiv-emotionalen Bereich – insbesondere bezüglich Aggressivität und Angst – hin.

Als Folge lang dauernden exzessiven Gewaltmedienkonsums können *emotionale Beeinträchtigungen und psychische Traumatisierungen* ausgemacht werden. Vermutlich sind die negativen Effekte um so stärker wirksam, je mehr in der Lerngeschichte an familiären oder schulischen Beeinträchtigungen vorhanden waren und ob insgesamt schlechte Lebensbedingungen vorlagen.

Besonders schädlich erweist sich ein *früher Einstieg in Gewaltmedien* (Weiß, 1994). Sodann wird durch kumulierten langfristigen Gewaltkonsum mit großer Sicherheit die individuelle Aggressionsbereitschaft durch Stimulation und Habituation (Abstumpfung) gesteigert. Auch bilden sich im Laufe der Zeit bestimmte Persönlichkeitsmerkmale heraus, die wiederum eine Vorliebe für bestimmte gewalthaltige filmische Handlungen mit extremen Gewaltdarstellungen induzie-

---

1 Besonders gefährdet könnten folgende Risikogruppen sein:
   – Kinder bis 6/7 Jahren (magisch-animistische Phase),
   – Schüler, bei denen das kognitiv-affektive Steuerungssystem nicht voll funktionsfähig ist,
   – gedemütigte und geschlagene Kinder und Jugendliche ohne Perspektive,
   – Looser-Typen.

ren (Circulus vitiosus). Deshalb ist die Rezeptionswirkung von Filmen zwar persönlichkeitsabhängig, jedoch auch gleichzeitig abhängig vom Distributionsumfang bzw. der Verfügbarkeit der Medien. Für die Ursachenerklärung von Drogenabhängigkeit ist dieses Erklärungsmodell (z. B. als ‚Suchtdreieck‘, vergl. S. 205) seit langem allgemein anerkannt.

3.1.1 Wie wirkt sich Dauerkonsum von exzessiven Gewaltdarstellungen auf Persönlichkeitsmerkmale, moralisches Urteilen, Aggressivität und Angst aus?

Dazu liegen inzwischen eine Reihe von *empirischen Einzelbefunden vor*, in denen bei Kindern und Jugendlichen Effekte von Mediengewalt[2] überprüft wurden.

Persönlichkeitsmerkmale

Zu nachweisbaren Effekten kommt es insbesondere in Richtung:
- aggressiver Ichdurchsetzung und aggressiv-maskulinem Selbstbild (Weiß, 1990[3]),
- spontaner Aggressivität (auch nach Lukesch, 1990),
- Erregbarkeit,
- Bedürfnis nach kämpferischer Auseinandersetzung,
- antisozialer Einstellung,
- emotionaler Abstumpfung (vermindertes Einfühlungsvermögen),
- politischer Radikalisierung, insbesondere Rechtsradikalismus (Weiß, 1994),
- zumindest zu einer Befürwortung nationalistischer Orientierungen (Lukesch & Habereder, 1989).

Veränderung des moralischen Urteilens

- durch die in den Gewaltfilmen vorgeführten Modelle wird eine *Fixierung* auf einem niedrigen Niveau des moralischen Urteilens erreicht (Lukesch et al., 1989).

---

2 Ich habe bei dieser Bilanz bewusst auf die Darstellung von Ergebnissen sogenannten Strukturanalysen im Sinne von Charlton (1993) und auch auf Einzelfallanalysen von Schorb und Theunert (1994) verzichtet, da mir deren theoretisches bzw. methodisches Konzept und auch die geringe und nicht repräsentative Versuchspersonenzahl für eine generalisierende Aussage über Wirkungseffekte nicht ausreicht. Es ist unbestritten, dass die Ergebnisse erkenntnistheoretisch bedeutsam sein können und zur Hypothesenbildung bei neuen Fragestellungen für Longitutinalstudien durchaus einen wissenschaftlichen Stellenwert besitzen. Zur Beantwortung aktueller medienpolitischer Entscheidungen halte ich diese Ansätze nur bedingt geeignet.

3 In dieser Untersuchung wurde nicht nach den unterschiedlichen Ausdrucksformen aggressiven Verhaltens differenziert, z. B. nicht zwischen verbalen Aggressionsformen versus körperliche Aggressivität. Der Begriff „aggressive Ichdurchsetzung" ist dabei definiert nach MO1 im Persönlichkeitsfragebogen (PFK).

Aggressivität

● Steigerung der Gewaltbereitschaft, z. B. Lust, etwas kaputtzuschlagen (u. a. Lamnek, 1996),
● Abbau von Hemmungen, gegen andere mit Gewalt vorzugehen,
● durch die weltweit festgestellte Allgegenwart von Mediengewalt ‚wird zu einer global aggressiven Kultur beigetragen: statt gewaltfreier Problemlösungen wird Gewalt als Strategie systematisch gefördert'. Die Wahrscheinlichkeit aber, dass Jugendliche aggressives Rollenverhalten entwickeln und problematische soziale Vorprägungen in destruktive Einstellungen und Verhaltensweisen kanalisieren, steigt in dem Maße, wie gewalttätige Inhalte in den Medien selbstverständlich werden (Groebel, 1998, UNESCO-Studie).

Angst

● Auslösung von Ängsten (z. B. belastende Träume, psychosomatische Reaktionen, insbesondere bei Mädchen (Weiß & Hopf, 1991, 1996),
● Angstzunahme und Verschlechterung der emotionalen Befindlichkeit (Gruber, 1993; Metzger-Brewka, 1993).

3.1.2 Welche stimulierenden Wirkungen von Mediengewalt wurden nachgewiesen?

Nach Lukesch (1994) sind kohärente Interpretationen der vorliegenden Befunde auf dem Hintergrund der sozial-kognitiven Lerntheorie feststellbar (bezogen auf 1043 Metaanalysen, die von Hearold, 1986, bilanziert wurden). Danach können als Effekte medialer Gewaltdarstellungen mit großer Wahrscheinlichkeit massive Wirkungen im Sinne von Habituation oder Gewaltstimulation angenommen werden.

Weitere wichtige Einzelbefunde zur Wirkung medial dargebotener Gewalt besagen, dass es in der Regel zu *keinem* kathartischen Effekt kommt (Charlton, 1975) und auch zu *keiner* stellvertretenden Aggressionskatharsis (Lukesch & Schauf, 1990). Vielmehr kommt es neben den altbekannten Nachahmungseffekten (Charlton et al., 1974; Brosius, 1987) zu:
● Steigerung der individuellen Aggressionsbereitschaft durch kumulierten langfristigen Gewaltkonsum (Lukesch, 1989; Belson, 1976),
● Auslösung von Aggressionsmechanismen in jugendlichen Subkulturen, da Gewaltfilme zu deren Leitbildern, Wertungen oder Zielsetzungen eine hohe Affinität besitzen (Lukesch & Habereder, 1989, S. 138; Lukesch & Scheungrab, 1995). In Verbindung mit spezifischen Sozialisationsbedingungen führt dies besonders bei den männlichen Jugendlichen zu verstärkter Gruppenaggression in Peergroups und extremistischen Vereinigungen (Weiß, 1995; Weiß & Hopf, 1991),

84

- kriminogenen Wirkungen (Lukesch, 1990; Scheungrab, 1993; Eron, 1992), oft mitbedingt durch einen
  - medial vermittelten Glauben an eine ‚magic immunity' der Täter sowie durch
  - Übernahme von in den Filmen angebotenen Neutralisierungstechniken,
  - Abbau von Delinquenzrisiken (viele Filmhandlungen vermitteln den Eindruck, dass einem nichts geschehen kann),
  - eine geringe Bedeutsamkeit sanktionierender Maßnahmen und die Akzeptanz illegitimer Mittel (alles nach Scheungrab, 1993).

Während man bei diesen Merkmalen von *kumulativen Effekten* eines länger dauernden Gewaltmedienkonsums ausgehen muss, gibt es eine Vielzahl von forensisch dokumentierten Fällen, bei denen eine unmittelbar auf die Rezeption filmischer Darstellungen erfolgende Tathandlung ableitbar ist.

- In Einzelfällen kann sogar von einer direkten Umsetzung beobachteter delinquenter Taten in eigenes Delinquenzverhalten ausgegangen werden (Glogauer, 1991), oftmals bedingt durch
  - Identifikationen mit normverletzenden filmischen Modellen (Protagonisten setzen sich eigene Normen).
  - Die Wahrscheinlichkeit, dass es zu einem ,,Realitätsdurchbruch" kommen kann, ist unter diesen Voraussetzungen sehr groß. Beispiele hierfür sind in den folgenden Abschnitten unter 3.2 enthalten.

Eine ausführliche Beschreibung möglicher Wirkungsmechanismen bis hin zur Abhängigkeitsentwicklung von exzessiv brutalen Videos ist im Abschnitt 3.2.3 enthalten. Einzelfälle aus den vergangenen 15 Jahren sind in 3.2.2 bilanziert. Über physiologische Reaktionen mit erhöhter Endorphinausschüttung, Steigerung des Erregungszustandes (,,Arrousal-Konzept"), bis zu ,,Kick- und Flowerlebnissen" wird dort ebenfalls berichtet. Aus dem Basisbaustein zur Medienerziehung von Lukesch (1997) können weitere wissenschaftliche Belege für obige Wirkungseffekte von Gewaltmedien entnommen werden.

3.1.3 Gewaltmedien und Einflüsse auf Rechtsbewusstsein und moralische Urteilsbildung

In Anbetracht der eingangs dargestellten Befunde, dass Gewalt in Schule und Gesellschaft, insbesondere die Gewaltkriminalität bei Jugendlichen, in den letzten zehn Jahren stark angestiegen ist, erscheint mir eine besondere Behandlung des möglichen Zusammenhanges zwischen Gewaltmedienkonsum und Rechtsbewusstsein bzw. moralische Urteilsbildung wichtig.

Bei langem Fernseh-/Videokonsum[4] von Kindern kann deren Phantasieproduktion zunehmend eingeschränkt werden und wichtige Phasen der Entwicklung von

---

4 Nach Erhebungen aus dem Jahre 1995 schaut bereits ein Drittel der Kinder zwischen vier und acht Jahren mehr als 30 Stunden pro Woche Fernsehen. Das sind mehr als 4 Stunden pro Tag bei jedem dritten Kind. Hier kann man schon

kindgemäßen Vorstellungen überlagert und z. T. übersprungen werden. Darüber herrscht weitgehend Konsens. Aber nicht nur Phantasie- und Vorstellungsbereiche können negativ beeinflusst werden, sondern auch Affekte, Gefühle und Kognitionen, die das Verhalten steuern und damit letztlich auch das, was wir mit Wertvorstellungen und Rechtsempfinden verbinden. Dies ist jedoch nicht allein ein Resultat des Rezeptionsumfanges, sondern auch des Alters und der Rezeptionsinhalte.

Bei den sechs- bis zehnjährigen schulischen oder auch familiären „Loosers" kann die in vielen indizierten Gewaltfilmen raffiniert als Aufhänger benutzte Rolle des verletzten und gedemütigten „Helden" zu einer verhaltensprägenden und normsetzenden Instanz werden. Ganz typisch ist dieses Muster bei „Rambo" und „Cyborg", z. T. auch im „Terminator" und anderen Action-Gewaltfilmen ausgeprägt, mit denen nach meinen Untersuchungen (Weiß, 1993) schon jedes zweite Grundschulkind in Berührung kommt. Hier entsteht bei vielen Jungen die Fixierung auf die Täterrolle und bei vielen Mädchen auf die Opferrolle.

In den Jahren danach reihen sich die extrem brutalen *Horror- und Gewaltfilme* bzw. -videos bei vielen Kindern und Jugendlichen dazu. Identifikationsfiguren sind dann zumeist extrem brutal agierende Protagonisten in den indizierten Filmen.

Viele der *Protagonisten in den Horror- und Gewaltvideos bzw. Filmen*
● setzen ohne Rücksicht auf Verluste ihr Recht gewaltsam durch,
● nehmen sich das Recht auf Selbstjustiz,
● zeigen keine Rücksicht, geschweige denn Reue,
● empfinden kein Mitleid, sind immer „cool",
● bestimmen selbst, was gut und was böse ist.

Das Angebot an „Negativhelden" mit hohem Modellcharakter ist in diesen Videos absolut vorherrschend. Die Attraktivität ist entsprechend hoch, denn sie werden von mindestens 10 % unserer Schüler im Alter von 10–18 Jahren regelmäßig konsumiert; in den Förderschulen sogar von mehr als 20 % (Weiß, 1993). Die Zahlen stiegen in den letzten Jahren weiter an.

Für das Fernsehen stellen Groebel und Gleich in ihrer quantitativen Studie fest, dass „die häufigste Form gezeigter Gewalt die eines klar dominierenden, erwachsenen, meist männlichen Angreifers ist. Gewalt ist sehr oft Selbstzweck, wenn nicht, wird sie eingesetzt, um bestimmte Ziele zu erreichen oder Konflikte zu lösen. Sie wird nur in den seltensten Fällen bestraft. Eine Einfühlung in die Leiden und Gefühle der Opfer wird selten nahegelegt."

---

weitgehend vom Fernseher als ‚Babysitter' sprechen. W. Hopf (1998) berichtet von einer durchschnittlichen ‚Verweildauer' der Drei- bis Dreizehnjährigen vor dem Fernseher von 165 Minuten (= 2 $^{3/}$₄ Std. vor dem Bildschirm) und für 1996 von 43 % Vielsehern in den Klassen 5–9, die täglich rund vier Stunden fernsahen. Als Folge wird u. a. von W. Hopf über sprachliche Verarmung bis hin zu Sprachstörungen sowie über Zunahme von Verhaltens- und Lernschwierigkeiten insbesondere bei Hauptschülern, berichtet. In der neusten UNESCO-Studie (Groebel, 1998) wird festgestellt, dass „Fernsehen für Kinder weltweit die Freizeitbeschäftigung Nummer eins ist".

In diesen Filmen sind meines Erachtens sogenannte geheime Botschaften verborgen. Eine geheime Botschaft lautet dabei: *Konflikte kann man nur mit Gewalt erfolgreich lösen.*

Eine weitere wichtige Botschaft, die vermittelt wird, lautet: *Du bist im Recht, also hast du auch das Recht, dich mit Gewalt durchzusetzen und – was Recht ist, kannst du selbst bestimmen.*

Hierdurch wird das Rechtsbewusstsein auf einen allein gültigen subjektiven Rechtsbegriff reduziert. Ähnliches gilt auch für den Verhaltenscode, der in manchen Peergroups oder Streetgangs herrscht, wobei sogar noch eine weitere Verdrehung des Rechtsverständnisses erfolgt nach der Devise: „Setze dich mit Gewalt durch, dann bist du im Recht." Die Macht, die eine Gruppe hat – zumal solche Gruppen zumeist nach einem Stärke vermittelnden hierarchischen Ordnungsprinzip organisiert sind –, verstärkt diese Überzeugung. Die gewalttätigen Auseinandersetzungen und brutalen Angriffe gegen andere Jugendliche durch rechtradikale Gruppen, wie wir sie seit mehreren Jahren bei uns beobachten können, besonders stark aber in den neuen Bundesländern, weisen in die gleiche Richtung.[5] In der *Sächsischen Jugendstudie 1992* habe ich bereits vor sieben Jahren eindringlich auf diese Gefahr aufmerksam gemacht (Weiß, 1993).

Wenn man diese Ergebnisse der Wirkungsforschung resümiert, so bestehen für einen objektiven Beobachter eigentlich kaum mehr Zweifel an den Wirkungen medialer Gewalt und deren gesellschaftliche Relevanz. Nach Hearold (1986) gilt das sowohl für prosoziales wie für antisoziales Verhalten. Da aber der größte Teil der von Schülern konsumierten Medien überwiegend dem antisozialen Inhaltsbereich zugeordnet werden kann, werde ich den Schwerpunkt darauf legen. In den folgenden Abschnitten sollen dazu Einzelbefunde zu den drei hauptsächlichen audio-visuellen Medien Fernsehen, Video und Computerspiel zu einer vertiefenden Problemsicht beitragen.

3.2 Audio-visuelle Medien und Gewalt

David Grossmann, ein amerikanischer Kollege, der als Militärpsychologe jahrzehntelang in der amerikanischen Armee mit der Erforschung des Abbaus menschlicher Hemmschwellen vor dem Töten beschäftigt war und dem es auch mit psychologischen Mitteln gelang, den natürlichen Tötungskomplex bei den Soldaten auszuschalten, warnt heute Eltern und Erzieher vor den Folgen von Gewaltszenen im Fernsehen und auch in Video- und Computerspielen. Seine zentrale These lautet (zitiert nach Grossmann, 1999, S. 59): „Fernsehgewalt konditioniert uns dahin, Spaß und Freude an der Gewalt zu haben, Lustgefühle aus ihr zu beziehen. Erst wenn dann jemand in einer Situation ist, in der seine

---

5 Einen beeindruckender Beweis dazu stellt das im Stern, Heft 32 vom 1. August 1996, abgedruckte Gespräch zwischen Heinz Eggert, ehemaliger Innenminister von Sachsen, und rechtsextremistischen Jugendlichen dar: ‚Jugendgewalt im Osten – Die Schläger von Wolgast' (S. 44–56).

natürliche Hemmung gegen Gewalt funktionieren müsste, merkt man, dass diese natürliche Hemmschwelle zerstört ist – auf den Schulhöfen unserer Kinder ist das eine tägliche Erfahrung." „Fernsehgewalt an sich tötet niemand. Aber sie zerstört unser Immunsystem gegen Gewalt, so dass wir dann – wie bei Aids – an anderen Krankheiten sterben, die uns eigentlich nicht töten müssten." Diese erworbene ‚Immunschwäche gegen Gewalt' sei bei uns schon weit fortgeschritten. Und weiter schreibt er (S. 57): „Unsere Kinder sind denselben Mitteln und Methoden ausgesetzt, die das Militär zur Desensibilisierung von Soldaten anwendet." Grossmann ist inzwischen nach 25 Jahren aus dem amerikanischen Militärdienst ausgeschieden und unterrichtet jetzt in Psychologie an der Arkansas State University in den USA.

Im Folgenden soll uns die Frage beschäftigen, welche Folgen Veränderungen des Medienmarktes haben. Vorab ist es jedoch wichtig, eine Bilanz über Einzelfälle zu ziehen und anhand neuer empirischer Daten das Konsumverhalten von Schülern zu analysieren.

3.2.1 Einzelfallanalyse

3.2.1.1 Einzelfallberichte über Tötungsdelikte und Tötungsabsichten und Medieneinfluss

Das erste Beispiel aus einer Reihe von Fällen, bei denen medial mit verursachte oder zumindest ausgelöste Tötungsdelikte nachgewiesen wurden, stammt von Grossmann selbst:

- In seiner Heimatstadt Jonesboro geschah jene schreckliche Bluttat, die man 1998 als das größte Schul-Massaker in der Geschichte der USA bezeichnete, wobei zwei Jungen ihre Mitschüler und deren Lehrerin erschossen und wo Grossmann damals als Psychologe mit den Angehörigen der Opfer sowie mit Lehrern und Schülern psychologisch-therapeutische Hilfe leistete.
- Ebenfalls im Frühjahr 1998 tötete in den USA in Kentucky ein 14-jähriger Schüler drei Schülerinnen. Das Vorbild für diese Tathandlung fand er nachweislich in dem Gewaltfilm „Basketball". Der Staatsanwalt äußert sich in einem TV-Interview wie folgt dazu: „Wenn sie jeden Tag solche Gewalt im Kino oder im TV sehen, bekommen sie solche Ideen und vergessen, dass sie Kinder sind."
- Ein Jahr später geschah das schrecklichste Schulmassaker aller Zeiten, als im April 1999 in einer Schule in Littleton bei Denver ebenfalls zwei Schüler einer Highschool 13 Mitschüler und dann sich selbst mit Schusswaffen töteten. Auch bei diesen spielte der Film „Basketball" eine Rolle. In diesem Film spielt Leonardo DiCaprio die Hauptrolle. Als brutaler Täter dringt er z. B. mit einem pumpgunähnlichen Machinengewehr in Machopose in ein Klassenzimmer ein und richtet dort ein Massaker unter den Mitschülern an. Pubertäre Rachephantasien als Reaktion auf ständige Demütigungen durch andere Schüler in Verbindung mit waffengeilen Bedürfnissen, neonazisti-

schen Ideen und aufputschender Musik der Neonaziband Ramstein, an deren vertonten Texten sie sich berauschten, stellten die Basis dar, auf die ein solcher Film seine verheerenden Auswirkungen zeigte: Eine Mischung von Gewaltfaszination, Hang zur Dekadenz, Melancholie und Todessehnsucht machte bei ihnen aus Opfern brutale Täter. In einer solchen Situation richtet sich die Frustrations-Aggression bei manchen auf die eigene Person und sie begehen Selbstmord. Andere – und dazu gehörten wohl die beiden Täter – verbinden diese selbstzerstörerischen Motive mit dem Rachemotiv und zunächst nach außen gerichteter destruktiver Aggressivität.

Selbst wenn man davon ausgeht, dass sie sich durch eine brutale Tathandlung von den anderen abheben wollten, dass sie anders sein wollten, so wie die „Trenchcoat Mafia" oder die „Gothicbewegung", auch wenn man sie gerade deswegen verlachte und verspottete, so wäre dieses schreckliche Blutbad mit Sicherheit nicht ohne das filmische Vorbild und die in den USA leichte Verfügbarkeit von Waffen geschehen – und sie schossen nicht nur auf die, auf die sie sauer waren.

Im Anschluss daran wurde mir als leitender Schulpsychologe beim Oberschulamt Stuttgart in mehreren Rundfunk- und Fernsehinterviews die Frage gestellt, ob so etwas auch bei uns geschehen könnte. Meine Antwort lautete deutlich JA, mit der einzigen Einschränkung, dass die Gefahr solcher spektakulären Taten bei uns allein deswegen geringer sei, weil in Deutschland wegen der schärferen Waffengesetze die Beschaffung von Schusswaffen wesentlich schwieriger ist als in den USA. Prinzipiell gibt es zwischen diesen Ländern kaum Unterschiede für die Motive und Auslöser von Schülergewalt.

Außerdem handelte es sich bei unseren Tötungsdelikten immer nur um einzelne Opfer[6], die über die nähere Umgebung nur selten hinausdringen und weniger spektakulär sind wie die Massaker in den USA, wie z. B. in meiner eigenen Heimatstadt Neustadt a. d. Aisch, wo
- vor etwa vierzehn Jahren ein 13-jähriger frustrierter und schulschwieriger Realschüler beim gemeinsamen Betrachten eines Horror-Gewaltfilmes einen Mitschüler in der elterlichen Wohnung mit einem Küchenmesser erstach und die Leiche anschließend im Keller versteckte („Den Mitschüler getötet", Stuttgarter Zeitung vom 26. 5. 1984).
- Oder der Fall eines 15-jährigen Hauptschülers aus der Nähe von Stuttgart, der im Frühjahr 1998 mit einer Schreckschusspistole einem Lehrer schwere Gesichtsverletzungen zufügte.
- Auch der Messerstecher aus Mönchen-Gladbach ist in diesem Zusammenhang zu erwähnen, der bei einer wüsten Schlägerei zweier Hauptschulklassen aus Stuttgart und Mönchen-Gladbach (9. Schuljahr) anlässlich eines Filmstudio-Besuches in München im Juli 1998 einen Stuttgarter Schüler zum Krüppel stach (für immer querschnittgelähmt). Nach den Erkenntnissen der

---

6   Diese Aussage galt bis Oktober 1999. Ich bitte den Leser zu beachten, dass ich diesen Textteil im Juni 1999 verfasst habe, also vier Monate vor dem Massaker von Bad Reichenhall.

Ermittlungsbehörde war der Messerstecher Exzessivkonsument von Horror-Gewaltfilmen.

- Im Jahre 1996 wird in der Nähe von Aschaffenburg ein Mann am Steuer seines Autos erschossen; von zwei Jugendlichen, einfach so. In ihren Zimmern werden stapelweise Gewalt-Videos und Gewalt-Computerspiele gefunden, die sie seit dem 12. Lebensjahr täglich stundenlang – einer von den beiden zuweilen 12–14 Stunden – betrieb. Die Tathandlung geschah offensichtlich in einem Zustand, in dem die fiktionale, irreale mediale Gewaltwelt einen sogenannten Realitätsdurchbruch erfuhr, in dem kein Unrechtsbewusstsein mehr vorhanden ist, weil nach dem einfachen Impuls-Reflex-Schema die natürliche Tötungshemmung außer Kraft gesetzt wird (dieser Fall wird im Abschnitt 3.2.4 „Computerspiele" ausführlich analysiert, siehe S. 139ff.).

Die folgenden *Fälle*, die ich seit 15 Jahren „gesammelt" habe, werden anhand von Presseartikeln mit den entsprechenden Überschriften dargestellt:

Grausiger Mord aufgeklärt
(Fränkische Nachrichten vom 24. 2. 1984)

Eine 26 Jahre alte Mutter von zwei Kindern hat gestern gestanden, in Mönchen-Gladbach ihren Ex-Freund getötet und seinen Leichnam zersägt, gekocht, gebraten und tiefgekühlt zu haben... Die Leichenteile wurden später in Plastiktüten verpackt im Botanischen Garten gefunden. In der Wohnung der Frau wurden Video-Filme mit Darstellungen von Kannibalismus gefunden.

Sexualmord an Schülerin
(dpa-Meldung nach Stuttgarter Zeitung vom 2. 5. 1984)

Ein 20-jähriger Oberschüler hat in seiner Mansardenwohnung in Ratingen bei Düsseldorf eine zwei Jahre jüngere Bekannte erwürgt und sich an der Leiche vergangen. Während der staatsanwaltschaftlichen Vernehmungen gab er an, dass er seit Jahren den Wunsch gehabt habe, ein derartiges Verbrechen zu begehen. Harte Porno-Filme, die sich der Jugendliche regelmäßig auslieh, hatten dabei nach Ansicht der Ermittler in der letzten Zeit seinen Drang verstärkt.

Rambo – ein todbringendes Vorbild
(Stuttgarter Nachrichten vom 27. 11. 1990)

Die Bluttat des 15-Jährigen war grausam: Nach einem Streit schnitt er seinem 14-jährigen Zimmergenossen die Halsschlagader durch. Der Junge verblutete. Das Gerichtsverfahren ergab, dass der Täter nach der Art seines Vorbildes „Rambo" – einem Brutalo-Filmhelden aus Hollywood – getötet hat.

Verbrechen wie im Film? – Ein Horrorvideo lieferte womöglich die Vorlage zu dem Mord, den zwei Kinder in England an einem kleinen Jungen verübten (Stern, Nr. 51/1993, S. 14f.)

So sehen heute Mörder aus – Ein Horror-Video war ihr Vorbild
(Bildzeitung, 1995) und

Die Mord-Kinder – Sie lernten alles aus diesem Video
(Bildzeitung einige Tage später)

Mit diesen Schlagzeilen und den Fotos zweier englischer Kinder im Alter von 11 Jahren, berichten Stern, Bildzeitung – wie auch andere Zeitungen – über ein grausames Tötungsdelikt an einem zweijährigen Jungen, den die beiden aus einem Kaufhaus entführt hatten und an einem abgelegenen Bahngleis auf ähnliche grausame Weise töteten, wie sie es möglicherweise in dem Horrorfilm „Chucky die Mörderpuppe Teil 3", gesehen haben könnten. Der Richter, der die beiden Elfjährigen wegen Mordes verurteilte, sprach die Vermutung aus, dass die Täter „Gewaltvideos konsumiert hätten, was ein Teil der Erklärung sein könnte" (zitiert nach Stern, S. 15). Dieser Horror-Schocker könnten sie vom Vater des einen der beiden Täter erhalten haben. Der Verlauf des Tötungsszenariums zeigte Ähnlichkeiten mit dem Ablauf der Filmhandlung, obwohl es dabei um eine Puppe ging. Diese vom Teufel besessene Puppe macht Jagd auf einen Jungen, wobei zahlreiche Menschen brutal ums Leben kommen, bis die Puppe auf einer Geisterbahn selbst zerstückelt wird. Nach von Gottberg (1995) wird dieser Zusammenhang jedoch bestritten, polizeiliche Recherchen hätten keinen Nachweis erbracht, vielmehr seien andere Hinweise – wie das zerrüttete Elternhaus der Kinder – in der Diskussion kaum berücksichtigt worden (S. 68f.). Ich meine, dass der Hinweis des Richters schon beachtet werden sollte.

Bluttat nach Horror-Film und **Sucht nach Horror-Videos –
ein schweres Versagen der Eltern**
(Stuttgarter Nachrichten vom 30. 7. 1996 und viele andere Tageszeitungen)

Ein 14-jähriger Junge aus einem kleinen Dorf aus dem Bayerischen Wald, dem ein Onkel die brutalsten Horror-Videos beschafft hatte, fügte in einer Art Realitätsdurchbruch und verkleidet als Jason, seiner liebsten Identifikationsfigur aus dem Horrorfilm „Freitag der 13.", einem kleinen Mädchen aus der Nachbarschaft und dessen Tante schwerste Kopfverletzungen mit einer Axt zu. Das Gericht wertete in diesem Fall erstmals den Einfluss von Gewaltfilmen als strafmildernd (auf diesen Fall wird an anderer Stelle – siehe S. 97 – nochmals eingegangen).

Mord wie im Horrorfilm
(Stuttgarter Zeitung vom 3. 7. 1999)

Zwei Jugendliche, die offenbar Szenen aus dem Horrorfilm „Scream" nachahmen wollten, sind in Los Angeles wegen Mordes verurteilt worden. Die 16 und 17 Jahre alten Cousins hätten zugegeben, mit Messern und Schraubenziehern

45mal auf die Mutter des 17-Jährigen eingestochen zu haben, berichteten US-Medien. Beide Täter hätten mehrfach die beiden Folgen des Horrorfilmes gesehen und später gegenüber der Polizei ausgesagt, dass die darin enthaltenen Mordszenen ,,cool" seien.

Anfang November 1999 gab es bei uns eine dramatische Entwicklung, denn innerhalb von zehn Tagen ereigneten sich drei schreckliche Bluttaten, die in Bezug auf den Gewaltmedienkonsum große Gemeinsamkeiten aufweisen: erschreckende Ähnlichkeiten unter den Tätern. Und keiner von den Bekannten der drei Täter hätte es diesen zugetraut, so etwas zu tun. Sie waren eher durch Unauffälligkeit aufgefallen: pünklich, ordentlich, zurückhaltend.

Der Fall Andreas S.
(Meißen am 9. 11. 1999)

,,Meißner Schüler hat Tat angekündigt – Gymnasiallehrerin aus Hass im Klassenzimmer erstochen", und ,,22 Mal auf Lehrerin eingestochen" (Stuttgarter Zeitung vom 10. und 11. 11. 1999) sowie ,,Das ist so bitter für die Stadt Meißen" (Meißner Zeitung vom 10. 11. 1999) und ,,Waren Halloween-Filme das Vorbild?" (Sächsische Zeitung vom 11. 11. 1999).

Darin berichtet ein Freund, dass Andreas viele Computer-Ballerspiele hatte (lt. Spiegel-TV z. B. Tötungsspiele wie ,,Residenze Evil 2" – gewonnen hat, wer die meisten Gegner abschießt oder niedermetzelt, auch mit Messer) und dass er ein Fan der Horror-Filme ,,Halloween" war, in denen Mike Myers seine Opfer abschlachtet – mit Messern. Die Teile 4 und 5 wurden wenige Tage vor der Messerattacke ausgestrahlt. ,,Er hat mir erzählt, dass er sie alle gesehen hat" (zitiert nach Sächsischer Zeitung, S. 3). Der Täter Andreas wird von der Mutter seines besten Freundes als ,,ein ganz normaler Junge, höflich und zuvorkommend" geschildert. Dies deckt sich auch mit Informationen, die ich aus der Schule habe. Jedenfalls konnte von keinen psycho-pathologischen Besonderheiten oder auffälligen Verhaltensweisen berichtet werden.

Der Fall Martin P.
(Bad Reichenhall am 1. 11. 1999)

Über diesen Fall wurde im Einleitungskapitel bereits ausführlich berichtet. Hier einige Zeitungsüberschriften:
- ,,Reichenhall: 16-Jähriger läuft Amok"
  (Stuttgarter Nachrichten, 2. 11. 1999),
- ,,Tatort-Star Lamprecht angeschossen – Reichenhall: 16-Jähriger lief Amok" und im Innenteil: ,,Der amerikanische Alptraum – jetzt mitten in Deutschland" (Bild vom 2. 11. 1999) und
- ,,Amoklauf fordert fünftes Todesopfer"
  (Stuttgarter Nachrichten, 3. 11. 1999).

Martin war ganz normal, hat nur wenig geredet, Horrorspiele wurden von der Polizei zuhauf gefunden, er spielte mit denselben Versionen wie die Mörder von Meißen und Koblenz, feuerte sogar noch lange auf die am Boden liegenden Personen (Rettungssanitäter) wie in einem Video-Spiel.

„War stiller, zurückgezogener Teenager, Sozialkontakte fehlten, hatte keine Erfolgserlebnisse, beim Umgang mit Waffen war er toll, konnte sich da profilieren, mit Vater Schießübungen im Wald, guter Schütze. Martin suchte eher etwas, was seine schwache Seele stützt, das können Waffen sein" (Kriminalpsychologe). Schule: seltene Kontakte zu Mitschülern, in der Pause meistens allein, über Waffen konnte man mit ihm reden, einmal im Leben hat er etwas besonderes getan, er ist vom Computer aufgestanden und hat das ganz große Spiel gespielt" (zitiert nach Spiegel-TV vom 14. 11. 1999).

Nach all den Informationen kann man nicht von einer pathologischen Persönlichkeitsstruktur ausgehen, deshalb auch nicht von einem typischen Amoklauf, sondern eher von einem medieninduzierten Gewaltrausch bzw. von einem Realitätsdurchbruch, wobei auch er auf die schoss, auf die er nicht sauer war.

Der Fall Andy B.
(Koblenz 3. 11. bzw. 28. 10. 1999)

„Eltern getötet und Schwester zerstückelt" (Stuttgarter Nachrichten 3. 11. 1999). Ein 19-jähriger Schüler aus Urbar bei Koblenz hat mit einem Messer und einem Beil seine Eltern getötet und die Leiche seiner achtjährigen Schwester zerstückelt.

Andreas war ein scheuer Schüler, war bis Januar Gymnasiast, durchschnittlich, verfehlte nur knapp die Qualifikation zum Abitur. Schulleiter: wenig Kontakt zu Klassenkameraden, das Unauffällige war das Auffällige an ihm, still, introvertiert, kein Aufhebens um seine Person gemacht, Motiv unklar, auch einziger Freund wußte nichts, dafür war zwischen Video und Computerspielen keine Zeit, Rennspiele und 3D-Shooter, Tötungsspiel wie „Doom", „Duke Nukem" (zitiert nach Spiegel-TV vom 14. 11. 1999).

Horror-Filme und großes Repertoire von Tötungsspielen auf dem PC war das eine Problem, das andere eine gewisse Außenseiterrolle, fehlende Erfolgserlebnisse und Hass gegen bestimmte Personen im Umfeld oder in Familie. In einer Konfliktsituation ist Hemmschwelle gesenkt und es ist leichter jemand umzubringen.

Bilanz zu den Fallberichten

Von all diesen Fällen ist mir bekannt, dass exzessiver Gewaltmedienkonsum bei den Tätern vermutet, in einigen Fällen auch nachgewiesen und als mitauslösend für die Tathandlungen ausgemacht werden konnte.

Weitere Fälle aus der wissenschaftlichen Literatur: Glogauer beschreibt in „Wenn Gewalt zur Unterhaltung wird ...“ (in Lukesch, 1990, S. 149ff.) eine ganze Reihe von beeindruckenden „Fallbeispielen medieninduzierter Delinquenz“.

Erwähnt sei u.a. auch, dass nach dem Kinofilm „Natural born Killers“ zehn Tötungsdelikte bilanziert wurden.

Von Glogauer werden neben den Action-Filmen, Horror-Videos, pornografischem Material und Fernsehsendungen auch die Heavy Metal-Musik mit ihren martialischen Texten in die Ursachenerklärung für Tatmotive, Tatgenese und Tatentschluss bei medieninduzierten Gewalthandlungen mit einbezogen. Die Fälle stammen überwiegend aus dem Bereich der Kriminalistik, der forensischen Psychologie und von Gerichtspsychologen im Zusammenhang mit gutachterlichen Tätigkeiten. In einer Reihe von Fallanalysen als qualitative Methode zur Erforschung medieninduzierter Delinquenz werden wahrscheinliche Wirkungszusammenhänge nachgewiesen. Der Autor stellt dazu bedauernd fest, dass „in den Ermittlungsverfahren, in Gutachten usw. selbst dann nicht der Einfluss von Medien auf die Straftat verfolgt wird, wenn die Jugendlichen von sich aus auf ihren Medienkonsum und entsprechende Wirkungen zu sprechen kommen oder auf andere Weise, z.B. bei Durchsuchungen, ein extremer Konsum bestimmter jugendgefährdender Medien offensichtlich geworden ist“. Typisch hierfür war auch die polizeiliche Erklärung nach dem Massaker von Bad Reichenhall: „Nach Ansicht der Ermittler wird sich das Motiv vermutlich nicht mehr genau klären lassen. Es dürfte in der Person des Täters liegen“ (Stuttgarter Nachrichten vom 6.11.1999).

„Dass es eine viel größere Anzahl medieninduzierter schwerer Delinquenz Heranwachsender gibt, als die bekannt gewordenen Fälle dies belegen, dürfte sicher sein. Unterhalb dieser schwersten Fälle muss es eine große Zahl leichter medieninduzierter Delinquenz von Kindern und Jugendlichen geben, die als solche nicht bekannt, nicht angezeigt bzw. nicht verfolgt werden“ (Glogauer, in Lukesch, 1990, S. 149). Weiter berichtet er, dass sich „in der Presse und in anderen Medien Berichte mehren über schwere Delikte Jugendlicher (Vergewaltigungen, schwere Körperverletzung, Morde, Selbstmorde), die ausschließlich durch Medien bedingt oder durch diese mitbedingt wurden oder bei denen lediglich vermutet wird, dass Medien die Straftaten bewirkt haben“ (Glogauer, S. 151).

Scheungrab (in Lukesch, 1990) stellt 50 Fälle jugendlicher Strafgefangener dar, durch die er mit Hilfe qualitativer Fallbeschreibungen auf der Basis von Tiefeninterviews über quantifizierende hochkomplexe Analysemethoden (Pfadanalysen) zu Nachweisen von Wirkungseffekten durch Gewaltmedienkonsum (Horror-Gewalt-Porno-Sex) auf Delinquenz kommt. Solche Erkenntnisse waren bereits 1990 bekannt und in der wissenschaftlichen Literatur beschrieben worden.

Konsequenzen wurden aus solchen Erkenntnissen kaum gezogen, da die kommerziellen Interessen der Medienindustrie im Konzert mit der Politik und unterstützt durch die öffentlichkeitswirksamen Publikationen und Presseberichte von Vertretern der affirmativen Medienforschung dem entgegenstanden und bis dato entgegenstehen (siehe hierzu Kapitel 2 „Medienpolitik und Medienindustrie"). Erschwerend kommt hinzu, dass Forschungsarbeiten außerhalb des universitären Bereichs – unabhängig von deren Qualität – in bestimmten Presseorganen und auch bei den „Medienwächtern" (Medienbeiräte, Landesmedienanstalten bzw. LFK) ohnehin nur schwer Gehör finden. Dies scheint kein genuin deutsches Problem zu sein, sondern spielt offensichtlich auch in den USA eine Rolle, was durch den Bericht des amerikanischen Kollegen Grossman (in Family 2/99) bestätigt wird. Nach dem „Unglück" von Jonesboro (1998) wurde er von allen möglichen europäischen oder kanadischen Fernsehsendern interviewt – aber kein amerikanischer Sender war interessiert. Er schreibt dazu: „Das US-Fernsehen verschweigt meine Geschichte. Es kennt seine Schuld und will Eingriffe in seine Hoheit verhindern. Nichts bleibt vor den suchenden Augen der TV-Kameras heute noch versteckt – außer ihrem eigenen schädlichen Einfluss auf Kinder" (zitiert aus Family 2/99, S. 60).

Dies war nach dem Schulmassaker von Jonesboro im Frühjahr 1998. Ein Jahr später – nach dem schrecklichen Blutbad von Littleton/Denver mit 15 Toten – trugen die amerikanischen TV-Sender scheinheilige Trauer. Die deutschen kommerziellen Sender haben es ihnen nach Bad Reichenhall und Meißen im November 1999 nachgemacht und zum Schein einige besonders gewalthaltige Filme abgesetzt. Ich vermute nur so lange, bis eine gewisse „Schamfrist" verstrichen ist.

Nach einem Bericht der Frankfurter Rundschau vom 14. 6. 1999 (Gerti Schön, N.Y.) wurden „Nichts als weiße Buchstaben auf schwarzem Grund vergangene Woche auf dem Warner Brothers-Network gezeigt", die eine inhaltsschwere Botschaft ankündigten: „Mit Rücksicht auf die tragischen Ereignisse, die Amerikas Schulen zur Zeit beeinträchtigen, wird die Schlussepisode von *Buffs, die Vampirjägerin* zu einem späteren Zeitpunkt ausgestrahlt", hieß es da.

Das Schulmassaker von Littleton im US-Bundesstaat Colorado, bei dem im April 1999 13 Jugendliche von zwei Mitschülern erschossen wurden, die sich anschließend selbst umbrachten, wird lt. Frankfurter Rundschau für die US-Medien Folgen haben: „Eltern und Politiker beschuldigen Hollywood und die Fernsehindustrie, den Jugendlichen mit gewalthaltigen Filmen die Vorbilder für deren Amokläufe zu liefern. Nicht ganz zu Unrecht, sollte doch in der verschobenen ‚Buffy'-Episode eine Schießerei zwischen Schülern und Vampiren vorkommen."

Unter der Überschrift „Liefert das Fernsehen die Vorbilder der Amokläufe?" berichtet Gerti Schön in der Frankfurter Rundschau weiter, dass der Alarmzustand, in dem sich vor allem Politiker befinden, nicht von ungefähr komme. Nach Littleton kam es landesweit zu 350 Verhaftungen von Schülern, die Lehrern oder Mitschülern mit Gewalt gedroht hatten. Es seien Waffen und Bomben im Spiel gewesen, und in einer Schule im Bundesstaat Georgia kam es wenige Tage nach den schrecklichen Ereignissen von Littleton zu einer Schießerei.

Trotz allem wird im Bericht der Frankfurter Rundschau wieder das altbekannte „Sündenbock-Argument" aufgewärmt, indem eine Mitarbeiterin des Education Development Center in New York zitiert wird: „Die Medien als Sündenbock heranzuziehen ist genauso, als würde man Shakespeare die Schuld dafür geben, dass Jugendliche – so wie Romeo – Selbstmord begehen." Dümmlich fürwahr, heute noch so zu argumentieren, als ob jemals ein ernst zu nehmender Wissenschaftler behauptet hätte, dass jede im Film gesehene Mordtat unmittelbar zu einer Umsetzung durch eine entsprechende Tathandlung animiere. Da wäre unsere Republik schon weitgehend dezimiert. Es gibt aber sehr wohl Filmszenen, die zu Tathandlungen führen können, wenn eine entsprechende Identifikation mit einem der gewalttätigen Protagonisten erfolgt ist, und Gewaltanwendung wird eher praktiziert, wenn man gelernt hat, dass Gewalt zu einer erfolgreichen Konfliktlösung beiträgt. Gewalttätigkeit kann sich als alternative Reaktionsmöglichkeit aber auch gegen die eigene Person richten, wenn die Lebensperspektive eingengt wurde und kein Ausweg mehr gesehen wird.[7]

Generell kann es als längst erwiesen gelten, dass häufiges Sehen von Gewalt und Blutvergießen im Fernsehen eindeutig negative Auswirkungen auf Kinder hat, weil es die Hemmschwelle senkt. Das angesehene TIME-Magazin schreibt dazu: „Kaum ein ernsthafter Wissenschaftler zweifelt heute noch daran, dass Blutvergießen im Fernsehen oder Kino einen eindeutigen Effekt auf Kinder hat, die solche Szenen sehen" (TIME, 6. 4. 1998, zitiert nach Grossman, 1999). „Unsere Gesellschaft muss die Lektion aus den Massakern von Jonesboro und anderswo lernen: Gewalt ist kein Spiel und Spaß, nichts, was man als Unterhaltung betreiben kann. Gewalt tötet" (Grossman, 1999, S. 60).

Als empirischer Wissenschaftler ist mir selbstverständlich bewusst, dass eine Aufzählung und Analyse von 17 Einzelfällen mit Tötungsdelikten in den vergangenen 15 Jahren allein keinen ausreichenden Beweis für allgemeine Wirkungszusammenhänge von TV-Gewalt liefern kann. So muss z. B. ausgeschlossen werden, dass bei den Einzelfällen die Tathandlung durch eine Geisteskrankheit mit psychotischen oder psycho-pathologischen Erscheinungsformen ausgelöst wurde; z. B. bei Kindern oder Jugendlichen mit dem ‚Borderline-Syndrom' oder bei Personen mit Wahnvorstellungen bzw. ‚paranoisch-halluzinatorischen Bewusstseinsstörungen' oder solchen mit häufigen unkontrollierten, spontanen Affektausbrüchen bis zu einem Verwirrtheitszustand.

Nun gibt es Fälle, bei denen durch gerichtspsychiatrische Gutachten eine psychotische Störung wahrscheinlich war, gleichzeitig aber auch festgestellt wurde, dass die Tathandlung direkt auf einen vorangegangenen Konsum einer extremen filmischen Gewaltdarstellung zurückgeführt werden konnte. Die Extremgewalt

---

7 Im übrigen sticht das Argument mit Shakespeares Romeo schon deshalb nicht, weil es als erwiesen gilt, dass nach Goethes „Leiden des jungen Werther" europaweit eine Selbstmordwelle unter Heranwachsenden beobachtet wurde. Für die jüngere Vergangenheit (1983) wurde durch entsprechende Untersuchungen nachgewiesen, dass eine statistisch bedeutsame Erhöhung der Selbstmordrate unter Jugendlichen geschah, nachdem die achtteilige Folge der ZDF-Tragödie „Tod eines Schülers" ausgestrahlt worden war. Durch diese Serie wurden offenbar extreme Identifikationen von ähnlich betroffenen Schülern mit der männlichen Hauptfigur der Fernsehserie ausgelöst, die nach traumatisierenden Erfahrungen durch Schulfrust, Familienproblemen und Liebeskummer Selbstmord beging.

der Filmhandlung ist dann nicht als genuine Ursache für die Tathandlung anzusehen, sondern nur als Auslöser.

Ein typisches Beispiel hierfür ist die Tat eines 17-jährigen Schülers einer Schule für geistig Behinderte anzusehen, der immer nach dem Betrachten des Horrorvideos „Der Fan" (von der BPjS 1983 indiziert), das Bedürfnis verspürte, einer blonden Frau mit einem Küchenmesser ein Bein abzutrennen. Der Fall ereignete sich 1983 in Norderstedt in Schleswig-Holstein.[8] Auszüge aus den Gerichtsakten waren mir zugänglich. Dreimal überfiel der Jugendliche in einem Park bei Dunkelheit blonde Frauen und verletzte sie mit einem langen Küchenmesser am Bein sehr schwer. Sie konnten sich jedoch immer wieder befreien, beim dritten Versuch wurde er gestellt. Bei dem Horrorvideo handelt es sich um einen Film mit kannibalistischen Szenen, in denen eine Frau ihren Liebhaber, den sie aus Enttäuschung erschlagen, mit einem elektrischen Küchenmesser zerteilt und die Leichenteile in einer Tiefkühltruhe verstaut hatte. Die eigentliche Filmhandlung besteht im Wesentlichen darin, dass weitere Frustrationsereignisse in der Schule gezeigt werden und das Mädchen anschließend ihren ehemaligen Liebhaber nach und nach verspeist. Das gerichtspsychiatrische Gutachten brachte zwar keine eindeutige psychotische Persönlichkeitsstörung zutage, jedoch Hinweise auf einen Grenzfall in Form eines Borderline-Syndroms. Jedenfalls war eine deutliche Vorschädigung und auch eine starke familiäre Belastung (Vater Alkoholiker) nachweisbar.

Ein weiterer Fall aus den obigen Presseberichten, wo es um Kannibalismus nach einem Tötungsdelikt ging (24. 2. 1984), dürfte ähnliche Strukturen aufweisen. Bei der Mehrzahl der dargestellten Fallbeispiele waren jedoch keine einschlägigen psychotischen Persönlichkeitsveränderungen festzustellen gewesen.

Nachweislich war die Grenze der Normalität nicht überschritten:
- bei der Mordtat durch einen 14-jährigen Realschüler aus Neustadt/Aisch, der seinen im gleichen Haus wohnenden Klassenkameraden während des Betrachtens eines Horrorfilms mit einem Küchenmesser erstach (1984),
- bei der Tatbeteiligung bei einem tödlichen Schuss mit einer Pumpgun aus dem fahrenden Auto auf einen fremden Autofahrer durch einen 20-jährigen Heranwachsenden (Darmstadt 1995), wo jahrelanger Medienmissbrauch durch Computer-Tötungsspiele und Gewaltfilme zu einer Verminderung der Affektkontrolle führten, was seitens der Verteidigung als strafmildernd gut begründet wurde (siehe S. 139ff.),
- bei dem Tötungsversuch (1996) durch einen 14-jährigen Jungen aus Niederbayern (Jason-Imitation nach dem Horrorfilm „Freitag der 13."), wobei der Onkel des Jungen wegen der Beschaffung der Videos zu einer Geldstrafe verurteilt worden war (diese Information habe ich von gerichtspsychologischen Begutachtungen),

---

8 „Videofilm regte zu Kannibalismus an – Siebzehnjähriger wegen versuchten Mordes angeklagt" (Kölner Stadtanzeiger vom 11. 10. 1983).

- bei dem 15-jährigen Gymnasiasten Andreas S. aus Meißen (1999), der seine gehasste Geschichtslehrerin mit zwei Messern im Klassenzimmer erstach. Er hatte wenige Tage vorher die Serie der Horror-Filme „Halloween 4 und 5" gesehen und Tötungsspiele auf dem PC betrieben,
- bei dem Massaker von Bad Reichenhall (1999) durch Martin P. (16 Jahre) und vermutlich auch
- bei dem dreifachen Mord an der eigenen Familie in Koblenz (1999) durch Andy B. (19 Jahre).

Bei den anderen oben dargestellten Fällen, vor allem bei den zahlreichen Schulmassakern in den USA, liegen inzwischen Erkenntnisse vor, nach denen es sehr wahrscheinlich ist, dass die brutalen Tötungsdelikte nicht durch psychopathische oder psychotische Persönlichkeitsstörungen, wie z. B. Verfolgungswahn oder andere Wahnvorstellungen, verursacht wurden, wie sie für Amokläufer typisch sind, sondern durch diverse medieninduzierte Einflüsse im Kontext mit Frustrations-Aggression.

3.2.1.2 Einzelfallanalysen und empirische Quantifizierung

Die Zahl solcher Einzelfälle ist in den letzten Jahren stark angestiegen und inzwischen so groß, dass man nicht mehr von einem zufälligen Ereignis sprechen kann.[9] Insofern können sie sehr wohl in der Beweiskette über Wirkungseffekte von Gewaltmedien auf Gewalthandeln als wichtiges Bindeglied angesehen werden. Anders als Grimm (1999), der individuelle Fälle als bedeutungslos in dieser Hinsicht betrachtet, bin ich der Überzeugung, dass wir es hierbei mit der Spitze eines Eisberges zu tun haben, die ja nicht einfach auf dem Wasser schwimmt. Sie ist mit dem nicht sichtbaren Teil verbunden. Und, je größer der Eisberg unter der Wasseroberfläche ist, um so größer ist auch seine Spitze. Anders ausgedrückt sehe ich das so: Die Kumulation von Einzelfällen in den vergangenen Jahren (größer werdende Spitze des Eisberges) ist als Zeichen dafür zu werten, dass es eine viel größere Zahl von Fällen gibt, die nicht so offenkundig und pressewirksam sind, sondern allenfalls in der Kriminalstatistik erscheinen, wenn es um die Bilanzierung und Erklärung von Kinder- und Jugendkriminalität und deren signifikantem Anstieg bei einem Zehn- oder 15-Jahresvergleich geht. Die damit verbundenen Wirkeffekte von gewaltmedialen Einflussgrößen kann ich nicht in Laborexperimenten wie bei Grimm (1999) überprüfen und dann verwerfen, sondern ich muss durch empirische Feldforschung versuchen, der Wirklichkeit näher zu kommen, denn dabei handelt es sich um *kumulative Effekte sowohl hinsichtlich verschiedener Medien als auch hinsichtlich Zeit und der Rezeptionsformen*. Dieses hypothesengeleitete Vorgehen muss aber alle möglichen relevan-

---

9 Fälle außerhalb Deutschlands, von denen mir nicht genügend Informationen über den Medienkonsum vorlagen, habe ich bewusst nicht mitbilanziert. Dazu gehört u. a. ein Fall aus Frankreich, wo im April 1998 ein 18-jähriger Schüler während des Unterrichts einen Klassenkameraden erschoss. Frankreichs Erziehungsminister Allegre forderte in diesem Zusammenhang die Bekämpfung von Gewalt in Filmen und Fernsehserien. Es gehe nicht an, dass Amerika seine „Zivilisation der Gewalt" auch nach Frankreich bringe (zitiert nach Stuttgarter Nachrichten vom 2. 4. 1998).

ten Einflussgrößen in das Analysemodell mit einbeziehen und darf nicht, so wie es bei Pfeiffer (1999) in seiner Untersuchung zur Kriminalitätsbelastung in mehreren Großstädten der Bundesrepublik geschehen ist, den Anstieg der Jugendkriminalität auf die veränderten sozialen Verhältnisse, auf Gewalt in der Familie und Verschlechterung der ökonomischen Bedingungen beschränken – und den Medieneinfluss außer acht lassen. Die Einbeziehung physiologischer Parameter in das Erklärungsmodell bringt zwar neue Erkenntnisse über körperliche Prozesse, die sich z. B. bei der Rezeption extremer Gewaltdarstellungen ereignen – z. B. Flow-Erlebnisse mit Steigerung der Endorphinproduktion im Zwischenhirnbereich, wozu die Jugendlichen sagen, „bei diesem Horrorfilm bekomme ich meinen Kick", auch das Arrousal-Konzept ist in diesem Zusammenhang zu erwähnen – eine Erklärung über säkulare Veränderungsprozesse im Verhalten von Kindern und Jugendlichen liefern sie jedoch keinesfalls, denn Mutationen ereignen sich in der Regel nicht in einem Zeitraum von 15 Jahren.

Aus vielen empirischen Untersuchungen der Medienpsychologie kann inzwischen als gesicherte Erkenntnis folgendes angenommen werden (siehe hierzu auch die Übersicht über den neueren Forschungsstand in Kapitel 3.1):

Lang andauernder exzessiver Gewaltmedienkonsum kann zu emotional-affektiven Defiziten führen. Persönlichkeitsveränderungen mit Steigerung der Aggressionsbedürfnisse können bei immer mehr Kindern, auch bei den sogenannten normalen, angenommen werden. D. h. mediale Beeinflussung in Richtung Gewaltanwendung ist nicht nur dann möglich, wenn in der Lerngeschichte familiäre oder schulische Beeinträchtigungen, traumatische Erlebnisse und insgesamt schlechte Lebensbedingungen vorhanden waren, sondern auch bei weniger traumatischen Ereignissen und Entwicklungsbedingungen.

Besonders negativ wirkte sich ein früher Einstieg in Gewaltmedien aus (siehe Abschnitt 3.2.3 Videonutzung – Horror-Gewalt sowie Weiß, 1993). Aber auch wenn ein Kind schon im Vorschulalter durch mildere Dosen des Fernsehens (z. B. gewalthaltige Comicserien) oder billiger „Kaufhausvideos" an Mediengewalt gewöhnt wird, kann es entweder später den Weg zu den harten Videos leichter gehen, mit den oben beschriebenen Folgen (Lukesch, 1994), oder durch die traumatisierenden Bilder massive *Angstzustände* entwickeln. Dieser Prozess kann 10 bis 15 Jahre dauern, bis es zu einer tatsächlichen Gewalthandlung kommt. Diese kann dann allerdings exzessive Züge aufweisen.

Gewalt steckt an, durch Mediengewalt können Kinder desensibilisiert und abgestumpft werden, Mitleid und Empathie gehen auf die Dauer verloren. Insbesondere bis zum Alter von sechs bis sieben Jahren sind Kinder diesem Gewaltszenarium, in dem getötet, geprügelt oder misshandelt wird, völlig hilflos ausgesetzt, weil sie erst ab diesem Alter beginnen, Phantasie von der Realität angemessen zu unterscheiden.

Ein eindrucksvoller Nachweis über die aggressionsfördernde Wirkung von TV-Gewalt auf Kinder wurde in einem eher zufälligen Live-Experiment in Kanada in den 70er Jahren geliefert: Dort war in einem abgelegenen Städtchen erst seit 1973 Fernsehempfang möglich. Bei einem Vergleich mit zwei anderen kanadischen Städten, die schon länger TV-Empfang hatten, stellte man fest, dass die Aggressionsrate unter den Erst- und Zweitklässlern einige Zeit nach der Fernseheinführung um 160 % angestiegen ist (Williams, 1986).

Weiter wurde von der American Medical Associaton festgestellt, dass sich 15 Jahre nach Einführung des Fernsehens in den USA die Rate an Morden, Vergewaltigungen und gewalttätigen Angriffen verdoppelte (zitiert nach Grossmann, 1999, S. 56). Eine schwedische Untersuchung (Sonesson, 1989) bringt ebenfalls sozialschädliche Wirkungsnachweise.

3.2.2 Fernsehen als zweitwichtigster Sozialisationsfaktor

Nach dem Zweiten Weltkrieg konnte man etwa bis 1960 Familie, Schule, Kirche und Freundesgruppe (Clique) – auch in etwa in dieser Reihenfolge – als wichtigste Instanzen für die Entwicklung und Persönlichkeitsbildung eines Kindes und Jugendlichen feststellen. Als externe mediale Einflussgrößen kamen Radio, Kino und Lesen hinzu. Mit der Einführung des Fernsehens (1953) schob sich ein neues Medium dazwischen. Filme, die bislang nur im Kino gesehen werden konnten, wurden terrestrisch durch Antennen in die Wohnzimmer getragen. Damit begann ein Siegeszug sondergleichen, in dessen Verlauf Kino, Radio und dann auch das Lesen zunehmend zurückgedrängt wurden. Mit der Einführung des werbefinanzierten Privatfernsehens 1984 – ein etwas zweifelhafter „Verdienst“ des damaligen Ministerpräsidenten Lothar Späth von Baden-Württemberg, der ohne die Ergebnisse des wissenschaftlich begleiteten Pilotprojekts Kabelfernsehen im Raum Mannheim-Ludwigshafen abzuwarten, die erste Sendelizenz für einen Privatsender mit auf den Weg brachte – kam eine fast revolutionäre Entwicklung auf uns zu. TV rund um die Uhr, innerhalb von 10 Jahren Vervierfachung des Senderangebotes, bis heute nach 16 Jahren von drei empfangbaren öffentlich-rechtlichen Senderangeboten (ARD, ZDF und die regionalen Dritten Programme) eine Erweiterung auf 36 Sender, immer seichtere Programmangebote durch die Privaten und enorme Zunahme von Action und Gewalt in Filmen und den bei den Kindern besonders beliebten Zeichentrickfilmen. Das Sehverhalten weiter Bevölkerungskreise hat sich seither total verändert. Bei den Kindern und Jugendlichen kehrte sich die Reihenfolge der wichtigsten Sozialisationsinstanzen durch diese externe Einflussgröße regelrecht um. Nach eigenen Berechnungen anhand repräsentativer Erhebungen zum Umfang der TV-Nutzung in Baden-Württemberg und Sachsen kann man davon ausgehen, dass die Zeit, die ein Kind bis 15 Jahren vor dem Bildschirm verbringt, bereits wesentlich länger ist als die Zeit in der Schule bei Halbtagsbetrieb. Durchschnittlich 10 100 Zeitstunden vor dem Fernseher stehen rund 8 000 an Schulstunden (mit 60 Minuten berechnet) gegenüber. Zumindest vom zeitlichen Umfang her hat sich das Fernsehen bei Kindern und Jugendlichen als die zweitwichtigste Sozialisationsinstanz nach der Familie fest etabliert (siehe auch Grafik auf S. 110).

Ein durchschnittliches Kind erfährt durch das Fernsehen mehr Direktkommuni-
kation als durch Eltern und Lehrer gemeinsam (nach Grossmann, 1999, S. 59).
Diese für die USA getroffene Feststellung gilt inzwischen in gleicher Weise auch
für das Sehverhalten deutscher Kinder. Die Sozialisationsbedingungen, unter
denen Kinder in vergleichbaren Industrienationen aufwachsen, gleichen sich
immer mehr.

3.2.2.1 Die Konditionierung durch Fernsehgewalt

Senderpräferenzen entstehen bei Kindern oder Jugendlichen nicht von heute auf
morgen. Sie haben eine lange Entwicklungsgeschichte. Wenn bei Eltern die Zeit
nicht reicht, weil sie allein für das Kind sorgen müssen oder weil sie neben der
Kindererziehung auch noch berufstätig sind oder auch, weil sie mit sich selbst
und den eigenen Problemen oder mit dem Kind überfordert sind, ist die Entscheidung, das Kind einmal vor den bewegten Fernsehbildern ‚ruhig zu stellen‘,
irgendwann einmal reif. Bei manchen, die ich kenne, geschieht dieses ‚Baby-Sit-
ting mit der Mattscheibe‘ zum ersten Mal bereits bei Kindern mit eineinhalb
Jahren. Etwa um diese Zeit sind Kinder im allgemeinen in der Lage, Figuren und
Bewegungen wahrzunehmen und zu unterscheiden. Jedenfalls erweckt das Geschehen auf dem Bildschirm bereits so starkes Interesse, dass sie es über einen
längeren Zeitraum verfolgen, ohne dass Handlungen bereits verstanden werden.
Auf diese Weise erfolgen aber erste Konditionierungen, die im Alter von zwei
bis drei Jahren auch auf Gegenstände aus ihrer Umgebung oder auf Lieblings-
speisen in den Werbespots übertragen werden können. In den menschenähnlichen
Comicfiguren wirkt das besonders stark. Die Attraktivität wird mit zunehmendem Alter größer, insbesondere wenn in den einfachen Handlungen gewaltsame
Aktionen und Auseinandersetzungen eingebaut sind, die sie zum Teil auch aus
der eigenen Lebensumwelt kennen. Es wird geschlagen und getreten, erstmals
nimmt das Kind auch Gegenstände wahr, die man als Waffen bezeichnet und mit
denen man anderen Verletzungen zufügen oder gar töten kann – auch wenn sie
die endgültigen Konsequenzen eines Tötungsaktes noch nicht verstehen können.
Die natürliche Immunität des Kindes gegen Gewalt wird dadurch geschwächt.
Getötet werden mit einer Waffe wird von vielen Kindern heute als die natürliche
Form des Sterbens betrachtet.

Als witzige Begebenheit wird folgendes erzählt: Als man dem vierjährigen Olaf
mitteilte, dass die Oma gestorben ist, fragte er zurück: „Wer hat die denn
erschossen?“ Ich finde das gar nicht mehr zum Lachen.

3.2.2.2 Verhaltens- und Einstellungsänderung durch TV-Gewalt

Nach unseren Beobachtungen und Schülerbefragungen ist davon auszugehen,
dass rd. 15 % der Schüler affektiv stark belastet werden, insbesondere in Verbindung mit permanenten Gewaltdarstellungen in TV, und nicht in der Lage sind,

das Geschehen adäquat zu verarbeiten. Es entsteht kein „kathartischer Effekt" im Sinne eines Aggressionsabbaues, sondern es ist vielmehr zu erwarten – wie jüngste Befragungen von mir in der Sekundarstufe in Baden-Württemberg zeigen (Weiß, 1998) –, dass sie

- Spaß an Gewaltdarstellungen haben, mit Gewöhnung und Stimulation zur Gewaltanwendung (also ohne Katharsis),
- Lustgefühle bei Grausamkeiten entwickeln,
- Konflikte nur gewaltsam lösen und diese gewaltsamen Konfliktlösungen unreflektiert und unbewusst im Sinne der klassischen Konditionierung internalisieren, und dass dabei die Hemmschwelle immer mehr sinkt,
- Horror und Gewalt konsumieren, weil sie meinen, damit ihrem momentanen Frust und den permanenten Demütigungen in Schule und Familie „begegnen" zu können.

Es kann weiter angenommen werden, dass
- soziale Einstellungen verkümmern,
- Machtstreben und Geltungssucht gesteigert werden und
- die Sprache sich verändert.

Besonders für die Zunahme von *Sprachentwicklungsverzögerungen und -störungen* können überwiegend sozio-kulturelle Faktoren wie der Medienmissbrauch, insbesondere das Fernsehen, verantwortlich gemacht werden (Heinemann, 1997).

„Die Sendungen sind oft nach stereotypen Mustern gestaltet, so dass die eigene Phantasie und Kreativität nicht mehr angeregt werden. Gewaltdarstellung kann insbesondere beim Zusammentreffen mit anderen ungünstigen psycho-sozialen Faktoren bei jungen Zuschauern aggressive Veraltenstendenzen verstärken und somit langfristig zur Gewöhnung an Gewalt als ‚normalem' Mittel zur Konfliktlösung führen." Gewaltdarstellungen können aber darüber hinaus, insbesondere bei jüngeren Kindern, auch mehr oder weniger starke Angstreaktionen auslösen.

Auch sind die Folgen für das *Rechts- bzw. Unrechtsbewußtsein* und die moralische Urteilsbildung vermutlich nachhaltig. Die enorme Zunahme der Delinquenz bei Kindern und Jugendlichen in den vergangenen 10 Jahren geht zu einem großen Teil darauf zurück. Dazu gibt es neben vielen Einzelfällen (s. o.) inzwischen eine Reihe von quantitativen wissenschaftlich-empirischen Belegen (Tillmann u. a., Uni Bielefeld, Jäger u. a., Landau, Lukesch, Regensburg, Scheungrab, Regensburg, Groebel, Utrecht, Weiß, Stuttgart, Kleiter, Kiel).

Wenn man von einem kumulierten langfristigen Gewaltmedienkonsum ausgeht, so wird mit großer Sicherheit im Sinne der sozial-kognitiven Lerntheorie die individuelle Aggressionsbereitschaft durch Stimulation und Habituation (im Sinne von Abstumpfung) gesteigert. Auch können sich im Laufe der Zeit aggressive Anteile zu einem *Persönlichkeitsmerkmal* verfestigen, was wiederum eine Vorliebe für bestimmte gewalthaltige filmische Handlungen mit extremen Gewaltdarstellungen induzieren kann. Deshalb ist die Rezeptionswirkung von Filmen zwar *persönlichkeitsabhängig* (siehe Persönlichkeitsmodell in Kapitel 5.1), jedoch auch *gleichzeitig abhängig vom Distributionsumfang bzw. der Verfügbarkeit in den öffentlich zugänglichen Medien und der Dauer des Medienkonsums.*

3.2.2.3 Senderpräferenzen und Gewaltanteile in TV-Sendern

Jugendgefährdende Fernsehfilme, die von der Bundesprüfstelle indiziert wurden, bringen hohe Einschaltquoten. Es handelt sich dabei um Filme, die vor Zulassung der privaten Fernsehsender nur über Videotheken ab 18 Jahren oder als Raubkopien zugänglich waren, obwohl sie m. E. *besonders gefährdend* sind, weil sie über dieses Medium auch bereits Kindern leicht zugänglich gemacht werden. Durch die Verbreitung über das Fernsehen und damit Öffnung auf den Altersbereich bis 14 Jahre müssten sie eigentlich den Zusatz ,,kindergefährdend" erhalten. Durch private TV-Anstalten wurden davon in den vergangenen neun Jahren jährlich zwischen 100 bis 190 ausgestrahlt. Zur Zeit sind es pro Woche im Schnitt zwei indizierte Filme.

Hier eine exemplarische Darstellung:[10]

Savage Street – Straße der Gewalt, RTL, 4. Januar 1993, 23.30 (indiziert 1985):
Besondere Gefahren: modellhaft für jugendliche Bandenkriminalität, dazu Selbstjustiz, Vergewaltigung und andere extreme Gewalthandlungen. Diesen Film halte ich für schwierige und sozial benachteiligte Jugendliche im ,,Peergroup-Alter" für besonders gefährlich, da er bei diesen zur Nachahmung anregen kann.

Friedhof der Kuscheltiere,
PRO 7, Oktober 1993, 23.00 Uhr (indiziert Dezember 1990):
Besondere Gefahren: Horrorfilm mit den üblichen Reaktionen von Angst bis zu Alpträumen bei Kindern und auch noch bei Jugendlichen. Besonderes gefährlich für Kinder im Grundschulalter, wo – in Einzelfällen nachweisbar – extreme Angstzustände beobachtet wurden, die psychotherapeutisch behandelt werden mussten. Langzeitschäden sind nicht auszuschließen.

Die Liebesabenteuer des Marquis S.,
November 1993, RTL, 23.00 Uhr, (indiziert 1987):
Besondere Gefahren: Sadismus in ,,Reinkultur", ,,versteckte" sexuelle Gewalt gegen Frauen, die ausschließlich Lustobjekte und für den ,,Machotypen Marquis de Sade" jederzeit verfügbar sind. (Eine Neuverfilmung – USA 1997 – lief am 21. 11. 1999 um 1.20 Uhr in Vox als ,,Sexfilm".)

Phönix (USA 1991),
11. Dezember 1993, RTL, 23.00 Uhr (nicht indiziert, aber indizierungsbedürftig)
Besondere Gefahren: Exzessiver Sexfilm mit Gewaltmischung, Grenze zur Pornographie wird m. E. mehrmals in besonders ekelerregenden Szenen überschritten.

---

10 Die Indizierungshinweise sind entnommen aus BPjS-Report 2/99, S. 16–38.

Cyborg,
18. Dezember 1993, RTL, 23.00 Uhr (indiziert Dezember 1989)
Besondere Gefahren: Gewaltszenarien, Identifikationen mit extremen Super-
mann (ähnlich gedemütigter Held wie bei Rambo) wahrscheinlich, Racheakte,
Selbstjustiz; besondere Horrorszene: Der schwer mißhandelte Superheld Cyborg
befreit sich selbst – im Gegensatz zu Christus – aus stundenlanger Kreuzigung
und rächt sich dann an seinen Feinden recht grausam.

Für die Folgejahre könnte diese Aufzählung beliebig fortgesetzt werden. Auch
ist besonders bemerkenswert die jährlich mehrmalige Ausstrahlung der Rambo-
Reihe mit drei Folgen durch RTL und RTL 2 von 1990 bis 1996. Dann übernahm
ProSieben im Jahre 1999 das Kommando über *Rambo I* (nicht indiziert, aber guter
Aufreißer), *Rambo II* (indiziert 30. 1. 1986) und *Rambo III* (indiziert seit
30. 4. 1993), sie wurden gut getimed in das Spätabend-Programm eingebaut
(*Rambo I* am 21. 8. 1999 um 22.55, *Rambo II* eine Woche darauf am 29. 8. 1999
um 23.15 Uhr), dazwischen ergänzt durch Gewalt-Action-pur mit *Total Racall*
(Schwarzenegger-Film, indiziert 1991), am 28. 8. 1999 um 22.15 in PRO 7 (davor
bereits am 18. 4. 1992 in RTL und am 27. 4. 1996 um 22.00 Uhr in RTL 2) sowie
von *Der Terminator* (ebenfalls indiziert seit 1985). Dazu weitere in die hunderte
gehende TV-Ausstrahlungen von indizierten Filmen durch diese und andere
Privatsender, von denen man etwa 2/3 dem Genre Gewalt und Horror zuordnen
kann. Problematisch wird es vor allem, wenn „Angst um der Angst willen erzeugt
wird und die Furcht des Kindes für den ganzen Film herhalten muss". Dies sagte
sogar der Geschäftsführer der Freiwilligen Selbstkontrolle Fernsehen, Joachim
von Gottberg, in der Zeitschrift HÖRZU (zitiert nach Esslinger Kreiszeitung vom
29. 1. 1999). Reißerische Titel wie „Nina – vom Kinderzimmer ins Bordell"
(RTL) oder „In der Gewalt des Kindermörders" (RTL 2) ließen gerade dieses
Motiv vermuten oder zielten zumindest auf den Voyeurismus der Zuschauer. Auf
Jugendliche können solche Sequenzen jedoch traumatische Auswirkungen haben
(dpa). Auch der Film „Amok" nach einem Roman von Steven King, der in RTL 2
im Oktober 1999 lief, gehört in diese Kategorie, obwohl nicht indiziert. Dazu die
Fernseh-Eigenwerbung bei RTL 2: „Der Oktober bei RTL 2 – heißer als die
Hölle."

Typisch für Fernsehgewalt ist, dass 60 % aller Männer im Fernsehen auf irgend-
eine Weise mit Gewalt befasst sind und 11 % der Protagonisten Mörder sind. Die
Mehrzahl der ermordeten Opfer im Fernsehen sind dagegen Frauen. In der
Realität ist dies anders (Gerbner, 1994).

Das Sehverhalten der heutigen Schülergeneration hat sich grundlegend verändert.
Dies wurde in einer seriösen Untersuchung des Medienmarktes durch Feierabend
und Windgasse (Media Perspektiven 4/1997) auch durch viele andere Analysen
bestätigt.

Da für Kinder und Jugendliche Gewalt und Action trotz teilweiser angstauslö-
sender Reaktionen attraktiv ist, ist es kein Wunder, wenn sich die Einschaltquoten
für die öffentlich rechtlichen Sender verschlechtern.

Ich habe in einer anonymen Schülerbefragung zu den Senderpräferenzen im Frühjahr 1999 erfahren können, welche TV-Sender als *Lieblingssender* angegeben werden. Die Ergebnisse sind in den Tabellen 3.1 und 3.2 dargestellt:

Tabelle 3.1:
TV-Lieblingssender bei Schülern in Baden-Württemberg

TV-Sender	Umfrage Hauptschule 1999 (N = 123)			Umfrage Gymnasien 1999					
				Klasse 6–9 (N1 = 99)		Klasse 6–11 (N2 = 286)		Rangreihe Gymnasium	
	Rangreihe HS	Nennung insges.	Erstnennung	Nennung insges.	Erstnennung	Nennung insges.	Erstnennung	Rangreihe Gym 1	Rangreihe Gym 2
Pro 7	1	48	40	55	45	130	98	1	1
RTL	2	28	19	22	13	93	56	2	2
RTL 2	3	11	7	9	4	16	11	6	7
VIVA	4	11	6	20	10	47	24	3	3
MTV	5	10	8	14	4	19	2	4	6
SAT 1	6	7	4	12	5	27	14	5	4
VOX	7	3	3	1	1	–	–	11	–
Eurosport	8	2	2	–	–	9	3	–	9
ARD	9	2	2	4	4	23	18	7	5
Kinderkanal	10	2	2	–	–	9	8	–	9
DSF	11	1	1	3	–	7	4	8	11
ZDF	–	–	–	1	–	12	5	11	8
Arte	–	–	–	1	1	–	–	11	–
Super RTL	–	–	–	1	–	8	7	11	10
Kabelkanal	–	–	–	1	–	1	1	11	12
Basis N		96	94	92		255			
Mehrfach-Nennung		30		61		84			
Auslassungen		29		7		31			

Anmerkung: Die Rangreihe wurde berechnet nach den Nennungen der Lieblingssender insgesamt, also incl. Mehrfachnennungen. Die Rangreihe der Lieblingssender nach den Erstnennungen weicht nur unwesentlich davon ab.

Bei den Fernsehsendern rangiert bei den befragten Schülern (nicht repräsentativ) in den Schularten Hauptschule und Gymnasium mit großem Abstand ProSieben als Lieblingssender an der Spitze, gefolgt von RTL. Beide Sender haben zusammen einen Anteil von 61 % bzw. 63 % bei den Hauptschülern (Mehrfachnennungen/Erstnennungen), von 53 % bzw. 67 % bei Gymnasium 1, 56 % bzw. 64 % bei Gymnasium 2. Hauptschule und Gymnasium unterscheiden sich bei diesem Vergleich nur bei den Mehrfachnennungen, bei den Erstnennungen ihrer Lieblingssender im Fragebogen liegen sie fast gleich auf. Hingegen haben ARD und ZDF zusammen bei den Hauptschülern einen Mehrfach-Nennungsanteil von lediglich rd. 1,6 %, bei den Erstnennungen von 2,2 %, die beiden Gymnasien reichen bei den Mehrfachnennungen von 3,5 % (Gym. 1) bis 8,7 % (Gym. 2), bei den Erstnennungen von 4,6 % (Gym. 1) bis 15 % (Gym. 2). Der dritte Rangplatz wird bei beiden Gymnasien vom Musiksender VIVA (zumeist Video-Clips) eingenommen. Selbst der „Marktanteil" von RTL 2 liegt bei den Hauptschülern mit 9 % zu 7 % noch über dem der öffentlich-rechtlichen Anstalten, die gemeinsam nur rund 2 % erreichen.

Tabelle 3.2:
TV-Lieblingssender bei Schülern in Baden-Württemberg – Rangreihenvergleich

Rang-reihe Gym 1	Rang-Reihe Gym 2	Rang-reihe HS	TV-Lieblings-Sender (Baden-Württemberg 1999)	Gewalt-Anteile 1999 Index (Institut Integral 1999)	Mordszenen Häufigkeit pro Tag	%-Aggression im Vorabend-programm (Groebel 1992)	% an Gewalt
1	1	1	PRO 7	6,5	20	52,0	12,7
2	2	2	RTL	6,3	13	22,8	10,7
6	7	3	RTL 2	6,2	13 (Tele 5)>	7,9	11,7
3	3	4	VIVA				
4	6	5	MTV				
5	4	6	SAT 1	5,7	9	3,9	7,3
11	–	7	VOX	5,4			
–	9	8	Eurosport				
7	5	9	ARD	4,5	6	7,9	6,6
–	9	10	Kinderkanal				
8	11	11	DSF				
11	8	–	ZDF	4,5	7	5,5	7,2
11	–	–	Arte				
11	10	–	Super RTL	4,5			
11	12	–	Kabelkanal				
–	–	–	3SAT	3,7			

Anmerkung: Die Gewalt-Skala 1999 des Instituts Integral reicht von 1 bis 11 Punkte. Die Studie wurde bei der Tagung „Gewalt in den Medien" vorgestellt, die der ORF im Frühjahr 1999 in Wien veranstaltet hat.

Bei den Hauptschülern liegt RTL 2 an dritter Stelle, während dieser Sender bei den Gymnasiasten erst an 6. Stelle rangiert.

In einer Analyse der GFK-Fernsehforschung zur Fernsehnutzung 1996 der drei- bis 13-Jährigen (Feierabend & Windgasse, in Media Perspektiven 4/97, S. 191) liegen bei der, mit meiner eigenen Schülerbefragung vergleichbaren, Altersgruppe der zehn- bis 13-jährigen Schüler ebenfalls ProSieben und RTL an der Spitze, allerdings hier gleich auf. Der Marktanteil beträgt bei beiden Sendern jeweils rund 18 %. An dritter Stelle folgen RTL 2 und SAT 1 mit rund 10 % Marktanateil. ARD und ZDF folgen mit 8 % bzw. 6 %. 3sat landet auch bei der Nutzungsanalyse von Feierabend und Windgasse abgeschlagen mit einem Marktanteil von 0,5 % auf dem letzten Platz. Die Rangreihe der TV-Sender mit hohem Spielfilmanteil weicht also von der Rangreihe aus meiner Schülerbefragung zu den Lieblingssendern nur unwesentlich ab.

Wie bereits erwähnt, liegt bei den Gewaltanteilen sowohl bei der Groebel-Studie 1992 als auch bei der neuesten Integral-Studie aus Österreich ebenfalls ProSieben an der Spitze, gefolgt von RTL und RTL 2[11]. Vergleicht man weiter nur die

---

11 Nach einer epd-Pressemeldung vom April 1996, unter Berufung auf eine Studie des Kölner Instituts für empirische Medienforschung, zeigt der Sender ProSieben mit Abstand das gewalthaltigste Programm. „ProSieben biete als einziger Sender ,härtere Gewaltformen für Kinder' an. Aber auch die kommerziellen Kanäle RTL, RTL 2 und SAT 1 zeigten deutlich mehr Gewalt als die öffentlich-rechtlichen Programme." Kinder könnten zwar den größten Teil der insgesamt angebotenen Gewaltdarstellungen nicht sehen, gewalthaltige Sendungen seien aber für die sechs- bis 13-Jährigen attraktiv. Bevorzugt genutzt werden unterhaltende Sendungen, speziell Cartoons, in denen Gewalt in wenig realistischen Formen erscheint. Dies sei bedenklich, „weil so Vorstellungen über die wirklichen Schadensfolgen von Gewaltanwendung verloren gehen könnten", heisst es. Mit realistischen Formen von Gewalt kämen Kinder dagegen selten in Berührung (zitiert nach Badisches Tagblatt vom 2.4.1996). Auch dieses Ergebnis bestätigt die in meiner Vergleichsanalyse enthaltene Rangreihe der Gewaltanteile.

TV-Sender miteinander, bei denen sowohl Daten für die Gewaltanteile als auch Präferenzergebnisse meiner Schülerbefragung aus 1999 vorliegen, so zeigt sich das in Tabelle 3.3 dargestellte Bild.

Tabelle 3.3:
Rangreihenvergleich der Senderpräferenzen und der Gewaltanteile in den TV-Sendern
mit hohem Spielfilmanteil (Mehrfachnennungen bei Jungen und Mädchen)

TV-Sender	Haupt-schule	Gymna-sium 1	Gymna-sium 2	alle Stichproben der Schülerbefr. 1999 durchschnittl.	Gewalt-Anteile 1999 der TV-Sender		Mord-zenen pro Tag
	(Baden-Württemberg 1999) Rangreihe Lieblingssender			Rangreihe Lieblingssender	Index (Institut Integral 1999)		(Groebel 1992)
	N = 123	N = 99	N = 286	N = 508	Rangreihe	Skala von 1–11	Rangreihe
PRO 7	1	1	1	1	1	6,5	1
RTL	2	2	2	2	2	6,3	2
RTL 2	3	4	5	4	3	6,2	(3)
SAT 1	4	3	3	3	4	5,7	4
VOX	5	7	8	7	5	5,4	
ARD	6	5	4	5	7	4,5	5
ZDF	8	6	6	6	7	4,5	6
Super RTL	8	6	7	8	7	4,5	
3SAT	8	6	9	9	9	3,7	

Die Rangreihe der Lieblingssender stimmt für diese neun von den Schülern erwähnten und vom Institut Integral nach dessen Gewaltindex bewerteten Sender hoch überein. Bei den Hauptschülern ist die Übereinstimmung fast hundertprozentig (Rho = .97; TAU = .92, cump = 0,0006), bei den Gymnasiasten ist sie nicht ganz so hoch, weil die relativ gewaltfreien öffentlich-rechtlichen Sender etwas weiter vorne in der Beliebtheitsskala rangieren. Trotzdem erreichen nach dem strengen Kendall's TAU-Koeffizienten für die Rangreihenkorrelation auch die gymnasialen Stichproben sehr- bis hochsignifikante Werte (cump = 0,006 bzw. 0,01). Beachtenswert ist dabei, dass die Messung der Präferenzanteile und die der Gewaltanteile von absolut voneinander unabhängigen Erhebungseinrichtungen stammen.

Selbst bei einem Rangreihenvergleich mit den Analysen von Groebel aus dem Jahre 1992 über Gewaltanteile der TV-Sender – gemessen an der Häufigkeit der Mordszenen pro Tag – konnten signifikante bis sehr signifikante TAU-Werte errechnet werden. Auch ist die Übereinstimmung der Rangreihen zwischen den Groebel'schen Daten und den neuesten Gewaltindizes des Instituts Integral aus dem Jahre 1999 sehr hoch und erreicht, obwohl die Rangreihe nur auf sechs Sender bezogen werden konnte, einen sehr signifikanten TAU-Koeffizienten von .87 (cump = .01). Reine Musik- oder Nachrichtensender ohne größere Spielfilmanteile (VIVA, MTV, NTV, Sportsender), die beim Index des Instituts Integral und auch bei Groebel und Gleich nicht enthalten sind, mussten bei der Rangreihenbewertung der Lieblingssender weggelassen werden. Die Ergebnisse der Rangreihenberechnung beziehen sich also nur auf TV-Sender mit hohen Spielfilmanteilen.

Tabelle 3.4:
Rangreihenvergleich zwischen Jungen und Mädchen für Senderpräferenzen, Marktanteile
und Gewaltindex (Erstnennungen der TV-Sender mit hohem Spielfilmanteil)

TV-Sender	Haupt-schule		Gymna-sium 1		Gymna-sium 2		Lieblingssender gesamt (Hauptschule + Gymnasium)		Marktanteile % 1996 1998 3.00–3.00/ 22–23.00		Gewalt-anteil 1999 Index Inst. Integral Rangreihe
	Erstnennung										
	Ju	Mä	Ju	Mä	Ju	Mä	Ju	Mä	10–13 J.	3–13 J.	
	N=41	N=32	N=28	N=37	N=83	N=127	N=152	N=196			
PRO 7	1	2	1	1	1	2	1	1	1.5	2	1
RTL	2	1	2	2	3	1	2	2	1.5	1	2
RTL 2	3	3.5	4	4	5.5	4	5	4	3.5	6	3
SAT 1	6	3.5	6	3	2	5.5	3	5	3.5	3	4
VOX	4	5	6	7.5	8.5	8.5	7	8	8	8	5
ARD	6	5	3	5	7	3	6	3	5	4	7
ZDF	8.5	8.5	8.5	7.5	5.5	5.5	8	6	7	5	7
Super RTL	6	5	6	7.5	4	7	4	7	6	7	7
3SAT	8.5	8.5	8.5	7.5	8.5	8.5	9	9	9	9	9

(1) Lieblingsfilme nach Geschlecht und Gewaltindex

Nach einer eigenen Schülerbefragung vom Frühjahr 1999 entfallen bei den
Jungen 84 % der Lieblingssender (152 von 182 Erstnennungen) auf die neun im
Vergleich enthaltenen TV-Sender, bei den Mädchen sind es 80 % (196 von 244).

Bei einem Vergleich der als Lieblingssender zuerst genannten TV-Anstalten mit
hohem Spielfilmanteil nimmt bei beiden Geschlechtern ProSieben den ersten
Platz ein, bei den Jungen mit 53 %, bei den Mädchen mit 31 %. An zweiter Stelle
folgt dicht darauf bei den Mädchen RTL mit 30 %, während sich dieser Privatsender bei den Jungen mit 10 % Erstnennungen einer wesentlich geringeren
Beliebtheit erfreut, aber trotzdem den zweiten Rangplatz einnimmt. ARD rangiert
bei den Mädchen im Durchschnitt vor den Jungen (3. Rangplatz bei den Mädchen
mit 8 % Erstnennungen, bei den Jungen liegt ARD auf dem 6. Platz mit nur 3 %).
Den 3. Rangplatz nimmt dafür SAT 1 bei den Jungen ein (7 % Erstnennungen).

Die Rangreihen-Korrelationen zwischen den Senderpräferenzen und dem Gewaltindex (siehe auch Tab. 3.3) bleiben auch bei einer Trennung nach Jungen und
Mädchen sehr signifikant (HS: 0.92 zu 0.93, Gym.: 0.77 zu 0.74, HS + Gym.:
0.83 zu 0.77; cump = 0.006 zu 0.01). Die Unterschiede zwischen den Rangrei-
henkoeffizienten sind zwischen Jungen und Mädchen statistisch nicht bedeutsam,
es ist lediglich eine Tendenz bei den Gymnasien gegeben, wonach die Senderpräferenzen bei den Mädchen mit dem Gewaltindex etwas niedriger korrelieren.

Bei einem Vergleich aller benannten Lieblingssender (n = 16) gibt es allerdings
zwischen Jungen und Mädchen bei einzelnen Sendern größere Unterschiede:
MTV und VIVA werden mehr von den Mädchen bevorzugt, DSF, Eurosport und
Super RTL wesentlich mehr von den Jungen.

(2) Marktanteile und Gewaltindex

Auch bei einem Vergleich der Marktanteile (Daten der Gesellschaft für Konsumforschung – GFK – aus 1996 und 1998) und dem Gewaltindex liegen die Rangreihenkorrelationen im sehr signifikanten bis signifikanten Bereich. Der Kendall-Rangkoeffizient TAU zwischen Marktanteilen der zehn bis 13-jährigen Schüler und dem Gewaltindex erreicht .75 für 1996 (cump = 0.003), bei den drei bis 13-Jährigen beläuft er sich auf TAU = .58 (cump = 0.02), wenn man die Marktanteile für die Zeit von 22.00 bis 23.00 Uhr nimmt (Tab. 3.4); berechnet man die Rangreihe für die Kinder mit eigenem TV-Gerät und vergleicht die Marktanteile für die Zeit von 22.00 bis 23.00 Uhr mit dem Gewaltindex, so steigt der TAU-Koeffizient auf .64 an und wird mit einem cump = .01 sogar sehr signifikant.

Zusammenfassend können folgende bedeutsame Erkenntnisse festgehalten werden:

1. Je größer die „Gewaltanteile" eines Fernsehsenders sind, um so lieber wird er von den zwölf bis 16-jährigen Schülern eingeschaltet. Auch die Marktanteile, die ein Sender nach den offiziellen GFK-Nutzungsdaten erreicht, sind um so höher, je größer der Gewaltindex des Senders ist.
2. Die größte Übereinstimmung zwischen Lieblingssender und Gewaltanteilen im Senderprogramm, wird bei den befragten Hauptschülern erzielt.
3. Der weitaus beliebteste Sender bei den Schülern aus Hauptschule und Gymnasium ist, unabhängig vom Geschlecht, ProSieben; dieser Privatsender hatte bereits 1992 bei einem Vergleich von sechs Sendern die weitaus größten Gewaltanteile, und auch sieben Jahre später steht er bei einem Vergleich von neun Sendern mit hohem Spielfilmanteil an der Spitze der Gewaltskala.
4. 3-SAT ist von keinem der befragten 508 Schüler als Lieblingssender benannt worden. Dieser Sender aus dem öffentlich-rechtlichen Angebot hat die geringsten Gewaltanteile in seinem Programm.
5. Bei vergleichsweise geringen Gewaltanteilen spielen bei den Hauptschülern das Erste Programm der ARD, die Dritten Programme sowie das ZDF und Arte ein Schattendasein, lediglich bei den Gymnasiasten wird in der Beliebtheitsskala immerhin ein 4. Rangplatz für das ARD unter den bewerteten Sendern erzielt. Dies wird allerdings nur wegen der Bevorzugung durch die Mädchen aus dem Gymnasium 2 verursacht.
6. Kinder, die ein eigenes Fernsehgerät besitzen, bevorzugen mehr als andere Kinder Sender mit einem hohen Gewaltindex.

Rund ein Drittel aller Schüler nannte mehrere TV-Sender als Lieblingssender, rund 12 % hatten keine Angaben gemacht; das Basis-N für die Rangreihenberechnung beträgt somit 443 Schüler. Aus den dargestellten Daten kann nicht auf die tatsächlichen Einschaltquoten für die einzelnen Sender geschlossen werden. Man kann aber annehmen, dass der Sender, welcher als Lieblingssender benannt wird, auch am häufigsten eingeschaltet wird. Durch die Analysen von Feierabend und Windgasse sowie durch Mohr in den Media Perspektiven 1997 und 1999 wird dies auch bestätigt. Dies schließt jedoch nicht aus, dass auch beliebte Programme (z. B. Serien, Actionfilme u. a.) anderer Sender angeschaut werden, zumal es vielen Schülern auch Spass macht, durch die Programme zu zappen. Jedenfalls kann aus dem Vergleich zwischen meiner Frage nach dem Lieblingssender, der Analyse der Marktanteile und den von meiner Befragung und den GFK-Daten völlig unabhängigen Senderanalysen über deren Gewaltanteile im Programm, geschlossen werden: **Senderpräferenzen werden durch Gewalt definiert.**

Dieser Zusammenhang ist den Projektplanern und Programmgestaltern sicher seit langem bekannt, denn die Senderphilosophie bei der Planung eines neuen Senders wurde ziemlich deutlich von solchem Wissen gesteuert. Beispiel RTL 2, der als Zielgruppe Kinder und Jugendliche 1993 besonders im Visier hatte und mit einem bestimmten Programmangebot, vor allem mit amerikanischen Spielfilmen mit viel Action und Gewalt, einen Marktanteil von 8–10 % innerhalb von rund 10 Jahren anstrebte. Das Ziel wurde bereits in einem kürzeren Zeitraum erreicht.

3.2.2.4 Fernseh-Nutzungszeiten bei Kindern und Jugendlichen

(1) Ergebnisse aus Baden-Württemberg und Sachsen 1992

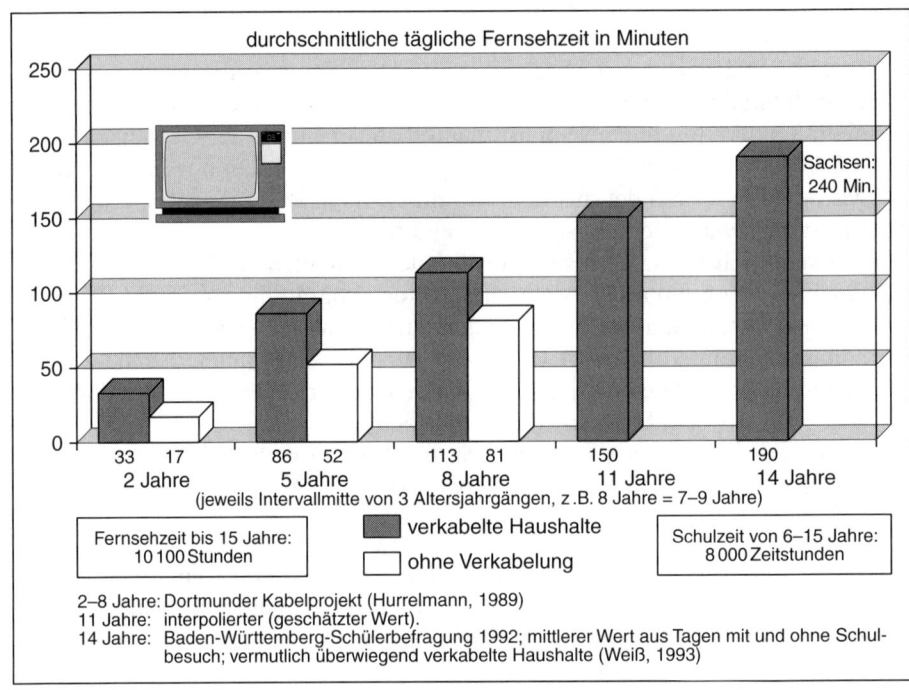

Abbildung 3.1:
Fernsehkonsum der Kinder von 2 bis 14 Jahren

(2) GFK-Datenanalysen von Feierabend und Windgasse

Nach den GFK-Datenanalysen von Feierabend und Windgasse in den Media-Perspektiven 4/97 (S. 194) betrug im Jahre 1996 die durchschnittliche „Verweildauer" für die drei- bis 13-jährigen Kinder an einem Sendetag von Montag bis Sonntag 165 Minuten ($=2^3/_4$ Stunden). Das sind 5,48 Millionen zuschauende schulpflichtige Kinder an einem durchschnittlichen Sendetag. Besonders beunruhigend nehmen sich die Werte für die Kinder aus, die per Definition „sechs Stunden und mehr vor dem Bildschirm verbrachten – dort betrug die durchschnittliche Verweildauer sogar gut $7^1/_2$ Stunden" (S. 194).

Durch die weite Verbreitung indizierter oder altersbeschränkter Gewaltfilme mittels privater TV-Anstalten (in den letzten 10 Jahren wurden jährlich durchschnittlich rund 130 indizierte – z. T. nur leicht geschnittene – Horror-Gewaltfilme ab 23.00 ausgestrahlt) ist gerade bei den jüngeren Schülern eine enorme Konsumsteigerung feststellbar. Täglich schauten im Jahre 1996 noch rund 620 000 Kinder von 6 bis 13 Jahren zwischen 21.00 und 24.00 fern, nach 23.00 sind es noch rund 200 000 Kinder, nach 24.00 sitzen noch immer 50 000 Kinder zwischen drei und 13 Jahren vor dem Bildschirm – mit steigender Tendenz! (abgeleitet bzw. berechnet aus der Analyse von Feierabend & Windgasse in Media Perspektiven, 1997, S. 189 und 190).

Nach den neuesten Zahlen der GFK, über die Inge Mohr in den Media Perspektiven 3/99 auf Seite 123 berichtet, sind an Werktagen um 22.00 Uhr noch immerhin 800 000 Kinder vor dem Fernsehgerät anzutreffen, an Samstagen sind es gar 1,7 Millionen!

So sahen allein am 1. 1. 1999 170 000 Kinder im Alter von drei bis 13 Jahren auf RTL den von der FSK erst ab 16 Jahren freigegebenen Gewaltfilm „Sudden Death". Der Film dauerte von 22.17 Uhr bis 23.45 Uhr (Media Perspektiven 3/99, S. 125).

Die Angabe von J. von Gottberg in „Fernseh- und Radiowelt für Kinder und Jugendliche" (1996, S. 216), dass es sich nur um 10 000 oder 20 000 Jugendliche handelt, die noch nach 23.00 fernsehen, sind schlichtweg falsch!

Trotzdem schreibt Herr von Gottberg, Vorsitzender der Freiwilligen Selbstkontrolle Fernsehen (FSF) in einer Broschüre seiner Institution (v. Gottberg, 1995, S. 75): *Filme, die eine Freigabe ab 16 Jahren erhalten haben, dürfen ab 22.00 Uhr ausgestrahlt werden. Dieser Koppelung von Sendezeit und FSK-Freigabe liegt die Erfahrung zugrunde, dass nach 22.00 Uhr nur noch wenige Jugendliche unter 16 Jahren fernsehen. Völlig ausschließen kann man das natürlich nicht. Grundsätzlich ist es eine Illusion zu glauben, gesetzlicher Jugendschutz könne verhindern, dass Jugendliche unterhalb des Freigabealters mit bestimmten Medien in Kontakt kommen. Die Kopiermöglichkeiten von Video sind so einfach und billig, dass sich unter Jugendlichen bereits ein reger Tausch entsprechender Filme entwickelt hat* (S. 75). Wenn dem so ist, dann könnte ich ja für das Fernsehen gleich alles freigeben! Und um so leichter ist es dann, durch Vorprogrammieren des Videogerätes auch noch nach 24.00 Uhr an diese Filme heran-zukommen. Da in den meisten Haushalten Aufzeichnungsmöglichkeiten vorhan-den sind – 80 % der Familien besitzen einen Videorekorder –, kommt es via Video zu einer noch größeren Senderreichweite. Der Verleih der einschlägigen Videos in Videotheken erreicht einschließlich Raubkopien nur einen Bruchteil dessen, was über TV erreicht werden kann. Dies ist auch die gängige Praxis, was meine eigene Schülerbefragung auch bestätigt hat.

Unverständlich für mich ist dazu – selbst wenn man unterstellt, dass Herrn von Gottberg die Nutzungsdaten von Kindern durch Inge Mohr aus dem Jahre 1998 noch nicht bekannt sein konnten, als er dies 1995 schrieb – seine Feststellung, „dass davon auszugehen ist, dass Jugendliche zwischen 23.00 Uhr und 6.00 Uhr nicht fernsehen" (v. Gottberg, 1995, S. 76). Mir scheint, er hat nicht nur die Fernsehnutzung von Jugendlichen falsch eingeschätzt, sondern auch noch die Kinder dabei vergessen. Und die Kindheit reicht immer noch bis 14 Jahre. Ich bin einmal gespannt, wie die FSF und Herr von Gottberg auf die neuen Nutzungs-daten reagiert und wie sich die Jugendschutzbeauftragten bei den privaten TV-Anbietern dazu verhalten.

Die bis zur Untersuchung von Mohr (Media Perspektiven 3/99) in den offiziellen GFK-Daten der Öffentlichkeit jährlich mitgeteilten Fernseh-Nutzungszeiten von Kindern und Jugendlichen stellten ein falsches Bild dar, denn die tatsächliche Nutzung wurde unterschätzt. Es stellte sich nämlich heraus, dass bei der Erhe-bung der Einschaltquoten bzw. der Verweildauer die Kinder nicht berücksichtigt wurden, die ein eigenes Fernsehgerät hatten. Dabei handelt es sich um rund 40 % der Kinder im Alter von 10–13 Jahren mit ansteigender Tendenz. Bezieht man diese in die Berechnung mit ein, *so erhöht sich beispielsweise die durchschnitt-liche Nutzungszeit bei den drei- bis 13-jährigen Kindern von 95 täglichen Fernsehminuten (rund 1 1/2 Std.) auf rund 3 Stunden.* In der öffentlichen Diskus-sion wie auch bei wichtigen medienpolitischen Entscheidungen ging man die ganzen Jahre schlichtweg von falschen Voraussetzungen aus. Die oben referierten eigenen Erhebungen durch direkte und anonyme repräsentative Schülerbefragun-gen in Baden-Württemberg und Sachsen aus dem Jahre 1992 waren somit stimmig. Leider musste ich mir in vielen öffentlichen Diskussionen zur Frage der Fernsehnutzung durch Kinder den Vorwurf überzogener, d. h. falscher Ergebnis-se, gefallen lassen. Eine Überprüfung der GFK-Daten war mir nicht möglich, da damals genaue Angaben über die Art der statistischen Berechnung nicht zu erhalten waren.

Diese Daten beziehen sich allein auf die Fernsehnutzung. Bei vielen unserer Schüler müssen wir jedoch davon ausgehen, dass sie Zugang zu mehreren Bildschirmmedien besitzen, d. h., dass sie neben dem Empfang von Fernsehsen-dungen auch noch das Videogerät nutzen oder mittels Computer auch noch PC-Spiele betreiben. Deshalb habe ich aus meinem Datenmaterial im sukzessi-ven Filterverfahren auch die Schüler ermittelt, die alle drei Bildschirmmedien nutzen können. Dies wird im Kapitel 3.3 dargestellt.

3.2.3 Videonutzung – Horror-Gewalt

3.2.3.1 Eine persönliche Anekdote mit historischem Rückblick

Als ich im Jahre 1983 mein erstes Lehrerfortbildungsseminar zum Thema „Horror-Gewalt-Videos bei Schülern – eine neue Suchtgefahr?" veranstaltete, fragte mich unser damals 17-jähriger Sohn kurz vor meiner Abreise zur Tagungsstätte Burg Waldenstein etwas zweifelnd, was ich da den Lehrern anbiete und ob ich denn eigentlich selbst schon solche Filme gesehen hätte. Da wir damals noch keinen Videorecorder zuhause hatten und auch im Fernsehen so etwas nicht zu sehen war – das Privat-TV war erst kurz danach eingeführt worden –, nahm er wohl an, dass ich solche Video-Filme selbst noch nie gesehen hatte. Etwas kleinlaut gestand ich ihm mein Defizit ein. „Da willst du mit den Lehrern ein Seminar machen und wahrscheinlich vor etwas warnen, was du selbst noch nicht einmal kennst", bemerkte er mit einem ungläubigen Staunen über eine derartige Überheblichkeit. Entschuldigend sagte ich darauf: „Ich mach' ja schließlich auch Drogenpräventionsseminare ohne selbst illegale Drogen zu kennen", fügte jedoch gleich hinzu: „Am ersten Seminarabend werden wir uns gemeinsam ein Horror-Gewalt-Video anschauen und analysieren."

Aus der Art der Fragestellung musste ich schließen, dass er selbst womöglich bereits einschlägige Erfahrungen gesammelt hatte. Wie er dann zugab, hatte er gegenüber seinem Vater einen beträchtlichen Informationsvorsprung, denn in seiner Clique hatte er sich mehrmals Horror-Gewaltfilme wie „Rambo", „The New York Ripper" und diverse Zombies reingezogen. So richtig angemacht hätten ihn solche Videos aber nie, teilweise eher angeekelt, deshalb habe er sich nach etwa einem halben Jahr nicht mehr an diesem „Gemeinschaftserlebnis" beteiligt.

Mit dem sicheren Wissen, dass Cliquenkonsum von Horror-Gewalt nicht aus jedem einen Nachahmungstäter macht, machte ich mich auf den Weg zu meinem Lehrerseminar. Ganz so ernst musste man es wohl nicht nehmen, dachte ich dabei und ganz im Sinne von Ben Bachmair an „cliquentypisches Pubertätsverhalten, verbunden mit Mutproben und dem Horror als verbindendes Gemeinschaftserlebnis". Zweifel beschlichen mich am Sinn dieses Lehrerseminars. Hatte das Regierungspräsidium Köln voreilig Panikmache betrieben, indem es in einer Broschüre[12] mit warnendem Zeigefinger ein Umfrageergebnis an Schulen veröffentlichte, in dem u. a. enthalten war, dass rund 3 % der Hauptschüler als Exzessivkonsumenten von Horror-Gewalt-Videos ermittelt wurden. Wurde dieses Ergebnis etwa falsch interpretiert und überbewertet?

Solche und ähnliche zwiespältige Gedanken begleiteten mich zu diesem Lehrgang und auch noch zu etwa einer Handvoll weiterer ähnlicher Lehrerseminare

---

12 Die Veröffentlichung ist erschienen in: „Machtlos gegen Video-Gewalt?", Hrsg. Arbeitsgemeinschaft für Gefährdetenhilfe und Jugendschutz in der Erzdiözese Freiburg i. Br. sowie Aktion Jugendschutz Rheinland-Pfalz, 2. Auflage 1. 4. 1985, Freiburg (S. 7 und 33).

in den Folgejahren bis zum Jahre 1988. Allerdings bekam das ‚Bachmair'sche Weltbild' erstmals einen ‚Dämpfer', als ein schreckliches Ereignis aus meiner eigenen Heimatstadt die Öffentlichkeit aufschreckte. Dort hatte nämlich ein 13-jähriger Realschüler, während er nachmittags zu Hause mit einem Freund aus dem gleichen Haus ein Horror-Video anschaute, ein langes Küchenmesser genommen und diesem gleichaltrigen Jungen von hinten in den Rücken einen tödlichen Stich versetzt.[13] Die Leiche schleppte er anschließend in den Keller des Hauses, wo man sie nach einer großen Suchaktion erst etwa eine Woche später fand. Dieser Fall und diverse Berichte von Lehrern über mögliche medieninduzierte Verhaltensänderungen von Schülern brachten mich 1988 auf die Idee, den ungeklärten Fragen einmal selbst durch eine Umfrage und durch Tiefeninterviews bei Schülern nachzugehen. Eine erste repräsentative und anonyme Schülerbefragung in Baden-Württemberg im Jahre 1989 ergab dann einen Anteil von rund 7 % Exzessivkonsumenten von Horror-Gewaltfilmen (> 50 Filme).

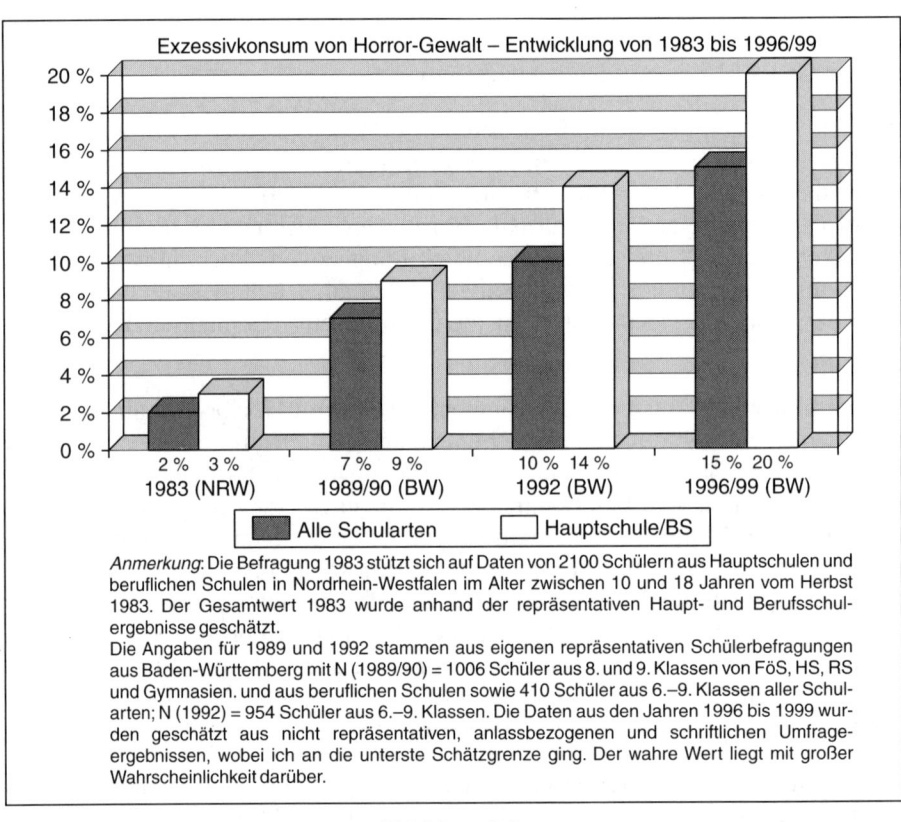

Abbildung 3.2:
Zahl der Exzessivkonsumenten von Horror-Gewalt-Entwicklung von 1983 bis 1996/99

---

13 Vergleiche hierzu auch die Fallbeispiele mit Tötungsdelikten auf Seite 88ff.

Bei einer Wiederholungsbefragung in den gleichen Schulen drei Jahre später waren es bereits 10 %, wobei in den Hauptschulen mit einem Anteil von 14 % etwa siebenmal so viel Exzessivkonsumenten wie in den Gymnasien (2 %) beobachtet werden konnten. Geht man davon aus, dass die nordrhein-westfälische Umfrage für die gleichen Altersgruppen repräsentativ war, so kann man bei identischer Fragestellung in einem Zeitraum von rund neun Jahren (1983 bis 1992) mindestens von einer Verdreifachung des Anteils von Exzessivsehern von Horror-Gewalt ausgehen. Nicht nur durch die Zunahme von Videogeräten in den Haushalten, sondern vor allem durch das erweiterte Marktangebot und durch das zwischenzeitlich etablierte Privatfernsehen kam es zu einer solchen ,,Wachstumsrate". Diese Entwicklung ging wahrscheinlich in den Folgejahren bis heute rasant weiter. Zwar liegen mir keine vergleichbaren aktuellen repräsentativen Daten vor, aus schriftlichen Befragungen bei mehr als 1000 Schülern, die ich zur Vorbereitung von Pädagogischen Tagen, thematischen Elternabenden und Schüler-Projekttagen in den Jahren 1996 bis 1999 vornahm, kann jedoch mit großer Sicherheit von einem erheblichen weiteren Anstieg ausgegangen werden. Bei den meisten Hauptschulklassen lag der Anteil von Exzessivkonsumenten mit mehr als 50 gesehenen Horror-Gewalt-Filmen um die 25 %, ich fand praktisch keine Klasse mit weniger als 20 %. Die ,,Beschaffung" der Horror-Gewalt-Filme erfolgt bei mehr als der Hälfte der befragten Schüler über das Fernsehen. Via Videoaufzeichnung wird dann für eine weitere Verbreitung und für unbegrenzte Wiederholungsmöglichkeiten gesorgt.

Die heutige Erwachsenengeneration mit grundschulpflichtigen Kindern gehörte noch zu einer Jugendgeneration, die ,,öffentlich-rechtlich" aufgewachsen war. Da gab es gelegentlich mal was zum Gruseln im ,,Dritten", so wie ,,The American Werwolf", und im ,,Ersten-" oder ,,Zweiten Programm" wurde auch mal das Angst-Lust-Bedürfnis befriedigt. Zu dieser Zeit boomte natürlich der schulische ,,Schwarzmarkt" mit den verbotenen Videos. Als die ersten ,,Privaten" dann 1984[14] auf der TV-Bildfläche erschienen, hatte man natürlich den jugendlichen oder noch kindlichen Zuschauer als werbeträchtigen Konsumenten im Visier. Und da boomte dann schnell das Geschäft mit der indizierten Gewalt. Man hatte eine Gesetzeslücke entdeckt und bis heute erfolgreich verteidigt. Die ,,Öffentlich-Rechtlichen" hatten das Nachsehen, da sie sich zur Abstinenz verpflichtet haben. So nimmt die ,,Deformation populaire" ihren Lauf. Wenn auf diesem Feld nicht bald etwas von Seiten des Gesetzgebers geändert wird, werden in etwa 10 Jahren die öffentlich-rechtlichen Programme gegenüber den rein werbefinanzierten so ins Hintertreffen geraten, dass sie mit einer Sehbeteiligung um die 2 % wie in den USA nur noch ein Schattendasein fristen werden.

---

14 RTL nahm am 1.1.1984 und SAT 1 am 2.1.1984 den Sendebetrieb auf.

3.2.3.2 Ein Unterrichtsbeispiel

Anlässlich eines Schulprojektes und zur Vorbereitung eines Elternabends haben wir in einem Bildungszentrum in den 9. Klassen der Hauptschule während zweier Deutschstunden das Thema „Video-Gewalt" unterrichtlich behandelt.[15] Dabei wurden den Schülern etwa zwei- bis dreiminütige Zusammenschnitte aus indizierten Gewalt-/Horror/Actionfilmen auf Video gezeigt: Neben den Fernsehfassungen von „Rambo II" und „Cyborg"; wurden Ausschnitte aus Fernsehreportagen zu „Freitag der 13." und „Nekromantic II" (Splatterfilm) sowie Szenen aus einer Wrestling-Show vorgeführt. In einem Fragebogen (siehe Kapitel 6.3) konnten sie ihre Meinung und Empfindungen anonym vermerken. Anschließend fand ein Unterrichtsgespräch durch die Klassenlehrerin über die Ergebnisse statt. Aus den aufschlussreichen Einzelbemerkungen zu den gezeigten Filmen, die von den Schülern im Unterrichtsgespräch geäußert wurden, hier eine kleine Kostprobe (Originalsprache[16]):

– Ich guck' mir das an zur Unterhaltung, die sind ja eh' nicht kaputt.
– Des war einfach gaaaill.
– ‚Cyborg' – gaaaill, ham sie da die Vollversion, da würd' ich mir gleich eine Kopie ziehen.
– Je grausamer, desto stärker bin ich – cool! – und bedauernd: Die guten Szenen sind ja eh' rausgeschnitten im Fernsehn.
– Geben sie das jetzt ans Fernsehn weiter und die dürfen dann nicht mehr solche Filme senden? Da muss ich gleich meine Antwort ändern.
– Mein achtjähriger Bruder guckt mit mir oft solche Filme an, wenn meine Leute abends fort sind, was ist da schon dabei.
– Mein Vater hat mich als kleines Kind das alles sehen lassen, ich konnte immer tun, was ich wollte, und jetzt wollen meine Eltern nicht mehr, dass ich tue, was ich will – aber wie soll ich mich ändern, wenn ich schon so alt bin?
– Ich geb' zu, dass ich als jüngeres Kind dann oft nachgespielt habe, was ich da gesehen habe, meinen Bruder in den Arm gesäbelt und so...

Einige wenige machten ablehnende, z. T. auch selbstkritische Äußerungen, bei denen zuweilen auch Betroffenheit mitschwingt, wie:
– Ja, des kam neulich im Fernsehen, dass ein junger Kerl sich ... angeguckt hat und nachher seine kleine Schwester hingesetzt hat und 17 Messer auf sie geworfen hat...
– Ich hab' früher Zombie angeguckt und so ein Zeug, und wenn ich dann im Wald war allein, da ist mir ganz schön ‚s Zäpfle nonder', da bin ich gerannt wie ein Has', wenn da ein Ästle geknackt hat.
– Die Eltern machen sich ja strafbar, die ihre Kinder das angucken lassen.

---

15 Eine quantitative Auswertung der schriftlichen anonymen Schülerbefragung in den 5. und 9. Klassen aller drei Schularten des Bildungszentrums bestätigte die ansteigende Tendenz seit meinen repräsentativen Schülerbefragungen aus dem Jahre 1992. Als Beispiel für die ermittelte Konsumhäufigkeit die Ergebnisse aus einer Klasse dieses Bildungszentrums: von 25 Schülern der 9. Hauptschulklasse hatten 11 mehr als 30 Horror-/Gewaltfilme gesehen, 6 zwischen 10 und 30, 7 zwischen 1–10 und nur einer gar keinen. In dieser Klasse waren also mehr als 40 % Exzessivkonsumenten von Horror-Gewaltfilmen.
16 Für die Durchführung und Auswertung des Unterrichtsprojekts bin ich Frau Pscheidl, Lehrerin am Bildungszentrum Weissacher Tal (Baden-Württemberg), sehr dankbar.

- Ich hab' noch nie gesehen, dass mein kleiner Bruder mit einem heißen Schürhaken meiner Mutter nachrennt.
- Die sind echt blöd, die Film und Wirklichkeit nicht unterscheiden können. So viel Realität hab' ich schon.

Und ein altersmäßig Privilegierter äußerte:
- des find ich einen Quatsch, erst recht, wenn sich das so ein Pimpf anguckt.

Leider gibt es sehr viele „Pimpfen", die so etwas anschauen – und möglicherweise an ihrer Seele Schaden nehmen. Nach meinen repräsentativen Befragungen in Sachsen und in Baden-Württemberg hat schon nahezu jeder zweite Schüler im Grundschulalter einschlägige Seherfahrungen.

3.2.3.3 Ergebnisse aus eigenen repräsentativen Schülerbefragungen

In einem Forschungsprojekt aus Baden-Württemberg, das ich zeitgleich mit einem Projekt in Sachsen im Frühjahr 1992 durchführte (N = 2300), wurde eine repräsentative Stichprobe von 847 Schülern der 6. bis 9. Klassen aus allen Schularten erfasst. Die folgenden Daten basieren auf einer schriftlichen und anonymen Befragung zu ihren Konsumgewohnheiten bezüglich Fernsehen und Video. Dabei sollen an dieser Stelle besonders die Ergebnisse zum Gewaltvideokonsum und dessen Sozialisationsformen dargestellt werden.

(1) Einstiegsformen und späteres Konsumverhalten

Das Einstiegsalter der späteren Exzessivkonsumenten von Horror-Gewalt-Filmen liegt hochsignifikant früher als das aller befragten Schüler: Vier von fünf Schülern waren bereits im Vor- oder Grundschulalter mit diesem Filmgenre in Kontakt gekommen. 22 % sogar mit sechs Jahren oder früher. Dies bedeutet, dass viele dieser 13- oder 14-jährigen Schüler bereits eine achtjährige Konsumkarriere hinter sich hatten.

Die Einzelergebnisse für die drei Konsumentengruppen von Horror-Gewaltvideos können der Tabelle 3.5 entnommen werden. Die sogenannten Gelegenheitsseher haben rund 1–10 mal, die Vielseher 11–50 mal und die Exzessivseher mehr als 50 mal Horror-Gewaltfilme gesehen.

75 % aller Befragten Schüler hatten bereits mindestens einen Horror-Gewaltfilm gesehen. Auf die Frage: „Ich war ... Jahre alt, als ich meinen ersten Horror-Gewaltfilm sah", gab es bei diesen 12–16-jährigen Schülern (Durchschnittsalter = 14 Jahre) die in Tabelle 3.5 genannten Anteile für das Einstiegsalter.

Tabelle 3.5:
Einstiegsalter und Konsumhäufigkeit von Brutalo-Videos (Baden-Württemberg)

Einstiegsalter		Konsumhäufigkeit (6.–9. Schuljahr)				
		N = 265 kein Konsum	N = 381 1–10 ×	N = 115 11–50 ×	N = 84 > 50 ×	N = 847 Gesamt
			Angaben in Prozent			
Vorschulbereich	bis 6 Jahre	0	2	9	22	5
Grundschulbereich	bis 7 Jahre	0	5	9	8	5
	bis 8 Jahre	0	5	17	19	9
	bis 9 Jahre	0	8	16	16	9
	bis 10 Jahre	0	13	11	17	14
Summe Vor- und Grundschulalter		0	33	61	82	42
				h.s. CC. 48		
Sekundarstufe I	bis 11 Jahre	0	15	13	4	14
	bis 12 Jahre	0	22	16	2	20
	bis 13 Jahre	0	17	6	3	12
	> 14 Jahre	0	13	4	9	13
Summe Sekundarstufe I – Alter		0	67	39	18	58
Gesamtsumme GS + SI		100	100	100	100	100
Bewertung der namentlich genannten Einstiegsfilme nach folgenden Kriterien:						
beschlagnahmter Film		0	14	20	28	15
indizierter Film		0	32	27	24	33
sonstiger Horror-Gewalt-Film		0	54	53	46	52
Wo wurde der Film gesehen?						
zu Hause		0	67	67	70	64
bei Verwandten		0	7	11	11	8
bei Freunden/Bekannten		0	0	21	21	16
sonstige Orte (Kino u. ä. m.)		0	5	1	1	4

Interpretationsbeispiel: 84 der 847 Schüler hatten mehr als 50 Horror-Gewaltfilme gesehen. Das sind 10 % an Exzessivsehern. Rund 4/5 dieser Schüler (82 %) hatten ihren Erstkontakt bereits im Vor- und Grundschulalter (6 bis 10 Jahre). Hingegen hatte von den Gelegenheitssehern (1–10 ×) nur jeder dritte (33 %) den Erstkontakt in diesem Altersbereich, 2/3 waren erst nach dem 10. Lebensjahr mit einem solchen Film in Berührung gekommen.
Sign. = Signifikanzberechnung: h.s. = hochsignifikante Differenz; CC = Kontingenzkoeffizient.

Wer war mit dabei?

Je jünger die Schüler waren, um so häufiger fand der Erstkontakt mit den Eltern oder Geschwistern statt, und das, obwohl die meisten dieser Filme indiziert oder gar beschlagnahmt sind. 56 % nennen die Familie und nur 29 % Freunde, die mit dabei waren. Jeder 10. Schüler (9 %) war dabei allein.

Wo war das?

Hier steht mit 72 % ganz klar die elterliche Wohnung an der Spitze. „Bei Freunden" liegt mit großem Abstand (17 %) an zweiter Stelle. „Bei Verwandten" fand bei 8 % der befragten Schüler der Erstkontakt statt. Sonstige Orte (z. B. Kino) spielen mit 6 % eine untergeordnete Rolle.

Bei den Ergebnissen über den Zusammenhang von Einstiegsalter und Konsum von brutalen Gewaltvideos handelt es sich wohl um die bedenklichsten, die bis dato referiert wurden. Bedenklich vor allem deswegen, weil bei Förder- und

Hauptschülern sowie bei den Viel- und Exzessivsehern der *Einstieg vorwiegend bereits im Vor- und Grundschulalter* erfolgte, weil es sich bei den späteren Exzessivsehern dabei zu 54 % um einen indizierten oder zu 28 % um einen beschlagnahmten Film handelte, und weil zwei von drei Schülern diesen brutalen Einstiegsfilm zu Hause ansahen, wobei bei der Hälfte (51 %) Vater, Mutter oder Geschwister dabei waren. 9 % hatten den „Einstiegsfilm" alleine gesehen und 16 % der 12 bis 16-Jährigen schauen später solche Filme regelmäßig alleine an. Im Förder- und im Hauptschulbereich Baden-Württembergs gibt es davon mit 20 % bzw. 22 % die meisten. In Sachsen sind es in den allgemeinbildenden Schulen der gleichen Altersgruppe 20 % (Weiß, 1993).

Fasst man zum familiären Umfeld das Elternhaus bzw. die elterliche Wohnung und die von Verwandten zusammen, so kommt man zu dem Ergebnis, dass vier von fünf Schülern (80 %) dort ihre ersten Erfahrungen mit Gewaltfilmen bzw. -Videos machten. Der häusliche Fernsehapparat spielt dabei eine zunehmende Rolle als Beschaffungsquelle. Dies wurde auch von Lukesch (1992) eindeutig nachgewiesen.

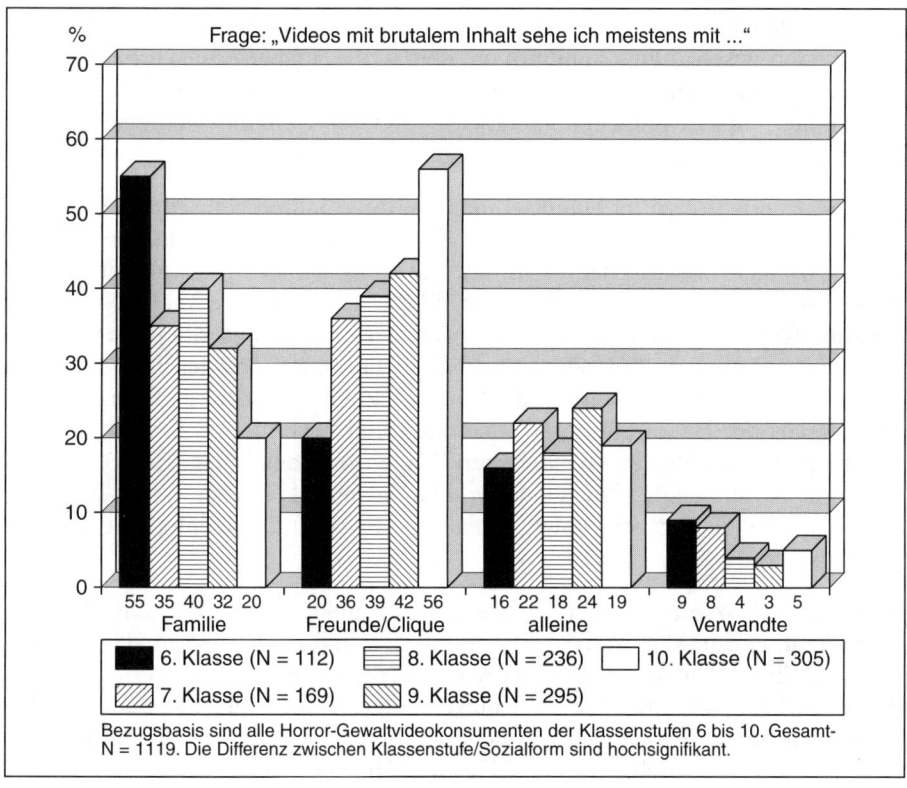

Abbildung 3.3:
Horror-Gewaltkonsum: „Mit wem?" – Klassenstufen 6–10 der POS

Bei den Horror-Gewaltfilmen handelt es sich schon lange nicht mehr um ein peergruppenspezifisches Phänomen der pubertierenden 14–18jährigen Jugendlichen außerhalb der Familie, sondern um ein Kindheitsproblem, das in der Familie mit den dort frei zugänglichen Medien auf Video und durch TV entsteht.

Diese Gruppe der isolierten Alleinkonsumenten von Horror-Gewalt, die rund 15–25 % ausmachen, halte ich für besonders gefährdet, weil die soziale Komponente und damit die Aufarbeitungsmöglichkeiten in einer betreuten Gruppe und auch in der Familie fehlen. Sie kommen bei den Jungen dreimal so häufig vor wie bei den Mädchen. *Und diesen rund 25 % männlichen Schülern und Jugendlichen müsste besondere pädagogische Aufmerksamkeit geschenkt werden.*

Es widerspräche allen bekannten lernpsychologischen Gesetzen, wenn diese frühen und lange Jahre dauernden Erfahrungen mit diesen extrem brutalen und grausamen Produktionen keine negativen Folgen für die kindliche Psyche nach sich zögen.

(2) Einzelfälle mit devianter Persönlichkeitsentwicklung

In einer Buchveröffentlichung zu diesem Thema habe ich zwei Einzelfälle von gewaltvideo-geschädigten Schülern mit dem typischen Nutzungsverhalten eines Alleinkonsumierenden ausführlich beschrieben (siehe Weiß, 1991, S. 14–16); ich möchte hier einige „prägende Ereignisse" und den weiteren Werdegang dieser beiden kurz skizzieren:

Christos P., ein Stuttgarter Hauptschüler, der mit 7 Jahren von seinem Vater den ersten Horror-Gewaltfilm („Freitag der 13.") mit den Worten zu sehen bekam, „Wenn Du das verträgst, dann wird auch mal ein rechter Mann aus dir", hat es im Verlauf seiner Gewaltvideo-Karriere auf etwa 250 Filme gebracht. Nach etwa dreistündigem Gewaltvideo-Konsum nach der Schule und alleine zu Hause wurde er nach eigenen Aussagen regelmäßig *gewalttätig*, auf der Straße oder im Jugendhaus. Wie wir zwischenzeitlich recherchieren konnten, ist Christos nach Abgang aus der Hauptschule mit 15 Jahren und nach einer „Zwischenstation Glücksspiel" als „Umsteiger" bei harten Drogen gelandet. Er ist *Fixer* geworden. Und – er ist letztendlich in die *kriminelle Szene* abgedriftet. Wir hatten eine negative Entwicklung befürchtet, zumal eine therapeutische Intervention nicht möglich war.

Achim L., der zweite Fall, ehemals Sonderschüler, aus einer schwäbischen Mittelstadt, ist im Alter von 10 Jahren mit dem indizierten Horror-Gewaltfilm „Tanz der Teufel" in den Reigen der Konsumenten brutaler Videos eingestiegen. Er brachte es zwar „nur" auf 17 einschlägige Videos und ist damit zu den Vielsehern zu rechnen, jedoch schaute er täglich vorwiegend alleine mindestens zwei Stunden ausschließlich Horror-Gewalt-Filme an – bei mehrmaliger Wiederholung bestimmter Filmabschnitte. Seine „Videokarriere" endete ebenfalls in der Kriminalität. Hinzu kamen bei ihm starke *rechtsradikale Neigungen,* denn er vertrat ziemlich offen *nationalsozialistisches Gedankengut*. Hitler verehrte er. Türken waren seine erklärten Feinde.

Die Lehre, die Achim nach dem Besuch der Sonderschule angetreten hatte, brach er wieder ab, die *Einbrüche* nahmen zu, dabei bedrohte er einmal mehrere Frauen mit einem langen Messer. Zuletzt klaute er ein Auto, mit dem er dann ohne Führerschein einen schweren *Unfall* verursachte: Der Motorradfahrer, den er zusammenfuhr, wurde querschnittgelähmt. Seit einiger Zeit ist er nun *Mitglied* in einer *gewalttätigen Jugendbande*, den „Original Gangsters" (OGs), die sich mit einer anderen Bande bekriegen. Zusammen mit einem Klassenkameraden, der damals ebenfalls als Vielseher von Horror-Gewaltfilmen interviewt worden war, tut er sich auch besonders hervor bei der *Provokation von asylsuchenden Menschen* vor dem Asylantenheim, die dann von den anderen Bandenmitgliedern zusammengeschlagen werden.

Zwei Fälle, bei denen die Schule mit ihren Interventions- und Hilfsmöglichkeiten sicher überfordert war. Eine Verhaltensänderung hätte allenfalls noch durch eine rechtzeitige psychotherapeutische Behandlung erreicht werden können. Dazu waren jedoch die Eltern nicht bereit.

Typisch war bei beiden Fällen – wie übrigens bei vielen Gewaltvideo-Konsumenten – ein stark *beeinträchtigtes Selbstkonzept, Unsicherheit* und ein übersteigertes *Bedürfnis nach Identifikation mit einem brutalen Täter* oder rächendem Helden als Protagonisten in den Gewaltvideos. So fand also praktisch täglich fünf Jahre lang eine Art *medialer Ersatzbefriedigung* statt, mit verheerenden psychischen und gesellschaftlichen Folgen.

(3) Stufen der Abhängigkeitsentwicklung

Wie könnte der psychische Prozess vom Einstieg in dieses audio-visuelle Medium bis hin zur Sucht nach neuen Medien und nach Gewalt vor sich gehen? Im Folgenden soll versucht werden, wie sich eine solche Entwicklung vollziehen könnte.

Der Erstkontakt mit einem so brutalen Medium wie „Rambo II oder III" oder „Halloween" oder auch „Der Wehrwolf" ist für ein sechs- oder siebenjähriges Kind zumeist mit enormen Angstreaktionen verbunden. Auch acht- bis zwölfjährige Kinder reagieren, wie wir aus filmischen Dokumentationen wissen, mit Angstzuständen, die auch längere Zeit anhalten können. Ich habe sogar einmal einen etwa 40jährigen Lehrer kennengelernt, den mehrere Monate nach einem Fortbildungsseminar, bei dem wir einen Horrorfilm anschauten und analysierten, bestimmte grausame Bilder und Szenen in seiner Phantasie verfolgten, außerdem litt er unter Alpträumen. Ich kenne Menschen mit 30–35 Jahren, die von Bildern aus Horrorfilmen seit dem Erstkonsum mit zehn oder zwölf Jahren ständig verfolgt wurden und denen es trotz intensiver Anstrengungen nicht gelang, diese Bilder des Schreckens aus ihren Träumen zu verbannen.

Wenn nun bei selbstunsicheren Kindern eine „Autoritätsperson" dieses wirklich angsterfüllte Ereignis mit Lob versieht, besetzt sie gleichzeitig im Bewusstsein des Kindes dieses mit dem Gefühl von Erfolg: Du hast es verkraftet, du warst erfolgreich und damit stark. Diese Autoritätsperson ist bei Kindern im Vor- oder Grundschulalter zumeist noch der Vater, die Mutter oder ein älteres Familienmitglied. In wenigen Fällen, allerdings erst im Alter von 13 oder 14 Jahren, auch Freunde oder Bekannte: Durch diese erfolgt in der Gruppe eine Bestätigung und Anerkennung der Leistung, nicht weggeschaut zu haben (manchmal ist auch die Angst, in der Gruppe als Versager bezeichnet zu werden größer als die Angst vor den Grausamkeiten und Brutalitäten der Filmhandlung). Deshalb mag es wohl besonders intensiv auf einen Jungen wirken – die Mädchen sind dabei allem Anschein nach weniger anfällig oder Ziel der väterlichen Aufmerksamkeit –, wenn ein Vater, wie im obigen Beispiel, zu dem Siebenjährigen, sagt, den „Freitag der 13." (einem der ganz üblen Horror-Gewalt-Videos, von dem es inzwischen acht indizierte bzw. beschlagnahmte Folgen gibt), schaust du dir mit mir an, dann wird mal ein rechter Mann aus dir.

Derartige „medialen Erfahrungen" machen Kinder in der ersten Zeit des Gewaltvideokonsums zunächst nur gelegentlich, jedoch in gewissen Zeitabständen aber immer wieder. Gerade dies wirkt nun aber im Sinne der „Verstärkertheorie" als intermittierender Verstärker um so intensiver.

Nun tritt dieses „Konditionierungslernen" in eine fatale Allianz mit dem Gesetz des Imitations- oder Modelllernens (Bandura). Modelllernen ist z. T. wirksamer als das noch recht einfache Konditionierungslernen, wo etwa Schule mit negativen Erlebnissen in Verbindung gebracht wird. Kinder ahmen Eltern und andere Autoritätspersonen nach. Bei diesem Lernen durch Nachahmung bzw. Imitation werden gegenüber dem Konditionierungslernen sehr komplexe Verhaltensweisen als ganze Einheit gelernt. „Sind mehrere Erwachsene oder Vorbilder zu beobachten, so wird derjenige zum Modell und nachgeahmt, dessen Verhalten von den anderen belohnt wird" (Seidel, 1992, S. 87).

Da Eltern (auch der Vater allein) nun einmal in der Regel keine Helden sind, beschränkt sich ihre Modellrolle zumeist nur auf den „Initiationsritus" beim Erstkonsum, wenn sie ihr Kind zu den ersten Brutalovideos ermutigen oder den Konsum zumindest wohlwollend tolerieren, was bei rund 70 % der späteren Gewaltvideo-Konsumenten der Fall ist. Als dauerhafte Identifikationsfiguren sind sie mit einem solchen Verhalten für das Kind nicht geeignet. Dieses sucht sich schnell attraktivere Gestalten in den zumeist brutal agierenden Helden, Tätern oder Rächern, wie Rambo oder Jason, die in den Horror-Gewalt-Filmen nun als Protagonisten auftreten. Bei diesen holt es sich dann seine „Belohnung" quasi als Ersatz oder stellvertretend für die nach einiger Konsumzeit ausbleibenden „Belohnungen" durch Eltern u. a. Dabei werden beim Kind allmählich ähnliche „starke" und „aufbauende" Gefühle ausgelöst, was mindestens bei jedem dritten Exzessivseher und bei jedem vierten Vielseher dazu führt, dass er sich schon sehr frühzeitig von den Eltern „trennt" und zum Alleinkonsumenten wird. So beginnt die gefährliche Form der sozial isolierten Gewaltmedien-Karriere ihren Verlauf.

Eine echte *„Ichstärkung"* *kann dabei nicht stattfinden.* Der im „Normalfall" oftmals konfliktreich verlaufende Ablösungsprozess von den Eltern bleibt zwar aus, die Schwierigkeiten, die Eltern jedoch dann bekommen, ergeben sich zumeist außerhalb der Familie. Getretene und unterdrückte Kinder sind in einem solchen Prozess noch anfälliger. Kommen bei einem Kind dann noch Schwierigkeiten im sozialen Bereich hinzu (z. B. „nicht ernst genommen werden in der Klasse oder im Bekanntenkreis", immer „Looser sein") so werden die Bedürfnisse nach solchen Ersatzbefriedigungen immer größer und intensiver. Der Prozess der Abhängigkeit von Gewaltmedien verstärkt sich.[17] In vielen Fällen führt dies zu einem zunehmenden Realitätsverlust, in Extremfällen kann es zu einem „Realitätsdurchbruch" mit verheerenden Folgen bis zu scheinbar „amokähnlichen" Tötungsakten kommen. In den meisten Fällen handelt es sich dabei um Einzeltäter (siehe hierzu die Fallbeispiele in Kapitel 3.2.2).

Die technischen Mittel und Tricks werden bei diesen Filmen immer raffinierter eingesetzt. Deshalb tritt auch lange Zeit keine Sättigung ein, trotz unbeschreiblicher Primitivität und geistiger Sterilität der Filmhandlungen. Action, Brutalität, exzessive Grausamkeiten und das Brechen mit den letzten Tabus – man könnte fast sagen, das Böse schlechthin – triumphieren und werden oft auch noch belohnt. Exzessivsehende Kinder und Jugendliche – und davon ist mindestens jeder zehnte 14-Jährige betroffen – identifizieren sich sehr häufig mit den brutal agierenden bösen Tätern und nicht mit den Opfern, auch wenn die Opfersituation oftmals mit der realen Lebenssituation des konsumierenden Kindes durchaus vergleichbar ist. Bei dieser *Identifikation mit dem Aggressor* ist die Gefahr groß, dass sie auch die Verhaltensmuster der brutalen Täter, Rächer und Sieger übernehmen und in eine Tathandlung umsetzen. Auch Rambo, inzwischen zu einer weltweiten TV-Kultfigur – bei uns über RTL, RTL 2 und ProSieben – avanciert, vermittelt dieses Verhaltensmuster gerade für Außenseiter, die Frust erleben.

Dieser psychische Prozess kann nun nicht mehr ausschließlich mit *Konditionierungs- und Modelllernen* erklärt werden. Vermutlich entstehen *aus dem Unterbewußtsein des Kindes Bedürfnisse, immer wieder zu den Siegern und Rächern zu gehören,* auch wenn es oder gerade weil es grausam agierende Täter sind.

Es ist nach neueren wissenschaftlichen Analysen belegt, dass dies auch mit ungenügend ausgeprägter *Reflexivität* zusammenhängt, wozu auch *Intelligenz und kognitive Selbststeuerung und der ihrer Umgebung* sowie *Impulssteuerung* zu rechnen sind. Nach Kleiter (1997, S. 450ff.) spielt das Niveau an Reflexivität, das häufig in Verbindung mit fehlendem Leseinteresse auftritt, dabei eine ent-

---

17 Die „traumatische Wirkung" der Einstiegsfilme im exzessiven Horror-Gewalt-Bereich ist hier nicht einmal gemeint. Auch nicht die Wiederholungszwänge, die z. B. beim „Borderlinesyndrom" ausgelöst werden können, wie z. B. bei dem pathologischen Fall in Norderstedt mit den negativen Übertragungsreaktionen nach Betrachten des Horrorfilms „Der Fan". Bei unseren Befragungsfällen geht es eigentlich um den „Normalfall", bei dem das Bedürfnis des Jugendlichen nach Gewalthandlungen im Alltag verstärkt wird.

scheidende Rolle; es ist sozusagen die Hauptsteuergröße. Kritische Distanz, das Reflektieren von eigenen Gefühlen und Affekten („intrapersonale Intelligenz") sowie die Wahrnehmung von Gefühlen bei anderen („interpersonale Intelligenz"), die wesentlich zur Ausstattung des Menschen als vernunftbegabtem Wesen gehören, sind wahrscheinlich nicht genügend ausgeprägt oder – was ich noch mehr vermute – durch Umwelteinflüsse verschüttet worden (siehe das im 5. Kapitel, Abschnitt 5.1 dargestellte Persönlichkeitsmodell).

Zu diesen Umwelteinflüssen zählen auch die Medien und damit gerade die hier untersuchten Einflüsse von gewaltverherrlichenden Fernseh- und Videoproduktionen. Und *die Hemmschwelle, Gewalt zur Durchsetzung von eigenen Interessen anzuwenden, wird entscheidend herabgesetzt* (siehe dazu die diversen wissenschaftlichen Belege im Kapitel 3.3.1). Dazu steigt die tägliche Konsumzeit von Jahr zu Jahr an: Wenn anfänglich vielleicht *wöchentlich* nur ein oder zwei Gewaltvideos gesehen wurden, so sind es bei den Exzessivkonsumenten nach fünf oder sechs Jahren *täglich zwei oder gar drei Gewalt-Videos* und an unterrichtsfreien Tagen schauen sie durchschnittlich 4,6 Std. Video (Weiß, 1993). Der Fernsehkonsum und die PC-Spiele wurden dabei noch nicht einmal berücksichtigt (vergleiche hierzu die differenzierten Ergebnisse zur Mehrfachnutzung von AV-Medien im Kapitel 3.3).

Dies ist ein Leben aus zweiter Hand. Auf die Dauer führt dies sicher zum Bedürfnis nach wirklichem und echtem *Erleben*. Und Möglichkeiten dazu finden sie als 13- oder 14-Jährige dann selten zu Hause, denn dort ist auch zumeist „Konsumstille", viel eher auf der Straße, wo sie sich mit Gleichgesinnten (oder „Gleichgeschädigten") zusammenfinden und „Action machen" in randalierenden Cliquen, in Straßengangs, mit Hooligans im Stadion oder auch bei rechtsradikalen Gruppen und mit Skins. Die Schule bekommt ebenfalls ihren Teil ab durch zunehmende Gewalt, nicht bloß durch Rangeleien, wie es früher üblich war, sondern durch brutalere Aktionen bis hin zu Vandalismus, Erpressung und Schlägereien mit schweren Verletzungen. Mit diesen „Gruppenaktivitäten" geht dann oft ein *Realitätsverlust* einher, bei den „Einzelaktivitäten" mit Tötungsakten (siehe auch jüngste Fallbeispiele) kann man von einem *Realitätsdurchbruch* sprechen, d. h. die Denken, Phantasie und Gefühl beherrschende fiktionale Welt erfährt plötzlich einen Durchbruch in die reale Welt – oft in Form einer brutalen Gewalttat und wie in einem *virtuellen Gewaltrausch* gegen einen vermeintlichen Aggressor. Die Presse spricht allerdings von einem „Amoklauf", dessen Ursache man in der Person des Täters lokalisieren, also eher mit einer psychischen Erkrankung in Verbindung bringen kann. Bei einer solchen Interpretation spielen dann exogene Einflussgrößen wie etwa der Medienkonsum, das soziale-politische Umfeld keine Rolle.

(4) Zusammenfassung zur Abhängigkeitsentwicklung

Das Einstiegsalter in den Konsum von Horror-Gewalt-Filmen hat sich von zehn bis zwölf Jahren auf neun bis elf Jahre vorverlagert. 42 von 100 Schülern aus der befragten repräsentativen Schülergruppe mit Horror-Gewalt-Filmerfahrung waren bereits im Grundschulalter erstmals mit solchen Filmen in Berührung gekommen.

Aus dem Bereich des Drogenkonsums bzw. der Entwicklung einer Drogenabhängigkeit weiß man inzwischen, dass bei den meisten der Einstieg über das Rauchen erfolgt. Dieser erfolgt zunehmend früher. Derzeit liegt das Durchschnittsalter bei $11^1/_2$ Jahren. Nach Aussagen von Therapeuten aus der Drogentherapie (Baudis, 1998) findet man kaum einen späteren von Cannabisprodukten Abhängigen, aber auch von den harten illegalen Drogen wie Heroin- und Kokainabhängigen, der nicht über das Rauchen zu den illegalen Substanzen kam. Ähnlich muss man sich nach meinen Erkenntnissen auch die Entwicklung zur Abhängigkeit von extrem brutalen audio-visuellen Medien vorstellen. Dieser Prozess verläuft häufig folgendermaßen:

- Erste Berührung mit Mediengewalt im Kindergartenalter, spätestens im Grundschulalter über Zeichentrickserien, in denen Auseinandersetzungen und Konflikte zumeist durch Anwendung von Gewalt gelöst werden. Hier ereignet sich auch eine erste Gewöhnung an Gewalt als legitimes Mittel.
- Bei den späteren Exzessivkonsumenten von brutaler audio-visueller Mediengewalt kommt es im Alter von sechs bis zehn Jahren zum ersten Kennenlernen indizierter Gewaltfilme, z. T. über billige Kaufhausvideos, zunehmend jedoch auch über das Privatfernsehen, das immer mehr Kinder auch noch nach 23.00 Uhr nutzen, oder denen über Videoaufzeichnung indizierte Filme wie Rambo II, Terminator oder Friedhof der Kuscheltiere über ältere Geschwister, z. T. auch selbst über Eltern, zugänglich gemacht werden.
- Durch das Überwinden anfänglicher Ekelgefühle fühlen sich manche „stark", es kommt zu ersten „Flow-Erlebnissen", vor allem bei den Jungen stellen sich durchaus positive lustvolle Gefühle und gute Laune ein, wobei es allerdings bei nicht wenigen zu einer Identifikation mit dem Aggressor kommt. Dieser ist nicht immer der starke, sich rächende Held, wie z. B. Rambo oder Cyborg, sondern gelegentlich auch ein bösartiger, grundlos tötender, grausamer Täter, wie die Figur des Jason in „Freitag der 13".
- Besonders gefährdet sind in dieser Phase die durchschnittlich 20 % zumeist allein konsumierenden Jungen im Alter von 12 bis 14 Jahren, deren Sozialkontakte sich zunehmend auf das Erkunden und Beschaffen von Bildschirmmedien einschränken. Horror-Gewalt-Filme werden in dieser Zeit zunehmend durch Sexfilme bis zu Pornografie erweitert, und am PC kommen die brutalen Ballerspiele hinzu.
- Zwischen 13 und 16 Jahren kann es zu den an anderer Stelle beschriebenen Verhaltensänderungen mit gewaltsamen Auseinandersetzungen, gehäuften spontanen Aggressionen und anderen destruktiven Sozialkontakten kommen. Der vermeintliche Aggressionsabbau vor dem Bildschirm führt zu einer „Katharsis" auf der Straße, bei schwächlicher Konstitution häufiger mit einer Waffe als durch Körpereinsatz. In einer Art „Realitätsdurchbruch" verschafft sich die medial vermittelte fiktionale „Scheinwelt" dann gelegentlich einen

Durchbruch in die reale Welt, in der die aufgestauten destruktiven aggressiven Impulse in brutales Handeln in einer Art virtuellem Gewaltrausch umgesetzt werden.

Es gibt inzwischen viele Beispiele von Kindern, bei denen die Phantasiewelt durch die fiktionale Filmwelt soweit eingeschränkt wurde, so dass man von medieninduzierten Wahrnehmungsveränderungen ausgehen muss. Diese können auch das kindliche Weltbild so verändern, dass Gewalt nicht mehr hinterfragt wird. Wenn man aber Ursachen und Zusammenhänge von Gewalt als monokausal vorgegeben betrachtet und sie einfach so hingenommen werden, wie man es dauernd im Film vorgemacht bekam, kann es zu Verhaltensänderungen und aggressiven Handlungen kommen.

(5) Symptome suchtartigen Gewaltmedienkonsums

Der Prozess der Abhängigkeitsentwicklung bis hin zu einem suchtartigen Verhalten verläuft schleichend und von der Umgebung, insbesondere von den Eltern, oft unbemerkt. Folgendes Verhalten ist dann zu beobachten:

- mehrstündiger täglicher Konsum von Videos (oft in Verbindung mit anderen AV-Medien, wie PC-Ballerspielen);
- starke Unruhe, wenn die Medienbedürfnisse nicht befriedigt werden können;
- ständig steigender Video- und anderer Medienkonsum und Suche nach immer „härteren" Sachen („Dosissteigerung", bis sich „Flowerlebnis" oder „Kick" einstellt);
- bei längerer Abstinenz große Unzufriedenheit, Langeweile und Ziellosigkeit sowie aggressive Sprache („Entzugserscheinungen");
- Reduzierung der Sozialkontakte auf Mediensuche („Beschaffungsmotive");
- Zunahme des sozialschädigenden Verhaltens mit aggressiven Handlungen oder auch Rückzugstendenzen mit sozialer Isolation;
- Konflikte mit Familie wegen Schuleschwänzens und Leistungsabfalls sowie aggressiven Auseinandersetzungen („Leidensdruck");
- unbeherrschte Handlungen mit spontaner Aggressivität (Realitätsdurchbruch mit Kontrollverlust und virtuellem Gewaltrausch) nach gelegentlich zu beobachtenden euphorischen Erregungszuständen während längerem Brutalo-Videokonsum („Endorphinausschüttung").

Ähnliche Beobachtungen über Folgesymptome einer medieninduzierten Abhängigkeitsentwicklung kann man auch bei Gewaltspielen am Computer, insbesondere bei den Tötungsspielen, machen. Die Tatsache, dass PC-Spiele überwiegend allein betrieben werden, macht sie besonders gefährlich.

(6) Geschlechtsunterschiede

Bei einer Differenzierung der Lieblingsfilme nach Geschlecht ergeben sich aus meinen Befragungsdaten ähnliche Differenzen wie bei Lukesch, mit höheren Beliebtheitsgraden von Porno-/Sexfilmen und Gewaltfilmen bei den Jungen und wesentlich höherer Zuwendung der Mädchen zu den Liebes- bzw. Musik- und Tanzfilmen (vgl. Lukesch, 1992, S. 6). Offenbar kommt es den Mädchen eher auf emotionale Inhalte und partnerbezogene Liebe an, während die Jungen mehr an Darstellungen von „anonymem Sex" interessiert sind. Nach Lukesch sind so bei einem Teil der Jungen beim Versuch einer „Kontaktaufnahme" Schwierigkeiten vorprogrammiert: *Die Bilder im Kopf eines Teils der männlichen Jugend stimmen nämlich nicht mit dem Bild von Liebe und Sexualität der meisten Mädchen überein, wobei durch diese medienbeeinflußte Polarisierung Konflikte und Frustration vorhergesagt werden können.*

Wenn man das Filmgenre Horror-Gewalt separat betrachtet, so zeigen sich bei meinen Untersuchungen die gleichen hochsignifikanten Unterschiede zwischen Jungen und Mädchen: Sowohl in Sachsen wie in Baden-Württemberg ist ein starkes Übergewicht der Schüler gegenüber den Schülerinnen festzustellen, etwa im Verhältnis von 5:1. An diesen Zahlenverhältnissen hat sich in den Folgejahren bis 1999 nichts geändert. Der Konsum gewalthaltiger Medien nimmt mit dem Alter bei den Jungen stärker zu als bei den Mädchen. Zwar wird insgesamt weniger zu Hause konsumiert, dafür aber um so mehr an Gewaltmedien in den Peergroups oder „weniger", aber dafür „hochprozentiger" (Weiß, 1993, S. 13).

Besonders deutlich zeigen sich bei einem Vergleich zwischen Mädchen und Jungen die Unterschiede bei den gefühlsmäßigen Reaktionen auf extreme Gewaltdarstellungen. Ich habe dies einmal für die 8. Klassenstufe der allgemeinbildenden Schule (Sächsische Jugendstudie, Weiß, 1993) exemplarisch herausgegriffen. Die eklatanten Unterschiede zwischen Mädchen und Jungen zeigen sich aber in allen anderen Schulbereichen gleichermaßen:

Bei den Gefühlsparametern, die von den befragten Schülern subjektiv als „positiv" eingestuft werden, liegen statistisch hochsignifikant mehr Zustimmungen bei den Jungen vor als bei den Mädchen. *Jungen fühlen sich durch Horror-Gewalt-Filme sehr häufig (zu 40 %) in „gute Laune" versetzt, Mädchen hingegen nur relativ selten (5 %). 27 % der Jungen fühlen sich nach einem Gewaltfilm „stärker", aber nur 3 % der Mädchen. Auch die aggressive Komponente mit „sich kämpferischer fühlen" kommt bei jedem 4. männlichen Gewaltvideo-Konsumenten vor, bei den Mädchen aber nur bei jeder 20. Konsumentin.*

Bei den negativen Gefühlen ist es genau umgekehrt: Mädchen werden etwa viermal so häufig „ängstlicher", fühlen sich „unwohl" und „schwächer", etwa vier- bis fünfmal häufiger als Jungen bekommen sie „Ekelgefühle" und leiden unter „Alpträumen".

Diese Ergebnisse stimmen fast vollständig überein mit den baden-württembergischen Vergleichsgruppen aus den 6. bis 9. Klassen aller Schularten (s. Weiß, 1991).

Der Tendenz nach liegen die geschlechtsspezifischen Differenzen zwischen positiven und negativen Gefühlsparametern in den Beruflichen Schulen ähnlich; es ist jedoch zu beobachten, dass die negativen Gefühle wie „Angst", „sich unwohl fühlen" und „Ekel" bei den Mädchen in der Berufsschule häufiger auftreten. *Die lustvollen Gefühle werden bei den Mädchen weniger, die unangenehmen Gefühle nehmen zu.*

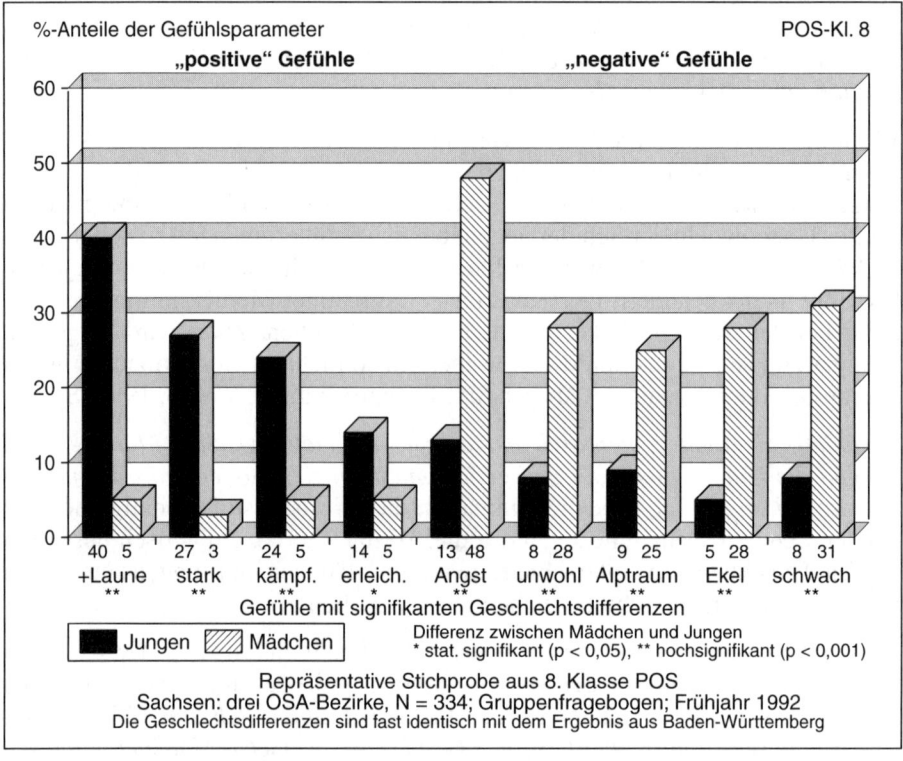

Abbildung 3.4:
Gefühle nach Horror-Gewalt-Video-Konsum – Vergleich zwischen Jungen und Mädchen

Die vorhandenen Fragebogendaten ließen es leider nicht zu, eine Trennung der Geschlechter nach alleinerziehend versus vollständige Familie vorzunehmen. Es ist jedoch aufgrund der wissenschaftlichen Befundlage (u. a. Jäger, 1998) zu erwarten, dass bei Jungen, die von der Mutter erzogen werden, wegen der bis zum 10./11. Lebensjahr weitgehend fehlenden männlichen Bezugsperson, zu Hause wie im Kindergarten und in der Grundschule, das typische männliche Nutzungsverhalten mit den besonderen Vorlieben für starke Männer als Sieger- bzw. Machotypen in den entsprechenden Gewaltfilmen verstärkt wird. Dadurch können vermehrt Verhaltensmuster mit Neigung zu gewaltsamen Konfliktlösungen entstehen.

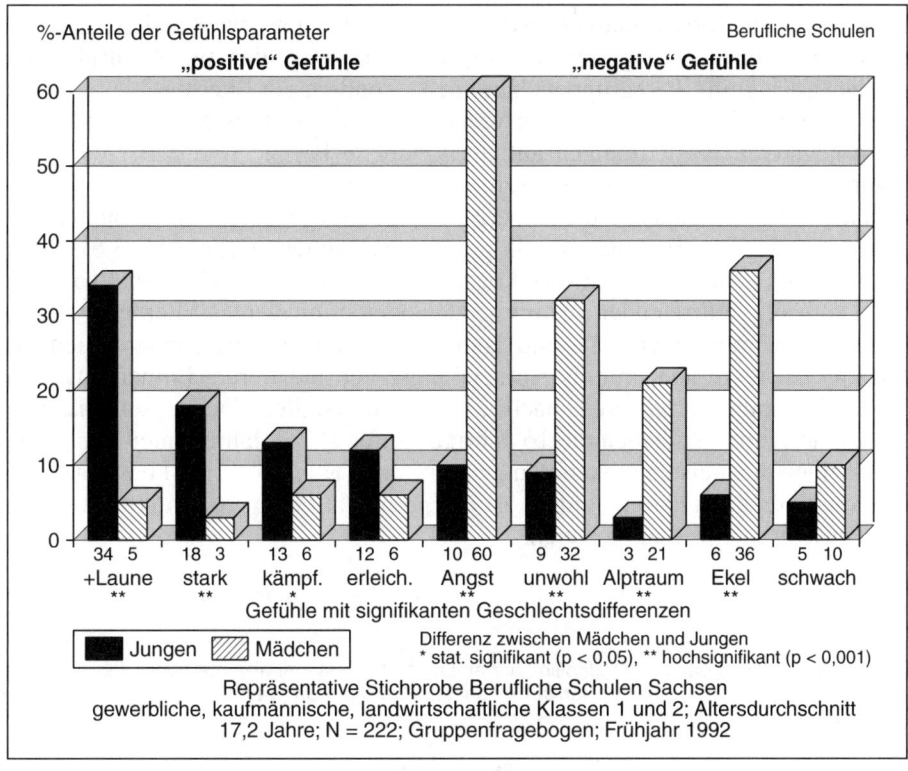

Abbildung 3.5:
Berufliche Schulen – Vergleich zwischen Jungen und Mädchen

(7) Elternverhalten

Etwa jeder zweite Schüler hat sich bereits indizierte Videos besorgt. Je nach Alter bzw. Schul- und Klassenzugehörigkeit geschah dies am häufigsten über das familiäre Umfeld (Vater, Mutter, Geschwister, Verwandte) oder über Freunde/Bekannte.

Während sich die Hälfte der Sechstklässler die Videos über die Familie beschafft, ist es bei den Zehntklässlern nur noch jeder dritte Schüler. Umgekehrt spielen Freunde/Bekannte als Beschaffungsquelle nur bei jedem fünften Schüler der 6. Klassen die Hauptrolle (20 %), bei den Zehntklässlern ist es bereits jeder zweite Schüler (55 %). Gleichzeitig steigt aber auch die ,,Selbstbesorgung" von der 6. bis zur 10. Klasse kontinuierlich an (4–19 %). Dazu suchen auch etwa 12–20 % regelmäßig eine Videothek auf.

Interessant und gleichzeitig bedenklich ist der hohe Anteil von Eltern, die indizierte Videos besorgen und den Kindern zugänglich machen: Je nach Klassenstufe zwischen 15 und 25 %!

Zumeist werden die Brutalovideos dann auch bei den jüngeren Schülern (6. Klassen) im Familienkreis angeschaut. In dieser Altersgruppe der etwa Zwölfjährigen ist dies noch kein „Peergruppenphänomen", sondern ein Elternproblem: Naive Einstellung und Bequemlichkeit in Verbindung mit Nichtwissen über die möglichen negativen Auswirkungen auf die kindliche Psyche sind dabei wohl die Hauptursachen für dieses gemeinsame „Konsumerlebnis". Nur 7 % der sächsischen Eltern (in Baden-Württemberg sind es immerhin 15 %) verbieten den Konsum von extrem brutalen und grausamen Filmen (siehe Abb. 3.6), 24 % erlauben ihn aber oder es ist ihnen egal und 45 % sagen „mal so, mal so". Bei einer so häufig auftretenden zustimmenden oder ambivalenten Elterneinstellung – zusammen immerhin 69 % – sind dann natürlich alle Beschaffungsmöglichkeiten, insbesondere aber mittels Aufzeichnung von indizierten Filmen aus dem Privatfernsehprogramm auch nach 23.00 Uhr, möglich. Diese gemeinsamen Konsumerfahrungen haben die 16-Jährigen zumeist 2–3 Jahre hinter sich; dann erst steigen die meisten um auf den gemeinsamen Konsum in der Peergroup, wo es dann wohl noch härtere Videokost gibt, um damit eine Art Antikultur gegen die Erwachsenenwelt aufzubauen.

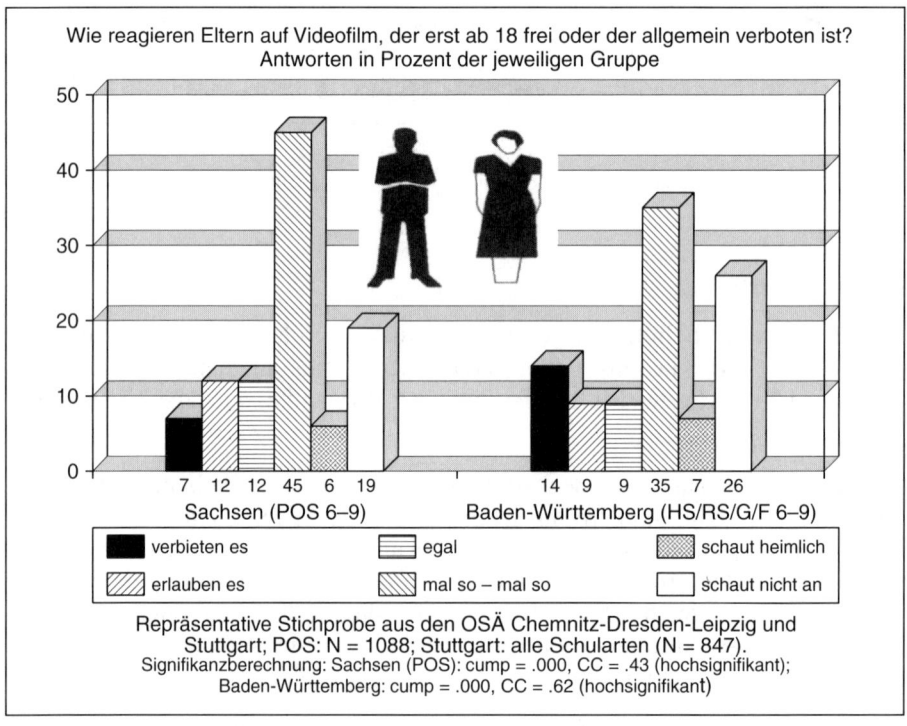

Abbildung 3.6:
Elternreaktion auf Gewaltvideo-Konsum – POS-Klassen 6–9 (Sachsen), Klassen 6–9 (Baden-Württemberg)

Der „Horror als Gemeinschaftserlebnis" auch in Verbindung mit Mutproben und stimulierender Angst-Lust kann durchaus bei den 56% der 16-Jährigen (10. Klassen) eine attraktive und lustvolle Alternative zu all dem Frust darstellen, den sie erleben. Es macht sie jedoch gleichzeitig anfälliger gegenüber dem Einfluss von Gruppen, die Gewalt anwenden, insbesondere rechtsradikale Organisationen.

3.2.3.4 Videogewalt und Fernsehen

Die Überschrift dieses Abschnittes mit „Videogewalt" hat primär mit dem Videogerät als einem der „Transportmittel" von medialer Gewalt zu tun. Lediglich die rund 300 beschlagnahmten Filme werden fast ausschließlich auf diesem Weg vom Produzenten zum Konsumenten transportiert. Bei den indizierten und anderen brutalen Gewaltfilmen wurde zwischenzeitlich das Videogerät weitgehend durch das Fernsehgerät ersetzt, es sei denn, man zeichnet sich einen solchen Film zu später Abendstunde vorprogrammiert auf und konsumiert ihn dann am nächsten Tag mit seinen Freunden oder auch allein – und das beliebig oft. 75–80 % der Schüler ist nach meiner Befragung zu Hause ein Videogerät zugänglich.

Indizierte Videogewalt hat sich weitgehend auf das Fernsehen verlagert, wo von den Privaten im Durchschnitt in den vergangenen 10 Jahren rund 130 Filme pro Jahr ausgestrahlt wurden. Zur Zeit werden wöchentlich 2–3 von der Bundesprüfstelle für jugendgefährdende Schriften (BPjS) indizierte Filme, die von der Freiwilligen Selbstkontrolle Fernsehen in Berlin (FSF) mit gewissen Schnitt- und Zeitempfehlungen freigegeben wurden, von den Privaten ausgestrahlt. Nur solche Video-Freaks, die besonderen Spaß an speziellen Tötungsszenen und Blutszenarien haben, sind auf die Beschaffung der Langfassung via Videothek angewiesen. Die etwas Bescheideneren müssen sich mit der Fernsehfassung zufrieden geben, bei der jedoch die Handlung und die eigentliche Botschaft des Gewaltfilmes in der Regel vollständig enthalten ist. Als 1991 Rambo II von RTL ausgestrahlt wurde, zählte man rund 2 Millionen Zuschauer (heute bei Pro Sieben sind es noch wesentlich mehr Kinder und Jugendliche). Vor dieser Fernsehausstrahlung wurde dieser brutale Actionfilm über Videotheken einschließlich einer geschätzten Zahl von Raubkopien aber nur rund 70 000 Menschen zugänglich gemacht. Via Fernsehen erreichte dieser Film gerade bei Kindern und Jugendlichen so ein Zigfaches der Ausleihe über die Videotheken.

Die Prognose für die Zukunft schaut nicht besonders gut aus: Heute werden über TV noch wesentlich mehr Kinder und Jugendliche erreicht. Für den Einstieg spielt das genauso wie beim Drogenkonsum das Rauchen eine große Rolle, denn die oben geschilderten psychischen Prozesse, die vom Einstieg bis zum Dauerkonsum und zur Abhängigkeit führen können, sind nicht auf die harten Gewaltvideos beschränkt, sondern können auch bei vermeintlich harmloseren weichen Gewaltfilmen auftreten und ähnliche Verhaltensreaktionen beim Kind auslösen.

Zwar wird beim Kind weniger Angst ausgelöst, dafür aber um so mehr an Imitationslernen vor allem bei Grundschulkindern hervorgerufen. Ich meine, dass ein Film wie „Vier für ein Ave Maria", der vor einigen Jahren an Weihnachten im Nachmittagsprogramm des SAT 1-Privatfernsehens ausgestrahlt wurde, sicher bei sehr vielen von den hunderttausenden Kindern, die diesen als „Italo-Western" angekündigten einstigen Kinohit, mit Bud Spencer und Terrence Hill in den Hauptrollen, sahen, durch die extrem brutalen Schläger-, Gewalt- und Tötungsszenen, den schnoddrigen, unfreundlichen Dialogen und der letztlich menschenverachtenden Sprache der beiden Filmhelden ein Modellverhalten auslöste, das in seinen negativen Imitationen an Attraktivität seinesgleichen sucht. Der Film ist aber nicht unter den rund 2300 indizierten und jugendgefährdenden Filmen oder Videos zu finden, die bis 1992 von der Bundesprüfstelle begutachtet wurden. Heute (1999) kann man aus einem Reservoir von 2700 Filmen[18] schöpfen – *was reichlich getan wird – denn bei den privaten Fernsehanstalten zählen ja nur die Einschaltquoten.*

3.2.3.5 Zusammenfassende Bemerkungen zu den Konsumgewohnheiten beim Genre Horror-Gewalt oder „Ist ein Amoklauf ein schicksalhaftes Ereignis?"

Lukesch (1992) bemerkt in seiner Vergleichsstudie zwischen Ost und West: „Wenn von einer Gefährdung im Sinne der Jugendschutzgebung gesprochen werden kann, dann lässt sich dies vorwiegend hinsichtlich der Gewalt- und Horrorfilme objektivieren."

Meine Vergleichsdaten aus dem gleichen Beobachtungsjahr zwischen einem neuen und einem alten Bundesland (1992) bestätigen dies und lassen zudem erkennen, dass in Bezug auf die Verbreitungsmuster und Nutzungsgewohnheiten bei Jugendlichen Sachsen bereits $2^1/_2$ Jahre nach der Wende voll gleichgezogen hatte.

Nach Lukesch trifft dies auch für andere neue Bundesländer zu. Die Beschaffungsquellen haben sich – wie im Westen – bei den indizierten Gewaltfilmen auf das Fernsehen (überwiegend Privatfernsehen) verschoben. Die Eltern scheinen dabei noch hilfloser als im Westen zu sein. Sie setzen überwiegend keine Grenzen und gehen den Weg des geringsten Widerstandes, indem sie selbst eifrig mit konsumieren. Hier nimmt eigentlich die Spirale der Gewalt ihren Anfang, denn diese modellhaft und massenhaft in Video und Fernsehen vorgeführten „Konfliktlösungen", zumeist durch Gewaltanwendung, werden zwangsläufig bei Kindern und Jugendlichen so internalisiert, dass sie bei Dauerkonsum zu Verhaltensänderungen mit ähnlichen Verhaltensmustern führen. *Je geringer dann noch die kognitive Ausstattung ist, um so weniger können affektive Impulse und spontane Aggressivität gesteuert werden. Je geringer der soziale Status, die beruflichen*

---

18 Im Jahre 1983 waren es erst 730 indizierte Filme.

Entfaltungsmöglichkeiten und die Zukunftsperspektiven sind, um so geringer sind auch die Möglichkeiten, eine gewaltfreie Form von Konfliktlösung zu wählen. Die Gewalt triumphiert dann eben...

Trotz allem stellt der Gewaltmedieneinfluss den Haupteffekt dar. *Gewaltfilme senken die Hemmschwelle*[19], soziale Einstellungen verkümmern, die Sensibilität für das Leid anderer Menschen nimmt ab und die Fähigkeit, fiktionale, virtuelle Welt von der Wirklichkeit zu unterscheiden, kann gerade bei Kindern nicht entwickelt werden, es kann zu einer inadäquaten Realitätseinschätzung kommen. Da die Viel- und Exzessivkonsumenten von Horror-Gewalt in den vergangenen 15 Jahren stark zugenommen haben und die Filme zumeist allein angeschaut werden, gibt es auch immer mehr von den Kindern und Jugendlichen, die sich in eine Außenseiterrolle versteigen. Ich schätze, dass sich angesichts der mindestens 15 % Exzessivkonsumenten, etwa 10 % in dieser Situation befinden. Ähnlich wie bei den Computer-Tötungsspielen reagieren sie ihren Frust ab. „In vielen Filmen gibt es dieses Muster des einsamen Außenseiters, der sich seinen Frust von der Seele schießt" (Groebel). Ich bin mir ziemlich sicher, dass es in Zukunft noch mehr Tötungsdelikte durch Kinder und Jugendliche gibt.

Angesichts dieser Befunde stoßen für mich Darstellungen auf Unverständnis, die vor einer Verurteilung des Konsums von brutalen Horror-Gewaltvideos oder Filmen durch Erwachsene warnen, wie es etwa durch Grimm (1992) versucht wurde, indem er einer „Kultivierung" des Horror-Video-Konsums das Wort redet, oder von Vogelgesang (1992), der fast euphorisch von „Video-Cliquen als Orte der Erlebnisorientierung und der Abschottung gegen Pädagogik" oder von „Video-Sehen als Gruppenereignis" (S. 18) berichtet, bei dem man sich locker und ungezwungen, „jugendtypisch eben", wie es einer der Befragten formuliert hat, verhalten kann (S. 20), und dass sie damit ihre „Kollektive Identität stabilisieren können, um sich in oppositioneller Manier und bewußter Abgrenzung von den Anforderungen der Erwachsenenwelt stilbildend Charakter zu verleihen" (S. 21).

Nach meinen Erkenntnissen geht es eben nicht um das „Ekelerregende" der Horror- und Gruselfilme, denen man vielleicht noch eine „negative Ästhetik" im Sinne von Baumann (1992) abgewinnen kann, sondern um brutale Gewalt mit zumeist grausam agierenden Siegertypen als Protagonisten der Handlung, die Identifikationen und Projektionen erleichtern. Typische Beispiele sind „Freitag der 13.", „Kettensägenmassaker", „Der Fan", aber auch „Rambo", „Tanz der Teufel" und „Halloween".

Ich habe bereits 1990/91 in verschiedenen Veröffentlichungen Forschungsergebnisse aus empirischen Untersuchungen publiziert, in denen ich nachdrücklich und begründet vor den Folgen des Gewaltmedienkonsums, insbesondere bei isoliertem Konsum gewarnt habe. In meiner Buchveröffentlichung über „Von der

---

19 Der Medienpsychologe Jo Groebel in der Süddeutschen Zeitung am 11. 11. 1999, Seite 2, auf die Frage, ob die Medien Einfluss auf die Handlungen von Kindern und Jugendlichen haben.

Gewalt fasziniert" (Weiß, 1991) habe ich anhand von Tiefeninterviews, psychologischen Persönlichkeitsfragebogen und Täter-Opferanalysen der Protagonisten der Handlungen in Horror-Gewaltfilmen eindeutige Indizien in Richtung Gewaltbereitschaft und Aggressionssteigerung gefunden (siehe Abb. 3.7).

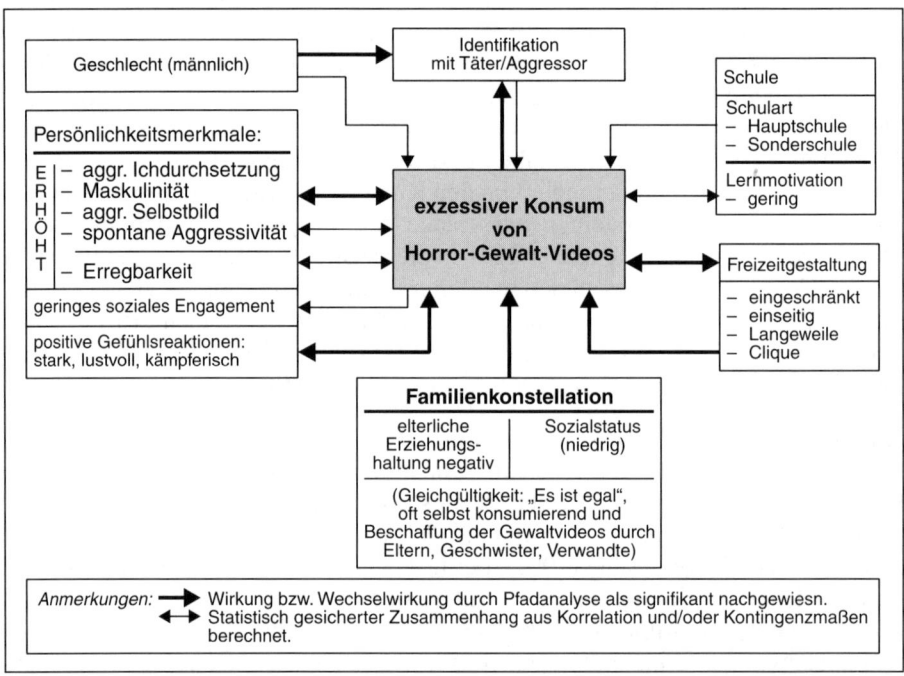

Abbildung 3.7:
Wirkungsmodell für exzessiven Konsum von Horro-Gewalt-Videos – Analyseergebnis

„Viel- und Exzessivseher von Horror-Gewalt zeichnen sich am deutlichsten durch erhöhte Aggressionswerte aus. Sie lassen die Bereitschaft zu aggressiver Ichdurchsetzung erkennen. Fühlen sie sich beleidigt oder in ihren Rechten betroffen, so setzen sie sich zur Wehr und wenden dabei vielleicht auch körperliche Gewalt an. Sie reagieren leicht wütend und unbeherrscht." Dieses aggressive Verhaltensmuster resultiert eher aus einer spontanen und reaktiven Aggressivität, denn aus manifester Aggressivität. Insofern ist es untypisch für einen „Amoklauf", bei dem man von einem pathologischen bzw. psychotischen „Krankheitszustand" ausgeht. Dies wäre bedeutsam zur Bewertung der jüngsten Fälle von Tötungshandlungen durch Schüler in Bad Reichenhall, Meißen und Koblenz, bei denen nicht nur in den Boulevardzeitungen, sondern auch allgemein in der Presse nur von „Amoklauf" die Rede war. Wahrscheinliche Ursachen, wie der in all diesen Fällen nachgewiesene Medienmissbrauch mit der Folge eines medieninduzierten virtuellen Gewaltrausches, spielen bei einer solchen Erklärung dann natürlich keine Rolle. Insofern finde ich es allmählich unerträglich, wenn seitens der Produzenten und Verbreiter von Gewalt-Massenmedien jegliche ursächliche Medienbeteiligung an diesen Massakern in Abrede gestellt wird, indem man sich dankbar auf eine solche pseudo-wissenschaftliche Erklärung durch einen „Amoklauf" beruft – oder die „zu laschen Waffengesetze" als Entschuldigung zu Hilfe nimmt.

3.2.3.6 „Von der Gewalt fasziniert" – was sollen wir dagegen tun?

Empfehlungen, wie sie etwa von Bachmair oder Rogge den Eltern und anderen Erziehern gegeben wurden und werden, treffen nach meinen Befunden heute nur noch einen Teil der Problematik, allenfalls noch für diejenigen Jugendlichen zu, die mit einem gesunden Selbstkonzept ausgestattet sind und die ohnehin nach einer Probierphase aus dem Konsumgeschehen wieder aussteigen. Für manche halte ich solche Empfehlungen aber schlicht für gefährlich. „Der Horror als Gemeinschaftserlebnis", als einzige „Möglichkeit für den Jugendlichen, sich von der Erwachsenenwelt abzugrenzen". Was aber, wenn er täglich im Wohn- oder Kinderzimmer zu jeder Tages- oder Nachtzeit abgerufen werden kann, wenn er isoliert und ohne jegliche Gemeinschaft auf Video oder im TV „reingezogen" wird. „Bilder können den Horror bannen" (Grimm, 1992), das hört sich an, wie mit Beelzebub den Teufel austreiben. So dachten schon maßgebliche Kirchen-männer im Rom des 16. Jahrhunderts, als sie einem Künstler den Auftrag erteil-ten, ein Horror-Szenarium zu malen, auf dem einer Frau auf der Folterbank wie im Horror-Streifen „Halloween IV" eine Harke in die Brust gerammt wird (siehe Kapitel 1.1.3) und einer anderen von einem Folterknecht wie im beschlagnahm-ten Horror-Video „Muttertag" die Brüste abgerissen werden: zur Abhärtung für die Missionare, die man um 1550 von Rom aus nach Südamerika entsandte, für unseren 14-jährigen Videofreak als Möglichkeit, Stärke zu beweisen, indem er bei der Mutprobe als Letzter kotzt. Angehende Neonazis ziehen sich zusätzlich oder stattdessen KZ-Filme rein und haben ein tolles „Gemeinschaftserlebnis", wenn sie sich von Bierdunst umnebelt an den gepeinigten Kreaturen ergötzen. Hat das etwas mit Stärke zu tun? Wenn im Horrorfilm der Tod nicht nur als allgegenwärtig dargestellt wird, sondern genüsslich ausgeschlachtet wird, indem man ihn in Zeitlupe darstellt und das Abschlachten von Menschen in allen Einzelheiten zeigt, sind das etwa Themen, die der Jugendliche im Sinne von Rogge (1985, auch noch 1996)[20] in den Horrorfilmen wiederfindet und die er braucht, um sich von der unverständlichen und verständnislosen Erwachsenen-welt abzugrenzen?

Dies gilt um so mehr für die sexuelle Gewalt gegen Frauen, die in vielen Sex- und Pornofilmen im Mittelpunkt des Geschehens steht. Dabei werden Frauen auch gedemütigt, gefesselt, geschlagen und verstümmelt – wie auch auf dem Bild in der römischen Kirche – sie werden als Sexualobjekte dargestellt und erniedrigt

---

20 Rogge, Jan Uwe: *Heidi, PacMan und die Video-Zombies,*. Reinbek 1985, sowie in *Fernsehwelt*, LFK-Baden-Württemberg, 1996.

und vergewaltigt. Dabei wird die Botschaft vermittelt, dass sexuelle Gewalt positive Konsequenzen hat und zur Luststeigerung dienen kann.

Die Fragen, die man sich stellen sollte, lauten doch: „Welche Vorstellungen entstehen dabei in den Köpfen der Jugendlichen, welche Werte und Normen werden dabei vermittelt und wie wirken sich diese zur Orientierung für das eigene Handeln aus?" Oder: „Wird die moralische Rechtfertigung von Gewalt vermittelt, indem Lustbefriedigung durch Gewalt und Gegengewalt als Selbstverständlichkeit betrachtet wird und Gewaltanwendung als legitimes Mittel zur Lösung von Konflikten angesehen wird?" Alles ist scheinbar klar geregelt, alles wird eingeteilt in Gut und Böse, Sieger und Besiegte, Starke und Schwache. Nach differenzierten Zusammenhängen wird nicht gefragt. Und genau dies ist so verführerisch, weil es ungemein schwieriger ist, Kompromisse einzugehen und eine angemessene Problemlösung ohne Gewalt zu finden. Gerade hier dürfen wir doch die Heranwachsenden nicht im Stich lassen, indem wir sie mit dem Horror alleine lassen, zumal in der rechtsradikalen Szene schon viele im Hintergrund warten, um die „Ernte" einzufahren.

Jugend braucht sinnvolle Alternativen, selbstverständlich auch solche, die vom Jugendlichen als gleichwertiger Ersatz angesehen werden und die auch Spaß machen. Dies gilt für Elternhaus und auch für die Schule. Spaß würde es mehr als der Hälfte aller von mir befragten Schüler machen, wenn sie einmal in einer Video-AG selbst einen kleinen Film drehen könnten. Nicht nur, um die Technik des Filmemachens kennen zu lernen, sondern auch, um die Hintergründe, Tricks und Manipulationen durch diese Medien zu durchschauen und auch um Gemeinschaft auch einmal nicht rezipierend, sondern kreativ zu erleben.

Für die Eltern habe ich ein Informationspapier erstellt, das im Teil III Intervention (siehe Kapitel 6.4.2) enthalten ist. An dieser Stelle möchte ich dazu nur folgendes vermerken: So wie der Zigarettenautomat zumindest aus dem Umfeld einer Schule entfernt gehört, so gehört kein Fernseher oder Videogerät ins Kinderzimmer, vor allem wenn die Gefahr besteht, dass sich das Kind oder der Jugendliche immer mehr zurückzieht. Wenn es sich neben Video auch noch mit PC-Tötungsspielen beschäftigt, gehört auch ein Computer nicht dorthin, es sei denn, er enthält eine entsprechende Sperrvorrichtung, die einen Missbrauch verhindert.

Die Eltern müssen mehr Grenzen setzen, sie sollten aber auch Alternativen zu den Gewaltmedien anbieten durch gute andere interessante Medien, auch durch geeignete altersangepasste Videos (Beispiele siehe S. 259f.), durch spannende Freizeitunternehmungen und auch durch Spiele, die den Körpereinsatz verlangen. Dabei ist besonders auf Jungen zu achten, die durch Gewaltmedien am meisten gefährdet sind. *Denn, vergessen Sie nicht: Es sind die Erwachsenen, die solche Filme produzieren, verleihen und senden. Die Welt des Horrors in Fernsehen und Videos und der Horror in der realen Welt müssen gemeinsam angegangen werden* (Verein für Friedenspädagogik, Tübingen, in der lesenswerten Broschüre über „Video-Gewalt", 1994).

Ein schöner Wunsch, an dessen Realisierung ich bei den derzeitigen medien-politischen Gegebenheiten aber zweifele: Wenn Herr Zeiler, der Chef von RTL, in der ARD-Gesprächsrunde von Frau Christiansen am 14. 11. 1999 bemerkt, Erwachsenen dürfe man doch wohl das Recht auf „Eskapismus" auch im Fernsehen nicht streitig machen, er aber gleichzeitig, als Vertreter der „Privaten" in dieser Gesprächsrunde zum Thema Jugendgewalt, von einer Tendenzwende spricht, was die Gewaltanteile seiner Filmprogramme betrifft, so ist dies ein Widerspruch in sich und nur ein erneuter Versuch, die aufgebrachte Öffentlichkeit zu besänftigen, so wie er es bei der Gründung von RTL 2 getan hat (siehe Kapitel 2.3).

3.2.4 Computernutzung – Computerspiele und Gewalt

Computerspiele werden hier unter dem Aspekt der Verbreitung und ihrer verhaltensmodifizierenden und prägenden Auswirkungen im außerschulischen Bereich betrachtet.

3.2.4.1 Fakten zur Computernutzung aus empirischen Erhebungen

Getrennt nach den beiden Altersgruppen 6 bis 13 Jahre und 12 bis 17 Jahre sollen zunächst die wichtigsten Rahmendaten zur Computernutzung aus neueren Befragungen in einem Schaukasten dargestellt werden. Für die sechs- bis 13-Jährigen werden die Daten zur PC-Nutzung durch andere elektronische Medien ergänzt.

Kinder zwischen sechs und 13 Jahren

Vor drei Jahren ergab eine Umfrage eine erstaunliche Sättigung von deutschen Kindern mit elektronischen Medien: 28 Prozent der Kinder zwischen sechs und 13 Jahren haben ein eigenes Fernsehgerät, in 91 % der Kinderzimmer ist Unterhaltungselektronik zu finden, und 12 Prozent der Kinder besitzen eine eigene Anlage mit CD-Player, 15–20 % ein eigenes Videogerät.

Jedes sechste Kind zwischen 6 und 13 Jahren hat einen eigenen *Computer*, zählt man die Mitbenutzung über Geschwister hinzu, *so hat bereits jedes 3. Kind einen Computerzugang*. Jungen besitzen fast drei mal häufiger als Mädchen einen eigenen Computer. Rund 10 % der Kinder geben an, sich „fast jeden Tag" mit Video- oder Computerspielen zu beschäftigen, als Lieblingstätigkeit wird das Computerspielen von 6 % der Kinder bezeichnet.

Die überwiegende Nutzung des Computers bei Kindern besteht im
– Spielen (92 %),
– 30 % benützen ihn außerdem zum Schreiben,
– 15 % zusätzlich zum Malen und Zeichnen,
– 11 % zum Rechnen und
– nur 9 % nutzen Lernprogramme.

(nach Lukesch: ‚Mediennutzung durch Kinder und Jugendliche', 1997, S. 53)

Kinder und Jugendliche zwischen 12 und 17 Jahren

a) Für die 12- bis 17-jährigen Schüler wurde in einer repräsentativen (telefonischen) Befragung im Jahre 1997 folgendes Computer-Nutzungsverhalten erhoben: 47 % haben einen PC zu Hause, 17 % (28 % der Jungen und 7 % der Mädchen) nutzen diesen fast täglich und 29 % mehrmals in der Woche. Die durchschnittliche Nutzungsdauer an einem Tag liegt bei 94 Minuten. Bei den Mädchen gibt es wesentlich weniger Intensivnutzer. Sie trauen sich am PC generell weniger zu. Spaß und Zeitvertreib stehen bei 71 % aller Befragten als Motiv der Computernutzung an der Spitze. 56 % nennen die Vorliebe für Computerspiele als wichtigen Grund. Insgesamt stimmt nach dieser Studie rund die Hälfte der Befragten der Aussage ,,weil es für die Schule nützlich ist'' voll und ganz zu, gleichgültig ob es sich um einen spielenden oder lernenden Umgang mit dem PC handelt. Dennoch ist die Bandbreite der Nutzungsmöglichkeiten des Computers bei vielen mit eher diffusen Vorstellungen verbunden. Internet- und Onlinenutzung sind abhängig vom soziokulturellen Status: Sie nimmt mit steigendem Bildungsgrad zu. Durchschnittlich nutzen 4 % der 12–17-Jährigen mehrmals pro Woche das Internet, 16 % zumindest gelegentlich. (nach Feierabend & Klingler, in ,Media Perspektiven', 11/97, S. 606–611)

b) Für die gleiche Altersgruppe der 12–17-jährigen Schüler können durch eigene schriftliche und anonyme Schülerbefragungen zur spielerischen Computernutzung aktuelle Daten aus Haupt-, Realschulen und Gymnasien (Baden-Württemberg, November 1998 bis Februar 1999; N = rund 650) beigetragen werden: danach nutzen inzwischen rund 67 % der Schüler den Computer in spielerischer Form an Unterrichtstagen, an unterrichtsfreien Tagen steigt der Anteil auf rund 71 % (Hauptschüler spielen mit 73 zu 79 % häufiger als Gymnasiasten mit 58 zu 67 %). Die Schüler, welche den Computer zum Spielen nutzen, verbringen damit durchschnittlich 1,6 Std. an Unterrichtstagen (96 Min.), an unterrichtsfreien Tagen sind es 2,0 Std. (120 Min.). 10 % aller Schüler kann man als ,Vielspieler' an unterrichtsfreien Wochentagen bezeichnen, weil sie damit mehr als 3 Stunden am Computer verbringen, 5 % als ,Exzessivspieler' mit mehr als 4 Stunden. An den Wochenenden steigen diese Anteile dann auf 15 % ,Viel'- und 8 % ,Exzessivspieler'. Die häufigste ,Sozialform' beim PC-Spiel ist die des Alleinspielens mit einem Anteil von 50 % bis 60 %. Rund ein Fünftel der in der anonymen Befragung von den Schülern genannten PC-Spiele wurde von der Bundesprüfstelle indiziert (verglichen mit BPjS-Report 1/99). Ausführliche Ergebnisdarstellung siehe Seite 147f.

,,Video- oder Computerspiele haben heute einen festen Platz im Freizeitverhalten der Kinder'' (Lukesch, 1997). So wie jede technische Errungenschaft hat auch der Computer zwei Seiten: Er kann auf der einen Seite zum Nutzen im Sinne von Lebensbereicherung für den Menschen dienen, andererseits kann er aber auch missbraucht werden – vor allem bei einseitiger und zu intensiver Nutzung.

Kinder sitzen heute mehrere Stunden täglich vor dem Bildschirm (vor einem Monitor). *Der Computer im Kinderzimmer ist ein typisches Beispiel für eine starke Medienbindung, denn bei den sog. Computerkids sind alle anderen AV-Geräte zur Mediennutzung (Fernseher, Video und Gameboy) überproportional häufig vorhanden. Entsprechend geht auch ein hoher Fernsehkonsum mit Computerbesitz einher* (Lukesch, 1997).

Multimedia im Kinderzimmer wird immer mehr zur Realität. Die Kindheit ist heute eine Medienkindheit. Was das reale Leben nicht hergibt, versprechen elektronische Fantasiewelten. Die Spiele beeinflussen das Freizeitverhalten einer ganzen Generation, Kategorien verschieben sich, Werte verändern sich. Und die virtuellen Welten der Spiele im Computer werden Filmen immer ähnlicher.

Wenngleich viele Computerspiele vom Inhalt her harmlos sind (z. B. Geschicklichkeitsspiele, Sportsimulationen), haben doch viele ältere Kinder Erfahrung mit indizierten Spielen. 19 % der 12–bis 13-Jährigen bevorzugen Spiele mit Gewalt- und pornografischen Inhalten.

Vor allem bei *intensiven Spielern* ist eine vermehrte Nutzung solcher Spiele festzustellen. Etwa jeder fünfte Schüler ist auch im Besitz von gewaltverherrlichenden, ausländerfeindlichen und rassistischen Spielen.

In immer mehr Computer- und Videospielen geht es immer brutaler zu, und Eltern und Lehrer wissen meist gar nicht, was da so alles gespielt wird. Der Trend bei den Computerspielen geht deutlich zum Action- und Ballerspiel, und die Käufer werden immer jünger.

3.2.4.2 Einzelfall einer devianten, medieninduzierten Entwicklung

Unter dem Titel „Todesspiele" und dem Untertitel ‚Wenn Gewaltbilder Wirklichkeit werden', strahlte die ARD im September 1998 eine eindrucksvolle Reportage des SDR[21] über eine rund drei Jahre zurückliegende Gewalttat aus, bei der exzessives und jahrelang andauerndes Computerspiel zweier Heranwachsender eine verhaltensprägende und letztlich auch tatauslösende Rolle spielten.

Einer von zwei Tätern einer schrecklichen Mordtat aus Lust und Abenteuer, der 23-jährige Sascha F. (zur Tatzeit 20 Jahre alt) wird in seiner Gefängniszelle interviewt. Er war der Fahrer des Autos, aus dem die tödlichen Schüsse mit einer Pumpgun nachts um 1.30 abgefeuert wurden, die einen, den beiden Tätern unbekannten PKW-Fahrer beim Überholen auf der vierspurigen B 26 in der Nähe von Aschaffenburg in den Kopf trafen. Die Gewalttat wurde eher zufällig entdeckt, weil die beiden auch noch andere Straftaten (Überfälle in Supermarkt und Tankstellen) begangen hatten.

Hunderte von Gewaltvideos und Computerspielen wurden anlässlich einer Hausdurchsuchung bei Sascha F. und dem Todesschützen gefunden. Der junge Mann Sascha F. kommt aus gutem Haus, Vater Versicherungsmakler, Mutter Besitzerin eines Sonnenstudios. Vor zwei Jahren hat Sascha Abitur gemacht, er wollte Jura studieren. Sein liebstes Hobby seit seinem 12. Lebensjahr waren Video- und Computerspiele. Auch ein Fan (Sascha: „mein großes Idol") von Arnold Schwarzenegger bzw. dessen Terminator war er gewesen.
SDR (O-Ton): „Mit dieser Kampfmaschine aus unzähligen Action-Filmen identifizierte er sich, wie Millionen anderer Jugendlicher auch."

---

21 Film von Mario Damolin und Bernhard Kilian, ARD, 12. 8. 1998, 20.15 bis 21.00 Uhr. Ich bedanke mich bei diesen beiden Herren für diesen beeindruckenden Beitrag sowie beim SWR, der Autorin des Films, Frau Juliane Endres, dem verantwortlichen Redakteur, Herrn Reschl, für die Genehmigung zur Wiedergabe der zitierten Sendebeiträge (Schreiben vom 7. 9. 1999).

Sascha: „Vielleicht war es auch das, was man selbst nicht konnte."

Interviewer (SDR): „Am Samstag, wenn sie dann mit ihrer Pumpgun Action machten, kamen sie sich so vor wie eine Kampfmaschine?"

Sascha: „Es war immer was los, Kampfmaschine?, eher wie ein Stoßtrupp, Einsatzkommando oder eine Elitetruppe, ein bisschen wie ein Kämpfer schon, auch durch die ganzen Klamotten, Tarnklamotten, Sturmhauben usf., die wir trugen."

Gesundheitlich war er als Allergiker ein Problemkind, etwas schwächlich gebaut und ein Einzelgänger. Fast täglich saß er alleine zu Hause vor dem Computer, wegen seiner ausufernden Spielleidenschaft bekam er Probleme mit der Schule.

Die Film-Interviewszene: Gefängniszelle, Sascha sitzt vor Bildschirm, die Playstation in der Hand.

O-Ton von *Sascha:* „Ich habe am Computer täglich so 5–6 Stunden im Schnitt verbracht, es gab da Zeiten, da waren das 12, 14 Stunden am Tag, da muß man sich entscheiden, entweder man geht zum Unterricht oder man spielt Computer, der Unterricht hat halt gelitten, und das war auch der Grund, warum ich die 11. Klasse wiederholen mußte."

Interviewer: „Bei diesen Fehlstunden hat niemand Protest erhoben?"

Sascha: „Die Eltern haben es zu spät erfahren, die haben es erst dann erfahren, als ich durchgerasselt bin. Die Lehrer – mein Gott –, die haben sich schon beschwert, aber irgendwann haben sie es auch aufgegeben und gesagt, mach was du willst."

Interviewer: „Die Eltern haben nicht gemerkt, dass sie 160 Stunden im Schuljahr gefehlt haben?"

Sascha: „Nein."

Besonders angetan hatten es ihm die sogenannten Ballerspiele, wie etwa „Quake"[22]. Ziel des Spiels ist es, wie bei den meisten Tötungsspielen, möglichst schnell möglichst viele Feinde mit einer Art Pumpgun umzubringen. An Jugendliche darf zwar nur die entschärfte Version verkauft werden, Sascha bevorzugte jedoch das Original.

O-Ton: „Ich nehm' die härtere Version, das ist ganz klar, denn wenn das Spiel schon geschrieben wurde, dann soll man es auch so spielen, das ist doch klar. Ich mein, die Leute verlangen doch danach, ich mein, man geht dann doch immer mehr ins Extrem da hinein, man sieht da mehr Pixelblut auf dem Bildschirm, danach werden die Spiele halt auch gemessen, denn ... und wenn die Indizierung droht, dann ist das auch verkaufsfördernd für die Spiele, die werden dann massenweise auch abgesetzt, es ist halt so, dass man es noch haben will, *bevor es verboten wird*, denn das Spiel muß ja was Besonderes sein, wenn es verboten ist."

Durch eine Annonce im „Deutschen Waffenjournal" kamen sie dann als Sonderangebot für Weihnachten an eine Pumpgun in einem Waffengeschäft in Straßburg heran.

---

22 *Anmerkung:* Quake mit Zusatzbezeichnungen wie „Quake II", „Quake II-Mission Pack 1 und 2" u. ä. (hergestellt in den USA) wurden alle zwischen 1996 und 1998 von der Bundesprüfstelle indiziert.

„Die Pumpgun ein Kultinstrument der Action-Filmbranche, für manche Jugend-liche ein ‚cooles‘ Gerät, das sich 18-Jährige mit glänzenden Augen in den einschlägigen Geschäften vorführen lassen“ (SDR-Originaltext).

Sascha, O-Ton: „Die Pumpgun ist ein richtiges Werkzeug, man kann damit Macht ausüben, und in gewisser Weise reizt es natürlich auch, *dass es verboten* ist. Man tut damit Dinge, die andere nicht tun.“

Neue Szene: Ahnungslose Eltern. Sie hätten von den ganzen Dingen nichts gemerkt, bis die Polizei vor ihnen stand.

Mutter: „Hier sein Schreibtisch, hier sein Computer, an dem er gespielt hat, *wo er seine Aufgaben gemacht hat.* Da oben in der Decke ist ein großes Loch, von dem wir nichts wußten, in dem er seine Pumpgun versteckt hatte.“
SDR-Sprecher: „Die enttäuschten Eltern merkten nicht, dass Sascha alleingelas-sen in seinem Zimmer mit seinen Weltkriegsbüchern, den Computerspielen und Gewaltvideos jahrelang eine eigene Welt aufbaute. Für Computer interessieren sie sich nicht, nur einmal spielt seine Mutter mit ihm ‚Thrickpoker‘, und der Vater schläft beim PC-Spiel ‚Bundesliga‘ ein.“

Die Eltern halten Sascha als einen vom „Computer verführten“ Jungen, für ihn war der Computer alles, er war seine Freundin („Amiga“) und die Ursache der Gewalttaten sei, weil er zudem leicht zu beeinflussen war, eindeutig in diesen Gewaltspielen zu finden, die ihn verführten. Die Frage des Reporters, ob sie (die Eltern) ihn nicht hätten „verführen können“, blieb unbeantwortet, sie hatten sich die Frage selbst nie gestellt. Der Vater gesteht jedoch ein, dass sie ihm zu wenig an Zuneigung entgegengebracht hätten, für den sie auch mehr Zeit hätten opfern sollen.

SDR-O-Ton: „Von den Eltern zu sehr allein gelassen, zu wenig beachtet und kaum Anerkennung, in der Schule, eher ein Einzelgänger und oft isoliert“, auf jeden Fall war er nicht aggressiv, eher machte er einen „in sich ruhenden Eindruck“, ein anderer Lehrer meint, man „sah es ihm wirklich nicht an, dass er im Grunde genommen Gewalt verherrlicht“.

Sascha (O-Ton): „Das faszinierende an diesen Filmen, wie diese ganzen Action, ich wurde dabei nicht langweilig, ich mein, das ist genauso bei den Computer-spielen, bei ‚Doom‘[23], ‚Duke Nukem‘ und ‚Quake‘, das Prinzip ist dasselbe, man läuft in der Welt herum und schießt auf alles, was sich bewegt, aber ...“
Ein anderer Lehrer (O-Ton): „Man kann ja darüber philosophieren, ob Gewalt-videos Leute auf Gewalt orientieren oder ob es umgekehrt nicht so ist, dass sie aus anderen Überlegungen heraus eine entsprechende Disposition haben und dann zu diesen Videos greifen.“
Sascha: „Es gab keinen Film, wo ich ausgeschaltet habe, wo ich dann gesagt habe, der ist mir zu brutal, das gab's nicht.“

---

23 *Anmerkung:* „Doom“ ist seit 1994, „Quake“ seit 1996 indiziert, bei „Duke Nukem“ handelt es sich wahrscheinlich um das Computerspiel „Duke Nukem 3D“, das am 29. 6. 1996 indiziert wurde.

Lehrer: „Ich würde also, das ist so mein Eindruck, bezweifeln wollen, ob Leute so sehr manipulierbar sind, eher scheint es mir so zu sein, dass Menschen Medien aller Art aufsuchen nach ihren individuellen Vorlieben."

Sascha meint, der Computer sei allmächtig gewesen. Im gerichtspsychiatrischen Gutachten (zitiert nach SDR-Beitrag) wird Sascha F. als seelisch gesunder Mensch, jedoch stark gehemmt und zeitweise labil beschrieben; außerdem würde er von Minderwertigkeitgefühlen geleitet werden. Probleme versuche er mit Hilfe gespielter Coolness zu verbergen. Seine schwache körperliche Konstitution kompensiere er durch Identifizierung mit grandiosen Filmfiguren. Sascha neige dazu, die Ebenen von Wirklichkeit und Spiel zu verwischen.

Interviewer (O-Ton): „Es war alles Spiel?"
Sascha: „Ein bisschen Spiel war es schon."
Interviewer: „Gab es Momente für sie, wo sie sich sagten, halt! – aussteigen aus diesem Spiel?"
Sascha: „Ich meine, Straftaten zuzugestehen ist nicht gerade leicht ..."
Interviewer: „War der Computer für sie ein Ersatz für das wirkliche Leben?"
Sascha: „Ja." Und später fügt er hinzu, dass er eigentlich bis heute nicht gelebt habe.

Saschas Anwalt bemerkte nach der Urteilsverkündung (vier Jahre Gefängnis, nach der Gerichtsverhandlung jedoch auf freiem Fuß), dass die Kammer nicht ausreichend berücksichtigt habe eine gewisse Beeinflussung durch Medienkonsum. Und (O-Ton): „Ich weiß nur, dass künftige Richter diesen Fragen bei solchen Sachverhalten noch mehr werden nachgehen müssen."

Resümee: Sascha führte eigentlich von seinem 12. bis 20. Lebensjahr ein Leben aus zweiter Hand. Der Computer war allmächtig, das PC-Spiel und Gewalt-Actionfilme waren Lebensersatz, letztlich auch ein Suchtmittel, das ihn voll im Griff hatte. Der PC war für ihn Freundin. Er diente auch zur Lustbefriedigung, er verschaffte ihm einen „Kick" und verhalf zum Ausleben von Allmachtsphantasien. Gleichzeitig vertrieb Action und Gewalt in Film und Ballerspiel mit Joystick die Langeweile, die er durch fehlende soziale Beziehungen und eine gewisse Isolation und Einengung des Interessenhorizontes erfahren hat. Letztlich verführte die permanente Stimulation durch Gewalt zu einer Verherrlichung von Gewalt, denn die Botschaft, die in Film und Spiel vermittelt wurde, lautete „mit Gewalt bist du erfolgreich". Diese Art von Erfolgsmotivation ließen sein moralisches Urteilen und Unrechtsbewusstsein verkümmern.

Diese psychischen Prozesse wurden so verinnerlicht, dass sie in Entscheidungssituationen zur Legitimation gewaltsamen Handelns führten. Die mit dem Alter zunehmende Vermischung von Wirklichkeit und Spiel führte vermutlich auch zu einem Realitätsverlust. Zu einem „Realitätsdurchbruch" des fictionalen Gewaltszenarios kam es mit großer Wahrscheinlichkeit bei den berichteten Gewalttaten. Die leichte Beeinflussbarkeit mag dabei auch eine gewisse Rolle gespielt haben (im Gangstertrio bzw. -duo). Er benutzt sogar noch im Gefängnis Rechtfertigungsstrategien, die sich auf seine Spielleidenschaft beziehen: Weil die PC-Spiele indiziert waren oder Indizierung angedroht wurde, musste er sie haben. Letztlich rechtfertigt er seine Taten mit dem Bedürfnis, etwas Verbotenes zu tun.

Interessant ist in diesem Fall, dass sich solche psychischen Prozesse trotz hoher Intelligenz entwickeln konnten. Dies war auch ein wichtiger Grund, warum ich diesen Fall in Anlehnung an die ARD-Reportage so ausführlich dargestellt habe.

Bemerkungen zum Fall Sascha S. im Kontext zur Medienwirkungsforschung

Gewiss kann man aus einem Fall keine allgemeingültigen Wirkungszusammenhänge ableiten. Das Ausleben von Allmachtsphantasien, das bei Saschas PC-Ballerspielen beobachtet wurde, erfahren tausende von Jugendlichen ebenfalls in diesem Alter, ohne dass es zu einem solchen Realitätsdurchbruch kommt. In den meisten Fällen erweist es sich als ungefährlich, weil es sich um eine episodenhafte pubertäre Erscheinung handelt und andere kausalen Bedingungen nicht vorhanden sind. Die Wahrscheinlichkeit, dass es zu weiteren „Saschas" kommt, steigt aber mit zunehmender Verbreitung solcher Filme und Spiele und zunehmender Nutzungsdauer. Mit einer gewissen Plausibilität kann man auch annehmen, dass im Sinne der Wirkhypothesen der sozial-kognitiven Lerntheorie (durch Imitation, Stimulation und Habitualisierung) sich schleichende Veränderungen im Verhalten und in den Umgangsformen von Kindern und Jugendlichen bemerkbar machen, z. B. im Verkehrsverhalten auf der Straße.

Zu Saschas beliebten PC-Spielen gehörte z. B. ein Fahrspiel, bei dem man um Punkte zu sammeln mit einem Auto alles überfahren muss, was sich bewegt, also Fußgänger, Radfahrer und Tiere. Das Spiel ist auch im Netzwerk mit anderen spielbar.[24]

Wenn man ein Geschäft mit solchen Spielen machen will, kann man die Wirkungsrichtung im Sinne der längst überholten Katharsisthese regelrecht pervertieren, so wie die Werbetexterin die Unschädlichkeit dieser Spiele in einem Interview damit begründet, dass *(SDR O-Ton)* „diese Ballerspiele, auch die indizierten, *eine wunderbare Sache sind, um Aggressionen abzureagieren* und keineswegs dazu verführen, dass man jetzt auf die Straße rennt und guckt, wo kann ich jetzt Leute umfahren, wo kann ich jetzt Leute abschießen, das ist Quatsch".

Leider stimmen auch manche Pädagogen in diese Argumentation ein (s. oben O-Ton eines Pädagogen): „Ich würde also, das ist so mein Eindruck, bezweifeln

---

24 „Carmageddon" (GB) wurde am 31.10.1997 von der Bundesprüfstelle indiziert. Die nicht indizierte Fassung heißt „Carmageddon – Fahrt zur Hölle" (PC-CD-ROM). Im Werbetext zur nicht indizierten Fassung des Computerspiels „Carmageddon" heißt es, „so haben sie Gelegenheit, Leute die sie kennen, gezielt anzusteuern und zu überfahren. Carmageddon, die letzte Schlacht mit dem Auto, Carmageddon – und ihr Auto wird zur Waffe. Also fahren sie los". Dieses Spiel, eine Mischung aus Autorennen und Ballerspiel war ein Renner unter den Computerspielen 1998, obwohl von der Bundesprüfstelle indiziert. Im Werbetext heißt es weiter: „Ein Spiel für die Allerbösesten unter uns – und solche, die es werden wollen. Nur wer Kamikaze fährt, gewinnt. Überwinden sie all ihre Hemmungen und fahren sie einfach drauf los."

wollen, ob Leute so sehr manipulierbar sind. Eher scheint es mir so zu sein, dass Menschen Medien aller Art aufsuchen nach ihren individuellen Vorlieben."

Eine wahrlich dümmliche Argumentation, die dann nur noch eines bio-genetischen Argumentes einer angeborenen Aggressionsdisposition und der eben männlichen Neigung zur Aggression bedarf, um die Zugänglichkeit und den Konsum von Gewaltmedien auch bereits bei Kindern als legitim zu begründen. Denn wenn Kinder nach ihrer „individuellen Vorliebe" für Gewaltdarstellungen aus Angeboten frei auswählen können (z. B. TV-Gewalt in Comics, Action-Filmen, Gewaltvideos, Gewaltcomputerspiele), wählen sie eben das aus, was am meisten Spaß macht, bei den Jungen ist es Action, Horror und Gewalt. Kein Wunder, dass die Einschaltquoten von ProSieben und RTL 2, der Verkauf von PC-Gewaltspielen, von Gewaltvideos gerade bei Kindern immer mehr zunehmen und z. T. gigantische Ausmaße annehmen. Die Folge ist dann allerdings eine gigantische Manipulation. Davor zu warnen hat nichts, aber auch gar nichts, mit „Bewahrpädagogik" oder Mangel an Liberalität zu tun. Oben zitierter Pädagoge schließt aus seiner persönlichen Einstellung und auf eine unzulässige rein subjektive Weise auf andere – und ist von der Richtigkeit seiner liberalen Grundhaltung überzeugt. Für einen normalen erwachsenen Menschen mag dies ja hinsichtlich der Wirkeffekte zutreffen. Da er dies aber auch für Kinder tut, kann man nach dem heutigen Wissen über Wirkungszusammenhänge nicht nur von Ignoranz, sondern schon von Frevelhaftigkeit sprechen.

Wenn allerdings offizielle „Jugendschützer" in die gleiche Argumentation einstimmen, so kann dies auch gesellschaftspolitische Dimensionen annehmen (z. B. die an Ben Bachmair angelehnte Argumentation von U. Arbeiter, AJS-Information 1998).

3.2.4.3 Marktanalyse und pädagogisches Handeln

Am ehesten kann man die Verbreitung von Computerspielen an den Verkaufszahlen ablesen: Allein 1997 wurden in Deutschland 16 Millionen Video-und Computerspiele verkauft. Fachleute prophezeien, dass nach den USA auch bei uns der Spielegesamtumsatz bald den der Kinobranche übertreffen wird.

Jeden Monat kommen mehr als 100 neue Spiele auf den Markt. Der Tauschhandel mit kopierten Spielen macht jedoch ca. 90 % des Marktes aus. Man könnte meinen, dass der Spieltrieb sich nun fast grenzenlos ausdehnen lässt. In dieser Grauzone tummeln sich aber mit Vorliebe Gewalt-, Porno- und Nazidisketten.

Eine gesicherte Erkenntnis ist es, dass Jugendliche am häufigsten Abschussspiele betreiben, gefolgt von Geschicklichkeits- und Sportspielen. Denk- und Logikspiele werden dagegen selten benutzt.

Den Markt in diesem Bereich zu kontrollieren bzw. zu verhindern, dass Kinder und Jugendliche in den Besitz solcher Spiele kommen, erscheint momentan

144

nahezu aussichtslos. Um so wichtiger wären pädagogische Gegenstrategien in der Schule, dem einzigen Ort, wo Kinder und Jugendliche noch ‚erreichbar sind‘.

Jugendschutzverbände kämpfen schon seit Jahren für bessere Schutzbestimmungen, um der Verbreitung solcher Computerspiele Einhalt zu gebieten. Durch die Möglichkeit, sich solche Spiele über Internet bzw. mittels Raubkopie zu beschaffen, wird deren Verbreitung erleichtert. Hinzu kommt, dass eine eventuelle Indizierung – d. h. eine Altersbeschränkung – oft erst viele Monate, nachdem das Spiel auf den Markt gekommen ist, greift –, und da hat sich der Markt schon abgedeckt.

Eine sinnvolle Prävention auf diesem Gebiet kann somit nicht allein durch bessere, längst überfällige und schneller greifende gesetzliche Regelungen erreicht werden, sondern erfordert zusätzliche pädagogische Maßnahmen von Seiten der Eltern, Erzieher und Lehrer. Die oben zitierte pädagogische Meinung über das Nutzungsverhalten von Kindern und Jugendlichen (jeder sucht sich sein Medium heraus, das er eben braucht) ist dabei nicht hilfreich, sie verleitet eher zum pädagogischen Nichtstun, was am Fall Sascha F. eindrucksvoll demonstriert wurde.

3.2.4.4 Was macht den Computer so attraktiv?

Der intensive und häufige Umgang von Kindern und Jugendlichen mit elektronischen Medien wie dem Computer lässt sich zuallererst zurückführen auf ihren neugierig-unbefangenen, faszinierten, eher probierend intuitiven Zugang; viele Erwachsene haben hier mit Hemmschwellen zu kämpfen[25], wollen sich zunächst eine Übersicht verschaffen, lesen Bedienungsanleitungen und lassen im allgemeinen viel mehr Vorsicht walten. Hier vollzieht sich häufig ein Rollentausch zwischen den Generationen: Eltern werden zu Lernenden, Schüler zu Lehrenden. Der Computer wäre so gesehen geeignet, Wissens- und Machtunterschiede auszugleichen.[26] Es gibt aber auch physiologische Ursachen, so ist z. B. für Kinder mit dem Aufmerksamkeits-Defizit-Syndrom (ADS)[27] der PC wegen der häufigen Bildwechsel und dauernden Veränderungen besonders attraktiv.

Neben dem Spaß an abwechslungsreichen virtuellen Erlebnissen kommen spielerische Erfolgserfahrungen hinzu. Besonders Kinder mit einem verminderten Selbstkonzept, einem Leben, das eher von Misserfolgserwartungen und Fremdbestimmung geprägt ist, können hier Gefühle von Größe, Macht und Kontrolle erfahren. Die ‚virtuelle Welt wird zur beherrschbaren Lebenswelt‘. Insofern könnte man versucht sein, im Sinne von Fehr (zitiert nach Psychologie Heute 11/98, S. 16) Computerspiele als eine Art „Selbstmedikation gegen Misserfolgsängste und Hilflosigkeit" zu bezeichnen.

---

25 U. Arbeiter (ajs-info 2/97)
26 R. Häußler-Ebert (ebda.)
27 ADS = Aufmerksamkeits-Defizit-Syndrom mit oder ohne Hyperaktivität

Kompetenzüberzeugung und Selbstbestimmung, wenn diese tatsächlich gefördert würden, könnte es sich durchaus um eine positive Entwicklung handeln.
Leider sind dies jedoch nur Anfangserfahrungen, verbunden mit einer guten
Portion an Selbsttäuschung. Was bleibt, sind vielleicht gelegentliche „Flow-Erlebnisse", auf die Dauer wird jedoch nur Langeweile überspielt und Frust
verdrängt, indem man aus der Wirklichkeit flüchtet. Bei der zunehmenden
Tendenz, Computerspiele allein zu betreiben (in meiner Umfrage von 1999 geben
60 % an, dass sie PC-Spiele zumeist alleine spielen), bleibt allerdings die erhoffte
soziale Kompetenzerweiterung auf der Strecke.

3.2.4.5 Positive Aspekte der PC-Nutzung

Das ungenierte Anpacken der Technik im Computerbereich ebnet den Jugendli-
chen aber auch den Weg für einen versierten Umgang in zukünftigen Berufen.
Inzwischen gibt es auch gut aufbereitete und von daher auch für Schüler attraktive
Lernsoftware (z. B. ‚Encarta Enzyklopädie‘ auf CD-ROM).

Im Allgemeinen besteht bei Kindern und Jugendlichen, die über ein breiteres
Spektrum von aktiven Freizeitbetätigungen verfügen, kein Anlass zur Dramatisierung, wenn sie zeitweise auch Computerspiele betreiben. Auch das Familien-
leben leidet nicht so sehr unter der Bildschirmspielleidenschaft, wie das vielfach
behauptet wird, wenn gemeinsam gespielt wird. Viele Familien (immerhin rund
20 %; siehe Tab. 3.6) lassen sich durch dieses Medium zu gemeinsamen Spielen
anregen. Man sollte allerdings auch wissen, dass für exzessiv und alleinspielende
Kinder – wie bei Sascha – durchaus Gefahr besteht.

3.2.4.6 Wann wird der Computer zur Gefahr?

Die Untersuchung intensiven Computerspielens ergab, dass die Gefahr bleiben-
der Verhaltensänderungen gering ist, wenn das Kind ein gesundes Selbstkonzept
besitzt und psychisch stabil ist. Selten kommt es zu einem solchen Realitätsdurchbruch, dass umittelbar eine Tathandlung daraus folgt, wie im Fall Sascha F.
Dennoch ist es bedenklich bei den rund 10 % kontaktarmen, selbstunsicheren und
isolierten Kindern, vor allem wenn sie stundenlang alleine vor dem Bildschirm
sitzen (siehe Tab. 3.6). Auch Kinder, die an einem „Aufmerksamkeits-Defizit-
Syndrom" (ADS) leiden (rund 5 %), sind stärker gefährdet.

Besonders problematisch ist es für die rd 20 % *Computerfreaks und Exzessivspie-
ler*, die neben diesem Medium auch noch häufig Videofilme, Fernsehen oder auch
Gameboy konsumieren und so täglich fünf und mehr Stunden vor oder mit einem
Bildschirm verbringen.

146

aus AOK-Pressedienst 4/97

Dazu sollen neuste Ergebnisse aus dem Projekt *Schülerbefragungen zur Mediennutzung und Gewalteinstellung in Baden-Württemberg 1998/99* differenziert dargestellt werden.

Die Erhebung erfolgte im Rahmen einer schriftlichen und anonymen Schülerbefragung von November 1998 bis Februar 1999 (Fragebogen siehe Kapitel 6.7.1). Die Schulen liegen in Stuttgart und im Einzugsgebiet von Stuttgart (Mittlerer Neckarraum). Zweck der Erhebungen war die Notwendigkeit, zur Planung und konkreten Vorbereitung von Pädagogischen Tagen, Schüler-Projekttagen und Projektwochen sowie Elternabenden zu Themen wie Gewalt, Medien und Sucht, objektive Daten zum Nutzungsverhalten von Schülern bezüglich Medien, zu Gewalterfahrungen und zur Gewalteinstellung zur Verfügung zu haben. Dabei konnten auch interessante Daten zur Computernutzung erhoben werden.

3.2.4.7 Neue empirische Daten zur spielerischen PC-Nutzung

Tabelle 3.6:
Zeitlicher Umfang bei Computerspielen

absolut	N	gar nicht	< 1 Std.	1–2 Std.	2–3 Std.	3–4 Std.	4–5 Std.	> 5 Std.
		an Unterrichtstagen (12- bis 17-jährige Schüler und Schülerinnen)						
HS/RS/GY (mittelstädt.)	184	55	55	38	15	14	4	3
Hauptschule (ländlich)	112	30	29	19	19	7	1	7
Gymnasium 1	251	101	98	4	4	3	1	1
Gymnasium 2	95	45	21	4	4	4	0	2
Summe N	642							

Tabelle 3.6: Fortsetzung

an Unterrichtstagen
(12- bis 17-jährige Schüler und Schülerinnen)

Prozent	N	gar nicht	< 1 Std.	1–2 Std.	2–3 Std.	3–4 Std.	4–5 Std.	> 5 Std.
HS/RS/GY (mittelstädt.)	100 %	30 %	30 %	21 %	6 %	8 %	2 %	2 %
Hauptschule (ländlich)	100 %	27 %	26 %	17 %	17 %	6 %	1 %	6 %
Gymnasium 1	100 %	40 %	39 %	17 %	2 %	1 %	0 %	0 %
Gymnasium 2	100 %	47 %	22 %	20 %	4 %	4 %	0 %	2 %
mittlerer Wert – gewichtet	100 %	33 %	31 %	17 %	9 %	5 %	2 %	3 %

an unterrichtsfreien Tagen
(12- bis 17-jährige Schüler und Schülerinnen)

absolut	N	gar nicht	< 1 Std.	1–2 Std.	2–3 Std.	3–4 Std.	4–5 Std.	> 5 Std.
HS/RS/GY (mittelstädt.)	183	50	34	33	31	14	7	14
Hauptschule (ländlich)	114	24	29	21	12	15	1	12
Gymnasium 1	249	80	78	47	31	8	2	3
Gymnasium 2	91	32	18	13	18	4	1	5
Summe N	637							

Prozent	N	gar nicht	< 1 Std.	1–2 Std.	2–3 Std.	3–4 Std.	4–5 Std.	> 5 Std.
HS/RS/GY (mittelstädt.)	100 %	27 %	19 %	18 %	17 %	8 %	4 %	8 %
Hauptschule (ländlich)	100 %	21 %	25 %	18 %	11 %	13 %	1 %	11 %
Gymnasium 1	100 %	32 %	31 %	19 %	12 %	3 %	1 %	1 %
Gymnasium 2	100 %	35 %	20 %	14 %	20 %	4 %	1 %	5 %
mittlerer Wert – gewichtet	100 %							

Anmerkung: Die Schulen liegen in Stuttgart und im Einzugsgebiet von Stuttgart (Sindelfingen, Schorndorf und Umgebung, Geradstetten). Die mittleren Prozentwerte wurden als gewichteter Wert aus den drei Schularten Hauptschule (HS), Realschule (RS) und Gymnasium (GY) berechnet. Die Nutzungsdaten liegen etwas höher als die von Feierabend und Klingler (siehe S. 138) berichteten Werte. Ursache könnte entweder die Erhebungszeit sein – unsere Ergebnisse stammen aus den Wintermonaten – oder die PC-Nutzung hat bei den Schülern zugenommen.

Tabelle 3.7:
Sozialformen bei Computerspielen
Vergleich zwischen den Schularten Hauptschule und Gymnasium, Klassenstufen 7 bis 9

Schulen	PC-Nutzung a)	b)	N (Basiszahl)	alleine	mit Eltern/ Geschwister	mit anderen
Hauptschule (ländlich)	73 %	79 %	45	62 %	16 %	22 %
Gymnasium 1	60 %	68 %	40	63 %	22 %	15 %
Gymnasium 2	53 %	65 %	44	52 %	30 %	18 %
mittlerer Wert – gewichtet	65 %	72 %	129	rd. 60 %	rd. 20 %	rd. 20 %

Anmerkung: Die Erhebung erfolgte im Rahmen einer schriftlichen und anonymen Schülerbefragung im Januar/Februar 1999.
PC-Nutzung zum Spielen: a) = an Unterrichtstagen, b) = an unterrichtsfreien Tagen.
Die Frage nach der Sozialform wurde im Zusammenhang mit der Mediennutzung an unterrichtsfreien Tagen gestellt. Sie lautete: ‚Ich sehe/spiele überwiegend alleine/mit Eltern, Geschwistern/mit anderen. Die Schulen liegen in Stuttgart und im Einzugsgebiet von Stuttgart.

Rund 2 von 3 Schülern nutzen einen PC zum Spielen. Mindestens die Hälfte von diesen betreibt PC-Spiele überwiegend alleine, nur etwa jeder fünfte Schüler spielt mit anderen und ebenso wenig im Familienkreis mit Eltern und/oder Geschwistern.

Die befragte Hauptschule unterscheidet sich von den beiden Gymnasien durch mehr PC-Spiele mit anderen und dafür weniger in der Familie sowie durch die Tatsache, dass überhaupt mehr PC-Spiele betrieben werden. (Aus der Art der Fragestellung kann nicht abgeleitet werden, wieviele der Schüler/innen einen eigenen PC besitzen.)

Bei einer Differenzierung nach *Jungen/Mädchen* ergeben sich allerdings erhebliche Unterschiede sowohl hinsichtlich Dauer der PC-Nutzung, exzessivem Spielen und den Sozialformen. So betreiben nur 7 % der Hauptschuljungen keine PC-Spiele, die HS-Mädchen aus der gleichen Schule sind hingegen zu 38 % abstinent, als Exzessivspieler (mehr als 5 Stunden an unterrichtsfreien Tagen) waren 20 % der befragten Hauptschuljungen auszumachen, unter den HS-Mädchen war keines zu finden, das mehr als 4 Stunden spielte. Wenn Mädchen am PC spielen, dann überwiegend allein (68 %), relativ selten mit der Familie (10 %).

3.2.4.8 Nutzungseffekte

Deutliche physische und psychische Symptome der Spielsucht werden sehr häufig in den Hauptschulen beobachtet. Aber auch in den anderen Schularten ist dies keine Seltenheit mehr. Die Unfähigkeit dem Computerspiel zu widerstehen wurde bereits bei 9-/10-jährigen Kindern beobachtet (Glogauer, 1993). Von Sacher (1993) wird erwähnt, dass einige Spieler über typische Suchtmerkmale wie Kontrollverlust, Abstinenzunfähigkeit und Schamgefühle klagten. Auch wirkt sich die durch häufiges Computerspielen bedingte Bewegungsarmut negativ auf die körperliche Fitness aus. Wenn die Computerspiele dann noch überwiegend aus Gewalt, Kampf, Krieg und reaktionsschnellem Töten bestehen, kann man mit Fug und Recht sagen, dass Gefahr besteht. Computerspiele wie ,,First-Person-Shooter“ bzw. ,,3D-Action-Shooter“ als Renner oder als weitere Spitzenreiter ,,Rebel Assault II“, verbotene wie ,,Mortal Kombat II“, ,,Wolfenstein 3D“ oder sogenannte Naziware wie ,,KZ-Manager“, ,,Anti-Türken-Test“ und ,,Die Hitler-Show“ (ab Mortal Kombat II von der Bundesprüfstelle beschlagnahmt; BpjS-Aktuell, 1/99, S. 48/49) oder andere indizierte Spiele[28] wie ,,Duke Nukem 3D“, ,,Half Live“, ,,Duke 3D“, ,,Resident Evil 2 – das Grauen kehrt zurück“, ,,Deutschland 2000“, ,,Rambo III“, ,,Robocop“, ,,Top Gun“, ,,Ninja Mission“ oder ,,Barbarian“ sind äußerst problematisch. Dennoch finden auch die beschlagnahmten Spiele auf dem grauen Markt eine weite Verbreitung. Jeder dritte Hauptschüler im Alter von 10 bis 16 Jahren hat indizierte und beschlagnahmte Computerspiele zu Hause, und bereits 1994 galt: ,,... was noch besorgniserregender ist, 60,5 % nutzen sie“ (Glogauer, 1994, S. 25). Hierbei geht es nicht mehr um die Frage nach einem guten oder schlechten Geschmack, sondern um eine Entscheidung für oder gegen die Basis menschlichen Zusammenlebens. Fragt sich, ob man da noch entschuldigend meinen kann, dies wird ja nur aus dem

---

28 Nach dem Stand vom Mai 1999 (siehe BpjS-Report 2/99, S. 38ff.) gibt es 338 indizierte Computerspiele, Videospiele oder CD-ROM, die man ab 18 Jahren käuflich erwerben kann, 272 indizierte Online-Angebote (zumeist Filme, S. 45ff.), die man sich bei entsprechender PC-Ausstattung direkt ins Haus holen kann.

Bedürfnis nach ‚Identitätssuche' oder ‚nach männlichen Fähigkeiten' von Jugendlichen konsumiert oder auch, weil sie dem ‚einsamen Wolf' nacheifern wollen. Solche Bedürfnisse könnten im Computerspiel „ausgelebt" werden. Ähnlich wie Ben Bachmaier auch bezüglich des Konsums von Horror-Gewalt-Filmen argumentiert. Denn was hier wie dort immer ausgespart wird, das sind die Leiden der Opfer, „weil es keine Opfer gibt, denen man Mitgefühl entgegenbringen müßte". Tatsächlich sind die Gegner und Opfer meist böse Außerirdische, Monster oder Zombies – Mitgefühl mit solchen Kreaturen ist fehl am Platz. Deshalb sagen manche: „Schieß dir einfach deinen Frust von der Seele." *Das paßt zum Bild des einsamen Helden, dem viele Jugendliche nacheifern. Mitgefühl zu zeigen wird da mit Schwäche verwechselt. Und wer will schon schwach sein? In Computerspielen behindert ein solches Gefühl die Erledigung der Aufgaben: das Abschlachten der Gegner* (Fehr & Fritz, „Computerspiele auf dem Prüfstand", nach AOK-Jugendmagazin 6/97).

Primär wird gespielt, um Erfolgserlebnisse zu erlangen. *Der Computer soll die eigene Leistungsfähigkeit bestätigen und dadurch dem Spieler gute Gefühle schaffen* (B. Ohnemüller & B. Fritz, 1997, S. 8). Hauptsache ist, man macht Punkte, ob das dadurch geschieht, dass ich Weltraummonster abschieße, mit einer Napalmkanone den Feind abschieße, dass nur ein Häufchen qualmende Asche übrig bleibt, oder bei einem Fahr-Geschicklichkeitsspiel Hindernisse geschickt umfahre oder menschliche Figuren überfahre (in einem Spiel erzielt man sogar die meisten Punkte, wenn der Spieler eine Frau mit Kinderwagen überfährt): Wie vernichtet wird, ist manchem Spieler letztlich egal, Hauptsache sind die Punkte. Dabei wird die „Erbringung von Liquidierungshandlungen als fraglose Selbstverständlichkeit vorausgesetzt" (Glogauer, 1994, S. 27). Der Trend am Softwaremarkt geht immer mehr zu solchen Action- und Baller-Tötungsspielen. Wissenschaftliche Untersuchungen bestätigen, dass jüngere männliche Spieler am stärksten durch solche gewalthaltigen Computerspiele gefährdet sind (Sacher, 1993). Bei den Vor- und Grundschulkindern werden Aggressionssteigerungen eindeutig nachgewiesen, was medienpädagogische Konsequenzen nach sich ziehen sollte.

Huesman u. a. stellten 1997 fest, dass Videogames, insbesondere wegen der aktiven Teilnahme an Gewalthandlungen, Einfluss auf aggressives Verhalten in der Wirklichkeit vermuten lassen. Zur Bestätigung dafür gibt es experimentelle Studien: Aggressives Spielen steigt nach gewalthaltigem Videospiel an, Kinder werden doppelt so häufig aggressiv und sie zeigen weniger prosoziales Verhalten (Huesman u. a., 1997).

Aggressionsfördernde Wirkungen wurden auch von Steckel und Trudewind (Bochum) an 167 Schülern zwischen sieben und vierzehn Jahren, die besonders Gewalt- und Kampfspiele nutzten, festgestellt: Sie neigten verstärkt zu aggressiven Inhalten in Phantasiegeschichten und zeigten weniger Mitgefühl bei der Darstellung von Leid bei Menschen und Tieren. Fritz und Fehr (1997) meinen, dass Computerspiele Empathie nicht fördern, sondern Gefühle eher auf nüchternes, funktionales Handeln begrenzen. Wenn Meyer, wissenschaftlicher Journalist für Psychologie Heute (1998, S. 16) meint, es sei wissenschaftlich noch nicht erwiesen und damit auch für deutsche Verhältnisse letztlich unklar, „inwieweit die Tendenz besteht, eingeübte Handlungen (etwa: Gegner rücksichtslos zu behandeln) von der Spielewelt in die reale Welt zu übertragen", so stellt er eine praktisch unerfüllbare Forderung auf. Denn: Einen derartig realistischen experimentellen Versuchsaufbau mit Kindern als Versuchspersonen kann kein an berufsethischen Verpflichtungen gebundener Wissenschaftler realisieren. M. E. müssen hier andere Bewertungsmaßstäbe angelegt werden, die sich auf Analogieschlüsse aus anderen Untersuchungen und auf reale Einzelfallstudien, wie auf den oben beschriebenen Fall Sascha F., beschränken.

Der amerikanische Psychologieprofessor und ehemalige Militärpsychologe Grossmann, der häufig als Sachverständiger in Mordprozessen gearbeitet hat, bei denen Jugendlichen die Todesstrafe drohte, ist da anderer Meinung, wenn er schreibt (Grossmann, 1999, S. 60): „Auch hier ging es immer wieder um diesen Zusammenhang: Ein Jugendlicher lernt in hunderten von Stunden vor dem Bildschirm seiner Videospiele immer wieder, reflexhaft zu zielen und zu schießen. Am Ende überfällt dieser Jugendliche einen Tabakladen. Er zielt auf den Ladenbesitzer, und er schießt – obwohl er bei dem Prozess immer wieder glaubhaft versichert, dass er das nie vorgehabt habe... Ein konditionierter Reflex. Soldaten und Polizisten lernen sehr bewusst, dass es oft richtig ist, eben gerade nicht zu schießen. Aber niemals spielt einer ein Videospiel oder wirft Geld in einen Spielautomaten, der gar nicht vor hat, zu schießen. Nein, das Videospiel legt es durch seine aufregende und realistische Gestaltung ja geradezu darauf an, dass auch geschossen wird.[29] Und wenn dann im wirklichen Leben eine ähnliche aufregende Situation auftaucht und Adrenalin ausgeschüttet wird, reagiert man genau gleich... Videospiele, die Gewalt zum Inhalt haben, trainieren unsere Kinder zur Gewalt. Kinder lernen zu töten – und sie lernen, das Töten zu mögen. Können wir uns ernsthaft darüber beschweren oder wundern, wenn es immer mehr Gewalt unter Jugendlichen und Kindern gibt? Nur einer der beiden Täter von Jonesboro (Schulmassaker in den USA 1998) besaß eine gewisse Erfahrung mit Schusswaffen. Der andere hatte niemals zuvor eine Waffe in der Hand gehabt. Dennoch waren von den 27 aus einer Entfernung von 90 Metern abgefeuerten Schüssen 15 Treffer auf Menschen. Eine erstaunliche Schussleistung für Kinder – aber keine ungewöhnliche Tatsache für Fachleute. Die Antwort auf die hohe Trefferquote: Videospiele."

Auch keinen Zweifel gibt es in den Bewertungsgremien (Bundesprüfstelle) über die jugendgefährdende Wirkung solcher Spiele, die aggressive, nazistisch-rassistische und pornographische Inhalte anbieten. Dies ist völlig in Ordnung. Allerdings ist trotz Indizierungs- und Beschlagnahmebeschluss manches davon neuerdings aus dem Internet frei Haus zu beziehen.

---

[29] Ich meine, dass das Massaker von Bad Reichenhall durch Martin P. (vergleiche Kapitel 3.2.1) hier seine eigentlichen Wurzeln hat.

3.2.4.9 Gewalt-Computerspiele versus Filmgewalt –
ein Streit, der überflüssig ist

Neu entbrannt ist seit einiger Zeit ein Streit darüber, ob der Konsum von gewaltverherrlichenden Computerspielen, wie erwähnt, nicht gefährlicher sei und u. U. Gewalt und rechtsradikale Tendenzen direkter beeinflussen könnte als der Konsum exzessiver Gewaltfilme. Vor allem Computerkampf- und Ballerspiele seien besonders gefährlich für die Persönlichkeitsentwicklung.

Ich halte einen solchen Streit für überflüssig, zumal die betreffenden Jugendlichen zumeist kein einseitiges Nutzungsverhalten zeigen. Sie konsumieren – wie im Fall Sascha F. gesehen – gleichzeitig mehrere Medien ähnlich wie ein *Politoxikomaner* im Drogenbereich, der sich je nach Verfügbarkeit mit allen denkbaren psychotropen Substanzen von Heroin, Kokain bis zu synthetischen Drogen, Medikamenten oder auch mit Alkohol ,,zumacht". Im Medienbereich geschieht dies mit Gewalt-, Action-, Horror- und Brutalodarstellungen in Filmen oder in interaktiven Gewalthandlungen von Computerspielen. *Dies ist für bestimmte Jugendliche primär attraktiv. Machoverhalten der Protagonisten in der Filmhandlung, ,,Negativhelden" und bösartig brutale Streetgangs,* die pausenlos *Racheakte* verüben und *Selbstjustiz* als einzige Konfliktlösung praktizieren, die *emotionslos* oder ,,*cool*" – wie man heute so schön sagt – fürchterliche Taten begehen, ohne dafür bestraft zu werden; diese und *ähnliche Verhaltensmuster* kommen *in vielen* der einschlägigen und zurecht *indizierten Gewaltvideo- oder Filmproduktionen* vor, und um ähnliche Vernichtungs- und Rachestrategien geht es auch in vielen der Computerspiele. Manche Titel und Inhalte von Filmen in TV und auf Video sind als Computerspiel verarbeitet worden, wie z. B. ,,Rambo III", mit dem Unterschied, dass es da ein interaktives Ballern gibt. Neben dem ,,Kick", den man sich dabei holt, oder dem ,,Flow-Erlebnis", das einem wie durch einen Sog in eine virtuelle Welt entführt und darin aufgehen lässt, sind auch Realitätsdurchbrüche bei Dauer- und Exzessivkonsumenten hier wie dort möglich.[30]

Mir drängt sich bei solchen kontroversen Diskussionen, die im Grunde genommen auf Scheinfragestellungen beruhen, der Verdacht auf, *dass der Versuch einer Ursachen-Problemverschiebung von einem Medium auf ein anderes nur ein Ablenkungsmanöver darstellt – je nach persönlichem, politischem oder kommerziellem Interesse. Im einen Fall dient es den kommerziellen Nutznießern von Gewaltdarstellungen im Privatfernsehen, die sich ,,ins Fäustchen lachen", während ihre Werbeeinnahmen weiter eskalieren, im anderen Fall der Computerindustrie oder auch rechtsextremistischen politischen Dummenfängern. Auf der Strecke bleiben in jedem Fall die Kinder.*

---

30 Als Medienexperte nahm Professor Lukesch (Uni Regensburg) in Psychologie Heute (Heft 4, 1999) wie folgt Stellung: In neueren Medienwirkungsuntersuchungen habe sich herausgestellt, ,,dass immer noch Film und Fernsehen die effektivsten Medien in diesem Bereich zu sein scheinen. Computerspiele weniger. Und auch die Internetnutzung ist noch so gering, dass hier noch keine verlässliche Forschung möglich ist" (S. 47). Die Medienindustrie ist da weniger zimperlich in ihren Aussagen zur Unschädlichkeit von Mediengewalt. Typisch dafür ist die Behauptung der oben zitierten Werbetexterin, dass Aggressionen durch extreme Gewaltspiele abgebaut werden könnten.

3.2.4.10 Jugendkriminalität und „Innenweltverschmutzung"

Sorge bereitet seit einigen Jahren die drastisch zunehmende Brutalität und Gewalttätigkeit bei Kindern und Jugendlichen. Die Jugendkriminalität hat sich in den vergangenen 10 Jahren verdreifacht, insbesondere bei Gewaltdelikten (nach dem Jahresbericht 1997 des LKA Baden-Württemberg stieg z.B. beim Delikt ‚gefährliche und schwere Körperverletzung' die Zahl der tatverdächtigen Kinder von 88 Fällen im Jahre 1988 auf 509 im Jahre 1997 an, bei den Jugendlichen von 804 Fällen auf 2 272; LKA, 1998, S. 41). Dafür kann man unter anderem mit Recht entsprechende Filme mit verantwortlich machen (neben den Horror- und Gewaltvideos vor allem viele indizierte Filme). Eine ganz neue Dimension aber gewinnt diese Entwicklung, wenn Kinder nicht mehr nur Zuschauer, sondern selbst Handelnde sind, sich also via Computerschirm an Mord und Totschlag aktiv beteiligen. Der Computer macht es möglich, per Knopfdruck oder Mausklick zu kämpfen und zu töten – und eine skrupellose Industrie liefert die dazu nötige Software.

Nicht auf Gewinn aus sind jedoch die Produzenten der sogenannten Naziware, vielmehr fordern sie aus ideologischen Gründen sogar dazu auf, diese ,,Spiele" zu kopieren und weiter zu verbreiten (Verkauf und Besitz solcher Spiele ist zumeist verboten). In diesen Spielen wird Rassenhass verkündet, es wird Gewalt- und Kriegsverherrlichung betrieben, oft sind auch frauendiskriminierende Inhalte zu beobachten. Dabei wird zumindest eine Verstärkung von latent vorhandenen rechtsradikalen Einstellungen mit gefördert. Die von mir beobachtete Zunahme solcher Einstellungen bei Schülern in Sachsen und Baden-Württemberg und viele Einzelvorkommnisse mit rechtsradikaler Tatmotivation – neuerdings vor allem bei männlichen Gymnasiasten – können Folge dieser medialen Fremdbestimmung sein.

Auffällig ist, dass nur sieben Prozent der Computerspiele weibliche Helden haben. Auch aus diesem Grund könnte es zu erklären sein, dass sich Mädchen von solchen Spielen nicht angesprochen fühlen oder dass es sie sogar anwidert. Da griffen sie schon lieber zum Tamagotchi, in dem ein ,,lebensechter Freund" (nach Werbung) großgezogen, gefüttert, gepflegt, bestraft oder auch mal gelobt werden musste.

3.2.4.11 Tamagotchi – ein „lebensechter Freund"?

Eine recht kuriose Art von Computerspielen für zuhause und unterwegs überschwemmte vor ca. zwei Jahren (1997) den Markt und hat in dieser Zeit für Schlagzeilen gesorgt, die sogenannten Tamagotchis. Bei diesen Mini-Computerspielen mit *virtuellen* Haustieren, die sich weltweit und auch bei uns in Deutschland zum Renner entwickelt hatten, handelte es sich um eine vorübergehende Modeerscheinung.

Obwohl es zu diesem Medium keine wissenschaftlichen Wirkungsuntersuchungen gibt, kann man wohl annehmen, dass von diesen pädagogisch fragwürdigen Produkten die gesunde Entwicklung von Kindern und Jugendlichen kaum stark beeinträchtigt wird – mit Ausnahme von besonders sensiblen, ängstlichen und auch von kleineren Kindern, wenn ihr „Freund" stirbt. Dennoch verdient diese Art von Spielzeug eher das Prädikat „pervers" als „sinn- bzw. wertvoll".

Ein vernünftiger Beitrag zur Entwicklung des Kindes wird damit sicherlich nicht geleistet. Gelegentlich wurde auch in Einzelfällen von einer Art Abhängigkeitsentwicklung berichtet. Gefühle wie Trauer, Sorge um den anderen oder Mitleid richten sich, wie in manchen Zeichentrickfilmen, auf ein virtuelles Objekt. Es riecht nicht und es stinkt nicht, die Pflege ist sauber, ganz anders als das bei einem echten Haustier, dessen Stall ab und zu ausgemistet werden muss. Es wäre interessant zu wissen, wie viele Tamagotchi-Pfleger auch keine Zeit mehr hatten, sich um die kranke Oma mit zu sorgen, weil sie sich um ihren „virtuellen Freund" kümmern mussten. Ein richtiges lebendiges Haustier wäre allemal besser, weil es zur Entwicklung von Gefühlen und Verantwortungsbewusstsein der Kinder wesentlich beitragen könnte, aber leider ist dies von manchen Eltern nicht zu verwirklichen.

Damals (1997) hatte ich in einem Beitrag für das *Eltern-Journal Baden-Württemberg* geschrieben, dass diese Welle in ein oder zwei Jahren verebbt sein wird, und wenn der Reiz des Neuen verflogen ist, werden wohl sehr schnell Millionen von virtuellen Hühnchen, Dinosauriern, Hasen, Hunden und Katzen nicht mehr versorgt, sondern entsorgt werden – und dies wohl in den seltensten Fällen umweltgerecht. Genau diese Prognose ist zwischenzeitlich eingetreten. Allerdings gibt es jetzt einen Ersatz durch die Entwicklung und Vermarktung sogenannter „Teletubbies", die größer und noch „lebensechter" sind – und ein neues Forschungsfeld.

3.2.4.12 Was tun?

Gegen diese oben genannte Innenweltverschmutzung durch Medien ist im Grunde genommen hauptsächlich pädagogisch vorzugehen, da rechtliche Schritte wegen der guten Tarnmöglichkeiten der Hersteller und Vertreiber von gewaltverherrlichenden Spielen nur bedingt greifen.

Weder Dramatisierung noch Verharmlosung der jugendgefährdenden Wirkung von Bildschirmspielen ist gerechtfertigt. Die Medienwissenschaft sollte allerdings über mögliche Fehlentwicklungen und Gefährdungen warnen, auch wenn keine im strengen wissenschaftlichen Sinne abschließende Bewertung mit Kausalitätsnachweis möglich ist. Als Maßstab muß der Nachweis von Haupteffekten genügen. Aufmerksames Beobachten der sich rasch ändernden Software-Szene wird nötig sein. Was nottut ist eine Aufklärung der Eltern über die möglichen Gefahren, denen das eigene Kind durchaus ausgesetzt sein kann.

Angesichts der Verbreitung von Computern ist eine bewahrend-abschirmende Pädagogik, die sich ausschließlich auf Verbote beschränkt, nicht angebracht. Manche Spiele werden dadurch nur unnötig interessant. Im übrigen können Lehrer und Erzieher die Krankheiten der Gesellschaft wie Aggression, Egoismus, Neid oder Konkurrenzdruck, die sich in solchen Spielen teilweise abbilden, nicht am Individuum (Kind/Schüler) kurieren. Wir müssen Schülern helfen, Aggressionen wirkungsvoll aufzuarbeiten, Konflikte ohne Gewaltanwendung zu lösen und aggressiv machende Bedingungen in Elternhaus und Schule gemeinsam abzubauen.

Entwicklung und Selbstverwirklichung des Menschen vollziehen sich häufig und intensiv im Spiel, das Handeln für eine gewisse Zeit von Zwängen wie Nützlichkeit und Zweckgebundenheit befreien kann. Warum sollte dies ein Bildschirmspiel nicht leisten können? Dazu gäbe es eine ganze Menge guter Angebote (siehe Beispiele im Kapitel 6.4.2.2).

Eine schon eher wieder verzweckte Form des Bildschirmspiels stellt die sogenannte *Edutainment*-Software[31] dar, die zwischen schulbezogenen Lernprogrammen und Computerspielen steht. Hier wird versucht, den „Spagat zwischen Lernen und Unterhaltung" zu schaffen.

Kinder stellen allerdings hohe Ansprüche an den Unterhaltungsanteil bei solchen Programmen, andernfalls lehnen sie dieses ab. Der Entertainment-Bestandteil darf nicht zum reinen Kaufimpuls für Eltern missbraucht werden. Forschungsergebnisse zeigen auf, dass der Lerneffekt solcher Programme oft sehr gering ist und die Motivation bald nachläßt. Zukunftsdeutungen und Marktprognosen sind zwar euphorisch, aber diese Produkte versprechen mehr als sie halten können. Hier ist Skepsis also angebracht, auch was die vielgelobte Interaktivität (Beeinflußbarkeit) vieler Edutainment-Produkte anbelangt: diese sei „nicht höher als die eines Staubsaugers".

Deshalb: Eltern und Lehrer können sich eigentlich nur eine Vorstellung vom Ausmaß der Jugendgefährdung oder vom Lerneffekt von Computerspielen machen, wenn sie bereit sind, ihre Berührungsängste diesem Medium gegenüber abzubauen. Grenzen setzen und Verbote auch konsequent durchsetzen ist zwar wichtig, hilft in manchen Fällen allein aber auch nicht weiter.

Mag es für uns Erwachsene auch noch so unverständlich sein, wenn Kinder erst mal gut drauf sind, wenn sie lustvoll ein Ballerspiel betreiben, so zeigt die Erfahrung doch, dass eine solche Abstinenz einen gleichwertigen Ersatz benötigt. Und dieser ist schwierig zu beschaffen. Manchmal handelt es sich auch um eine pubertätsbedingte episodenhafte Erscheinung oder einen durch die Clique (Peergroup) verursachten Zwang. Im ersten Fall erledigt sich das Problem zumeist von alleine – man muss nur ein paar Monate Geduld aufbringen – im zweiten Fall sollte man die Kinder stärken, indem man ihre Angst vor Blamage verringert, etwa mit folgenden Worten: „Eigentlich bist du mutiger als die meisten in deiner

---

31 W. Fehr, Aktuelle Entwicklung auf dem Spiele-Software-Markt (ajs-info 2/97).

Clique, wenn du darauf verzichtest." *Stärker sein als der Gruppenzwang*, lautet hier die Parole. Auf jeden Fall könnten die Eltern ihren Kindern gute interessante und nicht langweilige PC-Spiele zugänglich machen – und ab und zu mal mitspielen – am Computer. Über diese Selbsterfahrung mit dem Kind reden. Andere Erfolgserlebnisse ermöglichen, mehr Freizeitausgleich durch Bewegung, Kinder im obigen Sinne *stark machen*.

3.3 Mehrfachnutzung von Bildschirm-Medien 1999

Bei Schülerbefragungen von November 1998 bis Februar 1999 in den 7. bis 9. Klassen mehrerer Hauptschulen, Realschulen und Gymnasien in und um Stuttgart konnten von mir folgende Nutzungsdaten erhoben werden (Fragebogen siehe Kapitel 6.7.1):

3.3.1 Mehrfachnutzung der Medien Fernsehen, Video, Computerspiel

Tabelle 3.8:

Mehrfachnutzung der audio-visuellen Medien Fernsehen, Video und Computerspiel in den Klassenstufen sieben bis neun

Schule/Schulart	Gesamt-N	N	% von N	Fern-sehen	Video	Com-puter	Summe
			an Unterrichtstagen				
HS/RS/GY (Mittelstadt)	199	57	28,6 %	2,4 Std.	1,1 Std.	1,9 Std.	5,4 Std.
Hauptschule (ländlich)	88	37	42,0 %	2,8 Std.	1,6 Std.	2,2 Std.	6,6 Std.
Gymnasium 1	143	28	19,6 %	2,3 Std.	1,0 Std.	1,6 Std.	4,9 Std.
Gymnasium 2	99	28	23,2 %	2,1 Std.	1,5 Std.	1,8 Std.	5,4 Std.
Summe N	529	145					
mittlerer Wert – gewichtet			30,0 %	2,5 Std.	1,5 Std.	1,9 Std.	5,6 Std,
			an unterrichtsfreien Tagen				
HS/RS/GY (Mittelstadt)	199	82	41,2 %	3,2 Std.	1,5 Std.	2,3 Std.	7,0 Std.
Hauptschule (ländlich)	88	48	54,5 %	3,3 Std.	1,8 Std.	2,4 Std.	7,5 Std.
Gymnasium 1	143	57	39,9 %	2,9 Std.	1,3 Std.	1,7 Std.	5,9 Std.
Gymnasium 2	99	41	41,4 %	3,0 Std.	1,8 Std.	2,3 Std.	7,1 Std.
mittlerer Wert – gewichtet			44,0 %	3,2 Std.	1,6 Std.	2,2 Std.	7,0 Std.
Differenz zwischen Unterrichtstagen und unterrichtsfreien Tagen			+ 14 %	+ 0,7 Std.	+ 0,4 %	+ 0,3 Std.	1,4 Std.

Anmerkung: Unter N ist die Zahl der Schüler enthalten, die alle drei Medien an einem Tag nutzen. Dazu wurden die Angaben zu den drei Nutzungsformen sukzessiv gefiltert (die Nutzungsformen TV+Video ohne PC, TV+PC ohne Video oder Video+PC sind darin nicht enthalten). Voraussetzung war, dass bei jeder Nutzungsform eine Mindestzeit von „bis zu einer Stunde" angekreuzt sein musste. Die Erhebung erfolgte im Rahmen einer schriftlichen und anonymen Schülerbefragung. Die Schulen liegen in Stuttgart und im Einzugsgebiet von Stuttgart (Schorndorf und Umgebung, Geradstetten und Sindelfingen). Die Befragung wurde im November 1998 und in den Wintermonaten 1999 durchgeführt. Dadurch liegen die Nutzungsdaten wahrscheinlich etwas höher als zu anderen Jahreszeiten. Erfahrungsgemäß kann man zwischen Winter- und Sommermonaten bei der täglichen Gesamtnutzung von einer Differenz von etwa 20–30 Minuten ausgehen.

Zu Mehrfachnutzung von TV, Video und PC kommt es an Unterrichtstagen regelmäßig bei 30 % der Schüler, an unterrichtsfreien Tagen steigt der Anteil auf 44 % an. Diese sitzen an unterrichtsfreien Tagen durchschnittlich rund 7 Stunden vor einem Bildschirm, an Unterrichtstagen sind es immerhin noch $5^1/_2$ Stunden). Dabei rangieren in allen befragten Schulen die Computerspiele mit durchschnittlich 2,2 bzw. 1,9 Stunden deutlich vor der Videonutzung mit 1,6 bzw. 1,2 Stunden. An der Spitze steht natürlich das Fernsehen mit rund 3 Stunden.

Ein durchschnittlicher Mehrfachnutzer aller drei Medien sieht an einem schulfreien Tag mindestens drei Stunden fern, schaut sich einen Videofilm mit $1^1/_2$ Stunden Dauer an und spielt noch zwei Stunden lang ein oder mehrere PC-Spiele. Bei einem durchschnittlichen Mehrfachnutzer aus der Hauptschule kommt nochmals eine halbe Stunde dazu. Nun muss man allerdings bei Durchschnittswerten beachten, dass davon die obere Hälfte der statistischen Verteilungskurve auf eine Nutzungszeit von mehr als 7 Stunden an unterrichtsfreien Tagen kommt. Das sind auf die Grundgesamtheit aller befragten Schüler bezogen immerhin 22 % ,,Intensivnutzer", an Schultagen können wir von 15 % Intensivnutzern (> 5,6 Std. Mehrfachnutzung) ausgehen. Da bleibt nicht mehr viel Zeit für andere ,,bildschirmfreie" Freizeitaktivitäten.

Man kann somit mindestens jeden fünften Schüler als ,,exzessiven Bildschirmkonsumenten" bezeichnen, in Hauptschulen ist jeder vierte davon betroffen.

3.3.2 Nutzungseffekte bei Mehrfachkonsum

Bei exzessiven Mehrfachnutzern wurden schädigende Auswirkungen des Medienkonsums am häufigsten festgestellt. So berichtet Glogauer (1994, S. 22, 30f.) bei Untersuchungen an exzessiv spielenden Hauptschülern über ,,deutliche physische und psychische Symptome der Spielsucht". Dies gilt allerdings auch für andere Schularten. Die Unfähigkeit, dem Computerspiel zu widerstehen, wurde bereits bei neun- bis zehnjährigen Kindern beobachtet (Glogauer, 1993). Von Sacher (1993) wird erwähnt, dass einige Spieler über typische Suchtmerkmale wie Kontrollverlust, Abstinenzunfähigkeit und Schamgefühle klagten. Auch wirkt sich die durch häufiges Computerspielen bedingte Bewegungsarmut negativ auf die körperliche Fitness aus. Wenn die Computerspiele dann noch überwiegend aus Gewalt, Kampf, Krieg und reaktionsschnellem Töten bestehen, im Fernsehen oder auf Video Horror und Gewalt bevorzugt werden, kann man mit Fug und Recht sagen, dass Gefahr besteht.

3.4 Gewalt in den Medien – was hat das mit Mobbing in der Schule zu tun? – Eine Zusammenfassung

3.4.1 Aus Bildern werden Vorbilder

Durch kumulierten langfristigen Gewaltmedienkonsum wird mit großer Sicherheit im Sinne der sozial-kognitiven Lerntheorie die individuelle Aggressionsbereitschaft durch Stimulation, Imitation und Habituation (Anregung, Vorbildwirkung und Gewöhnung im Sinne von Abstumpfung) gesteigert. Auch können sich im Laufe der kindlichen Entwicklung aggressive Anteile zu einem destruktiv-aggressiven *Persönlichkeitsbild mit emotional-affektiven Defiziten* verfestigen, was wiederum eine Vorliebe für bestimmte gewalthaltige filmische Handlungen mit extremen Gewaltdarstellungen induzieren kann. Davon sind insbesondere die Jungen betroffen. Deshalb ist die Rezeptionswirkung von Filmen zwar *persönlichkeitsabhängig*, jedoch auch *gleichzeitig abhängig vom Distributionsumfang bzw. der Verfügbarkeit in den öffentlich zugänglichen Medien* und deren Gewaltanteilen. Auch durch die Zunahme der Geräteausstattung – mehr als jeder zweite Schüler verfügt bereits über einen eigenen Fernseher – hat sich neben der Erweiterung des Programmangebots vor allem durch Privatsender das Nutzungsverhalten bei Kindern und Jugendlichen stark erweitert. Man hat folgendes festgestellt:

- Vor allem AV-Medien (Fernsehen, Video, Computer) bestimmen heute die Kindheit und verändern sie – und zwar schon im Vorschulalter; rund 40 % der zwölf- bis 16-Jährigen kommen an schulfreien Tagen auf durchschnittlich 7 Stunden Medienkonsum, wenn sie diese drei AV-Medien nutzen. Jeden fünften Schüler kann man zu den Exzessivkonsumenten von Gewaltmedien rechnen (eigene Befragung bei rund 500 Schülern, Weiß, 1999).
- Die Zeit, die ein Durchschnittsseher bis 15 Jahren vor dem Fernseher verbringt, ist mit 10 100 Std. schon wesentlich länger, als die rund 8000 Zeitstunden, die er in Baden-Württemberg durchschnittlich in der Schule verbringt.
- Die Zahl der von Kindern konsumierten TV-Sendungen mit erhöhten Gewaltanteilen – beginnend mit Zeichentrickfilmen bis hin zu den indizierten Horror- und Gewaltfilmen von Privatsendern – ist in den letzten 10–15 Jahren immer umfangreicher geworden. In diesem Zeitraum wurden jährlich zwischen 100 und 190 indizierte Filme von den kommerziellen Sendern ausgestrahlt (Durchschnitt etwa 130 Filme pro Jahr), während gleichzeitig die Einschaltquoten anspruchsvollerer Programme (z. B. Magazine, Informations- und Bildungsprogramme) oder Filme mit prosozialen Inhalten immer geringer wurden (Weiß, 1998). Dadurch wurden jährlich Millionen von Kindern und Jugendlichen mit Horror-Gewalt und Softporno-Sex frei Haus versorgt.
- Wöchentlich werden mindestens 500 Mordszenen in Fernsehprogrammen gezeigt (Groebel, 1992). Wenn ein Kind nur eine davon täglich mibekommt,

158

so hat es bis zu seinem 18. Lebensjahr mindestens 5000 Morde gesehen. Für die rund 800 000 Kinder von 6 bis 13 Jahren, die täglich auch noch nach 21.00 Uhr fernsehen (Media Perspektiven 1999), steigert sich diese Zahl um das Dreifache. Es gibt Kinder, die das Töten mit einer Waffe für die natürliche Todesursache halten.

- TV-Sender mit den höchsten Gewaltanteilen (ProSieben mit Index 6,5 in einer 11-Punkte-Skala, RTL mit 6,3, RTL 2 mit 6,2) haben nach einer neuen Studie (Institut Integral, 1999) bei Kindern die höchsten Einschaltquoten und sie zählen nach meinen Untersuchungen zu den Lieblingssendern. Die öffentlich-rechtlichen Sender rangieren am Ende der Skala, sowohl hinsichtlich Einschaltquoten als auch Gewaltanteilen (ARD/ZDF Index 4,5, 3SAT: 3,5). ProSieben lag bereits 1992 mit 20 Mordszenen pro Tag an der Spitze (Groebel, 1992).

- Die am häufigsten konsumierten Computerspiele sind solche, in denen irgendwelche fiktiven oder realen Gegner vernichtet oder ausgelöscht werden.

Einflüsse von oft brutal-menschenverachtenden filmischen oder spielerischen Modellen können das Verhalten von Jugendlichen, insbesondere aber das von Kindern, entscheidend negativ beeinflussen. Eine Mehrheit von rund 80 % weltweiter Studien zur Medienwirkung (bereits 1986 gab es nach Hearold 1043 Studien) weist eindeutig in die Richtung auf Gewaltstimulation, Verlust an Einfühlungsvermögen, Abbau von Hemmungen durch Gewaltmedien, von antisozialen Einstellungsveränderungen durch antisoziale filmische Modelle. „Lernen am Modell" (Bandura) beschränkt sich nicht nur auf lebendige Vorbilder in der Umgebung des Kindes oder Jugendlichen, wie z. B. Gewalt im Elternaus, sondern auch auf medial vermittelte Fremdbilder. *Je früher und je häufiger, desto nachhaltiger ist die Wirkung.*

Die Erkenntnisse aus den neuesten empirischen wissenschaftlichen Untersuchungen, in denen die Vorbildwirkung von TV-Gewalt nachgewiesen wurde, sind inzwischen so überzeugend, dass kein ernsthafter Wissenschaftler mehr daran zweifelt. Nachweise hierfür finden sich sowohl weltweit in einer UNESCO-Studie von Groebel (1998), in der festgestellt wird, „dass das Fernsehen zu einer weltweiten Kultur der Gewalt beiträgt", als auch in neuesten deutschen Studien, wie die von Tillmann u. a. (Uni Bielefeld), Jäger u. a. (Uni Landau), Lukesch, (Uni Regensburg), Weiß (OSA-Stuttgart), Kleiter (Uni Kiel) vorgelegt wurden.

Vor etwa 10 Jahren (1989) ermittelte ich einen Anteil von rund 10 % an Exzessivkonsumenten von Horror-Gewalt-Filmen unter den 12 bis 16-jährigen Schülern. Heute müssen wir von rund 15 % ausgehen. Auch das „Einstiegsalter" in extensive Gewaltfilme hat sich bei rund 45 % um zwei Jahre in das Grundschulalter vorverlagert. Überwiegend handelt es sich bei den Exzessivkonsumenten um Schüler, die affektiv stark belastet werden, insbesondere in Verbindung mit permanenten Gewaltdarstellungen in TV und Video, weil sie nicht in der Lage sind, das Geschehene adäquat zu verarbeiten. Es entsteht kein „kathartischer

Effekt" im Sinne eines Aggressionsabbaues, sondern es ist eher zu erwarten, dass sich *in Einzelfällen* vor allem bei den Jungen

- Lustgefühle bei Grausamkeiten entwickeln, dass sie
- aggressive Verhaltensmodelle unreflektiert und unbewusst übernehmen, weil sie meinen, damit ihrem momentanen Frust und den permanenten Demütigungen in Schule und Familie begegnen zu können, dass
- gewaltfreie Konfliktlösungen behindert werden, weil sie lernen, dass Gewalt als legitimes Mittel zur Durchsetzung eigener Interessen *erfolgreich* eingesetzt werden kann, dass
- Machtstreben und Geltungssucht gesteigert werden, und dass auch
- die Sprache sich verändert.

Besonders für die Zunahme von *Sprachentwicklungsverzögerungen und -störungen* können überwiegend sozio-kulturelle Faktoren, wie der Medienmissbrauch durch übermäßiges Fernsehen verantwortlich gemacht werden (Heinemann 1997). Dies könnte sich auch auf die zunehmende Unfähigkeit von Kindern auswirken, Konflikte und Auseinandersetzungen verbal auszutragen. Je nach Konstitution und Können kann es dann auch zum Körpereinsatz kommen.

Die Faszination medialer Gewalt und ihre Folgen – oder was können exzessiver Fernseh-, Videokonsum und Gewalt-Computer-/Videospiele bewirken?

- andere Erfahrungsbereiche, wie z. B. schulische, haben weniger Chancen,
- Schwarz-Weiß-Denken nimmt überhand,
- „Montagssyndrom" bei Schülern ⇒ Konzentrationsstörungen,
- Änderung der Umgangsformen,
- soziale Kontakte werden eingeschränkt ⇒ zunehmende Isolation,
- Vorstellungen werden von Fremdbildern bestimmt ⇒ „Bata-Kinder",
  - Phantasie wird eingeschränkt ⇒ keine eigenen Bilder mehr,
  - aus Bildern können „Vorbilder" werden,
- Angstzustände und Alpträume werden ausgelöst,
- Trauergefühl (Mitleid) verkümmert,
- Unrechtsbewusstsein verschwindet,
- nur aggressive Konfliktlösungen werden noch verstanden,
- Gewaltanwendung zur Durchsetzung eigener Interessen wird etwas Selbstverständliches,
- moralisches Urteilsvermögen verkümmert,
- politische Radikalisierung wird gefördert.

Bei Psychopathien und Psychosen können Aggressionen bis zu Tötungshandlungen als unmittelbare Folge von extremen filmischen Gewaltanwendungen vorkommen. Solche „Realitätsdurchbrüche" mit psychoseähnlichen Wahnvorstellungen kann es aber auch beim „Normalfall" geben, wenn extremes Rezeptionsverhalten vorliegt („virtueller Gewaltrausch"), wie bei den jüngsten Fällen in den USA, Deutschland und anderen Ländern.

3.4.2 Der Täterkreis wird größer

Noch nie sind so viele Schüler mit Angst in die Schule gegangen, nicht nur weil sie Angst vor einer Prüfung haben, sondern weil sie Gewalttätigkeiten von Mitschülern befürchten, weil sie einem Erpressungsversuch aus dem Weg gehen wollen oder weil sie einen unangenehmen Gruppendruck nicht mehr ertragen können. Es gibt Schulen, wo bereits mehr als die Hälfte der Schüler „bewaffnet" (mit Messern, Schreckschusspistolen, Gaspistolen, Elektroschockern, Tränengas, Schlagringen, Pistolen) in die Schule kommen, mit dem Vorwand, man könne sich nur gewaltsam wehren. 3 % sind nach repräsentativen Befragungen in 9. Klassen aller Schularten mit Tötungswaffen ausgestattet.

Zu all diesen Waffen oder waffenähnlichen Gegenständen könnte ich mindestens ein praktisches Beispiel aus meinem beruflichen Erfahrungsbereich schildern, wo es zu einer Anwendung oder ernsthaften Androhung zur Anwendung der benannten Waffen kam. Aufgrund des Datenschutzes und der Schweigeverpflichtung kann ich manche Fälle auch nicht in anonymisierter Form darstellen.

Deshalb ein fast harmloses, aber aktuelles Beispiel: Ein Schüler kauft sich eine Gaspistole, bringt sie in die Schule mit und schaut, wie seine Mitschüler darauf reagieren. Damit macht er sich innerlich stark: Gewalt als neue Überlebensform? Gewaltprävention beginnt da, wo man diesem Schüler versucht, andere Überlebenstechniken zu vermitteln.

In den meisten Fällen konnte man es nicht mehr mit einem „pubertätsbedingten Imponiergehabe" entschuldigen. Die Grenze war in vielen Fällen überschritten worden, und solche Grenzüberschreitungen nehmen zu.

Wenn aber Kinder, wie so oft, zuhause lernen, dass Konflikte nur mit Gewalt ausgetragen und eigene Interessen gewaltsam durchgesetzt werden, und dies auch noch in den einschlägigen Gewaltmedien (TV, Video, Computerspiel) täglich modellhaft vorgemacht wird, so kann sich dies als dauerhaftes Verhalten (Trait) festsetzen, es wird konditioniert. Fehlen dann noch Orientierungsmöglichkeiten, die einmal gute Voraussetzungen boten, wie in der Kirche, in einem guten Verein oder in der Arbeitskultur, und kommen dann noch Leistungsdruck in der Schule und Konkurrenzkampf um den Arbeitsplatz hinzu, so kann es entweder zur Vereinzelung, zum Rückzug, zur Isolation, zu Minderwertigkeitsgefühlen und damit zu Suizidgedanken und Suizidhandlungen kommen, oder er gelangt zur Überzeugung, dass nur der Stärkere überlebt. Dann richten sich seine Aggressionen nach außen. Diesen Vorgang kann man als multikausalen „Aufschaukelungsprozess" charakterisieren, bei dem sich die Einflussgrößen gegenseitig verstärken. Allerdings hat sich in den jüngsten kausalanalytischen Untersuchungen zumeist der Gewaltmedienkonsum als Haupteffekt erwiesen.

Dazu ein ganz neues Beispiel aus der Presse: Die Polizei hat in Niederbayern am 30. November 1999 drei 14-jährige Schüler festgenommen, die vermutlich zwei Lehrerinnen umbringen wollten. An ihrer Hauptschule hätten sie ein „regelrechtes Terrorregime" aufgeführt. Sie gestanden, sich einen Revolver besorgt und einen Mordplan ausgearbeitet zu haben. Weitere Recherchen der Polizei brachten zutage, dass sie zwar aus „zerrütteten" Familienverhältnissen stammten, aber durch Gewaltvideos und Porno-Sexfilme sowie Neonazischriften mit aufgedruckten Hakenkreuzen angestachelt worden seien. Ein Junge des Trios habe vor einigen Wochen mit einer scharfen Pistole auf eine Mitschülerin geschossen, diese aber nicht getroffen.

Gerade mal drei bis vier Wochen vorher ereigneten sich die Mord-Massaker von Bad Reichenhall, Meißen und Koblenz.[32] Warum Kollege Groebel, Medienwissenschaftler, in der Presse äußert, „Den Medien sei aber kein Vorwurf zu machen", ist mir unerklärlich, zumal der leitende Oberstaatsanwalt feststellte, dass sie „als Massenmörder berühmt werden wollten" (Stuttgarter Zeitung vom 2. 12. 1999).

Es gibt zunehmend Belege dafür, dass der enorme Anstieg der Delinquenz bei Kindern und Jugendlichen in den letzten 10 Jahren zu einem großen Teil auf durch Medien veränderte Sozialisationsbedingungen zurückzuführen ist. Jedenfalls sind als Haupteffekte von Jugendgewalt nicht primär die verschlechterten ökonomischen Bedingungen (z. B. Arbeitslosigkeit) anzusehen, sondern die o. g. medial verursachten psychischen Konditionierungen, destruktiven Einstellungsveränderungen, der Deformation des Rechtsbewusstseins und der moralischen Urteilsbildung sowie der Werthaltungen. Diese Attribuierung von Verhaltensänderungen bzw. Jugendgewalt auf Effekte der Medienwirkung bedeutet jedoch nicht, dass andere Einflussgrößen, wie unsensibles Lehrerverhalten, oder von Gleichgültigkeit und Affekthandlungen geprägter Erziehungsstil von Eltern, vernachlässigt werden dürfen. So dürfen sich Lehrer nicht nur auf den schädlichen Einfluss von Gewaltmedien auf das Verhalten der Kinder berufen, wenn es zu Verhaltensauffälligkeiten kommt, sondern sie müssen auch Eigenarten ihrer eigenen Person, z. B. „verletzendes Verhalten", Mangel an Empathie, Objektivität und Einfühlungsvermögen, genauso als mögliche Ursache anerkennen und zunächst einmal sich selbst verändern.

Der amerikanische Psychologe Dave Grossmann (Universität von Arkansas) hat erst vor kurzem einen eindrucksvollen Artikel über die Wirkung von Fernseh- und Computerspielgewalt veröffentlicht, in dem er deren Einfluss bekräftigte und auch auf die brutalen Schulmassaker in den USA bezog (Grossmann, 1999[33]). Er spricht von einer systematischen Desensibilisierung der Kinder durch Gewaltmedien, die sich von dem kaum unterscheide, was er als Militärpsychologe in den 25 Jahren seiner Tätigkeit bei der Rekrutenausbildung praktizierte: systematisch die Menschen durch die psychologisch erprobte Methode der klassischen

---

32 Zur gleichen Zeit läuft der US-amerikanische Film „Tötet Miss Tingle" bei uns in den Kinos an, in dem eine Lehrerin getötet werden soll. In den USA ging das Schamgefühl wenigstens so weit, den Titel zu verändern. Aus „Tötet Miss Tingle" wurde „Wer hat Angst vor Miss Tingel?". Es könnte aber auch ein Etikettenschwindel gewesen sein, unter dem Eindruck realer Gewaltverbrechen in den USA – das Schulmassaker von Littleton (Denver) mit 15 Toten lag noch nicht lange genug zurück.

33 Das englischsprachige Buch, auf das sich der Artikel bezieht, lautet: Stop Teaching our Kids to Kill – A call to Action against TV. Movie & Video Game Violence. Die Autoren sind Dave Grossmann und Gloria Digaetano.

Konditionierung so zu desensibilisieren, dass sie ihre angeborene Tötungshemmung verloren und nur noch reflexhaft reagierten.

3.4.3 Mediengewalt und Mobbing

„Fernsehen setzt auf Mord- und Sexthemen" -- „Trend geht zur Unterhaltung – Information auf dem Rückzug" (Esslinger Zeitung vom 19. 10. 1999 mit einem Bericht über Medienforschungsergebnisse aus Berlin durch Hans-Jürgen Weiß). Genau das wußte man schon zu Beginn der 80er Jahre, als im Raum Mannheim-Ludwigshafen ein Flächenversuch stattfand, bei dem man die Veränderung der TV-Gewohnheiten durch Programme außerhalb der öffentlich-rechtlichen Sender erforschte (Pilotversuch zum Kabelfernsehen). Man beobachtete einen dramatischen Rückgang der Sehbeteiligung an anspruchsvolleren Informationssendungen. Trotzdem wurden die kommerziellen Sender zugelassen, und auch heute wird immer mehr „Flachsendern" die Lizenz erteilt.

Was für das Fernsehen beim Thema Gewalt gilt, gilt ebenso für die Filmbranche. Auch dort geht der Trend weiter in Richtung Gewalt und Gewaltverbrechen. „Stärker noch als in der Gesellschaft werden im US-Kino die einstigen Tabugrenzen in zunehmendem Maße zurückgeschoben...". „Das kommerzielle Gewaltkarussell dreht sich weiter. Rechtzeitig zu Beginn des neuen Jahrtausends folgt der nächste Schocker ‚American Psycho', die bizarre Geschichte eines sadistischen Serienkillers in New York".[34] Der zugrunde liegende Roman von Bret Easton Ellis steht bei uns wegen seiner menschenverachtenden Darstellung auf dem Index jugendgefährdender Schriften. Auch in einem neuen Streifen, einer Brutalo-Saga „Fightclub" „werden die Grausamkeiten wie Metaphern verkauft". Vermutlich eine ähnlich reißerisch aufgemachte Blutorgie wie der Film „Natural born Killers" nach dem Roman von Steven King, der dazu das Attribut „Gewaltorgie" verdiente. Nach einiger Zeit werden wir sicher im Privat-TV diese wiederfinden, mit der Begründung, die Bewertungsmaßstäbe hätten sich halt in letzter Zeit verändert und man müsse sich letztlich auch dem Trend des Publikumsgeschmacks anpassen und seine Maßstäbe danach ausrichten. Ich vermute, dass der Druck auf die „Bundesprüfstelle für jugendgefährdende Schriften" noch größer werden wird, als er ohnehin schon ist, und dass die Aufweichungstendenzen über die „Freiwillige Selbstkontrolle Fernsehen" (FSF) noch weiter zunehmen werden (siehe Kapitel 2.2.3, „Das Geschäft mit der Gewalt").

Das mediale Gewaltangebot hat nachgewiesene Effekte auf Gewaltlegitimation und Gewaltanwendung. Dabei zeigen Horror-Gewalt und Porno-Sexgewalt die deutlichsten Effekte (Weiß, 1998; Tillmann, 1998; Jäger, 1998; Kleiter, 1997). In einer neuen Untersuchung vom Frühjahr 1999 habe ich durch kausalanalytische Verfahren (Pfadanalysen) erneut eindeutige Haupteffekte auf Gewaltanwendung

---

34 Zitiert aus „Pfui ist hui, Trash ist Trend. – Hollywood setzt auf schlechten Geschmack und Gewalt." Von Dieter Oswald (Stuttgarter Nachrichten vom 5. 11. 1999).

in der Schule durch TV-Gewalt, Horror-Porno-Sex-Videos und Computerspiele führen können (siehe Kapitel 4.4.2).

Wenn als Negativ-Vorbilder dabei noch die Eltern fungieren, die selbst nur Gewalthaltiges konsumieren und weder sich noch ihren Kindern dabei Grenzen setzen, so wird durch die beiden bedeutsamsten Erziehungsfaktoren Eltern und Medien von früher Kindheit an über Zeichentrickfilme, Horror-Videos und Gewaltfilme ein Weltbild vermittelt, in dem aggressive Ichdurchsetzung, spontan-aggressives Reagieren auf den kleinsten Frust und destruktives Agieren als Verhaltensmaxime dominant werden. In Verbindung mit Langeweile und Imponiergehabe wird dann der Boden für Lust an Mobbing gegen Schwächere in und außerhalb der Schule bereitet. In dieser Hinsicht sind dazu solche Kinder besonders anfällig, deren Selbstkonzept durch eigene Gewalterfahrungen im Elternhaus gestört ist und die über gewalttätige Gruppen „gestärkt" werden, indem sie sich an Gewalthandlungen – wie körperlichem Mobbing – beteiligen.

15 bis 20 % der Schüler können wir heute zum Kreis der Täter und Opfer-Täter rechnen. Die Zahl der „nach Mediengewalt Süchtigen" schätze ich auf rund 10 %.

3.4.4 „Abrüstung auf dem Bildschirm"

Das ausschließliche Setzen auf Medienerziehung mit Forderungen wie „Kinder müssen im Meer der Bilder schwimmen lernen" (Ute Benz, 1997) oder Persönlichkeitsstärkung der Kinder (Slogan: „Kinder stark machen") reicht heute nicht mehr aus. Es hat sich sogar als verhängnisvoller Irrweg herausgestellt, weil damit indirekt und ungewollt die kommerziellen Interessen der Medienindustrie unterstützt werden. Manchem dient er auch als Alibi für das Versagen bei der notwendigen *Abrüstung auf dem Bildschirm*. Eine solche wäre das Gebot der Stunde. Bei versagender Selbstkontrolle ist der Gesetzgeber gefragt. Dieser hat aber versagt. Die Kommission „Gewalt in den Medien" mache ich für diese Fehlentwicklung mit verantwortlich, weil sie nicht den Mut hatte, das Risiko eines Rechtsstreites mit der Medienindustrie einzugehen. Denn die viel gepriesene Pressefreiheit hat dort ihre Grenzen, wo sie missbraucht wird und wo es um den Schutz unserer Kinder geht. Dazu hätte mindestens gehört, die von der Bundesprüfstelle für jugendgefährdende Schriften indizierten Filme überhaupt nicht mehr übers Fernsehen ausstrahlen zu lassen – auch nicht mehr nach 24.00 Uhr. Deshalb ist es längst überfällig, auf parlamentarischem Weg erneut einen Vorstoß zu unternehmen, dass gewaltverherrlichende, antisoziale und sexistisch-pornografische Darstellungen vom Bildschirm verschwinden. Dies würde allerdings eine Neuregelung auf Bundesebene voraussetzen, da das förderalistische Prinzip bei der Novellierung des Rundfunkstaatsvertrages bisher versagte. Die Medienbetreiber spielen dabei die Bundesländer geschickt gegenseitig aus, und die Landesmedienanstalten betreiben eine z. T. gegensätzliche Medienpolitik.

Zu fordern ist weiter ein obligatorischer Einbau einer sogenannter Gewaltsperre in jedem Fernsehapparat (V-Chip) sowie eine Kennzeichnungspflicht für die

Filme, die für Kinder nicht geeignet sind in Programmzeitschriften und auf dem Bildschirm. In Österreich und Frankreich gibt es hierzu bereits mehrjährige positive Erfahrungen.

Kinderschutzorganisationen, die Kinderschutz-Kommission des Deutschen Bundestages und der Berufsverband Deutscher Psychologen haben in Presseerklärungen bereits mehrfach auf die medienbedingten Gefährdungen für Kinder und Jugendliche aufmerksam gemacht. Bedauerlich ist nur, dass aus Kreisen der „affirmativen Wissenschaft" die Auswirkungen der TV-Gewalt immer noch verniedlicht oder gar verharmlost werden und so die Öffentlichkeit verunsichert wird. Wenn man nach jedem Schulmassaker vorschnell, aber öffentlichkeitswirksam verkündet, „Aber die Medien werden es wohl nicht sein, es handele sich ja nur um Einzelfälle, die nicht generalisierbar seien", so grenzt das an Ignoranz, und man macht sich gewollt oder ungewollt zum Handlanger von Medienkommerz und dessen Geschäft mit der Gewalt.

Anders bei denen, die täglich in verantwortlichen Positionen mit Schulproblemen konfrontiert werden und sich aus ihrer Problemsicht und Kompetenz mit der Weiterentwicklung des Schulwesens und mit der Zukunft von Schule befassen und die sich Sorgen machen. Dazu gehört Präsident Hahl vom Oberschulamt Stuttgart, der vor kurzem folgende beachtenswerte Gedanken vortrug:[35]

Geht es hier vor allem um die Respektierung der Spielregeln des Marktes, so geht es bei meinem zweiten Punkt um die Achtung der Grenzen des Marktes. Und zwar dort, wo Produkte und Werbung speziell auf den Jugendlichen oder gar im Kindesalter befindlichen Konsumenten abzielen. Nichts gegen Unterhaltung und Zerstreuung. Ich will auch nicht jedes Unterhaltungsspiel und jeden Unterhaltungsfilm mit einem Lernprogramm anreichern. Aber wir brauchen mehr Zurückhaltung bei den Produzenten der Scheinwelten – manche sprechen ungeschminkt von „Abstumpfungs- und Verblödungsindustrie" – den Produzenten von Computer- und Videospielen, in der Werbeindustrie und den Programmmachern des Fernsehens, wo fast täglich der exhibitionistischen Talkshow vom Nachmittag nachts der indizierte Gewaltfilm folgt. Es ist blauäugig oder zynisch, die Verantwortung für die Folgen dieser moralisch-geistigen Umweltverschmutzung mit Hinweis auf den Abschaltknopf einzig den Eltern zuzuweisen. Eine Kulturnation sollte sich nicht nur eine Buchpreisbindung leisten. Sie sollte auch darauf achten, dass nicht jede Nachfrage in für jedermann frei zugänglicher Weise bedient oder gar hervorgelockt wird. Es ist erschreckend, wenn ein Manager der amerikanischen Werbeindustrie öffentlich verkündet, er gebe nicht eher Ruhe bis die auf Kinder und Jugendliche abzielende Werbung diesen nicht mehr aus dem Sinn gehe. Kurzum es wird sehr viel Geld verdient mit Produkten, die die Erziehungs- und Bildungsarbeit der Schulen und die allseits geforderte Stärkung der Sekundärtugenden massiv beeinträchtigen. Auch dies ist ein Aspekt der zu Recht an die Schulen gerichteten Forderung, neue, ergiebigere Wege zu finden bei der Vorbe-

---

35 Manfred Hahl, Rede vom 17.11.1999 anlässlich der Verleihung der Ehrensenatorwürde an der Pädagogischen Hochschule Ludwigsburg.

reitung der Jugend auf die Arbeitswelt. Der Verantwortung für Erziehung und Bildung der jungen Generation, der Vorbildwirkung auf die Jugend kann sich keiner entziehen. Sie ist allgegenwärtig. Im öffentlichen Raum beginnt sie bei den Teilnehmern im Straßenverkehr und endet beim Stil und Niveau der Auseinandersetzungen in unseren Parlamenten (Zitat-Ende).

Nur wenn die Medienflut eingedämmt werden kann und Produktionen mit prosozialen Inhalten und Botschaften stärker im Programmangebot gewichtet werden, wird sich auch die Einstellung von Kindern zur Gewalt, im Sinne einer gewaltfreieren Konfliktlösung und zu mehr prosozialem Verhalten, verändern können.

4 Empirische Untersuchungen der Medienwirkung durch komplexe statistische Analysen und kausalanalytische Verfahren (Pfadanalysen)

4.1 Gewaltmedienkonsum und Rechtsradikalismus bei Jugendlichen in Baden-Württemberg und Sachsen – Faktoren- und kausalanalytische Überprüfung eines vermuteten Zusammenhangs

Historiker neigen dazu, den in den letzten Jahren stark aufgekommenen Nationalismus, Rechtsradikalismus und Neonazismus allein auf historische Ursachen, insbesondere auf die Entstehungsbedingungen vor den beiden Weltkriegen und auf die politischen Zustände in der Weimarer Republik zu reduzieren, allenfalls noch im Osten unserer Republik auf einen jahrzehntelangen „Verdrängungsprozess" in den Zeiten der DDR. Soziale und individuelle Bedingungen, wie sie nach lernpsychologischen oder psychoanalytischen Erkenntnissen von Bedeutung sind, bleiben zumeist außen vor. Ausnahmen wie *Wilhelm von Sternburg* oder *Imanuel Geiss* mit etwas differenzierteren Analysen sind die Ausnahme (nach Kroboth, 1994, S. 40–81). Allenfalls werden noch die veränderten ökonomischen Bedingungen mit den zunehmenden sozialen Benachteiligungen (Arbeitslosigkeit, Lehrstellenmangel, Wohnverhältnisse) in eine Ursachenbeschreibung mit einbezogen, zur Psychogenese von Nazigrößen – obwohl seit langem durch Alice Miller (1980) überzeugend dargestellt – und den kulturellen Veränderungen, wie die seit 10 Jahren stark veränderte Medienlandschaft, das veränderte Nutzungsverhalten weitester Bevölkerungskreise, die „Veränderung von Kindheit und Jugend" durch Eskalation von Gewalt in den neuen Medien (Fernsehen, Video, Computer) spielen dabei und auch in der öffentlichen Diskussion kaum eine Rolle (z. B. Artikel von A. Rogalla, in *Die Zeit,* 1992).

Eigentlich kann man einen solchen Standpunkt nur dann vertreten, wenn man davon ausgeht, dass Medien keine Auswirkungen auf Verhalten, Normen und Wertvorstellungen von Menschen besitzen. Ich meine, dass dies häufig von solchen Wissenschaftlern und Politikern vertreten wird, die ihr ‚gefestigtes Weltbild' auf alle Menschen der Gesellschaft und auch auf Jugendliche projizieren, in der fälschlichen Annahme, dass diese ähnlich denken und in ihrer freien Entscheidung gegen alle Einflüsse (auch der Werbung, der Filme usw.) immun sind. Diese Art von Projektion halte ich für besonders bedenklich, weil sie die Erkenntnisse von Lernpsychologie (Imitationslernen, Modellernen) und der Medienpsychologie außer acht lassen.

„Psychohistoriker", wie Lloyd de Mause (1994), versteigen sich auch in gar seltsame Erklärungsmuster für gesellschaftliche Krisensituationen wie der heutigen, wenn er in einem Interview für *Psychologie Heute* folgende Meinung vertritt: *War kein Krieg möglich, waren Depression und Rezession die Lösung, in deren Verlauf Teile der eigenen Gruppe, Minderheiten beispielsweise, attackiert und zerstört wurden. Die Angriffe auf Ausländer in der Bundesrepublik sind ein Resultat davon, dass Deutschland innerhalb der letzten 50 Jahre keinen entlastenden Krieg hatte, in den es hätte ziehen können* (in *Psychologie Heute*, Heft 2, Februar 1994, S. 36). Dies stellt nichts anderes als eine äußerst naive Katharsisthese dar.

Ingesamt läßt sich festhalten, dass bezüglich der Haupteffekte ziemlich viel spekuliert wird, obwohl stimmige Antworten auf meine Fragestellung für ein friedvolles Miteinanderleben in unserer Gesellschaft von recht großer Bedeutung wären.

Durch diesen Beitrag, den ich als Positionsreferat beim 3. Psychologentag 1995 in Bremen veröffentlichte (siehe Weiß, 1997 b), sollen in den Analysen, die ich in diesem Bereich der Medienwirkungsforschung betrieben habe, weitere und bisher vernachlässigte Faktoren berücksichtigt werden, und es soll der Versuch gewagt werden, die Entwicklung rechtsradikaler Einstellungen bei Schülern in Baden-Württemberg und Sachsen auch einmal unter medienspezifischen Gesichtspunkten zu untersuchen.

Die Hypothesenbildung orientierte sich nicht etwa an Führungspersonen mit rechtsextremistischen Vorstellungen und politischen Parolen, sondern an den Einstellungen von Schülern aus Sekundar- und Beruflichen Schulen in Baden-Württemberg und Sachsen, wo ich in den Jahren 1992/93 Feldforschungsprojekte durchführte. Anhand zweier Stichproben aus diesen Schülerbefragungen mit insgesamt rund 4000 Schülern wurden die Hypothesen überprüft.

Ausgangspunkt meiner Überlegungen war zunächst die Beobachtung von Einzelfällen:

Achim, L. (15 Jahre), ein Sonderschüler aus dem hohenlohischen Teil Baden-Württembergs, der von uns in einem Projekt 1989 (das insgesamt 90 Tiefeninterviews und schriftliche Befragungen umfaßte) über sein Medienkonsumverhalten, insbesondere über die Wirkung des bei ihm festgestellten sehr häufigen Konsums von Horror-Gewaltfilmen bzw. Gewaltvideos befragt worden war.

Achim ist im Alter von 10 Jahren mit dem indizierten Horror-Gewaltfilm ,,Tanz der Teufel" in den Reigen der Konsumenten brutaler Videos eingestiegen. Er brachte es zwar ,nur' auf 17 einschlägige Videos und ist damit eigentlich zu den Vielsehern (10–30 Horror-Gewaltfilme) zu rechnen, jedoch schaute er in letzter Zeit täglich mindestens zwei Stunden ausschließlich Horror-Gewaltfilme an. Seine Videokarriere endete in der Kriminalität. Hinzu kamen bei ihm starke rechtsradikale Neigungen, denn er vertrat ziemlich offen nationalsozialistisches Gedankengut. Hitler verehrte er. Türken waren seine erklärten Feinde.

168

Zwei Jahre nach dem Tiefeninterview brach er die Lehre, die er nach dem Besuch der Sonderschule angetreten hatte, wieder ab (1992), die Einbrüche nahmen zu, dabei bedrohte er mehrere Frauen mit einem langen Messer. Seit einiger Zeit ist er nun Mitglied in einer gewalttätigen Jugendbande, den ‚Original Gangsters' (OGs). Zusammen mit einem Klassenkameraden, der damals ebenfalls als Vielseher von Horror-Gewaltfilmen interviewt worden war, tut er sich dabei besonders hervor als Lockvogel beim „Asylantenklatschen", wie man in diesen Kreisen sagt (Weiß, 1991).

Ein zweiter Fall, *Sascha D. (15 Jahre)*, aus Sachsen, dessen Daten dem umfangreichen Fragebogenmaterial der schriftlichen Schülerbefragungen 1992 entnommen wurden, trug dazu bei, die Hypothesenrichtung zu konkretisieren. Er lieferte zudem einen wichtigen Hinweis, dass möglicherweise exzessiver Gewaltmedienkonsum und starke Sympathien mit gesellschaftlichen Gruppierungen, die Gewaltanwendung zur Durchsetzung von Interessen praktizieren, wie es bei den Skinheads zweifellos der Fall ist, in einem korrelativen Zusammenhang zu stehen scheinen.

Schüler Sascha D. über sich selbst: *Bis Klasse neun war ich in der POS eigentlich recht gut aufgehoben und brauchte mir noch keine großen Gedanken über meine berufliche Zukunft zu machen. In der 10. Klasse war es dann plötzlich brutale Wirklichkeit mit den geringen Berufsaussichten. Für solche wie mich, deren allgemeinbildende Schullaufbahn zu Ende ging – kaum eine Chance.*

In einer solchen Situation kann sich leicht Hoffnungslosigkeit breitmachen und via Gewaltmedienkonsum, der in den 10. Klassen ebenfalls eskaliert, zunächst quasi „aus dem Felde zu gehen", um dann mit einer Gruppe von „Gleichgeschädigten" in die Gewaltszene von Skins o. a. abzutriften. So könnte sich etwa Sascha gedacht haben, „wenn ich schon zu nichts Gutem zu gebrauchen bin, so will ich wenigsten böse sein und Randale machen, um beachtet zu werden".

Erich Fromm hat dies einmal so formuliert: *Zerstörung ist die Kreativität des Hoffnungslosen.* Die Droge Alkohol trägt das ihre dann noch dazu bei, dass blindwütige Zerstörungswut entsteht, die sich auch gegen vermeintliche Gegner wie Ausländer und Asylanten richten kann, von denen man sich bedroht fühlt. Dieser Aspekt von Loosermentalität war zwar nicht Gegenstand dieser Untersuchung, von authentischen Aussagen aus Fernsehberichten wissen wir aber, dass bei den Brandanschlägen aus dieser Zeit der Befragung solche Zusammenhänge sehr wahrscheinlich sind.

Noch einmal zu den Gewaltmedien: Außerordentlich viele der Skinsympathisanten konsumieren nämlich regelmäßig extrem brutale Gewaltvideos. Mit einem Anteil von 60 % bei den Viel- und Exzessivsehern liegen sie beträchtlich über dem Durchschnitt der baden-württembergischen Gesamtstichprobe mit 22 %. Bei den Exzessivsehern ist der Anteil von 41 % gar viermal so hoch wie in der gesamten Schülerschaft mit 10 % (Weiß, 1993 d). Nichtkonsumenten sind nur ganz selten (1 %) unter den Skinsympathisanten zu finden. Hoher Horror-Gewalt-

Video-/Filmkonsum (HGV) bleibt wahrscheinlich nicht ohne Auswirkungen auf Gewaltbereitschaft. Belege hierfür sind bereits vorhanden (siehe Weiß, 1990, 1991; Lukesch, 1990; Scheungrab, 1990, 1993). In der „Sächsischen Jugendstudie" (Weiß, 1993 c sowie 1993 b) konnte ich über ähnliche Zusammenhänge berichten, wobei bei etwa gleich hohem HGV-Konsum wie in Baden-Württemberg wesentlich höhere Sympathieanteile insbesondere bei den männlichen Jugendlichen für die rechtsradikale Szene vorhanden waren: *24 % aller männlichen Schüler der 10. Klassen sympathisierten stark mit den Rechtsradikalen.*

4.1.1 Methoden und Stichprobenumfang

Mittelwertsvergleiche und Faktorenanalysen waren zunächst als statistische Prüfmethoden verwendet worden; ein lineares Kausalmodell nach dem „Two Stage Least Square-Verfahren" soll dann die Effektstärke und die Verursachungsrichtung bestimmen.

Fragebogen

In einem Fragebogen zur „Einstellung zu gesellschaftlichen Gruppierungen", zu den Freizeitinteressen und zum Medienkonsum überprüfte ich an einer repräsentativen Stichprobe von rund 850 Schülern aus 6. bis 9. Klassen aller allgemeinbildenden Schulen zunächst in Baden-Württemberg die Hypothese, wonach ein Zusammenhang zwischen HGV-Konsum und der Einstellung zu rechtsradikalen Gruppierungen u. a. angenommen wurde. Im Rahmen der ‚Sächsischen Jugendstudie 1992' wurde derselbe Fragebogen bei rund 2300 Schülern verwendet (Weiß, 1993 c).

Der komplexe Fragebogen, der aus vier Teilen mit rund 180 Einzelfragen bestand, wurde von Schulpsychologen, Beratungslehrern, Suchtpräventionslehrern und Klassenlehrern in den Schulklassen administriert. Die Beantwortung war freiwillig und anonym. Die Ausfallquote lag bei weniger als 1 %. Die Unterschiede zwischen Interviewern in der Itembeantwortung bewegten sich im Zufallsbereich.

Stichprobenumfang

Sachsen: N = 2300, davon N = 1517 für die Pfadanalysen (repräsentative Stichproben), Baden-Württemberg: N = 847, davon N = 610 für Pfadanalysen. Zusätzlich standen für die Hypothesenbildung die Ergebnisse der ersten Schülerbefragung aus Baden-Württemberg mit N = 950 schriftlichen Befragungen in Schulklassen sowie mit 90 Einzelinterviews zur Verfügung (Weiß, 1991). Die Pfadanalysen aus diesem Projekt sind dort enthalten.

4.1.2 Ergebnisse

4.1.2.1 Faktorenanalysen

Auf der Basis der Fragebogenergebnisse zu den *gesellschaftlichen Gruppierungen* wurden in Verbindung mit Schulartzugehörigkeit, Geschlecht, Staatszugehörigkeit und Umfang des Konsums von Horror-Gewalt-Videos bzw. -filmen (HGV) die Sympathien bzw. Antipathien zu diesen Gruppierungen in einen multifaktoriellen Zusammenhang gebracht.

Für die baden-württembergische Stichprobe der 6. bis 9. Klassenstufen sind die beiden Hauptfaktoren I und II in Tabelle 4.1 dargestellt.

Tabelle 4.1:
Faktorenanalyse zu ‚Gesellschaftlichen Gruppierungen' und Gewaltvideokonsum
(Baden-Württemberg, Klassen 6 bis 9 aller Schularten)

Faktor I	Faktor II
HGV-Konsum (+++)	**3. Welt-Initiativen (+++)**
Skinheads (+++)	Friedensbewegung (++)
Rechtsradikale (+++)	Frauenbewegung (++)
Hooligans (+++)	Bürgerinitiativen (++)
Gewaltgruppen der Terrorszene (+)	Kernkraftgegner (+)
	alternative Lebensweise (+)
Bundeswehranhänger (+)	kirchliche Initiativgruppen (+)
	Autonome (++)
Schulart (+)	Popper (+)
(Haupt-u.Förderschule)	Teds (+)
	Grufties (+)
Bipolar dazu:	
Friedensbewegung (– –)	New Wave (+)
Kernkraftgegner (–)	Sekten (+)
Dritte Weltinitiativen (–)	Okkultismusgruppen (+)
	neue Jugendreligionen (+)

Faktor I wird eindeutig beherrscht von der Variablen *Konsum von brutalen Horror-Gewalt-Videos bzw. Filmen.* Hochsignifikante Ladungsanteile (+++) besitzen dabei Skinheads, Rechtsradikale und Hooligans. Sympathien mit den Gewaltgruppen der Terrorszene laden interessanterweise ebenfalls in diesem Faktor sowie die Gruppierung der Bundeswehranhänger. Bezüglich der Schularten ragt ein positiver Ladungsanteil für Haupt- und Förderschulen heraus.

Gemeinsamer Bezug in Faktor I dürfte die Bereitschaft sein, zur *Durchsetzung von Interessen Gewalt anzuwenden.* Gewalt als Mittel zur Konfliktlösung in Verbindung mit Rachebedürfnis ist durchgängiges Prinzip in den brutalen Gewaltfilmen, die von den Sympathisanten der militanten Gruppierungen wie Skins, Hooligans und Rechtsradikalen langjährig und exzessiv konsumiert wurden und werden. Wenn der Konsum von brutalen Gewaltfilmen bei dieser Faktorenanalyse einen dominanten Stellenwert besitzt, so beinhaltet dies zumindest einen korrelativen Zusammenhang, im Kontext der multidimensionalen Faktorenana-

171

lyse kann man bereits einen inneren kausalen Zusammenhang mit Sympathie- und Antipathieeffekten vermuten. Inwieweit die Richtung der Effekte vom HGV-Konsum bestimmt wird, kann erst durch Pfadanalysen geklärt werden. Zunächst soll jedoch durch eine Faktorenanalyse für die Schüler der 10. Klassenstufe aus den sächsischen allgemeinbildenden Schulen (ehemaligen POS) untersucht werden, inwieweit HGV-Konsum, Freizeitinteressen und die persönliche Stellung der Schüler(innen) zu gesellschaftlichen Gruppierungen zusammenhängen (siehe Tabelle 4.2).

Tabelle 4.2:
HGV-Konsum, Freizeitinteressen und Verhältnis zu gesellschaftlichen Gruppierungen – Ergebnisse der Faktorenanalyse für die 10. Klassen in Sachsen (N = 361)

Faktor 1	Faktor 2	Faktor 3	Faktor 4	Faktor 5	Faktor 6
bipolar (G:I)	(nur G)	bipolar (G:I)	bipolar (G:I)	(nur I)	(nur I)
aktiv – kreativ, aufgeschlossen, **sozial** engagiert, motiviert	Sympathie für alternative **Initiativgruppen**, auch ,exotische' Gruppierungen	**medialer Typ**, Fans von Computer-Videospielen	,**politisch aktiv'** **rechtsradikale** Einstellungen, **Gewaltmedien**	,**außenorientiert'**, **Clique/Freunde**, Automatenspiele, Disco, jobben	**sportlicher** Typ, praktisch, handwerklich, eher männlich, vereinsgebunden
hohe Zustimmung					
wandern malen/zeichnen, handarbeiten, lesen, lernen, zu Hause mitarbeiten, Gesellschaftsspiel	Punks, Popper, Teds, Grufties, New Wave, Esoterik/ Spiritismus, neue Jugend-religionen,	Videospielfan, Computerspiele, Computerclub, Fernsehen, Fußballfan, Fitness/-Bodybuilding, Bundeswehr-anhänger,	Skinhead-sympathisanten, Rechtsradikale, Hooligans, nationale Jugendgruppen, aktiv in politischen Gruppen,	Clique Freund/in in Disco gehen, Jugendclub Automatenspiele, Spielhallen-besuch,	Sport treiben, Training in Verein, handwerkliche Betätigung, Rad fahren, in Jugendverein aktiv
alleinsein/ träumen	Okkultismus-gruppen, Autonome, Frauenbewegung,	Videoschauen, Sport zuschauen, Mofa/Moped fahren	**HGV-Konsum** (++)	Musik hören, jobben (Geld verdienen)	*häufiger Jungen*
Dritte Weltinitiative, Friedens-bewegung, kirchliche Initiativgruppen, alternatives Leben, Bürgerinitiativen, Frauenbewegung	Friedens-bewegung, Dritte Welt-initiativen, Bürgerinitiativen, kirchliche Initiativgruppen, Kernkraftgegner	**HGV-Konsum**		**HGV-Konsum**	
		Ablehnung	*starke Ablehnung*		
		Musik machen, Theater spielen, ins Theater gehen,	Friedens-bewegung		
häufiger Mädchen					
starke Ablehnung	Jugend-sekten	höherer Schul-abschluss			
Automatenpiel, HGV-Konsum					
Varianzanteile					
7 %	7 %	5,4 %	4,5 %	5,4 %	4,5 %

Anmerkungen/Zeichenerklärung: G = gesellschaftliche Gruppierungen (30 Items); I = Freizeitinteressen (34 Items). Bipolare Faktoren: Zustimmung = positive Ladungsanteile; Ablehnung = negative Ladungsanteile (> +/– .35)

16-jährige männliche Jugendliche, die häufig Horror-Gewalt-Videos, Computer-Videospiele und Automatenspiele konsumieren, sympathisieren sehr stark mit rechtsradikalen bzw. -extremistischen Gruppierungen, bei denen zur Durchsetzung eigener Interessen auch Gewalt eingesetzt wird (Skinheads, Hooligans, Rechtsradikale). Gleichzeitig stoßen aber bei den gleichen Jugendlichen gewaltfreie Gruppierungen wie Friedensbewegung, Dritte-Welt-Initiativen, Kernkraftgegner, Frauenbewegung, alternative Lebensweise und kirchliche Initiativgruppen auf Ablehnung. Diese Antipathie beruht allerdings auf Gegenseitigkeit.

Bei den *Freizeitinteressen* dominieren bei den HGV- und Computerspielkonsumenten eher passiv-konsumorientierte Interessensbereiche, während die Gegengruppe starke Interessen an aktiven und kreativen Gestaltungsmöglichkeiten, Malen/Zeichnen, Basteln, Wandern, Lesen, Gesellschaftsspiele- und Theater spielen zeigt. Das *Geschlecht* und der *Schulabschlusswunsch* spielen dabei eine entscheidende Rolle: Aspiranten für höhere Schulabschlüsse nach der POS und Mädchen sind – genau wie ich es bereits für die baden-württembergische Befragung feststellen konnte (Tab. 4.1) – hochsignifikant häufiger an den positiveren Freizeitmöglichkeiten interessiert und sympathisieren auch viel häufiger mit den „gewaltfreien" gesellschaftlichen Gruppierungen.

Die Gruppierung der Rechtsradikalen weist als einzige der faktorenanalytisch definierten Gruppierungen einen statistisch hoch signifikanten Zusammenhang mit der *aktiven Mitarbeit in einer politischen Gruppierung* auf.

4.1.2.2 Kausalanalytische Modelle

Die Analysen wurden zwar immer zwischen den sächsischen und den baden-württembergischen Stichproben getrennt berechnet, es wurde jedoch soweit wie möglich versucht, identische Parameter und vergleichbare Variablen in die Modellberechnungen einzugeben.

Die wichtigste methodische Voraussetzung für die Pfadanalyse (kausalanalytische Methode) ist eine exakte Hypothesenformulierung (siehe Hodapp, 1984). Deshalb zuerst diesen Analyseschritt, der auch grundsätzlich für die anderen berichteten Pfadanalysen gilt.

Hypothesenbildung

Als allgemeine Hypothesen wurden zunächst formuliert:
1. Wie stark ein Schüler mit den Rechtsradikalen (RR) sympathisiert, hängt davon ab, wie häufig er Horror-Gewalt-Filme konsumiert (dies wird auch für andere Gewaltmedien vermutet, soweit aggressive Inhalte dominant sind).
2. Es wird ferner angenommen, dass die Höhe seiner RR-Sympathien auch vom Bildungsniveau, repräsentiert durch die Schulart bzw. dem Berufsziel, dem Geschlecht, seinen Aktivitäten in politischen Gruppierungen, seiner Cliquen-

zugehörigkeit, seinem Wohnumfeld, dem Sozialstatus seiner Eltern (Arbeitslosigkeit) und seiner Einstellung zum Leben allgemein abhängig ist.

3. Es wird angenommen, dass HGV-Konsum ebenfalls abhängig ist vom Geschlecht, dem Bildungsniveau (Schulart) bzw. dem Berufsziel und der Cliquenzugehörigkeit.

4. Weiter wird angenommen, dass der HGV-Konsum wesentlich mitbeeinflusst wird von der Art des Erstkontaktes mit diesem Medium (Einstiegsalter, Filmart), dem von Schülern beobachteten Elternverhalten (Sanktionen oder keine), den Gefühlen, die bei der Rezeption von Horror-Gewalt-Filmen entstehen (Stärke, gute Laune) und bestimmten Freizeitinteressen (Musik, Sport). Falls es Zusammenhänge zwischen diesen exogenen Variablen mit der Einstellung zu RR gibt, werden sie durch HGV-Konsum verstärkt oder vermittelt. (Diese Verbindung ist nicht ausschließlich zu sehen, denn es könnte auch andere Prozesse mit direkten Verbindungen ohne HGV-Beteiligung geben.)

Die Zusammenhänge zwischen Geschlecht, Schulart/Berufsziel und Cliquenzugehörigkeit werden nicht weiter untersucht. Sie werden als korrelierte exogene Größen betrachtet. Ergänzende Analysen für die Vergleiche von Schülern nicht deutscher *Staatsangehörigkeit* können im Kongressband zum 3. Psychologentag 1995 in Bremen (Weiß, 1997 b) nachgelesen werden.

Modellvoraussetzungen

Im gewählten komplexen Pfadanalyse-Modell musste das Gesamtmodell in mehrere nicht-rekursive Teilmodelle (Blöcke) zerlegt werden. Zwischen diesen bestehen dann allerdings nur rekursive Beziehungen (blockrekursiv). Eine Schätzung des Modells ist dann möglich, wenn man ,,in jedem Block die endogenen Variablen des kausal vorhergehenden Blocks im neuen Zusammenhang als prädeterminierte Variablen betrachtet und die Parameter der Gleichungen in den einzelnen Blöcken mit 2 SLS schätzt" (Nagl & Walter, 1987, S. 69).

Als endogene abhängige Variablen (Kriteriumsvariablen) dienten die ,,Einstellung zu den Rechtsradikalen (bzw. Skins)" aus dem Schülerfragebogen mit dem Antwortspektrum ,,sind Gegner/Feinde von mir" bis zu ,,rechne mich selbst dazu" sowie der ,,Umfang des Konsums von Horror-Gewalt-Filmen" (HGV-Gelegenheitsseher bis zu Exzessivsehern). Die Nichtkonsumenten von HGV mußten weggelassen werden, da die Folgefragen – z. B. die Frage nach den Gefühlen – nur dann beantwortet werden konnten, wenn einschlägige Seherfahrungen vorlagen.

Ergebnisse

Der Konsum von Horror-Gewalt-Filmen und dessen Einfluß auf das Entstehen rechtsradikaler Einstellungen wird im folgenden zunächst ausschließlich für die *deutschen Schüler/innen* aus 6.-10. (9.) Klassen analysiert. In Abbildung 4.1

werden die Effektgrößen und Effektrichtungen in einem Flussdiagramm auf der Basis der signifikanten Betakoeffizienten veranschaulicht.

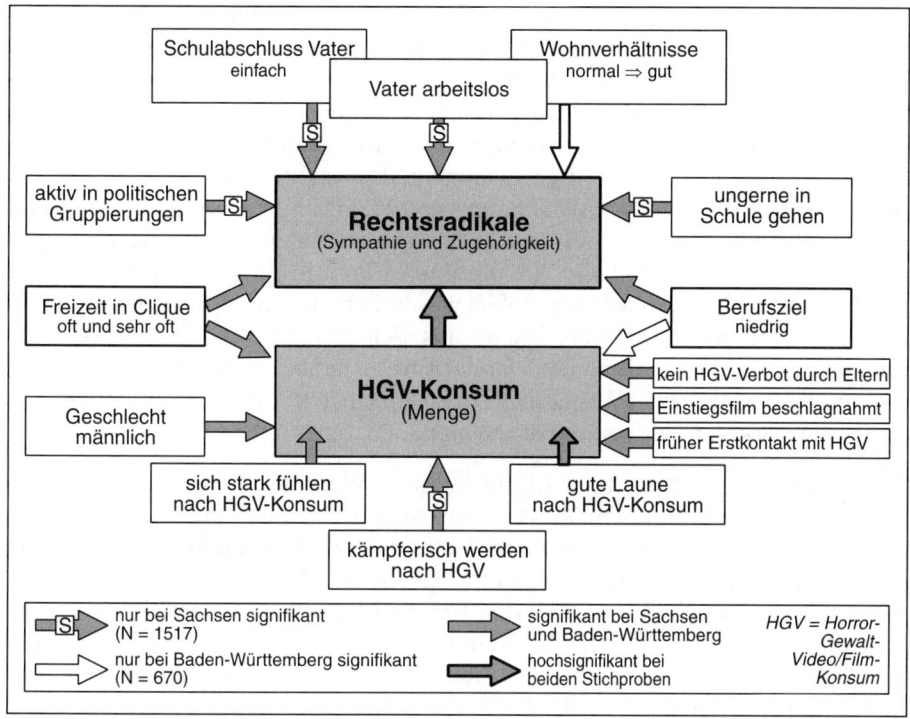

Abbildung 4.1:
Pfadanalysemodell: Rechtsradikalismus, Gewaltmedien und soziokulturelle Bedingungen –
Vergleich der Haupteffekte zwischen Sachsen und Baden-Württemberg

a) Einstellung zu Rechtsradikalen (RR)

HGV-Konsum

Der aus Gruppenvergleichen und Faktorenanalysen postulierte Zusammenhang, nach dem der *Konsum extrem gewalthaltiger Filme/Videos rechtsradikale Einstellungen bei Jugendlichen* im Alter von 12–16 Jahren *beeinflusst*, konnte mit Hilfe eines linearen Kausalmodells nichtrekursiver Art nach der „2 Stage Least Square-Schätzung" bestätigt und die Richtung des Einflusses bestimmt werden. In der Tat finden sich positive und hochsignifikante Beta-Koeffizienten für Horror-Gewalt-Filmkonsum auf Einstellung (Sympathien) zu rechtsradikalen Gruppierungen (RR): für Baden-Württemberg von .34 und für Sachsen von .32 für die Klassenstufen 6–10 und von .40 für Klassenstufe 10.

Ferner zeigen sich für die *baden-württembergische Stichprobe* deutliche Effekte von der Art der *Wohnverhältnisse* auf RR in folgender Richtung: *je besser* die Wohnverhältnisse, umso mehr Sympathien für die Rechtsradikalen. Dieser Effekt war für Sachsen bei der gleichen Altersgruppe nicht nachweisbar. Vielmehr ergab sich sogar ein signifikant negativer Effekt bei den 10. Klassen und somit eine Pfadrichtung wie bei den baden-württembergischen Sympathisanten mit den Autonomen (schlechtere Wohnverhältnisse). Etwas konkreter formuliert bedeutet dies: Entgegen der landläufigen Meinung, dass ungünstige Wohnverhältnisse (wie z. B. Wohnen in großen Wohnblocks und Mehrfamilienhäusern) eher rechtsradikale Einstellungen fördern, erwies sich in der Pfadanalyse ein gegenteiliger sehr deutlicher Effekt: Schüler, die mit ihren Eltern in Einfamilien- oder Zwei- bis Vierfamilienhäusern wohnen, haben wesentlich mehr Sympathien für Rechtsradikale (auch Skinheads) als solche aus den großen Wohnblocks. Bei den Sympathien für die „Autonomen" ist der Effekt gerade umgekehrt: Ungünstige Wohnverhältnisse (große Wohnblocks oder Mietshäuser bis zehn Parteien) haben hier einen stärkeren Einfluss auf die Sympathien der Schüler für die Autonomen.

Für *Sachsen* war ein positiver Effekt von den Wohnverhältnissen in Richtung Rechtsradikale allerdings nicht nachweisbar; im Gegenteil ergab sich in einer Analyse (10. Klassen) sogar ein signifikant negativer Betakoeffizient. Deutliche Effekte bringt in Sachsen hingegen die Größe des Ortes, in dem die Schüler wohnen: Kleinere Städte und Dörfer weisen hier auf einen deutlichen Effekt gegenüber den rechtsradikalen Einstellungen von Schülern hin. Die Pfadeffekte „Wohnverhältnisse" und „Wohnortgröße" sind somit den Pfadrichtungen bei den Einstellungen der Schüler aus Baden-Württemberg zu den Autonomen ähnlicher.

Berufsziele der Befragten und *Berufstätigkeit (Arbeitslosigkeit)* des Vaters zeigten bei den baden-württembergischen Analysen tendentielle, für Sachsen signifikante Effekte: Je „niedriger" ihre eigenen Berufsziele und der Sozialstatus (berufstätig oder arbeitslos) der Familie, umso stärker neigen die Schüler zu Sympathien für die rechtsradikale Szene. Dies stellt in beiden Stichproben aber *keinen Haupteffekt* dar.

Eine weitere unmittelbare Einflußgröße ist die *aktive Mitarbeit in politischen Gruppierungen* mit einem signifikanten Betawert von .10 bei RR und von .13 bei Autonomen.

b) Horror-Gewalt-Video/Film-Konsum (Häufigkeit)

Mittelbare Einflussgrößen auf die abhängige endogene Variable HGV-Konsum können als zusätzliche Erklärungsmuster für das Entstehen rechtsradikaler Einstellungen von Jugendlichen bestimmt werden. Dabei spielt als Prädiktor das *Geschlecht* der Jugendlichen eine dominante Rolle. *Männliche Jugendliche* scheinen dabei besonders „anfällig" zu sein, da bei ihnen durch die positiven

Gefühle wie „gute Laune bekommen" und „sich stark fühlen" (Machoverhalten) bei HGV-Konsum „selbstwertaufbauende" Bedürfnisse befriedigt werden, die dann vermutlich in rechtsradikalen und gewaltbereiten Gruppierungen in Aktionen umgesetzt werden.

Fehlendes HGV-Verbot durch die Eltern, sehr früher Einstieg (vor allem in Baden-Württemberg) und *Einstiegsfilm „beschlagnahmt"* erwiesen sich in beiden Stichproben als bedeutsame Effekte in Richtung auf exzessiven Gewaltmedienkonsum: dabei ist es interessant, dass diese stark jugendgefährdenden Videos mit extremen Gewaltdarstellungen, die in vielen Fällen als Einstieg in eine Videokarriere fungieren, häufig im Elternhaus vermittelt werden, vielfach auch durch die Eltern selbst. Dieses Toleranz- bzw. Laissez-faire-Verhalten vieler Eltern stellt in allen kausalen Analysen einen überaus bedeutsamen Effekt in Richtung auf Gewaltfilm-Konsumsteigerung dar; es fördert indirekt auch das Entstehen kämpferischer Bedürfnisse und letztendlich rechtsradikaler Einstellungen. Eine wichtige HGV-konsumfördernde Rolle spielt sicher das Vorhandensein eines oder auch mehrerer Videogeräte in der Familie (in Baden-Württemberg waren nach meinen repräsentativen Befragungen im Jahre 1992 bereits 70 % der Haushalte mit einem Videorekorder versorgt).

Häufig in einer Clique sein, zeigt sowohl in Sachsen als auch in Baden-Württemberg einen hoch- bis sehr signifikanten Effekt in Richtung HGV-Konsum. (Dagegen ist ein direkter „Cliqueneffekt" bezüglich der Sympathien für RR nur in Sachsen signifikant.)

Aktive und kreative *Freizeitbetätigungen* (z. B. Musikmachen, auch Sport treiben) haben – entsprechend der Hypothese – entweder keinen oder einen signifikant negativen Effekt auf den HGV-Konsum.

c) HGV-Konsum, Computer-/Automatenspiele, kämpferische Impulse und Einstellung zu Rechtsradikalen
(die Grafiken können an dieser Stelle aus Platzgründen nicht dargestellt werden)

Die Betagewichte der Hauptpfadrichtungen in den beiden Analysestichproben aus Baden-Württemberg und Sachsen stimmen weitgehend überein. Zudem können kumulative Effekte verschiedenartiger Gewaltmedien die Effektrichtung verstärken. Die eingangs formulierte Hypothese, nach der die Sympathie für die rechtsradikale Szene davon abhängt, wie häufig Horror-Gewalt-Filme und *andere Medien mit aggressiven Inhalten* konsumiert werden, konnte für Schüler aus beiden Bundesländern voll bestätigt werden.

4.1.3 Interpretation und Diskussion

Die Jungen erwiesen sich in beiden Bundesländern als besonders „anfällig", weil sie schon sehr frühzeitig mit den Gewaltmedien in Berührung kommen (dies gilt auch für die Computerspiele, vermutlich in Verbindung mit deren Gewaltanteilen), mit diesen Medien eine Ersatzstärke erfahren und dieses vermeintlich gestärkte Selbstwertgefühl von vielen Eltern ganz gerne gesehen, in manchen Fällen sogar gefördert wird. Ähnlich mag es bei dem von uns interviewten 15-jährigen Hauptschüler aus Stuttgart gewesen sein, der von seinem Vater im Alter von acht Jahren einen beschlagnahmten Horror-Gewalt-Film („Freitag der 13.") mit den Worten vorgesetzt bekam: *Wenn du das anschaust und verträgst, dann wird einmal ein rechter Mann aus dir* (siehe Weiß, 1991). In diesem Fall ist mit 17 Jahren ein Krimineller daraus geworden, in anderen Fällen – je nach politischer Beeinflussung – wird vielleicht ein gewalttätiger Rechtsradikaler daraus, der ohne Unrechtsbewusstsein Straftaten begeht, ohne dass dahinter jedoch ein materielles Gewinnstreben steht.

In diesem Zusammenhang dürfte es interessant sein, dass in beiden Analysen wiederum die *fehlende Grenzsetzung seitens der Eltern* signifikante Effekte aufwies (kein Verbot der extrem brutalen Gewaltfilme). Die Karikatur von Luff (Stuttgarter Zeitung 1992) stellt diesen Zusammenhang in hervorragender Weise dar (Abb. 4.2).[1]

Abbildung 4.2:
„Kanns mir mal erklärn, wie unser Kleiner neuerdings auf so'n Stuss kommt?"
(Karrikatur von Luff in Stuttgarter Zeitung, 1992)

---

1 Für die Genehmigung zur Wiedergabe bedanke ich mich beim Karrikaturisten Luff und beim Chefredakteur der Stuttgarter Zeitung, Herrn Löffelholz.

Der *frühe Einstieg in den HGV-Konsum* hat in der baden-württembergischen Stichprobe sowohl einen direkten Effekt (Haupteffekt) auf RR und bei den männlichen Schülern einen deutlichen Effekt via Computer/Videospiele über kämpferische Impulse nach HGV-Konsum und weiter in Richtung Sympathien zu Rechtsradikalen. Ähnliches gilt in der sächsischen Modelldarstellung auch für die Automatenspiele. Obwohl Langzeituntersuchungen bislang fehlen, spricht doch einiges dafür, dass das „Bedürfnis nach aggressiver Ichdurchsetzung – auch im Kontext mit rechtsradikaler politischer Ideologie" – nicht nur durch das Modellernen bei der Rezeption extremer Gewaltfilme bzw. -videos und aggressiver Computerspiele gesteigert wird, sondern in beträchtlichem Umfang auch durch Automatenspiele (vergleiche Selg, 1983, 1991). In all diesen Medien – seien es Horror-Gewaltfilme, aggressive Computerspiele oder Automatenspiele – wird die Botschaft vermittelt, „mit Aggressionen setzt man sich durch und Zerstörung ist etwas Harmloses, mir tut es ja nicht weh". Auf diese Weise könnte es auch zu erklären sein, wie eine von Aggressivität geprägte fiktionale Welt entstehen kann.

Zudem wird in vielen Horror-Gewaltfilmen ein Menschenbild dargestellt und vermittelt, das rechtsradikalen Einstellungen recht nahekommt: Ichbedürfnisse und Ziele werden in den AV-Medien fast ausschließlich aggressiv von den Protagonisten durchgesetzt, wobei auch Gewaltanwendung legitimiert wird (entsprechend dem Faktor „Bedürfnis nach aggressiver Ichdurchsetzung" nach Weiß, 1991). Dazu wird einem Führungsprinzip gehuldigt, das an dem sogenannten männlichen Idealbild orientiert ist (Faktor Maskulinität und aggressives Selbstbild), wobei von manchen Rezipienten der meist männliche ‚Held' (auch ‚Negativheld') in seinem Verhalten nachgeahmt wird, weil dieses dem eigenen *aggressiven Selbstbild* am meisten entspricht. Die Verhaltensmuster in den Filmen sind sehr einfach strukturiert und werden oft auch auf „Gut und Böse" oder „Schwarz und Weiß" reduziert. Konflikte und Auseinandersetzungen werden dazu fast immer körperlich-gewaltsam ausgetragen, Niederlagen und Demütigungen der „Filmhelden" (typisch bei *Rambo II* und *Cyborg*) dienen als Stimulans für grausame Rache oder Selbstjustiz, das sogenannte Böse wird mit den eigenen Mitteln besiegt und vernichtet. Der Horror in den Filmen dient dabei allerdings nur noch als Nervenkitzel und zusätzlicher Lustgewinn. In Verbindung mit „Stärke" und „gute Laune" – also durchweg angenehme Erfahrungen, die Filme vermitteln – werden die Identifikationseffekte mit den Tätern verstärkt. *Derartige psychische Prozesse mit Übernahme von Verhaltensmustern vollziehen sich umso leichter, je niedriger der Reflexionsgrad und je undifferenzierter die Denkstruktur und Affektkontrolle des Rezipienten ausgeprägt sind.*[2] Möglicherweise staut sich so bei manchen Jugendlichen im Laufe der Jahre eine ‚kriminogene Energie' auf, die sich eines Tages bei einer günstigen Gelegenheit auch entladen wird (in diesem Zusammenhang sei auf Ergebnisse der Wirkungsforschung verwiesen, über die von Lukesch & Scheungrab, 1995, berichtet wird). Bezüglich der

---

2 Man kann davon ausgehen, dass 10–15 % der Jugendlichen besonders gefährdet sind (Weiß, 1996a).

Distributionsformen hat es in den vergangenen Jahren eine rasante Entwicklung gegeben. Während man sich früher mühsam über Videothek oder Raubkopien Zugangsmöglichkeiten zu den indizierten Filmen beschaffen musste, werden sie seit den 80er Jahren in großer Menge über das Privatfernsehen jederzeit verfügbar gemacht.

Die Ergebnisse von Scheungrab (1993), der in seinem ebenfalls kausalanalytischen Modell diese Identifikationsprozesse bei der Befragung von jugendlichen Straftätern im Gefängnis in gleicher Weise in Verbindung mit einschlägigem Gewalt-Videokonsum fand, stellt eine interessante Ursache-Folgewirkung unter Beweis: Filmische Verhaltensmuster werden übernommen, internalisiert und in kriminelle Tathandlungen umgesetzt. Diese *direkten Wirkungen* sind zwar in meinem Kausalmodell für das Entstehen rechtsradikaler Einstellungen nicht mit enthalten, eine indirekte, mittelbare Wirkungsrichtung war jedoch nachweisbar.

Direkte Wirkungen sind hier eher zu vermuten durch die mediale Vermittlung in den ideologischen und gewaltverherrlichenden *Computerspielen* (Naziware wie z. B. *KZ-Manager, Deutschland 2000* oder *Anti-Türken-Test*) oder in Videos aus Filmen oder Wochenschauen aus der Hitlerzeit und über den Zweiten Weltkrieg, die in den einschlägigen politischen Gruppierungen häufig konsumiert werden.

Fazit: *Indirekte Wirkungen der Horror-Gewaltfilme bereiten den Boden für Gewalt, die direkten Wirkungen anderer Gewaltmedien konkretisieren das Ziel und die Objekte für Gewalt. Herauskommen kann ein „brauner Macho".* Im Osten wird dieser Effekt verstärkt durch ungünstige soziale/ökonomische Bedingungen und der Perspektivlosigkeit bei vielen Jugendlichen (Weiß, 1993 b).

So etwa könnte man es sich erklären, *wie das in diese Köpfe reinkommt.* Dies ist eine sachliche und statistisch abgesicherte Erkenntnis – und nicht nur von einer qualitativen biografischen Analyse mit N = 2 abgeleitet. Es hat auch nichts mit „Scharfmacherei" (Farin, 1994) zu tun, wenn man feststellt, dass sich allein im Jahr 1993 monatlich mehr als 200 rechtsradikale Gewalttaten ereigneten, wozu auch die abgebrannten Asylantenheime zählen, mit einer fast schon zur Routine gewordenen Berichterstattung – in der Lokalpresse. Ein großes Medienereignis wie in Rostock, Mölln, Solingen oder Hünxe war es schon lange nicht mehr. Die jüngsten Ereignisse aus den neuen Bundesländern mit den gewalttätigen Ausschreitungen durch Skins zeigen, dass die Entwicklung mit anderen Formen besorgniserregend weitergeht.

Dennoch nimmt die Hilflosigkeit bei den Erklärungsversuchen weiter zu; jeder, der meint etwas sagen zu müssen, bastelt sich sein eigenes Modell zusammen: Gesellschaftskritische Buchautoren, wie Farin (1994), haben die Art der *Medienberichterstattung* ausgemacht, Historiker haben keine andere Antwort als *Weimar,* Biologen die *Vererbung* (männliches genetisch bedingtes Aggressionspotential), Theologen *die Erbsünde* oder Philosophen *das Böse schlechthin,* dass es eine Wirkungsrichtung der allgegenwärtigen Gewaltmedien in Video, Kino, Fernsehen und Computer in Richtung Jugendgewalt gibt und nicht nur eine

„Verstärkerfunktion"[3], wird nur von wenigen angenommen, z. B. Medienpsychologen wie Lukesch (1994) und Kleiter (1997), Medienpädagogen wie Glogauer (1993) oder Theologen/Philosophen wie z. B. Küng, Tübingen (1994).

4.1.4 Jugend und Rechtsradikalismus – ein politisches Armutszeugnis und eine gesellschaftliche Herausforderung für Ost und West

Unsere Befragung fand im Frühjahr 1992 statt, in einer Zeit, wo die sogenannte „Politikverdrossenheit" in der Bevölkerung noch nicht ihren Höhepunkt erreicht hatte. Umso betroffener muss man sein, wenn man sieht, wie gering das Interesse der zwölf bis 16-Jährigen in Ost und West an der aktiven Mitarbeit in politischen Gruppierungen ist: Nur 1 % in Sachsen und ebensowenig in Baden-Württemberg kreuzten bei dieser Frage „oft" und „sehr oft" an; bei den 16-Jährigen in Sachsen sind es 3 %. Bei den totalen Ablehnungen („nie") liegen die Anteile für die 6. bis 9. Klassen bei 93 % in den Vergleichsgruppen aus Ost und West. Selbst bei den 10. POS-Klassen (N = 358) – also bei den durchschnittlich 16-jährigen Schülern in Sachsen – sind es noch 91 %, die die Frage, ob sie „in einer politischen Gruppe mitmachen" mit „nie" beantworten.

Bedenklicher ist aber folgender Befund: Von den *3 % politisch aktiven Schülern* der 10. POS-Klassen sympatisierten die meisten (75 %) mit den Skinheads oder rechnen sich zur Skinszene und bezeichnen sich als rechtsradikal.

Betrachtet man die 47 Schüler der 10. POS-Klassen getrennt, die man zu den *Skinsympatisanten* rechnen kann *(13 % insgesamt, bei den Jungen allein genommen waren es 24 %)*, so kann man feststellen, dass diese im Vergleich zu den anderen gesellschaftlichen Gruppierungen einen hohen „politischen Organisationsgrad" haben, denn 20 % von diesen machen oft oder sehr oft in politischen

---

3 Den Begriff „Verstärkerfunktion" sollte man in diesem Zusammenhang eigentlich vermeiden, da es bei Anwendung von nonrekursiven kausalanalytischen Modellen auf die „Haupteffektrichtung" ankommt. Und diese verlief bei allen meinen Analysen von Gewaltmedienkonsum in Richtung Gewaltbereitschaft, im vorliegenden Analyseteil in Richtung rechtsradikale Einstellung. Ohne die Variable „Menge an Gewaltmedien" ließ sich das Modell nicht plausibel darstellen. Dies ist besonders wichtig, weil in der öffentlichen Diskussion von bestimmter Seite immer wieder der Eindruck erweckt wird, als ob Jugendgewalt nur deshalb eskaliert und exzessive Gewalttaten freisetzt, wie z. B. in Littleton, Bad Reichenhall oder Meißen, weil bereits vorhandene deviante Persönlichkeitsstrukturen durch Konsum von Gewaltmedien verstärkt werden. Der autonome Einfluss von Mediengewalt, der bei langjährigem Missbrauch zu Persönlichkeitsveränderungen und Wahrnehmungsstörungen mit Realitätsverlust und Realitätsdurchbrüchen führen kann, wird nicht zur Kenntnis genommen. Typisch hierfür ist die Meinung der Wissenschaftlichen Direktorin des Instituts JugendFilmFernsehen in München, Frau Helga Theunert, die zur Ursachenerklärung der jüngsten Massaker durch 14- bis 16-jährige Jugendliche allenfalls eine gewisse *Verstärkerfunktion* von Gewaltmedien zugesteht. In einem Interview mit der *Süddeutschen Zeitung* vom 3.12.1999 unter der Überschrift *Medien können nicht der Auslöser sein*, sagt sie: *Ich würde nie den Begriff der Ursache oder des Auslösers verwenden. Dies hieße ja: Hier ist der Grund, weshalb etwas passiert. Im Leben eines Jugendlichen, der Amok läuft, muss schon wahnsinnig viel passiert sein, damit sämtliche Hemmschwellen ausgeschaltet werden. Da können die Medien nicht der Auslöser sein, das ist schon die Wirklichkeit.* Und auf die Frage: *Also trifft Gewaltdarstellung in den Medien keine Schuld?* antwortet sie: *Die heutigen Medienwissenschaftler sind sich einig, dass Medien eine Verstärkerfunktion haben. Nun kann man sagen: Die Medien verstärken nur. Es muss dann weitergehen in der Schule, auch ein trauriges Kapitel....* Ich würde Frau Theunert empfehlen, über ihre qualitativen Studien hinaus sich einmal mit kausalanalytischen Modellen (Pfadanalysen) zu beschäftigen, so wie es z. B. Kleiter (1997) oder Lukesch (1994) und Scheungrab (1990) überzeugend und methodisch einwandfrei taten. Leider erwecken ihre Äußerungen bei den Eltern den Eindruck, dass es mit der Mediengewalt schon nicht so schlimm sein wird, und bei den Medienmachern kann weiter das Geschäft mit der Gewalt betrieben werden, weil es ja nur darauf ankommt, die Kinder zu einer „Medienkompetenz" zu erziehen. Forderungen wie *Reduzierung von Gewalt im TV* oder *Kindern Grenzen setzen* sind dann nämlich sekundär.

Gruppen mit, vier von fünf bezeichnen sich als rechtsradikal und jeder zweite von ihnen sympatisiert stark mit einer nationalen Jugendgruppe oder rechnet sich selbst dazu. Bezüglich des *Gewaltvideokonsums* lässt sich feststellen, dass alle *Skinsympatisanten* einschlägige Filme kennen und ein großer Teil bereits zu den Vielsehern zu rechnen ist.

Rechtsradikalismus bei Jugendlichen ist im Osten Deutschlands eher ein soziales-gesellschaftliches Problem mit beruflicher Perspektivelosigkeit und Angst vor der Zukunft, verbunden mit elterlicher „Laissez-faire-Haltung" und Verdrängung elementarer Entfaltungs- und Selbstwertbedürfnisse durch exzessiven Gewaltmedienkonsum, Alkohol und Randale. Rechte politische „Dummenfänger" machen sich das Aggressionsbedürfnis zunutze und bringen in der Tat politischen Aktionismus mit diesen Jugendlichen zustande.

Im Westen ist Rechtsradikalismus bei Jugendlichen eher eine Frage der medial bedingten Übersättigung mit der Folge partieller „geistiger Vereinseitigung" und emotionaler Abstumpfung. Fiktive „Verlustängste" der Eltern und überzogene Aufstiegsbedürfnisse des sogenannten bürgerlichen Milieus im eher ländlich-kleinstädtischen Wohnumfeld bieten einen guten Nährboden. Zwar sind bei den meisten noch gesicherte wirtschaftliche Verhältnisse vorhanden, doch können berufliche Zukunftsängste auch dann wirksam werden und rechtsextreme Denkmuster fördern, wenn sie noch nicht Realität sind.

Auch eine fiktive Bedrohung kann, wie wir es bei unseren sächsischen Schülern – unter denen sich überhaupt keine Ausländer befanden – gesehen haben, rechtsextreme Tendenzen begünstigen und in eine Ablehnung alles Fremden umschlagen; man braucht nur in den Medien und durch bestimmte politische Kreise Ängste schüren. Ausländerfeindlichkeit richtet sich dann gegen diejenigen, von denen eigentlich überhaupt keine Gefährdung des Arbeitsplatzes ausgeht, nämlich gegen die asylsuchenden Ausländer oder andere gesellschaftliche Minderheiten. Dieses Ergebnis deckt sich auch mit der Erkenntnis aus der „Österreichischen Jugendstudie 1992" (Brunmayr, November 1992, S. 4). Dort heißt es: „Je deutlicher das Gespenst einer bedrohlichen Zukunft gezeichnet wird, desto größer ist die Anfälligkeit für rechtsextreme Denkmuster."

Inwieweit neben der gesellschaftlich sozialen Komponente der Konsum gewaltverherrlichender Medien (insbesondere Gewaltvideos, Gewaltfilme und Computerspiele) von Einfluss auf das Entstehen rechtsradikaler Einstellungen ist, konnte durch kausalanalytische Verfahren in Form von Pfadanalysen nachgewiesen werden.

Aus den dargestellten Modellergebnissen wird keine monokausale Erklärung abgeleitet. *Gleichwohl ist festzustellen, dass Effekte eines starken und länger dauernden Konsums von Horror-Gewaltfilmen und anderer Gewaltmedien für das Zustandekommen rechtsradikaler Grundeinstellungen deutlich nachweisbar waren – und dass sich diese Effekte als stärker erwiesen als der sozio-ökonomische Status oder die vielfach als Erklärungsmuster dienende Arbeitslosigkeit.*

182

4.1.5 Spezifische Interventionsempfehlungen

Die folgenden Empfehlungen können weitgehend aus den vorangegangenen Analysen abgeleitet werden. Weitergehende medienpolitische, schulische und gesellschaftliche Maßnahmen sind in den Kapiteln 3.4 und 5.2 enthalten.

Bereich Familie

Eltern bereits im Kindergarten und in den ersten Klassen der Grundschule in präventive Maßnahmen einbeziehen und auf die *psychischen Verletzungen* und weiteren Folgen, denen ihre Kinder durch den Konsum von brutalen Gewaltvideos und Fernsehfilmen ausgesetzt sind, nachdrücklich informieren, um zu erreichen, dass deutliche Grenzen gesetzt werden. Es müsste vor allem bewusst werden, welche Gefahren von den beschlagnahmten Videos und einem frühen Einstieg in dieses Genre ausgehen. Dies hat nichts mit ,,Bewahrpädagogik" oder gar ,,Scharfmacherei" zu tun. Es geht vielmehr darum, den Eltern Alternativen für eine sinnvolle Freizeitgestaltung aufzuzeigen und ihnen dabei zu helfen, ihre Kinder ,,stark" zu machen ohne ,,Rambo", ,,Cyborg" oder ,,Savage Street", und ohne dass ihre Ichstärkung auf Kosten der ,,Schwächeren" geht.

Bereich Schule

- Rechtsradikalismus und Gewalt sind in erster Linie ein ,,männliches Phänomen". Deshalb sollte primär den Jungen Beachtung geschenkt und mehr pädagogisch-psychologische Hilfen angeboten werden. ,,Junge sucht Männlichkeit", deshalb z. B. ,,Machoverhalten" mit Schülern thematisieren.
- *Gefühle vermitteln*, Körperkontakte fördern, auch wenn es – wie beim Rugbyspiel – manchmal schmerzhaft ist. Deshalb im Sportunterricht und in Freizeit-AGs den Kampfsportarten mehr Raum geben. Trotzdem sind die schulischen Möglichkeiten zum Abbau verfestigter, manifester und suchtartig konditionierter Aggressionsbedürfnisse und erhöhter Gewaltbereitschaft sehr begrenzt. Deshalb sollte man sich auch bescheidenere Ziele bei der Gewaltprävention setzen. Trotzdem versuchen, Schule zu einem Lebensraum zu gestalten, in dem man sich wohl fühlen kann. In ,,Problemschulen" andere unkonventionelle pädagogische Wege gehen: *Schule* ,,öffnen", aktive Medienarbeit betreiben, Eltern einbeziehen, Schule muss erzieherische Defizite von Eltern unbedingt auszugleichen versuchen; dazu auch fächerübergreifende Behandlung von Themen wie Kindererziehung, Konflikte gewaltfrei lösen oder Kommunikation fördern, um Schüler auf ihre zukünftige Rolle als Eltern besser vorzubereiten (Schulfach oder Unterrichtseinheiten im 9./10. Schuljahr).
- *Lehrern Hilfen zur Bewältigung aggressiver Konflikte in der Schule anbieten*, Schule und Lehrerpersönlichkeit als mögliche Konfliktquellen mit einbeziehen, aber auch solchen helfen, die die *Medienschelte* benutzen, um von eigenen Unzulänglichkeiten abzulenken. Das neue Zauberwort *Medienkom-*

petenz in der Schule vermitteln ist für mich aber genauso lange unglaubwür-
dig, solange die Verantwortlichen keine ernsthaften Anstrengungen entwi-
ckeln, dem Gewaltmedien-Kartell durch gesetzliche Auflagen zu begegnen.
- Um die Dominanz von medial vermittelten „Fremdbildern" zu verringern,
  Entspannungsübungen und *Phantasiereisen* im Unterricht einführen.
- Ein flächendeckendes Angebot an Ganztagsschulen schaffen.

Bereich Gesellschaft

- *Soziale Ungleichheiten* reduzieren durch Verbesserung der wirtschaftlichen
  und beruflichen Bedingungen (nur dadurch können Neidgefühle vermindert
  und der Hass gegen Minderheiten wie Asylanten abgebaut werden).
- *Gefühle von Bedrohung und Unsicherheit* abbauen helfen.
- *Zukunftsängste* gerade bei sozial Schwächeren nicht verstärken, d. h. keinesfalls die sozialen Leistungen für diese Menschen kürzen, und damit Glauben
  an eine gute Zukunft stärken.   ·
- *Dritte-Welt-Initiativen* fördern und attraktiv machen:
  - den Blick für das *Leid anderer Menschen* schärfen,
  - Kommunikation fördern um die *Angst vor Fremdem* zu mindern,
  - mehr *Freizeiteinrichtungen* für Jugendliche schaffen und dabei Eigen-
    aktivitäten zulassen und Kreativität fördern.

4.2 Medienwirkung auf Einstellung zu Gewalt und Mobbing

In einer eigenen neuen empirischen Untersuchung zum Zusammenhang zwischen Medienkonsum und Gewalt konnten interessante Zusammenhänge anhand
von kausalanalytischen Verfahren (Pfadanalysen) untersucht werden.

4.2.1 Pfadanalyseprojekte A und B

Einfache Häufigkeitsvergleiche und Korrelationsberechnungen erbrachten – wie
üblich – nur partielle signifikante Zusammenhänge zwischen Umfang und Art
des Medienkonsums und Gewaltparametern bei Schülern. Nach Kleiter (1997)
bewegen sich die Korrelationen zwischen .12 und .18 mit einem maximalen
Varianzanteil von 9 %. Durch Hinzunahme von weiteren Moderatorvariablen
können z. B. bei dreidimensionalen Kontingenzberechnungen wesentlich höhere
Werte erzielt werden. Solche mehrdimensionalen Kontingenzberechnungen und
Faktorenanalysen mit weiteren Variablen habe ich bei meinen Analysen zur
Wirkung von Mediengewalt auf das Gewaltverhalten von Schülern den kausalanalytischen Verfahren vorgeschaltet (Beispiel einer Faktorenanalyse zu den
Gewaltfragen ist im Anhang, S. 297ff., enthalten). Diese *Voranalysen* wiesen
bereits auf substanzielle Bezüge hin. Um die hauptsächlichen Wirkungseffekte
und deren Richtung zu erfahren, wurden die aus den Faktorenanalysen ermittelten

signifikanten Items (Gewaltparameter und Medienkosumvariablen) zusammen mit sozio-biografischen Daten (Geschlecht, Familienstand, Schulart, ethnische Zugehörigkeit) dann hypothesengeleitet anhand kausalanalytischer Verfahren (Pfadanalyse) überprüft. Ethnische Zugehörigkeit (deutsche zu ausländische), Familienstand (alleinerziehender Elternteil versus lebt bei beiden Eltern) sowie Schulartzugehörigkeit (Hauptschule versus Gymnasium) konnten hinreichend plausibel in einem Pfadmodell dargestellt werden. Weitere aus der wissenschaftlichen Literatur bekannte Einflussgrößen wie elterliches Erziehungsverhalten mit körperlichen Gewalterfahrungen oder andere familiäre Konflikte (z. B. Verbotsverhalten der Eltern) hätten die Komplexität des Modells zu sehr erhöht und auch bei der Stichprobengröße zu einer zu geringen Zellenbesetzung geführt. Bei den Medienvariablen waren neben der Dauer des Fernsehkonsums und der Computerspiele nur die sogenannten „harten" Medien wie Horror-Gewaltfilme sowie Porno-/Sexfilme relevant, gefolgt von TV-Ausstrahlung der Wrestling-Schaukämpfe und Karate- und andere Kampffilme. In die Modellstruktur wurden jedoch die beiden ersteren aufgenommen. Actionfilme sowie Krimis u. ä. waren nur gering beteiligt. Sie wurden nicht mit aufgenommen. Bei den Fragen der Einstellung zur Gewalt bzw. zum Mobbing erwiesen sich solche relevant, bei denen es um Langeweile und Spaß an Gewalt ging, um Aufmerksamkeit für die eigene Person bzw. um Beachtung durch Gewalt sowie die Anbindung an eine Clique bzw. die Einstellung zur Gewalt in diesen jugendlichen Subkulturen (Peergroups). Bei den Zielvariablen ließ ich mich leiten von eher individuellen aggressiven Reaktionen auf ein Frustrationsereignis, auf die eigene Interessendurchsetzung sowie auf gruppenbezogene Formen aggressiver Akte gegen andere in Form von Mobbing oder Schlägereien und gewalttätigen Aktionen. Auf diese einzelnen Zielvariablen sollen jeweils in getrennten Modellberechnungen Effektrichtung und Effektstärke der Moderatorvariablen bestimmt werden.

Es standen Fragebogendaten von Schülerinnen und Schülern aus zwei Projekten (A und B) mit unterschiedlichen Zielsetzungen zur Verfügung, die zwischen Oktober 1998 und Februar 1999 in insgesamt 10 Schulen in und um Stuttgart (bis 40 km Umkreis) mit den Klassenstufen 6 bis 9 erhoben worden waren. Folgende Variablen wurden als Ziel- und Moderatorvariablen in die Modellstruktur aufgenommen (in Klammern wurden die %-Anteile mit den „Stimmtantworten" angefügt):

4.2.2 Pfadanalyse Projekt A (Hauptschule und Gymnasium)

Zielvariablen (Gewalt, aggressive Durchsetzung eigener Interessen, Mobbingbeteiligung, Schlägerei um Frust abzubauen)
- In manchen Situationen bin ich durchaus bereit, auch körperliche Gewalt anzuwenden, um meine eigenen Interessen durchzusetzen (22 % Zustimmung).
- Ich habe selbst schon einmal beim körperlichen Mobbing von Schülern/innen mitgemacht (12 % Zustimmung).

185

- Häufigkeit der aktiven Mobbingbeteiligung (körperlich und verbal) gegen Mitschüler in den vergangenen zwei bis drei Monaten (15 % mehr als zweimal wöchentlich).
- Eine Schlägerei oder gewalttätige Aktion mache ich vor allem deshalb mit, weil mein Frust irgendwann einmal raus muss (15 % Zustimmung)

Moderatorvariablen (Gewalt, Clique/Gruppe)
- Man muss zu Gewalt greifen, weil man nur so beachtet wird (8 %).
- Ohne Gewalt wäre das Leben viel langweiliger (21 %).
- Die meisten in meiner Clique finden es in Ordnung, eigene Interessen manchmal auch mit körperlicher Gewalt durchzusetzen (20 %).
- In meiner Clique fühle ich mich stark (50 %).

Moderatorvariablen (Medienkonsum in der vergangenen Woche)
- Menge des TV-Konsums an unterrichtsfreien Tagen (durchschnittlich 3,1 Std. täglich).
- Zeit mit PC-Spielen an unterrichtsfreien Tagen (67 % mit durchschnittlich 2,6 Std. täglich).
- Menge des Konsums von Horror- Gewaltfilmen (HGF) (39 % mit mindestens einem Film).
- Menge des Konsums an Porno/Sex-Filmen (20 % mit mindestens einem Film).

Biografische und andere Daten
- Geschlecht (47 % Jungen, 53 % Mädchen).
- Schulart (56 % HS, 44 % Gymnasium; in Analyse nur partiell relevant).
- Familienstand (15 % alleinerziehende Mütter; 3 % Väter; in Analyse nur partiell relevant).
- Staatsangehörigkeit (72 % Deutsche, 28 % Ausländer).,

Methodisch-statistische Voraussetzungen

Anhand anonymer Fragebogenergebnisse aus 6. bis 9. Klassen (12 bis 16 Jahre) zweier baden-württembergischer Schulen (darunter 123 Hauptschüler aus 6.-9. Klassen und 97 Gymnasiasten aus 7.-9. Klassen) wurde ein hypothesengeleitetes Pfadanalyse-Modell aus einem Pool von 68 Items abgeleitet (Fragebogen siehe bei 6.7.1). Es sollte überprüft werden, inwieweit die Menge des Fernsehkonsums und von PC-Spielen sowie die Häufigkeit des Konsums von Horror-Gewaltfilmen und von Porno/Sexfilmen (alles bezogen auf die Woche vor der Befragung) im Kontext von Schulartzugehörigkeit und Geschlecht Effekte auf die Bereitschaft zur Anwendung körperlicher Gewalt besitzen. Als Moderatorvariablen wurden dazu die Einstellung zur Clique sowie deren Haltung zur Gewaltanwendung, eine Frage nach Langeweile und Gewaltbedürfnis sowie Gewaltanwendung aus einem Bedürfnis nach Anerkennung mit aufgenommen. Zur statistischen Modellberechnung wurde das Programm *Autopfad* aus dem KMSS-5 von Kleiter (1996) verwendet. Dabei war ein β-crit zwischen .20 und .30 für Ziel- und Moderatorpfad der Modellstruktur angemessen.

Tabelle 4.3:

Übersicht zu den geschlechtsspezifischen Unterschieden der wichtigsten Variablen aus Projekt A

	Zustimmung in Prozent			Signi-
	Jungen N = 104	Mädchen N = 116	Gesamt N = 220	fikanz Ju/Mä
Zielvariable (Gewalt – Mobbing)				
In manchen Situationen bin ich durchaus bereit, auch körperliche Gewalt anzuwenden, um meine eigenen Interessen durchzusetzen.	33	13	22	h.s.
Ich habe selbst schon einmal beim körperlichen Mobbing von Schülern/innen mitgemacht.	20	5	12	h.s.
Häufigkeit der aktiven Mobbingbeteiligung gegen Mitschüler in den vergangenen zwei bis drei Monaten:				
mindestens 1–2 mal	43	20	31	s.s.
mehr als zweimal bis mehrmals in der Woche	22	8	15	
Eine Schlägerei oder gewalttätige Aktion mache ich vor allem deshalb mit, weil mein Frust irgendeinmal raus muss.	21	9	15	h.s.
Moderatorvariable zu Gewalt und Clique				
Ich schlage schon mal zu, wenn mich jemand ärgert.	54	42	47	n.s.*
Ohne Gewalt wäre alles viel langweiliger.	32	11	21	h.s.
Gewaltanwendung ist in Ordnung, wenn ich mich im Recht fühle.	37	23	30	s.
Wenn ich zeigen muss, was ich drauf habe, würde ich auch Gewalt anwenden.	22	15	18	n.s.
Man muss zu Gewalt greifen, weil man nur so beachtet wird.	9	8	8	n.s.
In meiner Clique fühle ich mich stark.	44	46	45	n.s.
Die meisten in meiner Clique finden es in Ordnung, eigene Interessen manchmal auch mit körperlicher Gewalt durchzusetzen.	25	16	20	n.s.**
Weitere nicht im Modell enthaltene Gewaltfragen				
Die Anwendung von Gewalt ist für mich etwas völlig Normales.	17	10	14	n.s.
Ich bin schon einmal zusammengeschlagen worden.	32	18	25	s.
Ich bin schon einmal erpresst worden.	16	11	14	n.s.
Ich habe öfters Angst, dass mir in der Schule oder auf dem Schulweg etwas angetan wird.	20	15	17	n.s.
Moderatorvariable zur Mediennutzung	in Stunden			Sign.
Menge des TV-Konsums an unterrichtsfreien Tagen (99 % mit durchschnittlich 3,1 Std. täglich).	3,2	3,1	3,1	n.s.
Videonutzung an unterrichtsfreien Tagen (66 % mit durchschnittlich 1,7 Std. täglich).	1,8	1,7	1,7	n.s.
Zeit mit PC-Spielen an unterrichtsfreien Tagen (67 % mit durchschnittlich 2,1 Std. täglich).	2,9	1,0	2,1	h.s.
Zahl der in der vergangenen Woche gesehenen Filme	in Prozent			
Horror-Gewaltfilme: %-Anteil mit mindestens einem Film	51	28	39	s.
%-Anteil mit 2–5 Filmen	23	9	16	h.s.
Porno/Sexfilme	31	9	20	s.s.

* cump = .08, ** cump = .07

Tabelle 4.3: Fortsetzung

| | Zustimmung in Prozent | | | Signi-fikanz |
	Jungen N = 104	Mädchen N = 116	Gesamt N = 220	Ju/Mä
sonstige Medienvariablen (nicht in der Modellstruktur)	% mit mindestens einem Film			
Actionfilme	83	47	64	h.s.
Karate u. ä. Kampffilme	49	28	38	s.
Wrestling oder ähnlicher Kampfsport	40	16	27	h.s.
Krimis	43	41	42	n.s.
Liebesfilme	27	53	41	h.s.
Talkshows	61	73	67	n.s.
Dokumentarfilme	48	36	42	n. s.

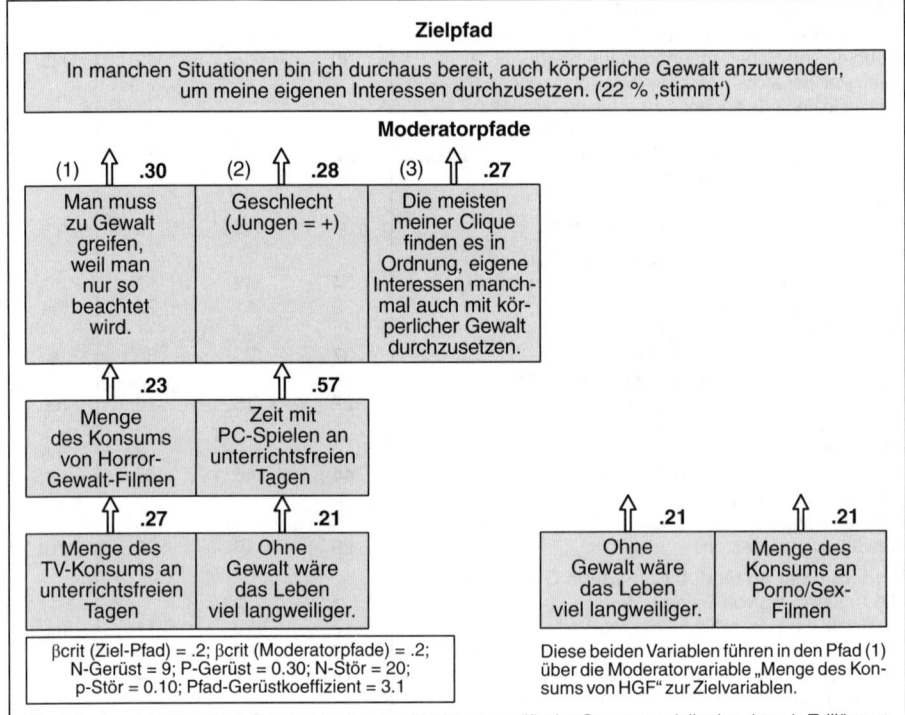

Abbildung 4.3:
Pfadanalyse zu Medienkonsum und Gewalt – aggressive, individuelle Interessendurchsetzung – Schüler von 12 bis 16 Jahren aus Hauptschule und Gymnasium, Jungen und Mädchen (N = 220)

Wegen zu großer Struktur ist bei der Modelldarstellung in Abbildung 4.3 nur eine Teillösung möglich. Deshalb erfolgte eine getrennte Berechnung nach Jungen

188

und Mädchen. In diesen Pfadanalysen konnte dann eine befriedigende Modellstruktur erzielt werden (siehe Abb. 4.4).

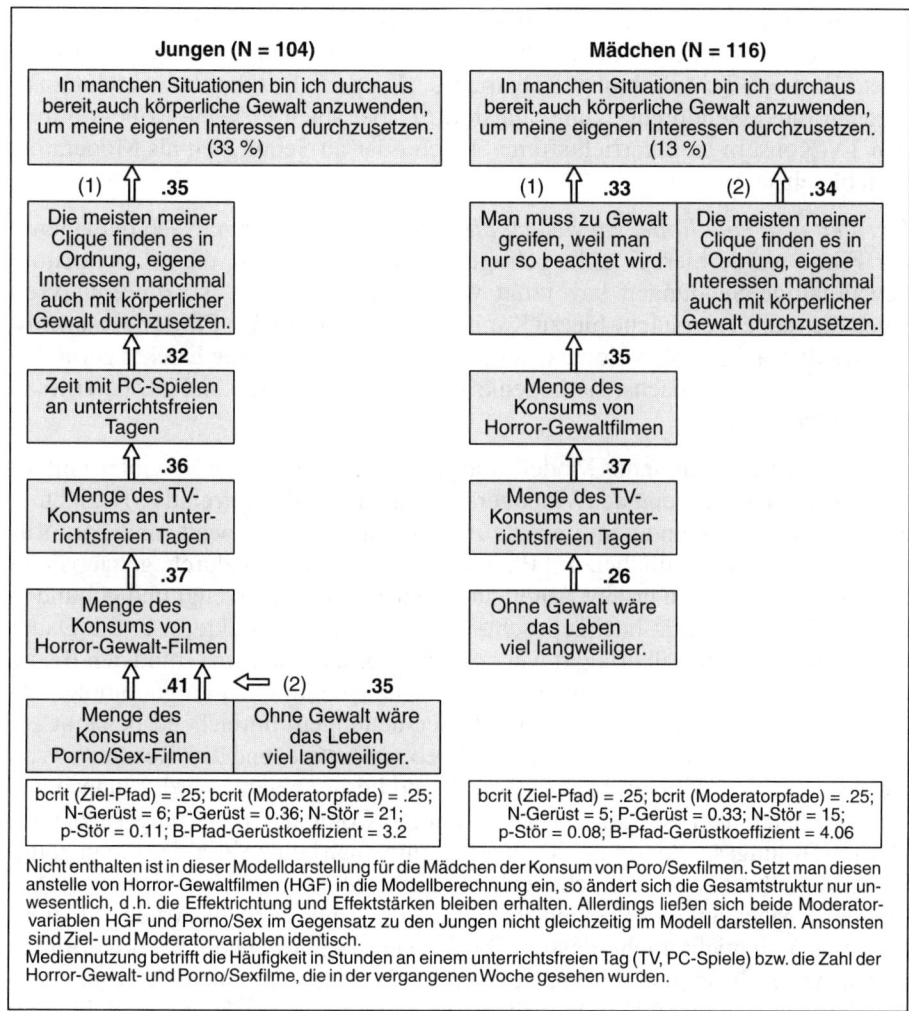

Abbildung 4.4:
Pfadanalyse zu Medienkonsum und Gewalt – aggressive, individuelle Interessendurchsetzung –
Schüler von 12 bis 16 Jahren aus Hauptschule und Gymnasium

Der Hauptunterschied zwischen Jungen und Mädchen für die Wirkungseffekte
in diesem nicht-rekursiven Pfadmodell besteht bei den Moderatorvariablen PC-
Spiele und Cliquengewalt: Während PC-Spiele nur bei den Jungen einen signifikanten Effekt auf die Zielvariable „Körperliche Gewaltanwendung zur eigenen
Interessendurchsetzung" zeigen, geht in interessanter Weise bei den Mädchen ein

bedeutsamer direkter Effekt von „Gewaltlegitimation als Gruppeninteresse" in Richtung einer individuellen gewaltsamen Interessendurchsetzung.

Hervorzuheben ist besonders, dass in allen Modelldarstellungen – nach Geschlecht getrennt wie auch bei den nicht getrennten – die ‚Menge des TV-Konsums' eine wichtige Moderatorvariable mit einem sehr bedeutsamen Effekt (Beta-Wert = .37) in Richtung Zielvariable „Körperliche Gewaltanwendung zur eigenen Interessendurchsetzung" darstellt. Dabei spielt es keine Rolle, ob man den TV-Konsum an unterrichtsfreien Tagen oder an Schultagen als Moderatorvariable einsetzt.

Es spielt also eine Rolle, wieviel TV die Schüler konsumieren. Nach dem Genre der Filme wurde hierbei nicht gefragt. Es ist zu vermuten, dass dabei primär gewalthaltige Sendungen bevorzugt werden. Die jüngsten Nutzungsanalysen legen dies nahe (vergleiche hierzu Kapitel 3.2.2). Wenn in den **Pfadanalysen von Tillmann** u. a. in diesem Kontext für die Nutzungsdauer keine Effekte gefunden wurden, so wären zunächst methodenkritische Anmerkungen am Platz (s. Tillman u. a., 1999, S. 192):

1. Kritikpunkt: In Tillmanns Modell sind sogenannte abhängige Variablen enthalten. Der Besitz eines eigenen Videogerätes hat eine starke korrelative Beziehung zur Konsummenge und damit auch zur Dauer an Horror-Gewalt- und Pornofilmen durch den Jugendlichen. Im Pfadanalysemodell wird dadurch, genau wie in Faktorenanalysen, ein großer Anteil an Varianz künstlich erzeugt und gebunden und die Kommunalität hochgepuscht, wodurch andere Effekte, u. a. die Dauer des Medienkonsums, überlagert werden. Ich habe aus solchem Grund den Besitz eines Videogerätes bewusst nicht in meine Untersuchung mit aufgenommen, da aus anderen medienpsychologischen Untersuchungen hinreichend bekannt ist, dass der Besitz eines Gerätes – z. B. Video – überwiegend zur Rezeption von exzessiven Gewaltfilmen (Horror-Gewalt und Porno) benutzt wird, genauso wie der Computer überwiegend für gewalthaltige Computerspiele eingesetzt wird (Baller-/Tötungsspiele u. ä., siehe oben). Nimmt man beide Variablen gleichzeitig in ein Modell auf, so wird durch die Abhängigkeit der beiden Variablen ein großer Teil der Varianz auf diese beiden zentriert, so dass nur noch die Art des Medienkonsums und nicht mehr dessen Dauer einen signifikanten Effekt erreicht. (*Anmerkung:* In einem Referat bei der 35. Tagung experimentell arbeitender Psychologen – TeaP 1994 in München – habe ich auf diesen Sachverhalt in einer eigenen Studie Bezug genommen.)

2. Kritikpunkt: Wie in meinen Pfad-Modellstrukturen gezeigt werden konnte, muss bei zu erwartenden gegensätzlichen Effekten (z. B. bei Analysen zu rechtsradikalen Einstellungen von Schülern, getrennte Analysen zwischen Deutschen und Ausländern – siehe Pfadanalyse bei Weiß, 1997 b – oder zwischen Jungen und Mädchen – siehe Pfadanalysen, weiter unten) eine getrennte Analyse erfolgen, da sich sonst die Pfadeffekte gegenseitig blockieren, im ungünstigsten Fall können sie sich sogar aufheben. Über solche getrennten Berechnungen wurde von Tillmann nichts berichtet.

190

3. Kritikpunkt: Die Medienausstattung eignet sich nur eingeschränkt als Indikator für Pfadanalysen, zumal von Tillmann u. a. auf Seite 187 begründet wurde, dass der hohe Sättigungsgrad mit entsprechenden AV-Geräten in den Haushalten (80 % besitzen Videorekorder) die Varianz sehr stark beschränkt. Alternativ hätte zumindest eine Analyse ohne diese Variable und dafür mit der Konsumdauer berechnet werden müssen.

Aus diesen Argumenten lässt sich die Behauptung von Tillman auf Seite 192 unten, „Die Dauer des Medienkonsums bietet also keinen eigenständigen Anteil zur Erklärung des Gewaltverhaltens von Schülerinnen und Schülern", so nicht aufrecht erhalten. Ebenso kann die noch weitergehende Schlussfolgerung von Tillmann u. a. auf Seite 193 unten, „Die Annahme, dass eine besonders ausgedehnte Fernsehzeit von Jugendlichen mit schulischem Gewaltverhalten zusammenhängt, wurde falsifiziert", solange nicht angenommen werden, bis er weitergehende separate Pfadanalysen vorgelegt hat. Im Übrigen ist die Annahme, nach der der *vermutete Zusammenhang mit dem Konsum gewalthaltiger Filme hingegen ebenso bestätigt wurde wie der Zusammenhang mit familiären Konflikten um Fernsehverbote* wohl als stimmig zu bezeichnen. Es ist auch anerkennenswert, dass von erziehungswissenschaftlicher Seite überhaupt einmal bei Gewaltanalysen des Schülerverhaltens Medienvariablen mit aufgenommen wurden. Dies ist bedauerlicher Weise auch nicht bei entwicklungspsychologischen und kriminologischen Untersuchungen üblich.

Es wäre allerdings für den Leser hilfreich gewesen, wenn an dieser Stelle erwähnt worden wäre, dass dieser Zusammenhang in Bezug auf den Gewaltmedienkonsum ein in der Medienpsychologie seit mindestens neun Jahren als hinreichend untersucht und als unstrittig gilt (vergleiche u. a. Lukesch, 1990; Scheungrab, 1991; Weiß 1991). So entsteht der Eindruck, als ob Tillmann u. a. erstmals solche Zusammenhänge entdeckt hätten. Für die Medienpädagogik und Teile der Kommunikationswissenschaft mag dies sehr wohl neu sein, da bis dato solche Zusammenhänge immer wieder bestritten wurden (vergleiche Baake, Schorb, Theunert, Grimm u. a.).

In einer weiteren Modellstruktur soll nun die eher gruppenbezogene Variante des Mobbings anhand der gleichen Moderatorvariablen untersucht werden, um die Effekte der Medienwirkung auch in diesem Zielkontext zu überprüfen (siehe Abb. 4.5).

Bei beiden nach Geschlecht getrennten Analysen mit dem Zielpfad „Aktive Beteiligung an körperlichem Mobbing" spielt die Langeweile eine Schlüsselrolle bei den Moderatorpfaden, allerdings nur in Verbindung mit der Mittlerrolle der Art und des Umfanges an Medienkonsum: Bei den Jungen ist es der Pfad PC-Spiele ⇒ Fernsehzeit ⇒ Gewalt aus Langeweile sowie über den Pfad PC-Spiele ⇒ Horror-Gewalt-Filme ⇒ Gewalt aus Langeweile. Bei beiden Geschlechtern geht ein Pfad von dem „Bedürfnis nach Beachtung durch Gewalt" über Horror-Gewalt-Filme und Menge an TV-Konsum über Gewalt aus Langeweile zur Zielvariablen „Aktive Beteiligung an körperlichem Mobbing in der

Schule". In dieser Modellstruktur spielte die Variable „Cliquengewalt" bei beiden Geschlechtern keine Rolle. Anscheinend wirkt die Peergroup nicht so stark in die Schule hinein.

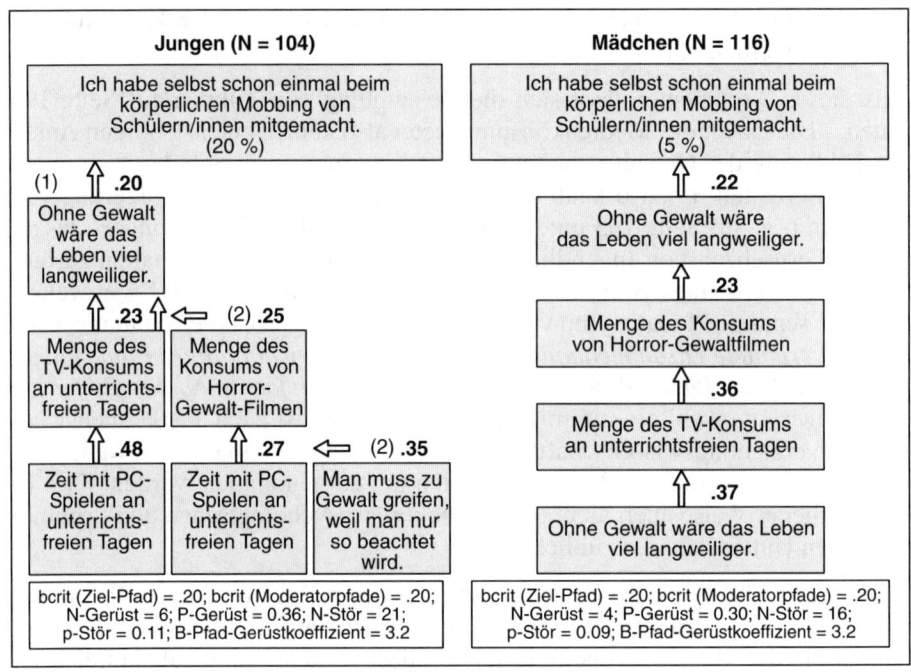

Abbildung 4.5:
Pfadanalyse zu Medienkonsum und Gewalt – Mitmachen bei körperlichem Mobbing
Schüler von 12 bis 16 Jahren aus Hauptschule und Gymnasium

Im Vergleich zur Modelldarstellung mit der Zielvariablen „Bereitschaft zur körperlichen Gewaltanwendung, um eigene Interessen durchzusetzen" sind die Variablen „Gewaltanwendung aus dem Bedürfnis nach Beachtung" und „Gewalt aus Langeweile" im Pfadverlauf praktisch vertauscht. Im einen Fall ist das Bedürfnis nach Beachtung durch Gewalt Ausgangspunkt für das Bedürfnis nach Mediengewalt, im anderen Falle ist es die Folge der Menge an Medienkonsum und Mediengewalt (TV, PC bzw. HGF). Bei Langeweile ist es umgekehrt. Zur weiteren Klärung wurde eine weitere Pfadanalyse mit der Zielvariablen häufiges aktives Mobbing *ohne Einschränkung auf den Körpereinsatz* durchgeführt (siehe Abb. 4.6).

Die Pfadeffekte unterscheiden sich in dieser Modellstruktur nur unwesentlich vom Modell mit der Zielvariablen „Körperliche Gewaltanwendung, um eigene Interessen durchzusetzen". Allerdings wirkt der Medieneinfluss über Porno/Sex, HGF, TV-Konsum und PC-Spiele unmittelbar auf die Zielvariable „häufige Beteiligung an aktivem Mobbing" ein, während die Moderatorvariablen „Beach-

192

tung durch Gewalt" und „Gewalt aus Langeweile" die Ausgangsstationen darstellen.

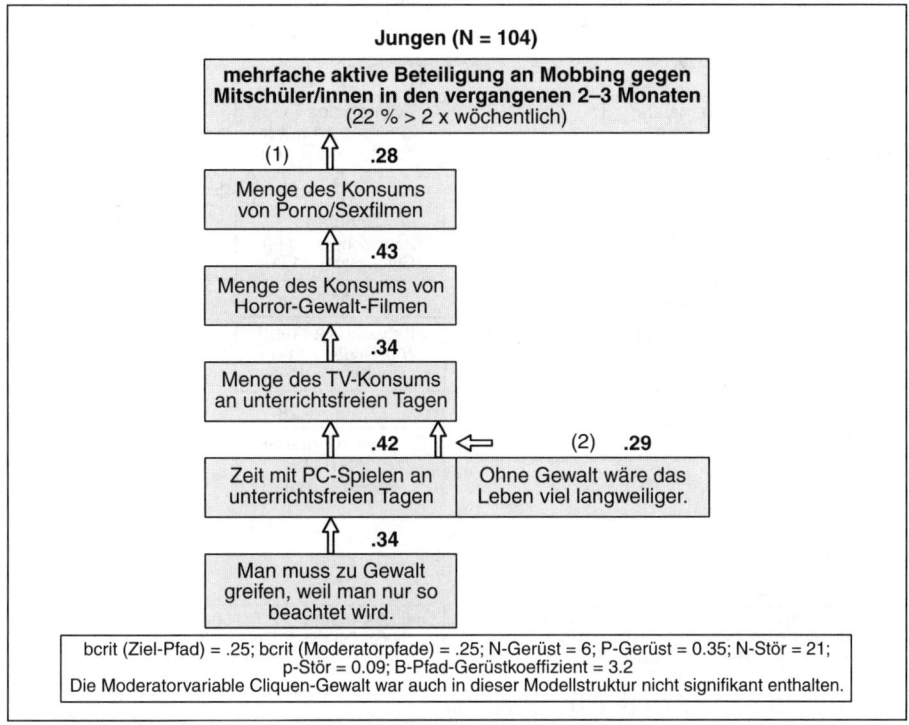

Abbildung 4.6:
Pfadanalyse zu Medienkonsum und Gewalt – Mitmachen bei aktivem Mobbing
(körperlich und verbal) –
Schüler von 12 bis 16 Jahren aus Hauptschule und Gymnasium

Für die Mädchen ließ sich diese Modellstruktur mit den identischen Ziel- und
Moderatorvariablen nicht erfolgreich darstellen. Dies könnte entweder ein Hinweis darauf sein, dass der Medieneffekt bei diesen nur für gelegentliches körperliches Mobbing und körperliche Gewaltanwendung zur eigenen Interessendurchsetzung wirksam ist, oder dass andere Moderatorvariablen zur vorgegebenen
Modellstruktur nicht kompatibel sind. In das folgende Modell zur Frustrations-
Aggression wurden deshalb weitere exogene Moderatorvariablen eingeführt und
als Zielvariable die Beteiligung an Gruppenaggressionen nach einem Frustrationsereignis vorgegeben (siehe Abb. 4.7).

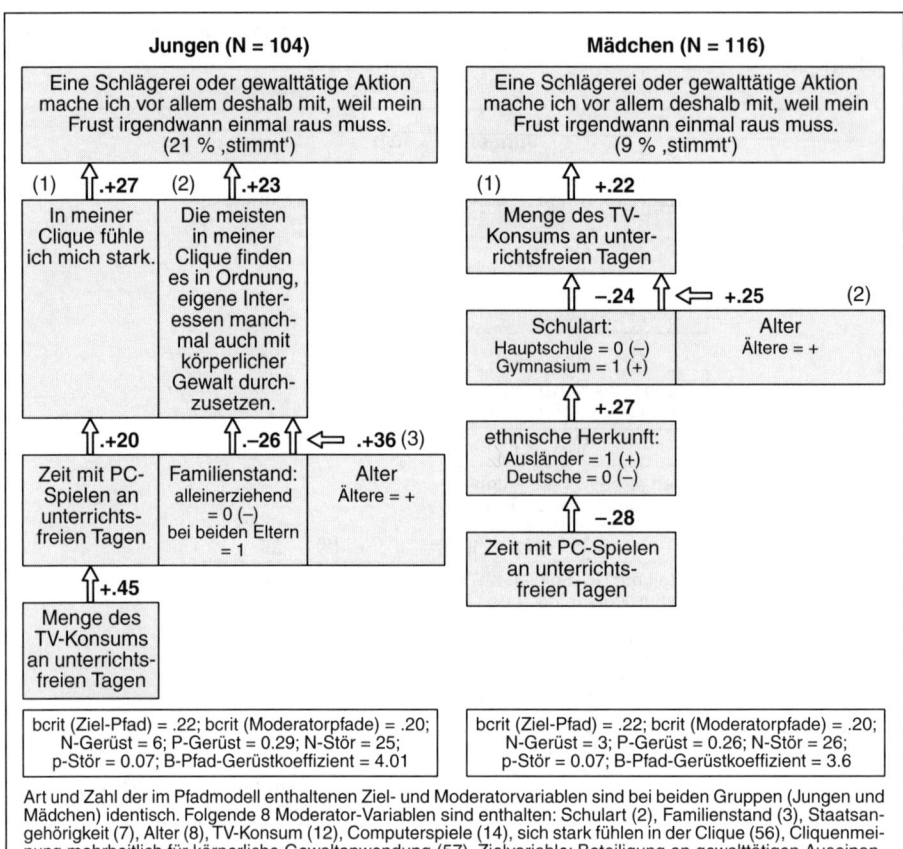

Abbildung 4.7:
Pfadanalyse zu Medienkonsum und Gewalt – Beteiligung an Gruppenaggression nach Frustration –
Schüler von 12 bis 16 Jahren aus Hauptschule und Gymnasium

Jungen

1. Bei den Jungen ereignet sich diese Form von Aggression nach Frustration überwiegend im Gruppenkontext. Die Stärke, die sie in der Clique erfahren, und die aggressive Interessendurchsetzung mittels körperlicher Gewaltanwendung, die unter den Cliquenmitgliedern das Verhalten bestimmen, sind die Voraussetzungen für die Beteiligung an gewalttätigen Aktionen oder Schlägereien nach einem Frustrationsereignis.

2. Dieser Effekt wird wesentlich von drei Einflussgrößen bewirkt:
   a) Art und Umfang des Medienkonsums: Relevant im Modell waren der Umfang des Fernsehkonsums und die Häufigkeit von Computerspielen. (In einer anderen Modellvariante zeigt die Zahl der rezipierten Horror-

Gewaltfilme – wie in den vorangehenden Analysen – ebenfalls einen bedeutsamen Effekt.)

b) Jungen, die nur bei einem Elternteil wohnen (in der Stichprobe sind es rund 85 % Mütter), neigen verstärkt zur Anbindung an gewalttätige Cliquen (β-Wert = –.26) und über diese zur Gewaltanwendung nach einem Frustrationsereignis (β = .23). Einen ähnlichen Effekt ermittelte auch Jäger (1999) in einer empirischen Untersuchung in Rheinland-Pfalz.

c) Aggressive Cliquen setzen sich überwiegend aus den älteren Schülern zusammen (14–15 Jahre), und über diese sind sie häufiger als die jüngeren an Schlägereien oder anderen gewalttätigen Aktionen beteiligt.

Mädchen

1. Bei den Mädchen zeigt der Fernsehkonsum in dieser Modellstruktur einen unmittelbaren Effekt auf die Zielvariable Frustrationsaggression.
2. Dieser Effekt wird wesentlich mit bestimmt durch die
   a) Schulartzugehörigkeit zur Hauptschule sowie durch die
   b) ethnische Herkunft.
   Bei den ausländischen Mädchen aus der Hauptschule zeigt sich ein deutlicher Effekt über Fernsehkonsum zur Beteiligung an gewalttätigen Aktionen.
3. Der Effekt in Richtung Zielvariable wird mit bestimmt durch das Alter (je älter umso stärker).
4. Computerspiele sind im Modell beteiligt, jedoch mit einer negativen Effektstärke.

Hauptergebnisse zu den Pfadanalysen aus Stichprobe A

Wenngleich Mädchen und Jungen ein unterschiedliches Rezeptionsverhalten in Bezug auf die Menge an TV-Zeit oder Häufigkeit des Konsums extremer Gewaltfilme besitzen, so zeigen beide Geschlechter in diesem Variablenkontext doch eine ähnliche Effektstruktur bezüglich Medienwirkung und Gewalt.

Ausgangspunkt ist bei Mädchen und Jungen die Aussage „Ohne Gewalt wäre das Leben viel langweiliger", d. h. Gewalt wird allgemein als Mittel gegen Langeweile betrachtet. Dieses wird vor allem durch TV-Gewalt befriedigt (Mädchen), bei den Jungen durch Horror-Gewaltfilme. Diese folgen bei den Mädchen an nächster Stelle. PC-Spiele – vermutlich ebenfalls gewalthaltige – folgen dann bei den Jungen als wichtiger Mediator für das Bedürfnis, durch Gewaltanwendung beachtet zu werden. Der Pfadeffekt PC-Spiele fehlt bei den Mädchen (PC-Spiele nicht signifikant). Trotzdem kommt es auch bei ihnen über AV-Medien und über Beachtung respektive Anerkennung durch Gewalt zur Bereitschaft, körperliche Gewalt durchaus anzuwenden, um die eigenen Interessen durchzusetzen.

Bei der Gruppe der Mädchen kommt als wichtiger Seitenpfad die „Legitimation von körperlicher Gewalt durch die Clique" hinzu. Bei den Jungen erreichte dieser Effekt nicht ganz die Signifikanzgrenze.

Fazit

Die Legitimation und Bereitschaft zu körperlicher Gewaltanwendung hat bei Schülern im Alter von 12 bis 16 Jahren mit der Menge des Medienkonsums und der Häufigkeit des Konsums medialer Gewaltdarstellungen einen substantiellen übergeordneten Bezug. Ethnische Herkunft, Schulartzugehörigkeit und Familienstand spielen nur teilweise eine Rolle.

In anderen Untersuchungen, in denen ähnliche mediale Wirkeffekte gefunden wurden, bezieht sich die Variable Medienkonsum auf einen Selbstbeobachtungs-Zeitraum von 14 Tagen. Ich habe mich bewusst auf den Zeitraum von einer Woche beschränkt, da erfahrungsgemäß die vergangene Woche von allen Schülern noch gut überschaut werden kann. Der mögliche Nachteil durch Zufallseinflüsse bei einem kürzeren Beobachtungsintervall scheint sich in dieser Untersuchung nicht nachteilig auszuwirken.

Diese Ergebnisse aus *Projekt A* gelten zunächst nur für die beiden untersuchten Schulen mit den Klassen 6/7 bis 9 aus Stuttgart und Umgebung. Inwieweit vergleichbare Pfadstrukturen in anderen Schulbezirken eine Rolle spielen, soll in einem weiteren *Projekt B* aus einem Mittel- bzw. Kleinstadtbezirk im Regierungsbezirk Stuttgart überprüft werden.

4.2.3 Pfadanalyse Projekt B (Hauptschule – Realschule – Gymnasium)

In diesem Projekt zur schulischen Gewalt- und Suchtprävention waren für die Fragebogenerhebung acht Schulen beteiligt, darunter vier Hauptschulen, eine Realschule, eine Werkrealschule und zwei Gymnasien mit allen neunten Klassen. Die anonyme Befragung mit einem modifizierten Fragebogen (Kurzform des bei Projekt A verwendeten Fragebogens zu Medienkonsum und Gewalt) wurde in diesen Schulen zweimal durchgeführt, die erste Befragung erfolgte etwa vier Wochen vor der Projektwoche (N = 210), die zweite Befragung etwa vier Wochen danach (N = 192). Die Erhebung fand in den Monaten Oktober und November 1998 statt. Ein Vergleich von Erst- und Zweitbefragung war nur auf Klassen- bzw. Schulartebene möglich, da wegen der absoluten Anonymität eine individuelle Zuordnung nicht möglich war.

In die folgende Analyse geht nur die Wiederholungsbefragung ein, die Erstbefragung unterscheidet sich von dieser nur unwesentlich. Durch diese Pfadanalysen sollte eher der Aspekt der eher spontanen und individuellen Frustrations-Aggression im Zusammenhang mit möglichen Effekten der Art und des Umfangs an Medienkonsum untersucht werden. Deshalb wurden folgende Ziel- und Moderatorvariablen zusammengestellt:

Zielvariable (Gewalt)

● „Ich schlage schon mal zu, wenn mich jemand ärgert" (52 % Zustimmung).

Moderatorvariable (Gewalt, Clique)

● Ohne Gewalt wäre alles viel langweiliger (18 % Zustimmung).
● Gewaltanwendung ist in Ordnung, wenn ich mich im Recht fühle (28 % ‚stimmt').
● Der Stärkere muss sich durchsetzen, sonst gibt es keinen Fortschritt (26 % ‚stimmt').
● Wenn ich zeigen muss was ich drauf habe, würde ich auch Gewalt anwenden (20 %).
● In meiner Clique fühle ich mich stark (51 % Zustimmung).

Moderatorvariablen (Medienkonsum in der vergangenen Woche)

● Menge des TV-Konsums an unterrichtsfreien Tagen (99 %, durchschnittlich 3 Std. täglich).
● Videonutzung an unterrichtsfreien Tagen (59 % mit durchschnittlich 1,4 Std. täglich).
● Zeit mit PC-Spielen an unterrichtsfreien Tagen (66 % mit durchschnittlich 2,3 Std. täglich).
● Menge des Konsums von Horror-Gewaltfilmen (HGF) (48 % mit mindestens einem Film).
● Menge des Konsums an Porno/Sex-Filmen (28 % mit mindestens einem Film)

Biografische u. a. Daten

● Geschlecht (50 % Jungen, N = 96; 50 % Mädchen, N = 95).
● Schulart (55 % HS, 23 % RS, 22 % Gymnasium; in Analyse nur partiell relevant).
● Staatsangehörigkeit (Deutsche, Ausländer; in Analyse nicht relevant).

Methodisch-statistische Voraussetzungen

Anhand anonymer Fragebogenergebnisse von 192 Schülern/innen aus 9. Klassen (14 bis 16 Jahre) aus acht baden-württembergischen Schulen wurde ein hypothesengeleitetes Pfadanalyse-Modell anhand vorausgehender Kontingenzanalysen, Korrelations- und Faktorenanalysen abgeleitet und aus einem Pool von 38 Variablen bis zu 13 ausgewählt.

Tabelle 4.4:

Übersicht zu den geschlechtsspezifischen Unterschieden der wichtigsten Variablen aus Projekt B

	Zustimmung in Prozent			Signi- fikanz Ju/Mä
	Jungen N = 97	Mädchen N = 95	Gesamt N = 192	
Zielvariable (Frustrations-Aggression)				
Ich schlage schon mal zu, wenn mich jemand ärgert.	64	40	52	s.s.
Moderatorvariable zu Gewalt und Clique				
Ohne Gewalt wäre alles viel langweiliger.	27	9	18	s.s.
Gewaltanwendung ist in Ordnung, wenn ich mich im Recht fühle.	33	23	28	n.s.
Der Stärkere muss sich durchsetzen, sonst gibt es keinen Fortschritt.	28	23	26	n.s.
Wenn ich zeigen muss, was ich drauf habe, würde ich auch Gewalt anwenden.	24	16	20	n.s.
In meiner Clique fühle ich mich stark.	47	55	51	n.s.
Weitere nicht im Modell enthaltene Gewaltfragen				
Ich bin schon einmal zusammengeschlagen worden.	21	12	16	n.s.
Ich bin schon einmal erpresst worden.	9	16	13	n.s.
Ich habe öfters Angst, dass mir in der Schule oder auf dem Schulweg etwas angetan wird.	9	13	11	n.s.*
Moderatorvariable zur Mediennutzung	in Stunden			Sign.
Menge des TV-Konsums an unterrichtsfreien Tagen (99 % mit durchschnittlich 3 Std. täglich).	2,9	3,1	3,0	n.s.
Videonutzung an unterrichtsfreien Tagen (59 % mit durchschnittlich 1,4 Std. täglich).	1,5	1,3	1,4	n.s.
Zeit mit PC-Spielen an unterrichtsfreien Tagen (66 % mit durchschnittlich 2,3 Std. täglich).	3,5	1,1	2,3	h.s.
Zahl der in der vergangenen Woche gesehenen Filme	in Prozent			
Horror-Gewaltfilme: %-Anteil mit mindestens einem Film	54	41	48	n.s.**
%-Anteil mit 2–5 Filmen	19	10	15	
sonstige Medienvariablen (nicht in der Modellstruktur)	% mit mindestens einem Film			
Porno/Sexfilme	43	14	29	h.s.
Actionfilme	83	57	70	h.s.
Karate u. ä. Kampffilme	39	16	28	s.s.
Krimis	50	42	46	n.s.
Liebesfilme	25	59	42	h.s.
Talkshows	64	85	74	h.s.
Dokumentarfilme	35	28	32	n.s.

* cump = .08, ** cump = .07
Signifikanzgrenzen: s = signifikant, cump < .05, s.s. = sehr signifikant, cump < .01, h.s. = hoch signifikant, cump < .001

Vergleich mit Projekt A

Die Prozent- bzw. Häufigkeitsanteile unterscheiden sich zwischen den beiden Projekten nicht sonderlich, zumal in Projekt A auch die Klassen 6 und 7 beteiligt waren, die in Projekt B fehlen. So sind bei den Medienkonsum-Variablen fast identische Nutzungswerte vorhanden: TV-Konsum an unterrichtsfreien Tagen macht in Projekt A durchschnittlich 3,1 Std. aus, in Projekt B 3,0 Std., Computerspiele bei 67 % der Schüler mit täglich durchschnittlich 2,6 Std. in Projekt A und bei 66 % mit durchschnittlich 2,3 Std. in Projekt B.

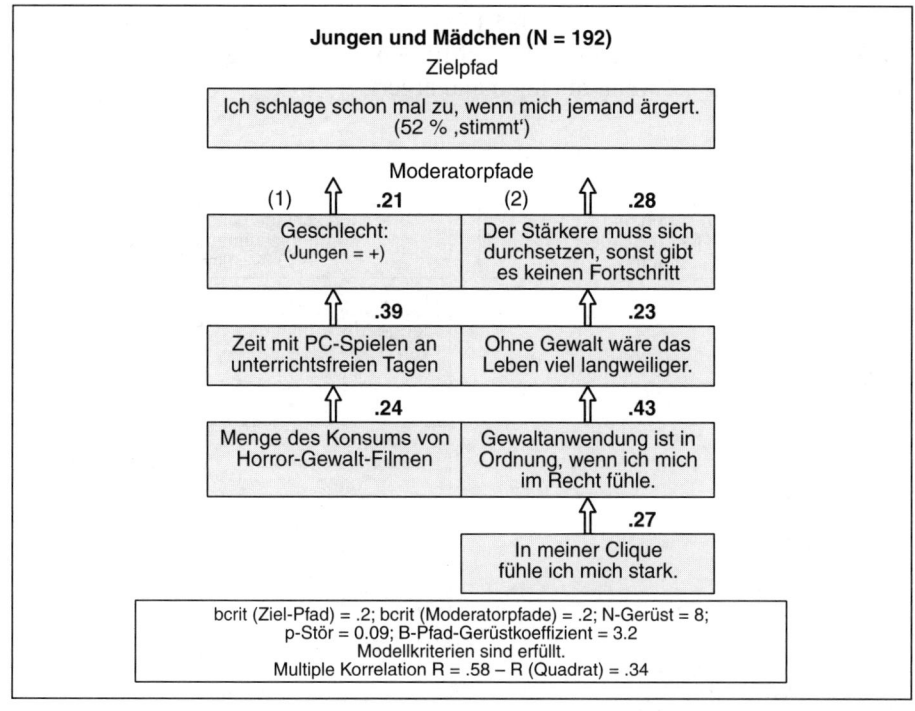

Abbildung 4.8:
Pfadanalyse zu Medienkonsum und Gewalt – individuelle Frustrations-Aggression –
Schüler von 14 bis 16 Jahren aus Hauptschule, Realschule und Gymnasium

Die Menge an Horror-Gewaltfilmen in der vergangenen Woche sowie die Zeit, die an einem Tag mit PC-Spielen verbracht wird, spielt in diesem Modell für die Jungen anscheinend eine bedeutsame Rolle in Bezug auf Ärger-Aggression.

Der TV-Konsum und seine mittel- oder unmittelbare Wirkung auf die Zielvariable, „Ich schlage schon mal zu, wenn mich jemand ärgert", zeigte in diesem geschlechtsunspezifischen Modell keine signifikanten Effekte. Deshalb wurde, wie bereits bei Projektanalyse A, eine Trennung des Datensatzes nach Jungen und Mädchen vorgenommen. Es ergab sich die Modellstruktur nach Abbildung 4.9.

Bei diesen nach Jungen und Mädchen getrennten Pfadanalysen konnte eine befriedigende Modellstruktur gefunden werden, mit signifikanten Effekten auf die identische Zielvariable *Frustrations-Aggression*. Allerdings ließ sich dabei – anders als in der Projektanalyse A – bei den Mädchen keine gleiche Repräsentation der gewaltspezifischen Moderatorvariablen erzielen. Auch ließ sich das Modell nur darstellen, indem bei der Mädchengruppe die „Zeit an PC-Nutzung mit Spielen" als Moderatorvariable eliminiert wurde. Die einzige Gewaltfrage, die im Kontext zu Medienkonsum bei den Mädchen relevant war, ist die Frage nach Gewalt aus Langeweile. TV-Konsum, Video und Langeweile (Spaß an Gewalt) sind auf der einen Seite bedeutsame Effekte für Gewalt aus Ärger, auf der anderen Seite geht ein direkter Pfad (1) mit signifikanten Effekten von TV-Konsum, Video und Horror-Gewaltfilmen in Richtung Zielvariable „Ich schlage schon mal zu, wenn mich jemand ärgert".

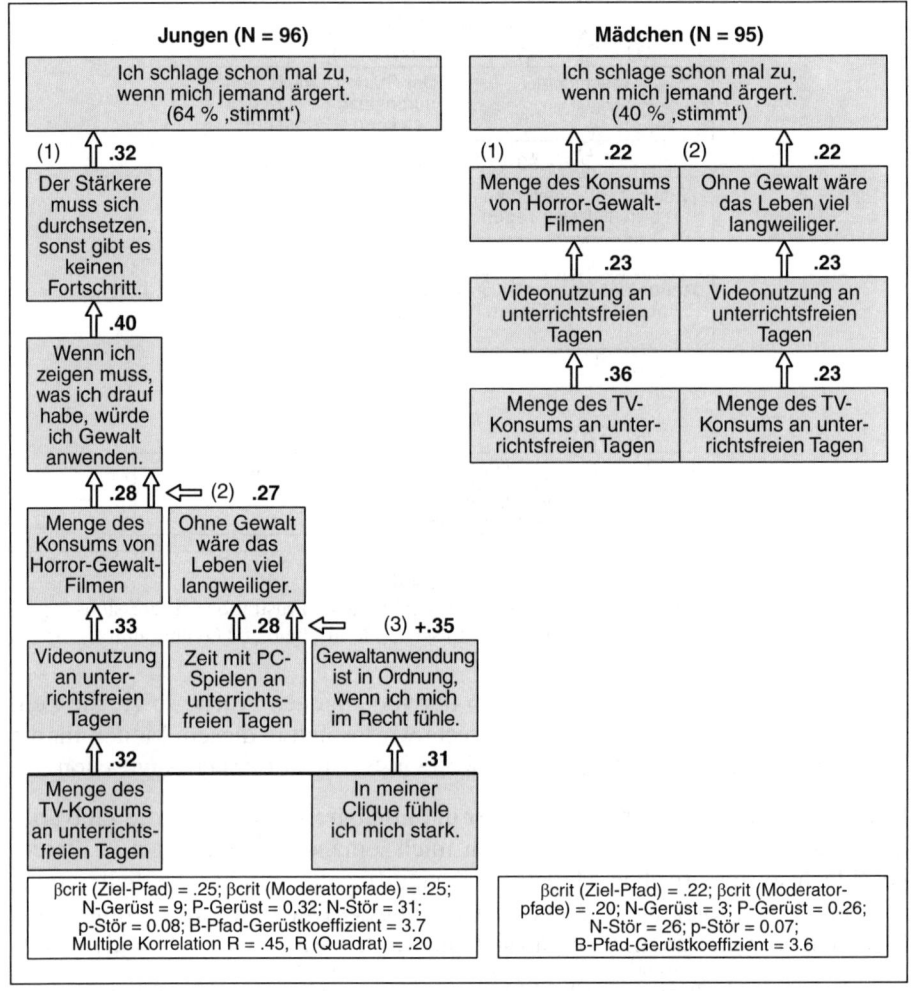

Abbildung 4.9:
Pfadanalyse zu Medienkonsum und Gewalt – körperliche Gewaltanwendung aus Ärger –
Schüler von 14 bis 16 Jahren aus Hauptschule, Realschule und Gymnasium

Bei den Jungen gehen die Medieneffekte nicht direkt zur Zielvariablen, sondern mittels weiterer Gewaltfragen wie „Der Stärkere muß sich durchsetzen, sonst gibt es keinen Fortschritt" sowie „Wenn ich zeigen muss, was ich drauf habe, würde ich auch Gewalt anwenden". Mit anderen Worten: Ichdurchsetzung durch Stärke und Imponiergehabe sind wichtige Moderatoren, durch die auch Frustrations-Aggression beeinflusst wird. Ausgangsbasis sind aber TV-Konsum, Video-nutzung und die Zeit, die mit PC-Spielen verbracht wird.

4.2.4 Resümee und Konsequenzen

Unter Einbeziehung aller Pfadanalysen kann folgendes **Resümee** gezogen werden:

Die pfadanalytischen Modelle stützen sich ausschließlich auf Daten mit Selbstaussagen von Schülern zu ihrer Einstellung zur Gewalt und zu ihrem Medienkonsumverhalten.

Die *Ergebnisse aus Projekt A* basieren auf einem Fragebogen mit 68 Items, die unter strengen anonymen Befragungsbedingungen im Klassenverband (6. bis 9. Hauptschulklassen und 7. bis 9. Gymnasialklassen) erhoben wurden.

Zielfrage war die Gewaltbereitschaft und die aktive Beteiligung an gewalttätigen Aktionen bzw. am Mobbing gegenüber Mitschülern, also um aggressive Handlungen, die sich eher im Gruppenkontext abspielen.

In *Projekt B,* das sich auf einen reduzierten Fragekatalogs mit 38 Items stützte, sollte die Effektstärke und Effektrichtung der gleichen Medienvariablen wie in Projekt A auf die besondere Form der individuellen aggressiven Reaktionsweise auf Ärger (individuelle Frustrations-Aggression) durch ein pfadanalytisches Modell überprüft werden.

Sowohl die individuelle Variante der Frustrationsaggression („Ich schlage schon mal zu, wenn mich jemand ärgert") als auch die Gruppenvariante („Eine Schlägerei oder gewalttätige Aktion mache ich vor allem deshalb mit, weil mein Frust irgendwann einmal raus muss") zeigen substantielle Bezüge mit signifikanten Pfadeffekten zu Art und Umfang des Medienkonsums:

● Bei den Jungen sind es überwiegend der Fernsehkonsum, die Computerspiele, die Menge an Horror-Gewalt- und Porno-/Sexfilmen, bei den wesentlich weniger beteiligten Mädchen (nur etwa 1/3 an körperlichen Gewaltanteilen im Vergleich zu den Jungen) sind es Fernsehkonsum und Horror-Gewaltfilme. Umgesetzt wird das Gewaltbedürfnis bei den Jungen im Gruppen-/Cliquenkontext in Gewalthandlungen in Gestalt von gemeinsamen Aktionen oder Schlägereien.

● 14–16-jährige Mädchen mit nichtdeutscher Staatsangehörigkeit aus der Hauptschule neigen bei hohem Fernsehkonsum am stärksten zur Ausübung von Gewalt im Sinne von *gewalttätigen Aktionen oder Schlägereien, um dort Frust loszuwerden.*

● Mädchen mit dem Bedürfnis, *eigene Interessen durch Anwendung von Gewalt durchzusetzen,* tun dies primär, weil sie Beachtung finden möchten; dazu werden sie auch durch hohen TV-Konsum und Horror-Gewaltfilme stimuliert. An zweiter Stelle erfolgt die Stimulation durch das Gefühl von Langeweile, die durch Gewalt erträglicher wird. Aber auch hier spielen die Medien eine Vermittlerrolle.

Unterstützt wird das Bedürfnis nach gewaltsamer Interessendurchsetzung durch die gleichgesinnte Clique bzw. Freundesguppe. Das Alter spielt bei der cliquen- bzw. gruppenbezogenen Aggressivität eine Rolle: Je älter die Schüler sind, umso stärker wirkt sich der Effekt aus. Der Altersbereich reichte von 12 bis 16 Jahren.

Bedeutsamkeit der Ergebnisse

Zum engeren Täterkreis mit hoher Gewaltbereitschaft sind rund 5–8 % der Mädchen, aber rund 20 % der Jungen in den beiden Projekten zuzurechnen. In einer breiten Zone, die bis rund 20 % bei den Mädchen und rund 35 % bei den Jungen reicht, in der ,,Gewaltanwendung als legitime Reaktion empfunden wird, wenn ich glaube im Recht zu sein", steckt m. E. eine große Gefahr. Diese mit *Selbstjustiz* eigentlich zu umschreibende Grundeinstellung führt dann eben im Konfliktfall zu einer gewaltsamen Konfliktlösung, bei der es fast immer nur Sieger und Besiegte gibt. Zu Bedenken Anlass gibt weiter der Befund aus den Selbstauskünften der Schüler, dass sie ,,schon mal zuschlagen, wenn sie jemand ärgert". Bei den Jungen sind dies rund 60 %, bei den Mädchen 40 %. Dieses Eingeständnis einer spontanen körperlichen Aggression auf ein Frustrationser- lebnis mag zwar auch darauf hindeuten, dass es sich um eine persönlichkeitsspe- zifische Reaktionsweise handeln kann; diese ist jedoch auch mit abhängig von Umfang und Art des Medienkonsums (TV, Video, Computerspiele, Horror-Ge- walt und Porno/Sex), denn in fast allen Pfadanalysen konnte bei beiden Ge- schlechtern eine eindeutige Effektrichtung mit substantiellen Effekten vom Me- dienkonsum in Richtung Gewaltanwendung durch aggressives Handeln nachge- wiesen werden. In einem Alter von 14–15 Jahren kommt dann der Gruppenein- fluss durch die Clique hinzu, in der sich zumeist solche zusammenfinden, bei denen die gleichen Einstellungen zur Gewalt und die gleichen Vorlieben für gewalthaltige Medien vorhanden sind. Die Gruppe ist zumeist deshalb attraktiv, weil sie ,,stark macht" und in gewaltbereiten Cliquen durch gewalttätige Aktio- nen auch Erfolgserlebnisse vermittelt werden. Einer Aussage wie ,,Zerstörung ist die Kreativität des Hoffnungslosen", die Erich Fromm zugeschrieben wird, kann durch das vorliegende Material nicht bestätigt werden, weil sich das Fragebogenitem, ,,Manchmal schaue ich ohne Hoffnung in die Zukunft", in der Pfadstruktur nicht als signifikanter Effekt zu der Zielvariablen (körperliche Gewaltanwendung auf Frust) darstellen ließ.

Konsequenzen aus diesen Befunden

Um den Anteil von Schülern zu reduzieren, die
- Bedürfnisse besitzen oder erworben haben, Konflikte ausschließlich mit Gewalt zu lösen,
- Gewalt/Mobbing aus Langeweile betreiben,

- gewalttätig sind, weil Bössein einfach geil ist,
- aus Lust intrigieren bzw. sich an Mobbing beteiligen,
- die es aus Imponiergehabe tun, um beachtet zu werden,
- durch Gewalt Macht ausüben,
- aus Rache auf eine Demütigung zurückschlagen,
- strafen in Form von Selbstjustiz,
- gewalttätig werden, weil sie selbst schon häufig Opfer waren,
- gewaltsame Aktionen nur mitmachen, um die Ächtung durch andere Gruppenmitglieder zu vermeiden und sich dem Gruppenzwang beugen,
- Gewalt ausüben, weil sie gewalttätige Protagonisten in Filmen und PC-Spielen bewusst oder unbewusst nachahmen und auf die Wirklichkeit übertragen,

muss man genau an diesen Parametern ansetzen um zerstörerisches Verhalten zu reduzieren.

Bereits Lukesch und Scheungrab (1995) stellten fest, dass das Freisetzen von Aggressionsmechanismen in jugendlichen Subkulturen von Gewaltdarstellungen mit ausgelöst wird, weil Gewaltfilme zu den Leitbildern, Wertungen und Zielsetzungen dieser Gruppen eine hohe Affinität besitzen. In Verbindung mit speziellen Sozialisationsbedingungen führt dies besonders bei den männlichen Jugendlichen zu verstärkter Gruppenaggression in Peergroups und extremistischen Vereinigungen (siehe Abschnitt 4.1). Als typisches Beispiel möchte ich einen Gewaltfilm nennen, der solche destruktiven Gruppenprozesse fördert: Es ist der indizierte Film „Savage Street" (deutsch „Straße der Gewalt"), der bereits mehrfach durch das private Fernsehen nach 23.00 Uhr ausgestrahlt wurde.

Dabei kommt es bei *gruppenbezogenen Delikten* besonders darauf an, zu erkunden,
- welcher Verhaltenscode das Gruppenverhalten bei Konflikten bestimmt, wie stark der Gruppenzwang ausgeprägt ist und welche Stellung der Betreffende in der Gruppe hat.
- Welche Familienstrukturen die Gruppenmitglieder haben. Z. B. sollten bei Jugendlichen, die bei nur einem Elternteil aufwachsen, diese Alleinerziehenden auf die besonderen Bedürfnisse ihrer Jungen nach einem starken männlichen Leitbild und damit auch auf die besonderen Gefährdungen durch destruktive Gruppenstrukturen hingewiesen werden; konsequent wäre es, Kinder so stark zu machen, dass sie dem Gruppenzwang widerstehen können.
- In 8. und 9. Hauptschulklassen sollte auf die Probleme der Mädchen mit anderer ethnischer Herkunft besonders eingegangen werden.
- Dem weit verbreiteten Bedürfnis, durch Gewalt mehr Beachtung zu finden, kann nur dann erfolgreich entgegengewirkt werden, wenn die Schüler anderweitige Erfolgserlebnisse erfahren können. Lob ist das beste Mittel, dazu beizutragen. Damit ist es aber allein nicht getan.
- Besondere Aufmerksamkeit wäre dem exzessiven Gewalt-Porno-Sexmedienkonsum und den Computerspielen bei den Jungen zu schenken, unabhängig von deren ethnischer Zugehörigkeit.

- Bei beiden Geschlechtern ist bei hohem TV-Konsum entgegenzusteuern. Da Verbote allein nicht ausreichen, kommt es besonders darauf an, ähnlich attraktive Alternativen, z. B. durch Sport, Musik und anderen Freizeitaktivitäten, zu ermöglichen.

Bei den *individuellen Gewalt-/Aggressionsformen ohne direkte Gruppenbeteiligung* wären folgende Fragen zu stellen bzw. Konsequenzen zu ziehen:

- Den Jungen vermitteln, dass es nicht immer von Stärke zeugt, wenn sich der Stärkere durchsetzt.
- Andere Gelegenheiten vermitteln, bei denen auch ohne Gewaltanwendung gezeigt werden kann, ,,was einer drauf hat".
- Langeweile vermeiden lernen. Bessere Lebensperspektiven aufzeigen. Den Jugendlichen Aufgaben geben und Ziele vermitteln, für die es sich lohnt zu leben. Dies gilt nach den Pfadanalysen für beide Geschlechter.
- Für die Jungen gilt vor allem, ein häufig verschobenes Rechtsbewusstsein bzw. fehlendes Unrechtsbewusstsein korrigieren helfen. Vermitteln, dass Selbstjustiz in Westernmanier nichts mit unserem demokratischen Rechtsverständnis zu tun hat, nach dem es eben nicht zulässig ist, Gewalt anzuwenden, wenn ich subjektiv der Meinung bin, im Recht zu sein. Da solche Einstellungen häufig in Gruppen entstehen, wäre dies auch der Ort, dort präventiv entgegenzuwirken. Es ist allerdings sehr schwierig, bereits stark festgefügte Reaktionsmuster – von Rachejustiz über spontane Ärger-Aggression bis zum wohlüberlegten Mobbing oder der geplanten Randale mit Bandenkrieg – zu verändern.[4]
- Solche Einstellungen werden aber auch über viele Gewaltmedien vermittelt (Rambo, Terminator, Cyborg usw. sind hier typisch). Deshalb vor allem freie Zugangsmöglichkeiten über TV einschränken.

---

4 In manchen Jugendgangs herrscht ein derartiger Gruppenzwang und Terror, dass viele schon aus Angst vor Strafe durch die Gruppe aus diesem Kreis nicht ausbrechen können. In manchen Cliquen herrscht auch ein besonderer Sprachcode, der oft eine Kommunikationsbarriere darstellt. Manche verstehen auch keine andere Sprache mehr als die ‚Körpersprache‘, d. h. mit einem Gegner über einen Konflikt sprechen, ist vielfach kaum mehr möglich, es wird zugeschlagen, zugestochen oder ,,Randsteinfressen" praktiziert, eine besonders rüde Form, es einem Gegner heimzuzahlen – oft mit schweren Gesichts- und Schädelverletzungen verbunden. Dazu werden auch Baseballschläger eingesetzt, die man als ,,Diskussionsbeschleuniger" bezeichnet. Mir sind Fälle bekannt, bei denen es bereits bei einfachsten Problemen – z. B. ,,der aus der anderen Clique hat meine Freundin besonders angeschaut, der will sie mir bestimmt ausspannen" – zu solchen extremen gewaltsamen Reaktionen gekommen ist.

5 Das Persönlichkeitsmodell zur Medienwirkung und meine Konsequenzen

5.1 Persönlichkeitsmodell zur Medienwirkung

Einigkeit herrscht in der psychologischen Medienwirkungsforschung darüber, dass Gewaltdarstellungen in Fernsehen, Video oder Computerspiel mit einem Wirkungs-risiko einhergehen. Über den Umfang, die Art und die Intensität dieser Wirkung kommt es jedoch immer wieder zu heftigen Kontroversen. Groebel und Gleich (1993) nehmen an, dass die Wirkung von Gewaltdarstellungen maßgeblich durch die personalen, situativen und kontextuellen Aspekte des Bildschirmkonsums beein-flusst wird. Besonders erlebnis- und visuell bewegungshungrig sind zudem Kinder, die in gestörten Familienverhältnissen oder gar in Familien mit Verwahrlosungspro-blematik aufwachsen. Reale Gewalterfahrungen und frustrierende Erlebnisse in Familie und Schule bilden mit die Lernvoraussetzung, dass Fernsehen, Video oder Computerspiel immer wieder in kritischen Situationen mit Stress und Frust als Ersatz dienen. Das Kind findet frühzeitig durch diese Medien eine Möglichkeit, ,,aus dem Felde zu gehen", vor allem dann, wenn ihm andere Möglichkeiten zur Verarbeitung von Konflikten durch Freunde, Freizeitangebot und anderen ,,sinnlichen" Erfahrun-gen fehlen. Bildschirmspiele und Gewalt in Fernsehen und Video können dann genauso zur Sucht werden wie die Sucht nach illegalen oder legalen Drogen. Gewalt im Fernsehen kann genauso abhängig machen wie Alkohol. Nicht selten werden beide Suchtmittel – mediale Gewalt und stoffliche Substanzen – gemeinsam konsu-miert. Die freie Verfügbarkeit der Suchtmittel spielt dabei genauso eine Rolle wie die Persönlichkeit und die Umwelt.

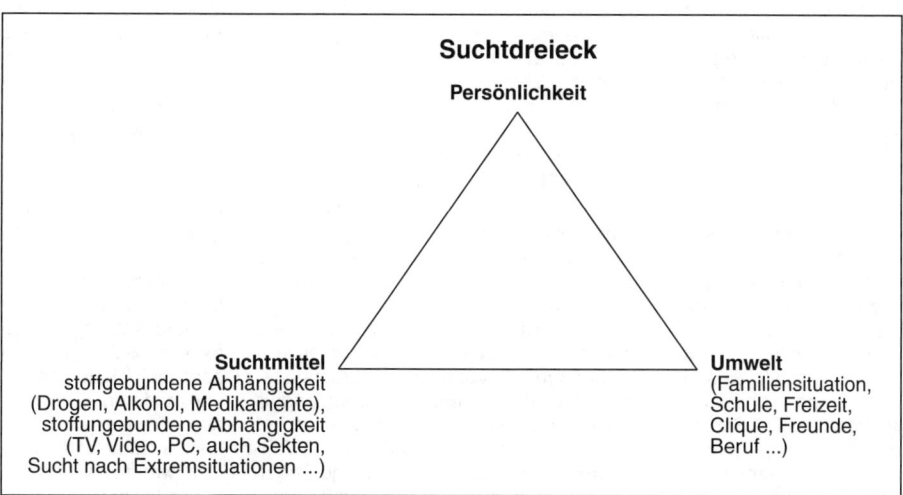

Abbildung 5.1:
Persönlichkeit im Kontext von Umwelt und Suchtmittel

Manche *Persönlichkeitsmerkmale* haben sich zwar als relativ stabil nach Abschluss der Adoleszens erwiesen, das Verhalten in der späten Kindheit und Pubertät ist jedoch noch stark beeinflussbar durch Umwelteinflüsse und Verfügbarkeit von „Suchtmitteln". Wichtige Persönlichkeitsmerkmale mit nachgewiesenen Effekten auf das Medienkonsumverhalten sind *kognitive Ausstattung (Intelligenz), Reflexivität, Affektkontrolle, Ichstärke, Angst, Identitätsentwicklung und psychotische Persönlichkeitsstörung.*

Im Folgenden sollen in einer heuristischen Modelldarstellung die Ergebnisse synoptisch bilanziert werden, insoweit sie einen Bezug zwischen Konsum brutaler Gewaltmedien bei Schülern und unterschiedlichen Persönlichkeitsmerkmalen erkennen lassen.

Tabelle 5.1:
Modelldarstellung: Was ereignet sich beim Konsum brutaler Gewaltmedien bei Schülern mit unterschiedlichen Persönlichkeitsmerkmalen?

Persönlichkeits-merkmale	psychische Wirkung bei/nach Rezeption	Identifikation Film/Protagonist	Reaktionen *) Verhalten und längerfristige Effekte
gefestigte Persönlichkeit: stabil, selbstsicher, ichstark, resistent gegen „Gruppendruck"; kognitiv gut ausgestattet, affektiv gut gesteuert *(20–30 %)* **A)**	vermutlich geringe Wirkung, distanzierte, reflektierte Konsumhaltung	*kaum* zu beobachten (wenn, dann ‚positive' Figuren)	je nach sozialer Grundeinstellung von nicht betroffen sein bis zu Abwendung (Ekel); kaum Verhaltensänderungen; „normale *episodenhafte Durchgangsphase"* in der pubertären Entwicklung
Nicht ganz gefestigte Persönlichkeit: noch etwas unsicher mit ängstlichen Zügen, kognitiv durchschnittlich, affektiv ausreichend gesteuert *(50–60 %)* **B)**	stärkere Wirkung bei Mädchen: häufig Alpträume, Ekel, Abscheu, aber auch *Angst-Lust;* bei nachlassendem *Gruppendruck* Konsumabnahme, aggressive Phantasien	zumeist mit *Opfer*	Angst vor brutalen Darstellungen, *Angst vor Blamage in der Gruppe,* vermutlich eher temporäre depressive Zustände (bei den jüngeren, insbesondere Mädchen)
selbstunsichere, noch nicht gefestigte Persönlichkeit: bereits stärker nach „außen" orientiert, soziale Ängste, Beziehungsstörungen, kindliche Traumata (Gewalterfahrung durch psychische und physische Verletzungen); „Schuldangst"; geringe soziale Intelligenz, verminderte Affektsteuerung *(ca.15 %)* **C)**	anfänglich eher negative, später durchaus „positive" emotionale Befindlichkeit, (subjektiv): *stark,* sicher, erleichtert, voll Lust, Erregung *mit Kick* und *kämpferisch* (besonders Jungen); unbewusste Gewalt- und Größenphantasien, *beginnender Realitätsverlust*	zumeist mit Täter oder *Helden* (‚Cyborg', ‚Rambo', ‚Terminator'), aber auch mit kriminellen Gruppen *(Streetgangs),* z.B. im indizierten TV-Film „Savage Street" (Straße der Gewalt)	*emotionale Abstumpfung,* geringes Einfühlungsvermögen, Legitimation von Gewalt, Rache und Selbstjustiz ⇒ aggressive Ichdurchsetzung; rechtsextremistische Tendenzen; bei Dauerkonsum und anderen Bedingungen Gewalthandlungen bis zur Kriminalität möglich; wahrscheinlich Abhängigkeitsentwicklung

Persönlichkeits-merkmale	psychische Wirkung bei/nach Rezeption	Identifikation Film/Protagonist	Reaktionen *) Verhalten und längerfristige Effekte
labile Persönlichkeit, dissoziale Einstellung, niedrige Intelligenz, beginnende psychotische Entwicklung, z. B. mit „Borderline-Risiken"; häufig soziale Isolation, Einzelgänger; pathologische Fälle *(ca. 2 %)* **D)**	*starke Wirkung*, dem medialen Geschehen hilflos ausgeliefert, zeitweise unfähig, Fiktion von Wirklichkeit zu trennen; starke emotionale Betroffenheit bis zu *Abhängigkeit*, bei bestimmten Medien (Film) extreme *Aggressionssteigerung*	ausschließlich mit Täter/Held bzw. *aggressivem Protagonisten* der Handlung (z. B. mit Jason, dem brutalen Töter in „Freitag der 13.")	*Gewalthandlungen* sehr wahrscheinlich, ein besonders grausamer Film kann zum Auslöser *krimineller Taten* werden (z. B. „Der Fan"); in eigener Welt lebend, von der Wirklichkeit „weggerückt", nur schwer berechenbar (typische Beispiele siehe Abschnitt 3.2.1)

*) Je nach Rezeptionshäufigkeit und Rezeptionsintensität kann es zu mehr oder weniger starker Ausprägung des Reaktionsmusters Angst oder Aggressivität kommen. Es ist sehr wahrscheinlich, dass häufiges Ansehen der gleichen brutalen Szenen zur Steigerung des Aggressionsbedürfnisses – unter besonderen Bedingungen auch zu Aggressionshandlungen – führt.

Bewertung der Persönlichkeitsgruppen hinsichtlich Gefährdungsgrad und schulischer bzw. psychotherapeutischer Intervention

Gefährdungsgrad
bei Gruppe A und B gering, bei C stark, bei D sehr stark!

Die Anteile von gefährdeten Schülern würde ich nach einer Abschätzung aus diversen empirischen Befunden bei 15 bis 20 % annehmen (10 % Exzessivseher mit mehr als 30 bzw. 50 Horror-Gewalt-Videos sowie einen Teil der 14 % Vielseher mit 11 bis 50 Filmen; in Haupt- und Sonder-/Förderschulen liegen die Anteile wesentlich höher, in Gymnasien niedriger).[1]

Eine Besonderheit nach Lamnek (1996): exzessiv konsumierende Gymnasiasten zeigen extreme Gewalttätigkeit!

Interventionsbemühungen und persönliche Hilfen durch Lehrer/innen

- Bei D) vermutlich ohne Erfolg, da zumeist psychotherapiebedürftig;
- bei C) sehr wichtig und bei rechtzeitiger Prävention erfolgversprechend;
- bei B) erfolgversprechend;
- bei A) kein größerer Handlungsbedarf, falls ,episodenhafter', pubertär- bzw. peergruppenbedingter Konsum, da weder sozialer noch individueller Leidensdruck vorhanden.

---

1 Mittels repräsentativer Schülerbefragungen an rund 4000 Schülern in Baden-Württemberg und Sachsen im Jahre 1992 konnte ich feststellen, daß 10 % aller Schüler eines Jahrgangs zwischen 13 und 16 Jahren zu den Exzessivkonsumenten zu rechnen sind, d. h. sie hatten nachweislich mindesten 50 extrem gewalttätige Horror-Gewaltfilme bzw. Videos gesehen. Bei manchen ist bereits eine Art Abhängigkeitsentwicklung erfolgt mit entsprechenden Persönlichkeits- bzw. Verhaltensveränderungen (Weiß, 1993 d, e). Die Tendenz ist steigend.

Ich habe auf zwei psychologischen Fachkongressen (im Oktober 1997 in Würzburg beim 4. Psychologentag und im April 1996 bei der 38. TeaP in Eichstätt) dieses Modell in Positionsreferaten vorgestellt. Das Modell stieß in der wissenschaftlichen Öffentlichkeit auf großes Interesse und nach intensiver Diskussion vielfach auch auf Zustimmung. Die spezifischen Wirkungen von Horror- und Gewaltfilmen auf die Persönlichkeit der jugendlichen Rezipienten können damit gut erklärt werden.

In diesem Modell gehe ich davon aus, daß auf der untersten Ebene (D) von Persönlichkeitsmerkmalen – im Sinne von Labilität, Borderline-Syndrom, beginnende Psychosen, Psychopathien – die Wahrscheinlichkeit violenter Handlungen nach dem Betrachten und noch wahrscheinlicher nach längerem Konsum exzessiver filmischer Gewaltdarstellungen sehr hoch ist. Man kann von etwa 2 % solcher Fälle ausgehen. Durch die gestörte Affektkontrolle dieser Menschen und die Unfähigkeit, sich der Attraktion dieser fiktionalen Welt des Gewaltfilmes zu entziehen, kommt es zu Identifikationen mit den oft bösartig agierenden Protagonisten des filmischen Geschehens, und in manchen Fällen zu einem Realitätsdurchbruch, d. h. die Fiktion wird unkontrollierte Wirklichkeit bis hin zu Tötungshandlungen in einer Art „virtuellem Gewaltrausch" (siehe Weiß, 1998). Hierzu sind bereits vor längerer Zeit eine Reihe von forensischen Fällen dokumentiert worden (z. B. die bereits in Kapitel 3.2.1 beschriebenen Fälle, wie der des 16-jährigen Sonderschülers für geistig Behinderte oder der Fall des 14-jährigen Hauptschülers aus der Nähe von Passau, wobei dieser letzte Fall nicht einmal mit einer pathologischen Persönlichkeitsentwicklung verbunden war, sondern mit Dauerkonsum extrem violenter Videos, z. B. „Freitag der 13."). Es könnte ein Indiz sein, daß es auch bei sogenannten normalen Entwicklungsbedingungen, also ohne Zugehörigkeit zu einer extremen Risikogruppe, jedoch bei sehr früh im Grundschulalter beginnendem Horror-Gewalt-Konsum und täglichem Konsum indizierter oder beschlagnahmter Filme, zu ähnlichen Reaktionen mit Realitätsdurchbruch kommen kann – was zwar nicht immer zu Tötungshandlungen führen muss, aber kann.

Einflüsse von oft brutal-menschenverachtenden filmischen oder spielerischen Modellen können das Verhalten von Jugendlichen, insbesondere aber das von Kindern entscheidend negativ beeinflussen.[2] Eine große Mehrheit weltweiter Studien zur Medienwirkung weist eindeutig in die Richtung von Gewaltstimulation durch Gewaltmedien, von antisozialen Einstellungsveränderungen durch antisoziale filmische Modelle (Protagonisten, Helden, gewalttätige Identifikationsfiguren und Handlungen)[3]. „Lernen am Modell" (Bandura) beschränkt sich

---

2 Dies gilt in gleicher Weise auch für Video-Gewaltspiele (siehe 3.2.4), was erst vor kurzem auch in einer Studie von Rita Steckel, Universität Bochum, (zitiert nach ‚Psychologie Heute', 1997) belegt wurde. Danach zeigen Kinder, die sich mit Video-Gewaltspielen die Zeit vertreiben, weniger Mitgefühl als solche Kinder, die sich mit harmlosen Videospielen beschäftigen. Die abgeschwächte Mitleidsfähigkeit könne nach dem Spiel dauerhaft die Aggressionshemmungen herabsetzen. Ähnlich wie bei häufigem Konsum von Gewaltfilmen geht es in diesen Spielen um das Überleben der Stärksten und Brutalsten, die „Kinder verlören möglicherweise das Gefühl für die Notlagen anderer. Es bestehe die Gefahr, dass sie auch in der Realität aggressiver handelten".

3 Neueste Bestätigung durch die UNESCO-Studie in 23 Ländern (siehe Groebel, 1998). Weitere Belege für diese Feststellungen sind auch enthalten in der 1996 vorgestellten großen und sehr gründlichen amerikanischen Studie über Gewaltdar-

halt nicht nur auf lebendige Vorbilder in der Umgebung des Kindes oder Jugendlichen, sondern auch auf medial vermittelte Fremdbilder. Je früher und je häufiger, desto nachhaltiger ist die Wirkung. Gefährdet ist dabei besonders die Gruppe C im Persönlichkeitsmodell mit einem Anteil von rund 15 %.

Jugendliche mit traumatischen Entwicklungsphasen, vernachlässigter oder extrem autoritärer Erziehungshaltung, schulischen Misserfolgen und geringer Zukunftsperspektive sind besonders gefährdet, wenn sie in einer sehr frühen Entwicklungsphase und sehr häufig mit medialer Gewalt in Berührung gekommen sind. Zusätzliche Gefährdungsmomente gelten dazu für die, welche körperliche Gewalt am eigenen Leib erfahren mussten. Wenn als Negativ-Vorbilder auch noch Eltern fungieren, die selbst nur Gewalthaltiges konsumieren und ihren Kindern darin Vorbild sind, so wird durch die beiden bedeutsamsten Erziehungsfaktoren Eltern und Medien von früher Kindheit an über Zeichentrickfilme, Horror-Videos und Gewaltfilme ein Weltbild vermittelt, in dem aggressive Ichdurchsetzung, spontan-aggressives Reagieren auf den kleinsten Frust und destruktives Agieren als Verhaltensmaxime dominant sind.

Unabhängig von den Umwelteinflüssen sind Jugendliche, die aufgrund ihrer *kognitiven Ausstattung* ein niedriges geistiges Reflexionsniveau besitzen und nur schwer in der Lage sind, fiktive mediale Gewalt von der Wirklichkeit zu trennen, zu den Risikogruppen zu zählen. Vermittlung von ,,Medienkompetenz" stößt hier ohnehin auf natürliche Grenzen.

Einen ‚normal' empfindenden und wenig belasteten Menschen, der genügend Techniken der Problembewältigung besitzt, berührt der gelegentliche Konsum von Gewaltmedien im TV in seinem Verhalten vermutlich wenig. Dies trifft in für die Gruppe A im Persönlichkeitsmodell zu (geschätzter Anteil 20–30 %).

Mancher populärwissenschaftliche Beitrag, aber auch manche wissenschaftliche Untersuchung geht aber leider von diesem ,,intelligenten, kontrollierten, von Traumatas unbelasteten, affektiv gesteuerten" psychisch gesunden Menschen aus intakten Familienverhältnissen aus – und findet natürlich nur geringe Wirkungseffekte, z. B. von Gewaltmedien. Die Schlussfolgerungen von Winterhoff-Spurk, von Kunczik oder Rogge (alle 1996, in ,,Fernseh- und Radiowelt für Kinder und Jugendliche") basieren fast gänzlich auf solchen Untersuchungen aus der Medienforschung. Die eingangs in der Übersicht aus der Medienwirkungsforschung dargestellten wissenschaftlichen Arbeiten sind in dieser Publikation der Landesanstalt für Kommunikation BW entweder nicht enthalten oder sie werden so beiläufig mit methodischen Schwächen abgetan (z. B. Winterhoff-Sturk, 1996, S. 152). Auch wird Mediengewalt fast ins Positive umgedreht, wenn z. B. Rogge glorifizierend als Vorzüge für die Problembewältigung in der Adoleszenz feststellt: ,,Die erheblichen Verengungen im Affekthaushalt verlangen, da Entwicklungsbesonderheiten während der Adoleszenz nicht außer Kraft gesetzt sind, nach

---

stellungen im amerikanischen Fernsehen (,,National Television Violence Study"; siehe Stripf, 1996) sowie in dem umfassenden Sammelwerk von Kleiter (1997) zum Thema ,,Film und Aggression – Aggressionspsychologie".

Entlastung. Gewaltszenarien geben jenen Phantasien, die der Zivilisationsprozess abbauen und regulieren will, eine szenische Form. Sie sind die ‚Wiederkehr des Verdrängten', des Unzivilisierten, jener Gefahrenzone, in der der einzelne tut, was er will, in der er sich keine Selbstzwänge mehr auferlegt." ... „Und es sind gerade die Medien, die Erinnerung an den Körper, an Emotion und Sinnlichkeit wachhalten" (Rogge, 1996, S. 188). Ob das alltägliche Gewalt-, Crime- und Sexscenario in manchen kommerziellen TV-Sendern zu einer solchen Problemlösung beitragen kann oder das (Zitat nach Rogge, S. 188) „Realitätsprinzip – wie es Marcuse formuliert – immer aufs neue zu festigen", daran habe ich – nach allem was wir über Rezeptionsformen von TV-Gewalt aus weltweiten Studien wissen – größte Zweifel. Mir scheint, Herr Rogge projiziert hier Erfahrungen aus seinem eigenen kulturellen Umfeld auf die Allgemeinheit. An die mindestens 10% einsamen und isoliert von jeder Gemeinschaft exzessiv und dauerhaft konsumierenden Kinder und Jugendlichen denkt er dabei sicher nicht. Deshalb kann ich solche Interpretationen, die nur eine Minderheit von Jugendlichen aus der Kategoerie A betreffen mögen, nicht mehr länger widerspruchslos hinnehmen.

5.2 Was muss verändert werden?

An erster Stelle, denke ich, kommt es also darauf an, das mediale Angebot zu verändern, denn es gibt inzwischen erdrückende Nachweise über die schädlichen Folgewirkungen von Gewaltdarstellungen in AV-Medien.

5.2.1 Abrüstung auf dem Bildschirm und technische Schutzmaßnahmen

Abrüstung auf dem Bildschirm ist das Gebot der Stunde. Deshalb Absage an alle gewaltverherrlichenden, antisozialen und sexistischen Darstellungen. Bei versagender Selbstkontrolle ist der Gesetzgeber gefragt. Die viel gepriesene Pressefreiheit hat dort ihre Grenzen, wo sie missbraucht wird und wo es um den Schutz unserer Kinder geht. Dazu gehört als Sofortmaßnahme, dass
1. die von der Bundesprüfstelle für jugendgefährdende Schriften indizierten Filme auch nicht mehr nach 24.00 Uhr ausgestrahlt werden dürfen, selbst wenn sie geschnitten wurden.
2. Als weitere Forderung wäre eine Kennzeichnungspflicht in Programmzeitschriften und als Symbol auf dem Bildschirm der von der Bundesprüfstelle für jugendgefährdende Schriften indizierten Filme und anderer kindergefährdender TV-Produktionen inclusive der Zeichentrickfilme (z. B. Power Ranger) zu fordern, analog dem erfolgreichen französischen Modell, bei dem seit 1996 eine Kennzeichnungspflicht vorgeschrieben ist, damit die ahnungslosen Eltern über den Gefährdungsgrad Bescheid wissen. Dies könnte eine wichtige Entscheidungshilfe darstellen. Seit Ende 1996 blinken im französischen Fernsehen farbige Piktogramme auf, die folgende Bedeutung haben:

- ein grünes Dreieck für Filme, bei denen Kinder erst einmal die Eltern fragen sollten,
- ein orangefarbenes Dreieck für Programme, bei denen sie ihre Eltern fragen müssen, und
- ein rotes Quadrat für reine Erwachsenen-Filme.

Die farbigen Signale könnten, so wurde anfangs befürchtet, wie jedes Verbot die Neugier junger Zuschauer noch anstacheln. Immerhin sehen aber laut jüngsten Umfragen heute 35 Prozent weniger TV-Zuschauer die indizierten Filme an. Ein Signalton zum Filmbeginn, der ab April 2000 bei uns vorgeschrieben wird, ist allein eine unzureichende Maßnahme.

3. Realistische Altersangaben in den Programmzeitschriften als Orientierungshilfe für die Eltern. Dazu, wie in Kanada seit 1996 möglich, obligatorischer Einbau eines V-Chips (V = ‚violence‘, Gewalt), in den USA seit 12.3. 1998 serienmäßig in alle Fernsehgeräte und Computer eingebaut, bei dessen Aktivierung durch ein Signal des Senders brutale Gewalt- und pornografische Programme automatisch vom heimischen Bildschirm verbannt werden können. Der von der Baden-Württembergischen Medienkommission 1994 empfohlene Weg, den Fernsehnutzern ein Zusatzgerät zum Kauf anzubieten und nachträglich einzubauen, hat sich als regelrechter Flop erwiesen. Kaum jemand kauft dieses etwa 300 DM teure Zusatzteil. Bleibt abzuwarten, wie sich die Vorschläge der EU-Kommission durchsetzen und ob es gelingt, solche Sperren auch bei analogen Übertragungswegen zu verwirklichen. Im Moment, so scheint es, hat man in Deutschland vor der gewaltigen Bilderflut kapituliert. Die Direktoren der deutschen Landesmedienanstalten lehnten bereits 1997 dieses Verfahren ab, mit der Begründung, dass TV-Programme dann bewertet und eingestuft werden müssten, und dafür sei der Aufwand zu groß.

4. Da bei den privaten Fernsehsendern fast ausschließlich kommerzielles Gewinnstreben dominiert, das Geschäft mit der Gewalt wichtiger ist als Moral oder ethische Verpflichtung (Aktionäre z. B. von ProSieben wollen eine hohe Rendite sehen), sollte solchen Sendern die Lizenz entzogen werden, deren destruktive Gewaltanteile und antisoziale Darstellungen in Spielfilmen und Comicserien einen bestimmten Schwellenbereich übersteigen. Außerdem ist zum Ausgleich ein gleich hoher Anteil prosozialer Darstellungen zu fordern, denn so wie antisoziale Darstellungen zu gewaltsamen Konfliktlösungen stimulieren, können nach den Erkenntnissen der Medienwirkungsforschung prosoziale Darstellungen und Handlungen zu gewaltfreien Konfliktlösungen beitragen. Genauso wie das Institut Integral für die Gewaltanteile der TV-Sender einen Index erstellte, könnte man z. B. auch einen solchen Index für den Anteil an prosozialen Darstellungen erstellen.

5. Bessere Medienkontrolle ist das Gebot der Stunde. Angesichts der zunehmenden Konzentration im Medienbereich (z. B. Zusammenarbeit Kirchguppe/Deutschland – Berlusconi/Italien – Murdock/USA) und der Unfähigkeit der Landesmedienanstalten, eine gemeinsame Strategie gegen Macht und Einfluss der Medienkonzerne zu entwickeln und damit der medialen Gewalt

entgegen zu steuern, halte ich es für erforderlich, wesentliche Teilaufgaben dieser Anstalten durch eine bundesweite Kontrollbehörde zu ersetzen.

6. Für den Bereich der Medienwissenschaft wäre ebenfalls eine bundesweite Einrichtung zu fordern, in der unabhängige Wissenschaftler in einer Bewertungsinstanz zu Ergebnissen der Medienwirkungsforschung und Analysen zur Mediennutzung mit entsprechenden Konsequenzen zuständig werden sollen.

5.2.2 Medienpädagogik und der Irrglaube an die Medienerziehung

Als einziges Bundesland hat bislang der Freistaat Sachsen ein *Schulfach Medienerziehung* eingeführt. Dies geschah im Anschluss an die in Sachsen heftig diskutierten Vorschläge, die ich im Rahmen meiner ,Sächsischen Jugendstudie 1992' machte. In anderen Bundesländern, wie in Baden-Württemberg, wird *Medienpädagogik als Unterrichtsprinzip* praktiziert, d. h. es ist Aufgabe aller Lehrer, sich um Fragen der Medienerziehung in ihrem Unterricht zu bemühen. Die Erfolge sind weniger berauschend, da die Voraussetzungen durch eine entsprechende *Lehrerfortbildung* nur unzureichend erfüllt sind. Visuelle Bildung setzt neue didaktische Kenntnisse bei den Lehrkräften voraus, da nur über das Medium selber dem ,visuellen Analphabetismus' (Ute Benz, 1997) und der gigantischen Manipulation unserer Kinder durch die Medien begegnet werden kann. Als erster Schritt hierzu könnten *Informationsdienste* für die Lehrkräfte dienen. *Schriftliche Informationen* für die Schulen sind z. B. im Freistaat Bayern durch die hervorragenden beiden Medienbausteine von Lukesch (1997) genügend vorhanden, das *Medienpaket*, das von der LFK Baden-Württemberg zusammen mit dem Kultusministerium herausgegeben wurde (1996), bietet zwar gutes Anschauungsmaterial (Videokassette), ist jedoch in seinem wissenschaftlichen Begleitbuch sehr einseitig bezüglich der Autoren ausgerichtet, wobei stark verharmlosende Darstellungen bezüglich Wirkung von Menge und Art des TV-Konsums dominieren. Von den Lehrkräften wird dieses Angebot nur wenig im Unterricht eingesetzt.

Bei einer langjährigen Horror-Gewaltkarriere kann kaum mehr als eine Schadensbegrenzung erreicht werden. Besser wäre frühzeitig bereits in Kindergarten und Grundschule mit schulischer Präventionsarbeit unter Einbeziehung der Eltern zu beginnen. Sekundärpräventiv sollte in höheren Klassen zur Zeit der Vorpubertät und der Pubertät wenigstens versucht werden, die beginnenden Abhängigkeiten von Gruppen in und außerhalb der Schule (Peergroups) in Rollenspielen und Video-AGs transparent zu machen und kritisch zu hinterfragen mit dem Ziel *Stärker sein als der Gruppenzwang*. Dieses in der Suchtprävention wichtige Verhaltensprinzip gilt genauso in der Gewaltprävention. Destruktive Verhaltensnormen in einer Klasse, wie ,Anerkennung findet, wer zuschlägt', umkehren in ,Anerkennung findet, wer stark ist, weil er (sie) hilft' oder weil er (sie) Einfühlungsvermögen besitzt. Dies setzt Umkehr des Opinion-Leaderprinzips voraus. Solche positiven Meinungsbildungsprozesse versuchen wir in sogenannten *Schüler-Multiplikatoren-Seminaren* mit Schülern und Lehrern gemeinsam zu vermitteln.

Medienkompetenz vermitteln, nicht dadurch, daß die Schüler immer kompetenter im technischen Umgang mit Multimedia (z. B. Internet) werden, sondern dass sie Medieneinflüssen und Manipulationen widerstehen können, indem sie kritisch mit Medien umgehen lernen und zu ihnen manchmal auch auf Distanz gehen. Gerade dabei haben wir gute Erfahrungen mit aktiver Videoarbeit in Video-AGs gemacht. *Video-AGs* und *Besprechung von Gewaltfilmen im Unterricht* mit anschaulicher Analyse und kritischer Diskussion ohne moralisierenden Zeigefinger sind bessere Möglichkeiten, den vor allem bei den männlichen Rezipienten vorherrschenden lustvollen Konsum extremer Grausamkeiten und Tabubrüchen aufzugreifen und einer kritiklosen Konsumentenhaltung und einer unbewussten Verarbeitung von Medienthemen entgegen zu wirken.

Für die Eltern

Weniger und dafür gezielt fernsehen. Reizüberflutung vermeiden, deshalb Bildschirmkonsum (TV, Video, Computer) reduzieren.. Verbote von gewaltverherrlichenden Filmen und Videos. Dennoch keine Durchsuchungsaktionen im Kinderzimmer, sondern das Gespräch suchen. *Kindern mehr Grenzen setzen*, aber nicht ausgrenzen. Vielmehr aus medienbedingter Isolation heraushelfen, mit Kindern über Filme reden, gemeinsam spielen, Gemeinschaft fördern, vor allem auch körperliche Ausgleichs- und Bewegungsmöglichkeiten schaffen und aktive Freizeitgestaltung ermöglichen. Für die Eltern ist als schriftliche Information ein Papier im Kapitel 6.4.2 empfehlenswert.

Weitere empfehlenswerte Vorschläge für Elternhaus und Schule wurden in einem Artikel in der Schulverwaltung BY von Werner Hopf (Nr. 2, 1998) gemacht.

Konsequenzen aus dem Persönlichkeitsmodell

Die praktischen Auswirkungen einer von der Persönlichkeit unabhängigen und damit undifferenzierten Betrachtungsweise sind vor allem dann fatal und gesellschaftspolitisch sogar enorm schädlich, wenn sie von maßgeblichen Persönlichkeiten in Politik und Medienkontrolle (auch aus Landesmedienanstalten) übernommen werden. Fälschlicherweise wird von diesen – aus welchen Motiven auch immer – der Schluss aus solchen undifferenzierten Untersuchungen gezogen, es sei wichtiger, die Kinder zu Menschen zu erziehen, die genügend *ichstark* und belastbar sind, die ihre Affekte immer gut steuern können, um sie so gegen die Gewalt in Bildern zu „immunisieren". Das Zauberwort *Medienkompetenz*[4] wird dabei als Allheilmittel gepriesen: Vermittlung von Medienkompetenz erscheint wichtiger, als das mediale Gewaltangebot zu verändern. Dies ist eine Illusion und

---

4   Siehe Landesanstalt für Kommunikation, Baden-Württemberg (LfK, Hrsg.): Fernseh- und Radiowelt für Kinder und Jugendliche (1996), insbesondere in den darin enthaltenen Arbeiten von Rogge, Westhoff-Sturk, Kunczik und von Gottberg.

ein gefährlicher Irrweg, denn die unterschiedlichen Gefährdungsgrade und Risikogruppen wird es immer geben, gleich wie man sich pädagogisch bemüht, die Medienkompetenz von Schülern zu steigern.[5] Zudem werden die genetischen Bedingungen dabei genauso außer acht gelassen wie die unterschiedlichen Erziehungsbemühungen von Eltern. Die Hoffnung, allen Eltern diese hohe Kompetenz zu vermitteln – z. B. Grenzen setzen, TV-Konsum beschränken, positive Programmauswahl mitgestalten, andere attraktive Freizeitgestaltung schaffen, den Kindern und Jugendlichen in Lebenskrisen beizustehen –, ist trügerisch, zumal die zunehmende freie Verfügbarkeit der medialen ,,Suchtmittel" viele Eltern überfordert. Ich halte es deshalb nach all den Erkenntnissen, die wir heute über Medienwirkung haben, für unverantwortlich, wenn Medienverantwortliche, Medienkompetenz zum Allheilmittel hochstilisieren und mit einem riesigen Aufwand nur marginale Verbesserungen erreichen. Andererseits preisen sie die *Medienvielfalt*, zu der sie angeblich durch den Gesetzgeber gezwungen werden, und erreichen am Ende nur *Einfalt*.

Da es also kaum gelingen wird, alle Kinder zu starken, medienimmunisierten und medienkompetenten Persönlichkeiten mit hoher Affektkontrolle zu erziehen, sind andere Konsequenzen aus meiner Analyse über den Zusammenhang von Persönlichkeit und Medienwirkung zu ziehen.

Diese Konsequenzen beziehen sich auch auf den *wissenschaftlichen und forensischen Bereich*. So halte ich es für unabdingbar notwendig, bei Analysen zur Medienwirkung die unterschiedliche Persönlichkeitsstruktur der untersuchten Probanden als Differenzierungskriterium mit aufzunehmen, um zu differenzierten Aussagen über Medienwirkungseffekte zu gelangen (siehe Weiß, 1991).

Bei polizeilichen Recherchen sowie bei der Begutachtung von jugendlichen Straftaten und Kinderdelinquenz sollte dem Medienkonsum der Täter systematischer nachgeforscht werden.

---

5 Um einem Missverständnis vorzubeugen: Ich halte sehr viel davon, Erkenntnisse der Medienpsychologie für Medienerziehung nutzbar zu machen und praktiziere dies auch in Lehrerseminaren und Veranstaltungen mit Eltern und Schülern. Der präventive Gedanke *Kinder stark machen* – vor allem aus den unterprivilegierten Schichten mit hoher Risikobelastung – ist dabei meine Leitidee.

Teil III

Intervention

6 Interventions- und Präventionsmöglichkeiten

In meiner 20-jährigen Erfahrung in der sucht-/drogen und gewaltpräventiven Arbeit mit LehrerInnen und Eltern bin ich mit sehr vielen Vorschlägen, Programmen, schulischen Projekten und außerschulischen Interventionsmaßnahmen konfrontiert worden. Insbesondere im Bereich der Gewaltprävention und -intervention sind seit Beginn der 90er Jahre, mit dem ersten Höhepunkt an Jugendgewalt im Jahre 1992, unzählige Vorschläge gemacht und Programme publiziert worden. Beim näheren Hinsehen entpuppten sich viele dieser Maßnahmen zwar als gut gemeint, jedoch in ihrer praktischen Effizienz kaum überprüft, nicht systematisch evaluiert und nach den erforderlichen strengen wissenschaftlichen Bewertungskriterien nicht oder nur bedingt geeignet. Zu den gut evaluierten und kontrollierten Gewaltpräventions- und Interventionsprogrammen zählt z. B. das Programm von Olweus (für Norwegen, 1996), von Hanewinkel und Kraak (für Schleswig-Holstein, 1997) für deutsche Verhältnisse überprüft und weiter entwickelt, in Teilen auch die Vorschläge von Guggenbühl (für die Schweiz, 1996). Ökonomie des personellen Einsatzes und Effizienz müssen dabei angemessen sein. Euphorie darf nicht in blindem Aktionismus ihre Umsetzung finden. Großveranstaltungen von Behörden und Polizei, mit immensem personellen und finanziellen Aufwand geplant und durchgeführt, sind manchmal nichts als eine gigantische Show, die den betreffenden Jugendlichen innerlich überhaupt nicht erreicht. Manche dieser Aktionen kann man bestenfalls als unschädlich bewerten. Leider sind auch etliche schulische Veranstaltungen mit Projekttagen oder auch Projektwochen so zu bewerten, weil es nur in wenigen Fällen gelingt, den Jugendlichen dabei so anzusprechen, dass er sich direkt betroffen fühlt und über mögliche Verhaltenskonsequenzen nachdenkt. So erlebe ich viel Hilflosigkeit und Resignation in den Schulen.

Als Folge akuter Drogenfälle, eines Schülersuizidversuchs oder auch bei spektakulären Gewalttaten von Schülern kann man aber auch unmittelbar danach hektische Aktionen beobachten, es werden plötzlich Großveranstaltungen organisiert, und der Ruf nach Hilfen von außerhalb, auf die man bislang vergeblich gewartet habe, wird lautstark und öffentlichkeitswirksam vorgebracht. Der Leidensdruck eskaliert aber fast unermesslich, wenn sich die „besorgte" Boulevard-Presse oder das Privatfernsehen um diesen Fall annimmt. So musste ich in mehreren Fällen erfahren, dass nach einem Schülersuizid mit Mobbingbeteiligung oder bei einer Gewalttat durch Schüler Reporter am Schulhof auftauchten und Schülern Geld anboten, um an Insider-Informationen heranzukommen. Um die Diskussion zu versachlichen und fruchtbar zu machen, möchte ich im Folgenden einige grundsätzliche Hinweise für die schulische Sucht- und Gewaltprävention in Thesenform formulieren und für akute Fälle mit autoaggressiven und aggressiven Handlungen von Schülern einige konkrete Empfehlungen darstellen.

6.1 Thesen zu einer ganzheitlichen Prävention in der Schule

6.1.1 Grundsätzliche Statements in sieben Thesen

1. Die ‚Brötchen, die die Schule selbst backen kann, sind recht klein‘

Außerschulische, gesellschaftliche Einflussgrößen, wie der Medienmarkt und das eskalierende ‚Geschäft mit der medialen Gewalt‘, soziale Ängste, Zukunftsängste, Hoffnungslosigkeit und Existenzängste von Eltern wegen Arbeitslosigkeit oder auch drohender Arbeitslosigkeit, gestörte Familienbeziehungen, ‚Broken-home-Situationen‘ und Erziehungsprobleme bei der zunehmenden Zahl von Alleinerziehenden – mindestens 150 000 Kinder befinden sich jährlich neu in Deutschland in dieser Lage – lassen sich schulisch entweder nicht oder nur marginal beeinflussen. Trotzdem sollten die Lehrkräfte diese Erkenntnis nicht als Alibi benutzen, um die Hände in den Schoß zu legen. Soweit therapeutische Interventionen erforderlich sind, muss auf außerschulische Hilfseinrichtungen zugegangen werden und zumindest eine Vermittlerrolle wahrgenommen werden (Schulpsychologie, Schulsozialarbeit usw.).

2. Sucht- und Gewaltprävention müssen ursachenorientiert, differenziert und ganzheitlich erfolgen

Im Suchtbereich muss eine Fixierung auf die sogenannten illegalen Drogen vermieden werden. Ursachen von stoffgebundenen und stoffunabhängigen Suchtformen von Ecstasy bis Magersucht müssen gleichermaßen beachtet werden. Im Gewaltbereich darf es nicht zu einer Täterfixierung kommen, sondern die Probleme der Opfer müssen genauso ernst genommen werden. Interventionsmaßnahmen sind grundsätzlich nur dann wirksam, wenn die Ursachen von Störungen oder delinquentem Verhalten vorher eindeutig diagnostiziert wurden. In diese Diagnose muss der Sozialisationsverlauf in Familie, Schule und Freizeitbereich (insbesondere durch Medien) mit einbezogen werden.

3. Suchtprävention ist nur dann wirksam, wenn sich der/die Lehrer/in mit ‚Ich-Beteiligung‘ (emotionale Ebene) an die Aufgabe macht und nicht auf der Informations- und Sachebene stehen bleibt

Eine rein fachspezifische Behandlung des Drogenproblems im Unterricht, wenn sie sich wie so oft auf chemische Zusammensetzung und organische Wirkung von Drogen beschränkt, wäre wie ein sexueller Aufklärungsunterricht, der mit dem Befruchtungsakt im Leben der Bienen endet.

4. Unterrichtsgespräche zum Suchtproblem setzen bei der Lehrkraft Glaubwürdigkeit und Autentizität voraus

Lehrer/innen, die mit erhobenem Zeigefinger vor Süchten warnen, die sie selbst haben, diese aber verschweigen, werden bei den Schülern unglaubwürdig.

5. Schule als Ort von ‚Sozialem Lernen‘ müßte Kommunikationsformen entwickeln, die süchtigem Verhalten, selbstzerstörerischen Tendenzen und gewaltsamen Auseinandersetzungen bei Schülerinnen und Schülern bereits im Entstehungsprozess entgegenwirken (Primärprävention)

Hilfen für eine gewaltfreie Konfliktlösung unter Schülern gehören da genauso dazu wie bei ‚Mobbing-Attacken‘ nicht wegschauen, sondern eingreifen, oder regelmäßige ‚Klassengespräche‘ einführen, um der drohenden Ausgrenzung und Isolation sozial-ängstlicher Schüler entgegen zu wirken oder Mobbing-Opfern zu helfen. Ein anonymes ‚Mobbing‘- oder ‚Sorgentelefon‘ ist in manchen Schulen sinnvoll. Klassenregeln mit den Schülern gemeinsam aufstellen ist eine gute Sache, letztlich jedoch unwirksam, wenn es nicht gelingt, das Klima in der Schule insgesamt zu verbessern und alle Lehrkräfte in diesen Veränderungsprozess mit einzubeziehen ($\Rightarrow$ Schulentwicklung).

6. Zur Entwicklung einer ‚Schulkultur' mit einem Lebensraum für Schüler, der diese ‚stark macht', gehört auch die Vermittlung von Erfolgserlebnissen

Nur durch Erfolgserlebnisse kann sich ein gesundes Selbstwertgefühl beim Schüler entwickeln. Verletzende und herabsetzende Äußerungen gegenüber Schülern sollten nicht zum Repertoire eines Pädagogen gehören. Diese werden in der Regel vom Schüler als selbstwertmindernd empfunden und können im Kontext mit anderen Belastungen, wie elterlichem Druck, aggressiven Mitschülern, Notenproblemen, zu suizidalen Gedanken oder gar zum Suizid führen. Die Notenskala sollte nicht zu einer ‚Liebesskala' pervertiert werden und auch nicht als Druckmittel, um Disziplin und Motivation zu verbessern.

7. Einzelne Schüler als ‚Mitstreiter', ‚Opinion-Leader' und ‚Mediator' gewinnen, um destruktive Klassenstrukturen zu verändern und Streit zu schlichten

Hier geht es auch darum, Schüler zu befähigen, sich einem von Gewalt und Repression geprägten Klima oder Mythos in der Klasse entgegen zu setzen. ‚Stärker werden als der Gruppenzwang' ist hier die Leitidee. Anerkennung findet nicht der, der zuschlägt, sondern der, der hilft, weil er Einfühlungsvermögen besitzt. In Schüler-Multiplikatoren-Seminaren sollten Schüler und Lehrer gemeinsam für diese Ziele fortgebildet werden. Dieser Weg hat sich genauso wie Formen der Mediation durch Schüler und Beratungslehrer als sehr erfolgversprechend, insbesondere für die gewaltpräventive Arbeit, erwiesen.

6.1.2 Formen der Umsetzung bzw. Vermittlung dieser Grundsätze

Die Kernfrage, die wir uns dabei stellen sollten, lautet: Was und wie muss ich etwas tun, damit sich an den Einstellungen von Kindern und Jugendlichen etwas ändert? Wie muss ich ein Setting gestalten, damit ein Konflikt, eine gewaltsame Auseinandersetzung zwischen Einzelnen oder zwischen Gruppen von Schülern ohne Sieger und Besiegte bewältigt werden kann? Wie kann ich schulisches Mobbing reduzieren und wie kann ich Kinder, die in eine Opferrolle oder in Isolation geraten sind, heraushelfen? Wie ist es mit der *Sinnfrage* bestellt? Welche Ziele und Lebensperspektiven sollte man vermitteln, damit selbstschädigendes Suchtverhalten und destruktive Aggressivität gegen andere nicht entstehen oder reduziert werden können? Primärpräventive und sekundärpräventive bzw. remediale Ansätze müssen dabei ineinandergreifen.

Allgemein geht es uns um Sensibilisierung für diese Fragen bei den Lehrkräften. Dazu muss ein *Schulentwicklungsprozess* in Gang gesetzt werden, der von außen begleitet werden muss. Darüber hinaus sind flankierende Maßnahmen erforderlich, wie *Fortbildung der Lehrerinnen und Lehrer zur Suchtprävention und der Beratungslehrer/innen* in mehrtägigen Seminaren, Fallbesprechungsgruppen bzw. *Supervision* in regionalen Arbeitskreisen und besondere kooperative Projekte zwischen schulischen und außerschulischen Einrichtungen. Auch handlungsbezogene Projekte wie spielerische und theaterpädagogische Ansätze sind in der sucht- wie gewaltpräventiven Arbeit mit Schülern wirkungsvoll, und sie gewinnen zunehmend an Bedeutung in der Lehrerfortbildung (z. B. Problembewältigung durch Vermittlung von ‚Flow'-Erlebnissen!).

Die sehr wichtige *Arbeit mit Eltern* (in Form von thematischen Elternabenden, die sich nicht auf ‚Notengespräche' beschränken, Elterngesprächskreisen mit

Erziehungsthemen sowie individuelle Hilfen) bedarf vor allem im Grundschul-
bereich und in der Sekundarstufe I noch besonderer Initiativen und Anstrengungen. Da die meisten Lehrkräfte nicht in Erwachsenenbildung ausgebildet sind,
ist es eine wichtige Aufgabe für Schulberatung und Schulpsychologie, hier ihre
Kompetenz mit einzubringen und Lehrern zu helfen.

Die Materialien im Anhang können für solche Zwecke eingesetzt werden. Insbesondere für diagnostische Fragen sowie für effiziente Interventionsmaßnahmen
erfolgt eine praxisrelevante Auswahl. Dabei denke ich insbesondere an Lehrkräfte zur Sucht- und Gewaltprävention, an Beratungslehrer, an Schulpsychologen,
Schulsozialarbeiter, Sozialpädagogen und Erziehungsberater.

6.1.3 Konkrete Maßnahmen im Überblick

Praxishilfen zur Gewalt- und Suchtprävention in der Schule		
„Die Brötchen, die wir backen können, sind recht klein." *Trotzdem:*		
Unterricht		
beteiligte Fächer: Deutsch, Sport, Biologie, Sozialkunde, Religion, Heimat- und Sachkunde u. a.	*methodische Zugangsweisen:* z. B. Rollenspiele (Außenseiterproblematik, Isolation, Gewalttäter), gemeinsame Klassenre-geln gegen Gewalt aufstellen, Täter-Opferaus-gleich, Schlichtungsgespräche	
außerunterrichtlich		
Lehrer und pädagogische Hilfen: • pädagogischer Tag • Lehrerkonferenz • Konflikttrainingsgruppen • Fallbesprechungsgruppen (Supervision) • Schulsozialarbeit • anonymes Kontakttelefon (Mobbing-Telefon) • Anti-Mobbing-Konvention • schulische Suchtvereinbarung	*Schüler:* • Projekttage, Projektwoche • Theater-AG • Film/Video-AG • Schullandheim • Ausflüge • Filme • „Lohnender Verzicht" • Schüler-Mulitplikatoren-Seminare gemeinsam mit Lehrern	*Eltern:* • thematischer Elternabend • gemeinsame Veranstaltungen, Eltern/Schüler/Lehrer in Pro-jektwochen aktiv einbezie-hen
persönliche Sensibilisierung		
• Wie erkenne ich „Problemschüler"? (Sensibilisierung) • Wie komme ich an sie ran? (Gesprächsführung) • Wenn ja, was mache ich dann? – Drogen(therapeutische)-Beratungsstelle – Schulpsychologische Beratungsstelle		
Verhaltenskomponenten: offen, ehrlich, mit Ichbeteiligung rangehen, auch Fehler (eigene) und eigenes Betroffensein eingestehen		

Vorschläge für einen veränderten Schulalltag zur Vorbeugung gegen Gewalt

1. ● Akzeptieren, dass aggressives Schülerverhalten häufig auch auf Erfahrungen und Versagungen im Schulleben und daraus resultierende Hoffnungslosigkeit zurückzuführen ist. Erich Fromm: „Die Zerstörung ist die Kreativität des Hoffnungslosen."
    ● Erkennen, dass gehäuftes Versagen und mangelnde Anerkennung zu negativer Selbsteinschätzung und Hoffnungslosigkeit und daraus herrührender Aggressionsbereitschaft führen.
    ● Erkennen, dass die Verletzung des Selbstwertgefühls – in Sonderheit öffentlicher Demütigung – von Schülern zu Aggressionen nach außen und gegen sich selbst führen kann.
2. ● Den schweren Versuch angehen, in kleinen Schritten die eigene Wahrnehmung von den negativen und störenden Ereignissen und Verhaltensweisen auf die positiven und erfreulichen, häufig nur „normalen" Ereignisse umzupolen.
    ● Es hilft, die Wahrnehmung zu verändern, wenn man seine eigenen Bemerkungen kontrolliert. Hilfreich ist folgendes Verfahren: Man lege einen Bleistift in die Mitte des Pultes. Bei jeder positiven Bemerkung wird er zwei Zentimeter nach rechts geschoben. Bei jeder negativen Bemerkung zwei Zentimeter nach links. An welcher Seite fällt er herunter?
    ● Mit Schülern im Gespräch erkunden: „Wann wurdet ihr das letzte Mal gelobt?"
    ● Schülerprojekte: Sich gegenseitig Rückmeldung geben und loben.
    ● Auch Lehrer benötigen positives Feedback. Beim Konstanzer Trainingsmodell hospitieren Lehrer einmal wöchentlich gegenseitig im Unterricht und geben sich kollegiale Rückmeldung über ihre Arbeit.
3. ● Bei gestörtem Schüler-Lehrer-Verhältnis nach eigenen Aggressionsanteilen schauen.
    ● Erkennen, dass Aggression auch bei einem selber eine natürliche Reaktion ist. Sie muss wahrgenommen und in akzeptable Bahnen gelenkt werden, soll sie nicht aus dem Unterbewusstsein heraus Schaden anrichten.
    ● Im Umgang mit den Schülern bei Konflikten versuchen, den ersten Schritt zu tun, ohne daraus Ansprüche an die Schüler abzuleiten. „Rechtspositionen" auch mal aufzugeben versuchen. Das stärkt die „natürliche Autorität".
4. ● Möglichkeiten einer „anderen" Aggressionsabfuhr in der Schule bereitstellen.
    ● Körperliche Aggressionsspiele mit Regeln, bei denen auch Jungen und Mädchen auf der Matte miteinander „kämpfen". Die Regeln werden von den Schülern selbst festgelegt.
    ● Entspannungsübungen mit Hilfe von Musik und Entspannungsgeschichten.
    ● Freiräume für sprachlichen Umgang mit Aggressionsphantasien, Witzen und dergleichen schaffen. Wenn „Sprachspiele" dieser Art von den Kindern ausgehen, sie positiv aufgreifen.
    ● Freiräume für zeichnerische und andere Ausdrucksformen offen lassen.
5. ● Versuchen, in der Schulgemeinde Klarheit über das zu erzielen, was als „destruktive Aggressivität" von normalen aggressiven Verhaltensweisen abzugrenzen und streng zu ahnden ist.

6.2 Mediationsverfahren zur schulischen Konfliktlösung

Ein konstruktiver Umgang mit Konflikten ist ein wesentliches Element des *sozialen Lernens* für Kinder und Jugendliche. Es stellt eine Möglichkeit dar, Gewalt vorzubeugen.

Modelle *kooperativer Konfliktlösung* in der Schule haben sich wohl als die effizientesten im Kontext von Interventionsmaßnahmen erwiesen. Meine anfängliche Skepsis, Schüler selbst als Mediatoren in solche eher remedialen Maßnahmen mit einzubeziehen, konnte im Verlauf der Jahre zerstreut werden. Voraussetzung für einen erfolgreichen Einsatz von Schülern ist allerdings eine gediegene fachkundige Schulung. Diese erfordert Zeit, einen langen Atem und Kompetenz auch in psychologischen Fragen der Gesprächsführung. Am ersten Beispiel soll gezeigt werden, wie man vorgehen sollte, um dieses hohe Ziel zu erreichen – aber auch wo die Grenzen liegen.

6.2.1 Das Streitschlichterprogramm durch Schüler, von Katja Grimm[1]

An der Johannes-Häußler-Schule in Neckarsulm wurde das im Folgenden beschriebene Streitschlichterprogramm durch Schüler von September 1996 bis Juni 1999 erprobt. Daran waren beteiligt: 12 Klassensprecher(innen) der Hauptschule, die Schulsozialarbeiterin, die Schulleitung und Lehrer(innen) der Hauptschule.

Vorüberlegungen

„In meinem zweiten Jahr als Schulsozialarbeiterin an der Johannes-Häußler-Schule stieß ich auf ein Buch mit dem Titel: ‚Konflikte selber lösen – Mediation für Schule und Jugendarbeit‘ von Faller, Kerntke und Wackmann (1996). Ich fand das vorgestellte Streitschlichter-Programm sehr interessant und überlegte mir, dieses Training mit den Klassensprechern im neuen Schuljahr durchzuführen, zumal ich mich mit Mediation als Methode in der Sozialarbeit während meines Studium intensiv beschäftigt habe. Ich wollte somit die Verantwortung der Klassensprecher stärken und ihnen auf diesem Weg konstruktiven Umgang mit Konflikten näherbringen. Zudem liegt im Bewältigen von Konflikten ein enormes Lern- und Wachstumspotential.“

Theoretische Überlegungen

Wenn man selbst an einem Konflikt beteiligt ist, ist es in der Regel schwierig, Regeln zur konstruktiven Konfliktlösung einzuhalten. Leichter wird es, wenn eine dritte Person – von außen – den Beteiligten hilft, die Grundregeln des Umgangs miteinander zu beachten und gemeinsam nach Lösungen zu suchen. Dafür gibt es eine ausgearbeitete Methode, die *Mediation*. Mediation ist ein Verfahren für konstruktive Konfliktlösung, das in den 60er Jahren in den USA entwickelt wurde und dort mit Erfolg in vielen Lebensbereichen (hauptsächlich bei Trennung und Scheidung) angewendet wird. Wörtlich übersetzt bedeutet Mediation „Vermittlung“. Gemeint ist die Vermittlung in Konflikten durch unparteiische, neutrale Dritte, die von allen Seiten akzeptiert werden. Mediation bietet ein konkretes Verfahren und eine Sichtweise, um Jugendliche selber zu befähigen, ihre Auseinandersetzungen eigenständig zu bewältigen, ohne dabei auf Rituale von Macht und Gewalt zurückzugreifen.

---

1   Katja Grimm ist seit vier Jahren als Schulsozialarbeiterin an der Johannes-Häußler-Schule in Neckarsulm tätig.

Die Mediatoren führen die Konfliktparteien durch einen Klärungsprozess, der die Kontrahenten befähigt, die eigenen Interessen und Gefühle zu erkennen, diejenigen der anderen Seite zu verstehen und gemeinsam eine einvernehmliche Konfliktlösung zu finden. Das Mediationsverfahren bietet ein umfangreiches Instrumentarium, um eine konstruktive Konfliktlösung zu ermöglichen.

Eine weitere Säule ist das *Harvard-Konzept*. Man geht dabei davon aus, dass Konflikte etwas Normales im Zusammenleben sind und diese akzeptiert werden sollen. Konflikte sind ein wichtiges Signal, dass etwas nicht stimmt und verändert werden muss. Für den pädagogischen Prozess sind vor allem folgende Überlegungen des Harvard-Konzepts wichtig:

● zwischen Mensch und Problem unterscheiden,
● zwischen Position und Bedürfnis unterscheiden,
● die verschiedenen Ebenen eines Konfliktes beachten,
● die Kommunikation im Konflikt aufrechterhalten oder wiederherstellen,
● nach neuen Lösungen suchen.

Der dritte Pfeiler ist die *Peer-group-education*. Kinder und Jugendliche werden sehr stark von Gleichaltrigen – von ihrer peer group – beeinflusst. Es geht darum, Kinder und Jugendliche nicht nur als Problemverursacher zu sehen, sondern ihre Problemlösungskompetenzen in den Erziehungsprozess einzubeziehen. Praktisch heißt das, gerade ‚schwierige‘ Jugendliche als „Spezialisten in Sachen Probleme" zu sehen und ihnen Möglichkeiten an die Hand zu geben, ihre eigenen diesbezüglichen Fähigkeiten zu erweitern und so neue Handlungsräume zu eröffnen. Gerade die lautstarken, eben „coole Typen" besitzen häufig eine hohe Interventionsberechtigung in ihren Cliquen.

Ablauf der Ausbildung

Die Schulsozialarbeit hat als Beitrag zur gewaltlosen Konfliktlösung an der Johannes-Häußler-Schule eine Streitschlichter-AG eingerichtet. Diese AG besteht aus 12 Schüler(innen), die in der Lage sind, bei Konflikten an der Schule unter Anwendung der *Mediation* zu vermitteln. Sie arbeiten seit September 1996 einmal wöchentlich zwei Stunden lang mit einem Streitschlichter-Programm. Die Gruppe hat sich Gedanken gemacht, wie Konflikte entstehen und wie sie eskalieren. Voraussetzung für die Fähigkeit, sich auch bei größeren Meinungsverschiedenheiten in die andere Seite hineinzuversetzen, sind aktives Zuhören und Empathie. Hier hilft das Einüben von Ich-Botschaften und das Erkennen und Zulassen von Ambivalenzen. Sie haben gelernt, dass Jungen und Mädchen unterschiedlich damit umgehen, und sie haben in Rollenspielen geübt, wie ein vermittelndes Gespräch zwischen zwei Streitenden ablaufen kann. Hierzu wurden viele Übungen gemacht: richtig zuhören, das Gehörte wiedergeben, Entstehung von Konflikten, Hintergründe von Konflikten, Regeln während dem Streitschlichtergespräch etc. Im Rollenspiel wurden diese vermittelnden Gespräche geübt.

Die Lerneinheiten

Sich kennenlernen und Regeln erarbeiten

In sozialen Interaktionsspielen lernt sich die Gruppe besser kennen, was für eine gute Zusammenarbeit eine wichtige Voraussetzung ist. Es werden Bedingungen formuliert und festgeschrieben, unter denen sich alle Gruppenmitglieder wohl fühlen können.

Konflikte

Verschiedene Menschen haben verschiedene Auffassungen über ein und denselben Konflikt. Es werden Methoden erlernt, wie man mit einem Konflikt umgeht und wie man seine Struktur deutlich macht.

Motive und Emotionen

Motive und Emotionen werden dann verstanden, wenn man auch fähig ist, das eigene Verhalten im Konflikt zu reflektieren. Wie sind die Konfliktpartner in den Konflikt hineingeraten und wie kommen sie wieder heraus.

Eskalation

Unkontrollierte Eskalation macht einen Konflikt zerstörerisch. Es wird gefragt, in wieweit der Konflikt schon fortgeschritten ist. Diese Frage ist entscheidend für die weitere Konfliktbearbeitung.

Mädchen und Jungen

In dieser Einheit sollen bestimmte Übungen dazu verhelfen, eine Fähigkeit zu entwickeln, die unterschwelligen geschlechtsspezifischen Verhaltensweisen besser verstehen zu können.

Eigenes und Fremdes

Häufig nehmen Konflikte einen besonderen Verlauf durch kulturelle Unterschiede. Jugendliche sammeln tagtäglich Erfahrungen mit verschiedenen Kulturen und den dazugehörigen ethnischen Hintergründen.

Kommunikation

Hier werden verschiedene Gesprächstechniken gelernt, wie z. B. Klären, Spiegeln.

Eine häufig angewandte Methode ist das *Rollenspiel,* mit Hilfe dessen in den einzelnen Einheiten geübt wird. Ein fiktives Beispiel: Gerd nimmt Sven den Ball

224

weg, dieser geht verloren. Gerd und Sven sind wütend aufeinander, denn Sven hat nun Gerd Schläge angedroht. Sie können nicht mehr miteinander umgehen. Von einem Mitschüler werden sie auf die Streitschlichter aufmerksam gemacht. Gerd geht auf einen von ihnen zu. Der Streitschlichter lädt die beiden zu einem Gespräch ein. Auch Sven findet, dass es so keine angenehme Situation ist, denn eigentlich verstanden die beiden sich ganz prima.

Zeitlicher Ablauf

Das Training besteht aus sieben Trainingseinheiten (einmal wöchentlich, zweistündig und ein Abschlusswochenende). Man kann ein halbes Schuljahr einkalkulieren.

Ziele

Außer Einigung, vor allem Lernen, den kommunikativen und kooperativen Weg zu gehen zur eigenverantwortlichen selbstständigen Konfliktsteuerung! Die *Streitschlichter* versuchen *als neutrale, unparteiische Dritte* es den Parteien zu ermöglichen, miteinander zu reden und vor allem eine gemeinsame Lösung für das Problem zu finden. Die *Streitschlichter fragen nicht nach der Ursache oder* nach *Schuld,* sondern lenken den Blick auf die Zukunft, also: Was kann getan werden, damit man in Zukunft wieder vernünftig miteinander reden und umgehen kann.

Jetzt ist ihre Ausbildung beendet

Zum Abschluss gab es Urkunden und gelbe Mützen mit der Aufschrift: *Streitschlichter an der Johannes-Häußler-Schule.* Die Schüler machen damit den anderen Schülern und Lehrern ein Angebot, in Konfliktfällen zu helfen. Ganz wichtig ist das Prinzip der Freiwilligkeit. Wenn es zu einem Gespräch kommt, sichern die Streitschlichter zu, dass das Gesagte unter ihnen bleibt, außerdem sind sie unparteiisch. Sie sind für den Ablauf und den Rahmen des Gesprächs verantwortlich, die Streitenden für den Inhalt und für die *Lösung* des Streites.

Das Streitschlichter-Gespräch

Die fünf Phasen der Mediation:

1. Einleitung: Verfahren und Ziele erläutern

- Gute Atmosphäre schaffen: dies gelingt durch die Sitzordnung und das Verhalten des Mediators. Ganz wichtig ist auch, dass die streitenden Parteien bereit sind ein Gespräch mit dem Streitschlichter zu führen und die Fakten offen darzulegen.

- *Grundregeln:* Die Beteiligten müssen gefragt werden, ob sie folgende Kommunikationsregeln akzeptieren
  - keine Monologe, jeder darf ausreden,
  - nichts sagen, nur um den anderen zu verletzen,
  - die Schuldfrage aus der Verhandlung herauslassen,
  - sich bemühen fair zu bleiben,
  - Kooperationsbereitschaft,
  - die Rolle des Mediators wird erläutert,
  - bisheriger Stand der Dinge: Der (die) Mediator(in) berichtet, was er/sie bis jetzt über die einzelnen Parteien weiß.

2. Die Sichtweise der einzelnen Konfliktparteien

- Jede Seite darf ihre Version vortragen mit der Chance, von dem anderen nicht unterbrochen zu werden.
- Durch *offene Fragen* sollen die Erzählenden dazu motiviert werden, ihre Position deutlicher darzustellen.
- Durch *Nachfragen und Spiegeln* findet der Mediator heraus, um was es den Beteiligten geht, und abschließend *fasst* er *zusammen*, um den Blick auf das Neue zu richten.

3. Konflikterhellung

- Durch gezielte Fragen oder nonverbale Übungen (z. B. Zeichnen des Konfliktes) werden Gefühle, Interessen und andere wichtige Hintergründe des Problems deutlich gemacht. Die Streitschlichter helfen den Beteiligten, sich über ihre *Gefühle* und *Interessen* klar zu werden und bringen diese zum Ausdruck.
- Schrittweise wird die direkte Kommunikation der Beteiligten wiederhergestellt.

4. Problemlösung

- Beide Parteien schlagen nun Lösungen vor (brainstorming), diskutieren diese und suchen nach einem Konsens. Die gefundenen Lösungsmöglichkeiten werden nun bewertet.

5. Vereinbarung

- Der Mediator weist darauf hin, dass die gefundene Lösung nicht nur eine Kompromiss-, sondern eine Konsenslösung ist, d. h. sie bringt möglichst viele Vorteile für alle. Wenn eine Einigung über das Lösungspaket erzielt wurde, wird die Vereinbarung schriftlich festgehalten. Nachdem das Formular nochmals vorgelesen wurde, wird es von allen Beteiligten unterschrieben. Zum Abschluss können sich die Kontrahenten noch die Hand geben. Da die Kampfhähne dieses Ergebnis selber festgelegt haben, ist es einfacher, sich auch daran zu halten. Niemand hat sie zu diesem Entschluss gezwungen. Es kommen keine „Anordnungen von oben".

Schüler vermitteln unter Schülern

Sie sind fähig dazu! Sie lernen den konstruktiven Umgang mit Konflikten, und es ist ein wesentliches Element des *sozialen Lernens für Kinder und Jugendliche*. So besteht eine Möglichkeit, Gewalt vorzubeugen. Die meisten Streitschlichter sind auch Klassensprecher. Das hebt die Chance, dass sie von den Mitschülern akzeptiert werden. Anschließend gab es noch ein Coach-Training mit den Lehrern, die die Streitschlichter in ihrem Amt begleiten wollen.

Erfahrungen nach drei Jahren

Die Streitschlichter sind an der Johannes-Häußler-Schule zu einem festen Bestandteil geworden. Sie werden von Schülern wie auch von Lehrern bei verschiedenen Konflikten dazu gebeten.

Die Streitschlichter sagen in unseren Treffen (die immer noch regelmäßig einmal im Monat stattfinden), dass sie mehr Verantwortung haben und auch auf Mitschüler achten.

In den eigenen Klassen der Streitschlichter werden sie häufig von ihren Lehrern gebeten, bei Konflikten zu moderieren und Lösungen auszuhandeln. Es gibt weniger Fälle, die disziplinarisch behandelt werden müssen.

Einige Schüler sagen, dass sie ihr Wissen auch außerhalb der Schule z. B. *in ihrer Peer-group oder in ihrer Familie anwenden*. Die Schüler sehen es als sehr positiv an, dass sie stärker an den Lösungen von Schulkonflikten beteiligt werden, als vor dem Training. Endlich wird Streit ausgehandelt und erhält somit auch Handlungsspielraum und *„keine Macht von oben* (Schulleitung oder Lehrer) *befiehlt"*, wie vorgegangen wird.

Eine allgemeine Verbesserung von problemlösenden Kompetenzen ist bei den Streitschlichtern und bei den Klassen spürbar, die das *Training „Soziales Lernen in der 5. Klasse"* durchlaufen haben.

Exkurs „Soziales Lernen" in der 5. Klasse

Dieses Trainingsprogramm schult soziale Kompetenzen.[2] Methoden der Sozialarbeit sind in diesem Training Interaktions- und Selbsterfahrungsspiele und Übungen, Rollenspiele, Gruppengespräche, kreative Gestaltungsmöglichkeiten

---

2 Empfehlenswert zum Thema *Soziales Lernen* ist auch eine vom Ministerium für Kultus, Jugend und Sport Baden-Württemberg herausgegebene und von Schulpsychologen verfasste Handreichung für die Schulen mit dem Titel: *„Sozial-Verhalten-Lernen" für die erzieherische Arbeit in Schulen und Jugendarbeit. Eine praktische Hilfe*. Stuttgart, 1999. Die Broschüre enthält eine ganze Reihe von erprobten praktischen Übungen zu Themen wie *Selbstwahrnehmung*, Gefühle ausdrücken, Toleranz, Umgang mit Konflikten und Kritik, Regeln erarbeiten u. a. (Anmerkung von R. H. Weiß).

und Phantasiereisen bzw. Entspannungsübungen. Ziel des spielerischen Trainingsprogramms kann es sicherlich nicht sein, eine direkte, in der Klasse spürbare Verhaltensänderung zu erreichen. Verhaltensauffälligkeiten bzw. mangelhafte Verhaltensweisen im Umgang miteinander sind Ergebnisse eines bei Kindern dieser Altersstufe bereits langjährigen Sozialisationsprozesses. Ziel ist demnach vielmehr ein beispielhaftes Kennenlernen möglicher Probleme im Umgang miteinander und die Vermittlung von Grundfertigkeiten im sozialen Bereich. Notwendig und wünschenswert ist die Fortsetzung dieses Programmes im Klassenalltag bzw. eine situative Übernahme einzelner Elemente und deren Anwendung im Unterricht.

Abschließend eine *Stellungnahme der Schulleitung:* „Ich finde es wichtig, wenn Schüler den Streit zwischen Schülern schlichten. Außerdem gewinnen sie durch ihre Ausbildung an Sozialkompetenzen, sie übernehmen Verantwortung, Aufgaben, die eigentlich Erwachsene innehaben."

6.2.2 Streitschlichtung durch Beratungslehrer, von Winfried Klingler[3]

Streitigkeiten und Konflikte unter Schülerinnen und Schülern kommen an einer Berufsschule mit ca. 3000 Schülern tagtäglich vor und lassen sich auch kaum vermeiden. Dies ist dann nicht weiter beunruhigend, wenn diese Streitigkeiten und Konflikte unter Vermeidung von Gewalt und Aggressionen ausgetragen und entschieden werden. Dies ist jedoch meist nicht der Fall. Sehr häufig neigen Jugendliche in Konfliktsituationen sehr schnell zu jähzornigen Handlungen, schlagen und treten ihr Gegenüber und sind nicht in der Lage mit ihren inneren aggressiven Gefühlen umzugehen. Die Folge davon sind aggressive verbale und körperliche Streitigkeiten und Konflikte in der Schule.

Als Beratungslehrer war ich lange Jahre gewohnt, als eine Art „Feuerwehr" in der Konfliktlösung eingesetzt zu werden. Konkret sah dann diese Feuerwehrfunktion so aus, dass ich nach Konflikten und Streitigkeiten eingeschaltet wurde, um den oder die Übeltäter zu ermitteln und entsprechende Sanktionen vorzuschlagen und gegebenenfalls zu kontrollieren. Diese Feuerwehrfunktion war für die am Konflikt beteiligten Jugendlichen, aber auch für mich als Beratungslehrer höchst unbefriedigend, weil die Konfliktparteien in Bezug auf den Konflikt allein gelassen werden und keinerlei Hilfe und Unterstützung erhalten, sich bei künftigen Konfliktsituationen sozial kompetent zu verhalten.

---

3 Winfried Klingler ist seit 1980 Lehrer an der Johann-Jakob-Widmann-Schule in Heilbronn. Seit 1983 fast ausschließlicher Unterrichtseinsatz im Berufsvorbereitungsjahr und in der Förderberufsschule. 1983–1989 Mitarbeit am Landesinstitut für Erziehung und Unterricht Stuttgart. Schwerpunkt der Tätigkeit: wissenschaftliche Begleitung von Modellversuchen zur Beschulung von benachteiligten Jugendlichen im Berufsvorbereitungsjahr. 1988 Ausbildung zum Beratungslehrer. Seit 1989 Beratungslehrer an der Johann-Jakob-Widman-Schule. Seit 1991 Leiter eines regionalen Arbeitskreises des Oberschulamtes Stuttgart für Lehrerinnen und Lehrer im BVJ. Seit 1985 verschiedene Referententätigkeiten bei Lehrerfortbildungsveranstaltungen und Pädagogischen Tagen. Mitarbeit in verschiedenen Arbeitskreisen des Stadt- und Landkreises Heilbronn zur Situation benachteiligter Jugendlicher.

Auf der Suche nach alternativen Möglichkeiten der Konfliktlösung stieß ich in der Literatur auf sogenannte „kooperative Schlichterprogramme". Diese Schlichterprogramme erfüllten für mich wesentliche Voraussetzungen, weil sie die Schülerinnen und Schüler in der Aneignung und Verarbeitung ihrer spezifischen Lebenswelt nicht allein lassen, sondern sie gerade in Bezug auf die Konflikthaftigkeit des schulischen Alltags zu einer gewaltfreien Auseinandersetzung und damit zu einer friedlichen Konfliktlösung befähigen. Mir war klar, dass ich die in der Literatur kennengelernten Schlicherprogramme nicht einfach übernehmen konnte, sondern sie den Besonderheiten einer großen Berufsschule anpassen musste. So entstand – auch unter Einbeziehung meiner eigenen Persönlichkeit als Beratungslehrer – ein Schlichtungsverfahren, das ich seit dem Schuljahr 1994/95 an der Johann-Jakob-Widmann-Schule in Heilbronn einsetze. Nach ersten Erfahrungen – die sowohl positiver als auch negativer Art waren – entwickelte ich das Schlichtungsverfahren laufend weiter. In optimierter Form setze ich das im Folgenden dargestellte Schlichtungsverfahren seit dem Schuljahr 1996/97 ein. Es wurde in der Zwischenzeit bei mehr als 30 Lehrerfortbildungsveranstaltungen vorgestellt und findet rege Nachfrage bei Lehrerinnen und Lehrern aller Schularten und Schultypen.

Mit dem Schlichtungsverfahren verfolge ich das *Ziel*, Schülerinnen und Schüler direkt an der Schlichtung von Streitigkeiten zu beteiligen. Dabei soll der Konflikt in kooperativer und konstruktiver Art aufgearbeitet werden, so dass beide Konfliktpartner zu einer für sie annehmbaren Lösung des Konfliktes kommen. Hierbei soll die Lösung nicht nur kurzfristiger Natur, sondern möglichst dauerhaft sein. Ein Praxisbeispiel soll die Einsatzmöglichkeit und die konkrete Durchführung des Schlichtungsverfahrens erläutern.

Fallbeispiel aus dem Schuljahr 1995/96

Die Schülerin Sabrina O. läuft in der Pause im Schulhof an der Schülerin Natalie S. vorbei. Beide kennen sich nicht. Es entwickelt sich folgende Auseinandersetzung zwischen den beiden:
Sabrina zu Natalie: „Glotz mich nicht so blöd an!"
Natalie zu Sabrina: „Ich glotze dich gar nicht blöd an. Wer hier blöd rumglotzt bist du!"
Sabrina zu Natalie: „Halt die Gosche!"
Natalie zu Sabrina: „Sei du bloß ruhig, du Nutte!"
Sabrina zu Natalie: „Selber Nutte, dich langt ja eh' niemand mehr an!"

Natalie schlägt Sabrina mit der Faust ins Gesicht. Sabrina schlägt zurück. Es entwickelt sich eine heftige Schlägerei zwischen beiden Mädchen. Die Folgen der Schlägerei sind bei Sabrina aufgeplatzte Lippen, schmerzendes Kinn, aufgekratzte Stirn, geschwollene Finger, Blut an der Bluse und auf der Hose. Natalie hat ein ‚blaues' Auge, Kratzer an der Wange, aufgeschürfte Hände und eine zerissene Bluse.

Das nach dem dargestellten Konflikt eingesetzte Schlichtungsverfahren erfolgt in folgenden Schritten

1. Schritt:	Einzelgespräche mit Sabrina und Natalie, Gespräche mit Beobachtern des Konflikts;
2. Schritt:	Schlichtungsgespräch mit Sabrina und Natalie.

Die Einzelgespräche mit Sabrina und Natalie sowie die Gespräche mit Beobachtern des Konflikts dienen der Klärung der Konfliktsituation. Für mich als Schlichter ist es wichtig, alle nötigen Informationen über den Verlauf des Konflikts zu erhalten. Wichtig dabei sind:

● Konfliktsituation,
● Problemstellung,
● Streitpunkt,
● Standpunkt der Konfliktpartner,
● aufgetretene Folgen.

In Bezug auf den weiteren Verlauf des Schlichtungsverfahrens soll in den Einzelgesprächen mit Sabrina und Natalie geklärt werden

● ob bei den beiden Konfliktpartnern die Bereitschaft zur kooperativen Konfliktbewältigung vorhanden ist,
● ob beide Konfliktpartner der konkreten Teilnahme an einem Schlichtungsgespräch zustimmen.

Nur wenn beide Konfliktpartner bereit sind, freiwillig an einem Schlichtungsgespräch teilzunehmen, macht der zweite Schritt des Schlichtungsverfahrens Sinn. Ein Schlichtungsgespräch, zu dem nicht beide Konfliktpartner freiwillig bereit sind, kann nicht zum Erfolg führen.

Für den Schlichter ist es deshalb wichtig, die Einzelgespräche (im konkreten Beispiel mit Natalie und Sabrina) sorgfältig vorzubereiten. Sehr wichtig dabei ist, dass der Schlichter gegenüber beiden Konfliktpartnern eine neutrale Position einnimmt. Zudem sollte der Schlichter nicht zur Schlichtung „drängen", sondern Ruhe bewahren, Geduld aufbringen und den Konfliktpartnern immer verdeutlichen: Ich nehme dich ernst, ich bin interessiert an dir!

Je informierter die Konfliktpartner über den Sinn und Zweck eines Schlichtungsgespräches sind, desto eher können sie auch zur Teilnahme an einem Schlichtungsgespräch bewegt werden. Die Konfliktpartner müssen deshalb überzeugt sein, dass ihnen die Schlichtung „was bringt". In den Einzelgesprächen mit den Konfliktpartnern ist deshalb ausführlich darzulegen:

● Was ist eine Schlichtung?
● Welche Ziele hat eine Schlichtung?
● Welche Vorteile hat eine Schlichtung?

Was ist eine Schlichtung?

Je detaillierter die Konfliktpartner über den Sinn und Zweck einer Schlichtung informiert werden, desto eher sind sie bereit, an einer Schlichtung teilzunehmen. In den Einzelgesprächen mit den am Konflikt beteiligten Schülern müssen daher folgende drei Kernbereiche angesprochen werden:

- Schlichtung ist eine partnerbezogene Konfliktlösung mit Hilfe einer neutralen Person,
- Schlichtung ist ein Gespräch zwischen den Konfliktpartnern, bei dem absolute Vertraulichkeit Voraussetzung ist,
- Schlichtung ist ein freiwilliges Gespräch nach Regeln.

Als Regelvorgabe für das Schlichtungsgespräch werden in den Einzelgesprächen angesprochen:

- das Problem sofort ansprechen,
- in der Ich-Form reden,
- den Gesprächspartner ausreden lassen,
- den Gesprächspartner im Schlichtungsgespräch direkt ansprechen und dabei anschauen,
- beim Thema bleiben und sich möglichst kurz fassen,
- Beschuldigungen und Verletzungen vermeiden,
- aktives Zuhören, d. h. passende Fragen stellen, Interesse zeigen, Nichtverstandenes sofort ansprechen.

Diese Regeln werden in den Einzelgesprächen besprochen, können jedoch auch ergänzend schriftlich vorgelegt werden.

Welche Ziele hat eine Schlichtung?

Die Konfliktpartner müssen vor dem Schlichtungsgespräch die wesentlichen Ziele eines Schlichtungsverfahrens kennenlernen. In den Einzelgesprächen sind daher als wesentliche Ziele des Schlichtungsgesprächs anzusprechen:

- den am Konflikt beteiligten Jugendlichen aufzeigen, dass eine Lösung von Streitfällen auch ohne Aggressionen und Gewalt möglich ist,
- Jugendliche anzuleiten, sich in die Lage des anderen Konfliktbeteiligten hineinzuversetzen,
- Jugendliche zu motivieren, sich an einer konstruktiven Form des Konfliktaustragens zu beteiligen,
- Jugendliche dazu zu befähigen, Kompromisse einzugehen,
- Jugendlichen die Folgen und Konsequenzen ihres Handelns klarzumachen,
- Jugendlichen die Chance zu geben, in realen Konfliktsituationen auf alternative (nicht gewalttätige) Handlungsweisen zurückgreifen zu können, die eine nachfolgende Streitschlichtung von vornherein nicht nötig werden lassen.

Als weitere Ziele der Schlichtung werden angesprochen:

- Erarbeitung einer gemeinsamen Problemsicht beider Konfliktpartner,

- Überdenken eigener Standpunkte und Sichtweisen,
- Herausfinden und analysieren der wirklichen Streitpunkte,
- Arbeiten am Konflikt ohne „dominanten Gesprächsleiter",
- Konfliktlösung als eine Methode verstehen, bei der kein Konfliktpartner „in die Ecke gestellt wird",
- Wiedergutmachung des entstandenen Schadens leisten.

Welche Vorteile hat eine Schlichtung?

Als wesentliche Vorteile einer Schlichtung versuche ich den Konfliktpartnern in den Einzelgesprächen klarzumachen:
- Abbau von Aggressionen bei den am Konflikt beteiligten Personen,
- Verminderung und/oder Verhinderung von Sanktionen,
- Wiedergutmachung des Schadens statt Sanktionen,
- selbstverantwortliche Lösung des Konflikts durch die Konfliktpartner.

Hat der Schlichter die Konfliktpartner davon überzeugt, dass ein Schlichtungsgespräch sinnvoll ist, rückt in der Vorbereitung auf dieses Schlichtungsgespräch die Rolle des Schlichters in den Vordergrund.

Um ein gutes Resultat beim Schlichtungsverfahren zu erzielen, ist es wichtig, dass während des Schlichtungsgesprächs eine positive Atmosphäre herrscht. Der Schlichter sollte daher im Vorfeld des Schlichtungsgespräches als Vorbereitung auf folgende Punkte achten:
- Während des Schlichtungsgespräches „Ruhe vorleben":
  - entspanntes Gesicht, entspannte Sitzhaltung,
  - keine hektischen Bewegungen,
  - langsame und ruhige Sprechweise (mit Pausen).
- Während des Schlichtungsgespräches Hilfen und Unterstützung anbieten:
  - Fragen ohne Vorwurf,
  - aktives Zuhören, Gesagtes wiederholen und zusammenfassen,
  - Verständnis zeigen,
  - Optimismus verbreiten („Wir werden das gemeinsam lösen"),
  - nicht zuviel auf einmal verlangen.
- Genügend Zeit für das Schlichtungsgespräch ansetzen:
  - bei Bedarf neuen Gesprächstermin ansetzen,
  - die Konfliktpartner nicht zu einer Lösung drängen.
- Sich selbst im Schlichtungsgespräch nicht in den Vordergrund stellen:
  - den Konfliktpartnern den Inhalt und Verlauf des Gesprächs nicht aufzwingen,
  - das Gespräch nicht unnötigerweise unterbrechen, nur um „Präsenz" zu zeigen,
  - die Verantwortung für den Erfolg des Schlichtungsgespräches weitgehend an die Konfliktpartner abgeben.
- Während des Schlichtungsgespräches eine neutrale Haltung beziehen:
  - keinen Konfliktpartner bevorteilen bzw. benachteiligen,

– Verständnis für die Situation beider am Konflikt beteiligten Partner aufbringen.

Im konkreten Fallbeispiel willigten sowohl Sabrina als auch Natalie ein, an einem Schlichtungsgespräch teilzunehmen. Mit beiden wurden die bereits aufgeführten Regeln ausführlich besprochen. Besonders deutlich wurden daneben die Freiwilligkeit des Gesprächs und die absolute Vertraulichkeit hervorgehoben. Beide stimmten darüber hinaus zu, dass während des Schlichtungsgespräches der Schlichter die wesentlichen Aussagen schriftlich festhalten durfte. Dies kommt im Regelfall nur ganz selten vor. Die schriftliche Formulierung dient der nachträglichen Analyse des Schlichtungsgespräches. Besonders bei den ersten Schlichtungsgesprächen war ich sehr dankbar darüber, ab und zu wichtige Gesprächsinhalte schriftlich festhalten zu können, um somit nachträglich auch eigene Fehler herausarbeiten zu können. Auch in die Schlichterrolle muss man hineinwachsen, und es bedarf einiger Übung, um z. B. eine neutrale Position im Schlichtungsgespräch einzunehmen oder auch den Konfliktpartnern nicht eigene Sichtweisen und Lösungsvorschläge überzustülpen.

Im Folgenden werden die wesentlichen Inhalte des Schlichtungsgesprächs mit Natalie und Sabrina dargestellt.

Schlichtungsgespräch im Streitfall Sabrina – Natalie

Schlichter zu Sabrina:
Sabrina: „Schildere doch bitte einmal die Situation zu Beginn der Pause."

„Ich war ziemlich wütend, weil ich wegen der Klassenarbeit Zoff mit meinem Lehrer bekommen hatte. Naja, ich bin dann auf den Schulhof gegangen und da stand dann sie und lachte." (Sabrina zeigt auf Natalie)
Natalie: „Ich hab' einfach so gelacht. Ich war gut gelaunt."
Sabrina: „Ich dachte, du lachst mich aus. Da habe ich dich eben angefegt."
Natalie: „Ich habe ja nicht gewusst, dass du wegen einem Lehrer sauer warst. Sonst hätte ich meinen Mund gehalten. Ich dachte, du suchst ganz einfach Streit."
             Kurze Pause
             „Und als du dann gesagt hast, dass ich meinen Mund halten sollte, da habe ich mir gedacht: Jetzt reicht's."
Schlichter zu Sabrina:
             „Natalie war jetzt sicherlich ziemlich aggressiv?"
Sabrina: „Denk ich mir. Sonst hätte sie mich ja nicht als Nutte bezeichnet."
Natalie: „Ich habe mich echt noch zurückgehalten."
Sabrina: „Ich bin schier ausgerastet. Nutte darf niemand zu mir sagen. Ich habe dann, glaube ich, auch Nutte zu dir gesagt und dass dich sowieso kein Typ anlangt."
             Pause
             „Danach dachte ich, dass du Leine ziehst."

Schlichter zu Natalie:

> „Du warst sehr wütend in diesem Augenblick."

Natalie: „Ja, ziemlich."

Sabrina: „Das habe ich gespürt."

Schlichter zu Natalie:

> „Du hast Sabrina mit dem Faustschlag ins Gesicht ziemlich wehgetan."

Natalie: „Weiß ich jetzt auch. Aber in der Situation habe ich eben einfach zugeschlagen."

Schlichter zu Sabrina:

> „Wie hast du darauf reagiert?"

Sabrina: „Ich habe ja dann auch kräftig zugeschlagen. Wenn mich jemand schlägt, dann kriegt er es zurück."

Schlichter: „Ihr habt euch gegenseitig ziemlich wehgetan."

> Pause
>
> „Kaputte Bluse, blaues Auge, aufgeplatzte Lippen, Blut auf der Hose, das sind ja keine Kleinigkeiten. Dies könnte sich ja leicht wiederholen."

Sabrina: „Von mir aus nicht. Habe ja eigentlich nichts gegen sie. War eben ziemlich sauer."

Natalie: „War eigenlich 'ne blöde Situation. Ich hätte ja auch ganz cool bleiben können. Geh eben manchmal ziemlich schnell hoch."

Sabrina: „Ich hätte dich ja auch nicht gleich so anfegen müssen."

Schlichter: „Ich sehe, dass ihr beide dabei seid zu überlegen, dass es auch noch andere Alternativen gibt, wie ihr euch in einer solchen Situation verhalten könnt."

> Pause

Sabrina: „Ich will ja auch nicht jeden Tag schlägern. Und so wie jetzt kann ich ja auch ganz normal mit ihr reden."

Natalie: „Wäre ich ruhig geblieben, wäre die Sache schnell gegessen gewesen."

> Pause

Schlichter: „Ich finde es prima, dass wir den Konflikt in dieser angenehmen Atmosphäre ansprechen können. Was glaubt ihr, wie ihr euch künftig in der Schule begegnen werdet?"

Sabrina: „Ich denke schon, dass wir uns begrüßen und ein paar Worte reden. Von mir aus schon."

Natalie: „Von mir aus auch."

Schlichter: „Und die kaputte Bluse, blutige Hose etc.?"

Sabrina: „Bei jedem war was futsch."

Natalie: „Wird sich ja nicht wiederholen."

Schlichter: „Ihr könntet ja vielleicht gemeinsam was tun, sozusagen als äußeres Zeichen, dass ihr wieder miteinander klarkommt. Ihr habt sicherlich 'ne Idee!"

Sabrina: „Ich würde gerne am Kiosk ein paar Pommes essen. Gehst du mit?"

Natalie: „Ja, o.k."

234

Das Schlichtungsgespräch wurde in gekürzter Fassung dargestellt, da während des Schlichtungsgespräches nicht alle Einzelheiten mitgeschrieben werden konnten. Anzumerken ist noch, dass sowohl Natalie als auch Sabrina zu einem weiteren Gespräch bereit waren. Inhalt dieses Folgegespräches waren alternative, d. h. nicht-aggressive Verhaltensweisen bei einem Konflikt. Auch bei diesem Gespräch herrschte eine angenehme Atmosphäre.

Das wichtigste Ergebnis des Schlichtungsgespräches für Natalie und Sabrina war, dass beide mit der erfolgreichen Teilnahme am Schlichtungsgespräch drohende schulische Strafmaßnahmen abwehren konnten und somit ihre weitere Berufsausbildung nicht aufs Spiel setzten. Beide fielen im weiteren Verlauf ihrer Berufsausbildung nicht mehr weiter auf.

Auch in vielen weiteren Schlichtungsgesprächen konnte erreicht werden, dass Schülerinnen und Schüler durch die erfolgreiche Teilnahme an einem Schlichtungsgespräch vor einem drohenden Ausschluss aus der Schule bewahrt wurden und somit die Möglichkeit erhalten blieb, ihre schulische und betriebliche Berufsausbildung fortzusetzen. Allein dies rechtfertigt den zeitlichen Aufwand, der mit dem Schlichtungsverfahren verbunden ist. So kommt es in nicht wenigen Konfliktfällen vor, dass das Schlichtungsgespräch nicht an einem einzigen Termin erledigt werden kann, sondern insgesamt zwei bis drei Termine angesetzt werden müssen. Besonders bei schwerwiegenden Konfliktfällen, bei denen sich die Konfliktparteien zunächst ziemlich unversöhnlich gegenüberstehen, müssen für das eigentliche Schlichtungsgespräch mehrere Sitzungstermine angesetzt werden.

Fazit der im Zeitraum 1994–1999 stattgefundenen Schlichtungsgespräche

Auch wenn nicht alle Schlichtungsgespräche erfolgreich verliefen, so änderte sich durch deren Einsatz doch die Streitkultur an der Johann-Jakob-Widmann-Schule. Bei Konflikten und Streitigkeiten stehen nicht mehr nur die Klassenkonferenz und (manchmal zu schnell) beschlossene Strafmaßnahmen im Vordergrund, sondern vermehrt wird auch von anderen Kolleginnen und Kollegen der Streitschlichtung eine Chance gegeben. Durch schulinterne Lehrerfortbildungsmaßnahmen, die auf freiwilliger Basis beruhten, lernten einige Kollegen/Kolleginnen das Schlichtungsverfahren kennen und wenden es in der Zwischenzeit auch recht erfolgreich bei meist kleineren Streitfällen an. Wenn man weiß, wie schwer es ist, an einem großen Berufsschulzentrum etwas zu bewegen, dann kann der vermehrte Einsatz des Schlichtungsverfahrens als Mittel einer friedlichen und kooperativen Konfliktlösung schon als großer Erfolg angesetzt werden.

Weiterentwicklung des Schlichtungsverfahrens

Als Lehrer im Berufsvorbereitungsjahr (BVJ) mit zum Teil sehr verhaltensschwierigen Jugendlichen war und bin ich es gewohnt, täglich mit größeren, aber auch sehr vielen kleineren Konflikten konfrontiert zu werden. Um mich daher selbst zu entlasten, habe ich im Schuljahr 1998/99 begonnen – gerade bei kleineren Streitigkeiten – BVJ-Schüler und BVJ-Schülerinnen selbst als Schlichter einzusetzen. Damit verbunden ist für mich der Grundgedanke, dass Schülerinnen und Schüler, die diese Schlichterrolle ausüben wollen, die Möglichkeit erhalten, durch diesen Schlichtereinsatz ihre Verantwortung und ihr Selbstbewusstsein zu stärken und damit ihre soziale Kompetenz zu erweitern. Gleichzeitig wird auch die Verantwortung und die Selbstkontrolle der Konfliktparteien gestärkt, erfordert es doch sehr viel mehr Eigeninitiative und Engagement, ohne die „Lenkung" eines Erwachsenen zu einem erfolgreichen Ende des Schlichtungsgespräches zu gelangen.

Da das Berufsvorbereitungsjahr nur eine einjährige Vollzeitschule ist, bleibt nicht genügend Zeit, um die Streitschlichter mittels eines Schlichtungs-Schulungs-Programms auf ihre Rolle vorzubereiten. Stattdessen wird der Gedanke der Streitschlichtung, also der kooperativen Konfliktlösung, von Beginn des Schuljahres an als zentrales Unterrichtsthema in den Unterrichtsalltag der BVJ-Schülerinnen und -Schüler verankert. Dies geschieht z. B. in Form von Rollenspielen, in denen Konfliktfälle durchgespielt werden und bei denen die Inhalte und Ziele des Schlichtungsverfahrens dargestellt werden. Dabei kann dann ganz besonders die Rolle des Streitschlichters in den Mittelpunkt gestellt und von den jeweiligen Schülerinnen und Schülern eingeübt werden. Dies hat u. a. den Vorteil, dass grundsätzlich jeder Schüler die Möglichkeit hat, die Schlichterrolle zu spielen. Dies kann gerade für die Schülerinnen und Schüler von großer Bedeutung sein, die selbst häufig in Konflikte verwickelt sind. Erste Erfahrungen zeigen mir, dass gerade bei diesen Schülerinnen und Schülern die Übernahme der Schlichterrolle zu einer positiven Verhaltensänderung hinsichtlich des eigenen Konfliktverhaltens führen kann. Deshalb bin ich gerade der Meinung, dass die schwierigsten Jugendlichen auch die Gelegenheit zur Übernahme der Schlichterrolle erhalten sollten. Nicht nur, weil sie die inneren und äußeren Abläufe von Konflikten und Streitigkeiten sehr gut kennen, sondern auch, weil sie meist eine sehr hohe Sensibilität bezüglich einer fairen und gerechten Konfliktlösung mitbringen. (Vielleicht gerade, weil sie diese faire und gerechte Konfliktlösung für sich sehr häufig gewünscht, jedoch nur sehr selten erfahren haben!) Man sollte einmal verstärkt darüber nachdenken.

Bei der Übernahme der Schlichterrolle durch Schülerinnen und Schüler ist darauf zu achten, dass unbedingte Freiwilligkeit gegeben ist. Keine Schülerin und kein Schüler darf zur Übernahme der Schlichterrolle gezwungen oder überredet werden. Auch wenn jemand, der schon in einem Konfliktfall die Schlichterrolle übernommen hatte, dies künftig nicht mehr tun möchte, ist dies zu akzeptieren.

Um den Grundgedanken der Streitschlichtung in meinen BVJ-Klassen einzuführen, halte ich folgende Übungseinheiten für notwendig:
1. Wie stehe ich zu Konflikten?
2. Wie gehe ich mit Wut und Ärger um?
3. Welche Grundregeln für ein erfolgreiches Gesprächsverhalten sind wichtig?

4. Wie ist der Ablauf eines Schlichtungsgesprächs?
5. Welche störenden Elemente können ein Schlichtungsgespräch negativ beeinflussen?

Erste Erfahrungen mit der Streitschlichtung durch die Schüler zeigen mir, dass auch BVJ-Schülerinnen und Schüler Schlichtungsgespräche sehr erfolgreich durchführen können. Sicherlich weisen diese Schlichtungsgespräche Mängel auf, wenn man die Vorgaben heranzieht, die in der Literatur für Schlichtungsgespräche vorgegeben werden. Da diese Schüler-Schlichtungsgespräche jedoch sehr viel altersidentischer und ehrlicher verlaufen als Schlichtungsgespräche, bei denen Lehrer die Schlichterrolle übernehmen, kann dies mehr als ausgeglichen werden. Zudem – und dies berichten sehr viele Schülerinnen und Schüler – verlaufen diese Schlichtungsgespräche sehr viel freier und offener.

Mein Fazit lautet somit, dass auch Schülerinnen und Schüler im Berufsvorbereitungsjahr sehr wohl in der Lage sind, die Schlichterrolle zu übernehmen und eine Streitschlichtung erfolgreich durchzuführen. Die gesamte Thematik „Schlichtungsgespräch" führt darüber hinaus nicht selten bei vielen Schülerinnen und Schülern zu einer positiven Verhaltensänderung, zu einer günstigeren Selbsteinschätzung und zu einer größeren Bereitschaft, in Konfliktfällen Verantwortung zu übernehmen.

Inwieweit das eben angeführte auch auf den privaten Bereich der Schülerinnen und Schüler ausstrahlt, kann hier nicht beurteilt werden. Ich denke jedoch, dass es schon von großem Vorteil ist, wenn Jugendliche Kenntnisse über den Ablauf und die Folgen von Konflikten haben und Erfahrungen besitzen, wie ein Konflikt gewaltlos gelöst werden kann.

Ausblick

Schlichtungsgespräche sind zu einem festen Bestandteil sowohl meiner Beratungslehrertätigkeit als auch meiner Unterrichtstätigkeit in BVJ-Klassen geworden. Der dafür erforderliche Zeitaufwand lohnt sich auf jeden Fall, bedenkt man, wieviel Schulausschlüsse und andere schwerwiegende Sanktionen damit verhindert werden konnten. Neben diesen Schlichtungsgesprächen für Konflikte zwischen einzelnen Schülern gilt mein Augenmerk jedoch künftig vermehrt auch der Konfliktregelung in Schulklassen. Viele Konflikte zwischen Einzelpersonen entstehen im Klassenverband oder werden in den Klassenverband hineingetragen. Daher kann die Konfliktregelung im Klassenverband nicht länger ausgegrenzt werden. Die Erarbeitung einer Konzeption für eine „kooperative Konfliktlösung in der Klasse" soll daher für mich ein künftiger Schwerpunkt meiner Tätigkeit sein. Wichtig dabei erscheint für mich, dass diese Konzeption ohne übermäßigen Aufwand für möglichst viele Lehrerinnen und Lehrer in ihren Klassen einsetzbar ist.

6.3 Unterrichtsprojekte

Bei Aggressivität handelt es sich in der Regel um gelerntes Verhalten. Gelerntes Verhalten kann man auch wieder verlernen, es sei denn, die Aggression entstand aus extremen, z. B. kriegsbedingten Erlebnissen mit tief eingeprägten Traumatas. Dies sind schwerwiegende Probleme, die in Kriegsregionen, wie derzeit im Kosovo oder in Tschetschenien, Kindheit und Jugend schwer belasten und die langwierige Psychotherapie benötigen. Unsere Schulen sind davon nur marginal betroffen, durch wenige Kriegsflüchtlinge. Nach all dem, was ich in Teil I unter „Grundlagen" dargestellt habe, sind bei uns hauptsächlich prägende Verhaltensmodelle die Eltern, die Medien und die Schule/Lehrer. Wenn sich Eltern aus dem Erziehungsprozess „ausklinken", indem sie ihre Kinder vor dem Fernseher „entsorgen" und diese von dort unreflektiert Verhaltensmodelle durch Protagonisten und deren Handeln übernehmen und internalisieren, bleibt die Schule weitgehend die einzige Instanz, in der noch entgegen gesteuert werden kann. Lehrer können und sollen den Kindern ein positives Modell bieten, indem sie ein Verhalten zeigen, das den Kindern bei eigenen Konflikten als Vorbild dienen kann. Im *Rollenspiel* mit den Schülern mit Rollentausch kann man dies am besten vermitteln, weil durch den Perspektivenwechsel vielen Kindern erstmals bewusst wird, dass ein Problem von der „gegnerischen Seite" ganz anders wahrgenommen werden kann. Solche Methoden, mit deren Techniken man sich als Lehrer schon etwas vertraut machen sollte, stellen eine Möglichkeit der schulischen Konfliktlösung dar. Der folgende Unterrichtsversuch, den ich kurz skizzieren möchte, und das Aufstellen von Klassenregeln gegen Gewalt bedürfen eigentlich solcher Vorarbeit, um bei den Schülern anzukommen und im Sinne einer Verhaltensänderung wirksam zu werden. Grundvoraussetzung ist allerdings, dass der Lehrer sein eigenes Verhalten reflektiert, indem er vermeidet, in Konfliktsituationen selbst aggressiv und wütend zu werden, indem er helfendes und kompromissbereites Verhalten bei Schülern deutlich anerkennt, dass er aber bei aggressiven Auseinandersetzungen nicht wegschaut, und dass er dann unmissverständlich Grenzen setzt, wenn es zu Mobbingattacken kommt, bei denen es immer Verlierer gibt. Ein derartiges Verhalten darf nicht geduldet werden, dies ist dem Aggressor deutlich zu zeigen mit entsprechenden Konsequenzen. Als Lehrer positives Verhalten vorleben, sich an Regeln halten und Anforderungen auch konsequent stellen und durchsetzen, ist die eine Seite, die andere Seite wäre Gesprächsbereitschaft mit Tätern und Opfern zu zeigen und dies auch im Unterricht gemeinsam zu praktizieren.

6.3.1 Klassengespräch zu Horror-Gewalt mit Videodemos

Im 3. Kapitel unter Abschnitt 3.2.2 habe ich ein Unterrichtsbeispiel mit den Äußerungen der Schüler auf kurze Filmausschnitte aus dem Genre Horror-Gewalt bereits dargestellt. Die „Dialoge" zeigen, dass die Demonstration sehr „lebensnah" war. Da aber Mädchen häufiger dabei Ekelgefühle entwickeln und sich angewidert fühlen, sollte man auch Ausschnitte aus Liebes- oder Heimatfilmen einbauen, die von diesen im Alter von 12–16 Jahren besonders favorisiert werden. Die Filmausschnitte sollten etwa drei Minuten dauern, bei sieben bis acht Filmen würden dafür etwa 20 bis 25 Minuten benötigt.

Folgende Ausschnitte haben sich als besonders geeignet erwiesen, da sie den meisten Schülern bekannt sind: Rambo, Terminator, Cyborg für das Genre extreme Gewalt-Action, ,,Friedhof der Kuscheltiere" für das Angstszenarium, aus einem Liebesfilm einige Szenen, dazu ein Ausschnitt aus einem Wrestling-Show-Kampf, je nach Schulart und Alter aus einem ,,Splatterfilm", einem Zeichentrickfilm wie ,,Power Ranger", dazu ein Beispiel aus einem Computer-Tötungsspiel wie ,,Mortal Combat", ,,Carmageddon" oder einem ,,Neonazi-Spiel" wie ,,Deutschland 2000" oder ,,Wolfenstein" (siehe unter 3.2.3). Bei den Filmen kann man sich manches aus dem TV-Angebot bei den privaten Anbietern zusammenschneiden. Es gibt aber auch geeignetes Material, das man über Kreisbildstellen erhalten kann.

Während oder unmittelbar nach der Video-Demo füllen die Schüler einen Fragebogen aus, der wie auf Seite 240 gezeigt aussehen kann.

Als günstigster Altersbereich zur Durchführung dieses Versuches mit Videoausschnitten hat sich das 13.- bis 16. Lebensjahr erwiesen, also siebte bis zehnte Klassen.

Da sich in manchen Klassen auch Kinder befinden (vor allem Mädchen), die solche Filme noch nicht gesehen haben, und der Lehrer deswegen Bedenken hat, Ausschnitte davon zu zeigen, genügt es auch, den Schülern den Fragebogen vorzulegen ohne begleitende Videobeispiele, oder den Kindern, die das nicht sehen wollen, Gelegenheit zu geben, den Fragebogen außerhalb des Videoraumes auszufüllen.

Für ein solches medienbegleitetes Unterrichtsgespräch sollte man eine Doppelstunde zur Verfügung haben und zwei Lehrer beteiligt sein. Dadurch bestünde auch die Möglichkeit, eine Grobauswertung des Fragebogens in einer Pause zu erledigen und diese Klassenergebnisse in ein erstes Unterrichtsgespräch mit einzubeziehen (Auswertung am besten nach Jungen und Mädchen getrennt!).

Ziel des anschließenden Unterrichtsgespräches sollte nicht etwa eine Filmanalyse sein (dazu bräuchte man mehr Zeit), sondern zu diskutieren, warum z. B. Mädchen auf extreme Gewaltdarstellungen häufiger anders reagieren als die Jungen (,,Junge sucht Männlichkeit"), warum die Darstellung von Grausamkeiten überhaupt so interessant ist (z. B. Neugierde oder Angst-Lust), warum Filmhelden oder Täter generell für viele so attraktiv sind (Identifikationen) usw.

Die Ergebnisse dieses Unterrichtsprojektes sollten in einen thematischen Elternabend eingebracht werden und dort mit den Eltern diskutiert werden. Aus eigener Erfahrung kann ich sagen, dass solche authentischen Berichte aus der Klasse für die Eltern beeindruckend sind und zumindest zum Nachdenken anregen. Es kann aber auch ein Anlass für Eltern sein, mit den Kindern über Gewalt und Gewalt-medienkonsum ins Gespräch zu kommen und damit einen Kommunikations- und Reflexionsprozess in der Familie wieder in Gang zu setzen, der vielleicht schon Jahre blockiert war.

Fragen an die Schüler

1. Fragebogen zu Filmausschnitten auf Video
   a) Die folgenden Videoausschnitte zeigen typische Beispiele aus Gewalt-Action- und Horrorfilmen, Liebesfilm, Splatterfilm, Zeichentrickfilm, aus einem Wrestling-Kampf, einem Video-Clip sowie aus einem Computerspiel. Wenn der Ausschnitt gelaufen ist, *kreuze bitte im jeweiligen Kästchen an*, ob du so etwas schon einmal gesehen hast und wie du den Film findest bzw. wie er auf dich wirkt.

	diesen Film		Welche von den eben gesehenen Szenen findest du				
	kenne ich nicht	habe ich schon gesehen	grausam und abstoßend	macht mir Angst	neutral, „lässt mich kalt"	anregend, „echt stark"	lustvoll, macht kämpferisch
Rambo							
Terminator							
Cyborg							
Friedhof der Kuscheltiere							
Splatterfilm							
Liebesfilm							
Wrestling							
Video-Vlip							
Power Ranger							
Mortal Combat							
Carmageddon							

   b) Welche Filmausschnitte haben dich besonders betroffen gemacht und warum?
   _____

   c) Welche Filmausschnitte waren dir besonders angenehm und warum?
   _____

2. a) Welcher ist dein liebster TV-Sender? _____

   b) Welche Filme schaust du am liebsten an? _____

3. Wieviele Horror-Gewaltfilme (egal ob im Fernsehen oder auf Video) hast du gesehen? (z. B. Rambo II oder III, Terminator II, Cyborg, Kettensägenmassaker, Freitag der 13., Tanz der Teufel, Friedhof der Kuscheltiere, Halloween, Gesichter des Todes usw.)

   (bitte ein Kästchen ankreuzen)   noch keinen ❑   10 bis 30 ❑
   1 bis 10 ❑   mehr als 30 ❑

   Wie alt warst du, als du deinen ersten Horror-Gewaltfilm gesehen hast? ____ Jahre.

   Solche Filme/Videos   alleine   mit Freunden/   mit Familie/
   schaue ich meistens: an ❑   Clique ❑   Geschwister ❑

   Mädchen ❑   Junge ❑

6.3.2 Klassenregeln gegen Gewalt aufstellen

In manchen Klassen ist das Klima so schlecht und die „Atmosphäre" so vergiftet, dass – um überhaupt noch einigermaßen sinnvoll unterrichten zu können – Handlungsbedarf besteht. Da in der BRD eine aufwendige „Klassentherapie", wie sie etwa Guggenbühl (1993) in der Schweiz praktiziert, eine Ausnahme darstellen dürfte, muss man sich mit anderen Vorschlägen zur Verbesserung der Umgangskultur beschäftigen. Dabei wird vielfach das gemeinsame Aufstellen von Klassenregeln gegen Gewalt im Zusammenhang mit einer Anti-Mobbing-Konvention für die Schule (Kasper, 1999) vorgeschlagen. Regeln so abschreiben und an die Wand hängen, wäre aber nicht der richtige Weg. Deshalb einen etwas „umständlicheren" Vorschlag:

„Stellt euch vor, ihr seid 20 Jahre älter, also 33 oder 35 Jahre alt, im Beruf und vielleicht verheiratet, da kommt eines Tages von einem Mitschüler aus eurer Klasse eine Einladung zu einem Klassentreffen. Welches Gefühl überfällt euch dabei? Ist es *freudig gespannt* oder *ärgerlich und voller Unmut*? Oder ist es euch (völlig) *egal*? Denkt einmal ein paar Minuten still darüber nach." Danach einen kleinen Zettel austeilen, auf dem diese drei Gefühlszustände als Fragen zum Ankreuzen enthalten sind und, ohne Namensangabe, aber mit Ankreuzen bei Junge oder Mädchen, wieder einsammeln. Mit einigen Schülern gemeinsam die Antworten auszählen, nach Jungen und Mädchen getrennt. Die Ergebnisse als Häufigkeiten an die Tafel schreiben oder als Folie projizieren. Darüber mit der Klasse diskutieren.

Es wird sich schnell herauskristallisieren, warum sich einige ungern an ihre Schulzeit und diese Klasse erinnern würden: Gehänselte, schikanierte, körperlich gemobbte, häufig blamierte, gedemütigte, erfolglose oder isolierte Kinder werden sicher zu denen gehören, die sich nicht wohl in der Klasse fühlen, die die Klasse nicht als Gemeinschaft, sondern als Last empfinden. Das Gespräch ist, um weitere Verletzungen zu vermeiden, sehr behutsam und einfühlsam zu führen. Schon weil es auch Opfer-Täter gibt, also Schüler, die das leidvolle Opferdasein mit der Täterrolle getauscht haben, darf auf keinen Fall der Eindruck entstehen, dass der Lehrer einseitig für eine der Parteien das Wort ergreift und auf die Tätergruppe von vorne herein negativ reagiert. Neutrale Distanz, aber von Empathie geleitet, wäre die richtige Haltung, um die Fronten nicht zu verhärten. Danach vorsichtig einen ersten Vorschlag einbringen, was man tun könnte, um das Gemeinschaftsgefühl zu stärken und gegenseitige Hilfe anstelle von Konkurrenz als Leitgedanken aufzugreifen. Trotzdem die Probleme klar und direkt auf den Tisch legen, die Konflikte offen ansprechen. Um die Häufigkeiten von Mobbingattacken in der Klasse zu objektivieren, kann es eine weitere Hilfe darstellen, wenn durch den Klassenlehrer oder auch Beratungslehrer ein ausführlicher anonymer Fragebogen (siehe Kapitel 6.7.1) zu Mobbing und Gewalt durchgeführt werden könnte.

Weiter ist es empfehlenswert, wenn eine oder mehrere Schüler, die ein Schüler-Multiplikatorenseminar besucht haben, den Lehrer unterstützen würden. Die in der selben Klasse unterrichtenden Fachlehrer, sind besonders gefragt, wenn es um die Einhaltung von Konsequenzen geht. Deshalb sollten auch sie in einer bestimmten Phase an der Aufstellung der Regeln mit beteiligt werden und sie sollten auch an den regelmäßigen Klassengesprächen teilnehmen.

Da jede Klasse eine eigene Konfliktstruktur hat, sind die Klassenregeln auch den besonderen Bedürfnissen dieser Klasse anzupassen. Die Schüler müssen aktiv beteiligt und ernst genommen werden, d. h. man muss die Vorschläge mit aufnehmen, die ihnen wichtig sind. Der Lehrer muss aber dabei führen und so moderieren, dass schwelende Konflikte in der Klasse auch angesprochen werden können.

Die folgenden Vorschläge für **Klassenregeln** wurden mir von dem Kollegen Dr. Werner Hopf, Schulpsychologe, München, zur Verfügung gestellt. Sie wurden sorgfältig mit einer *6. Hauptschulklasse* erstellt und sie haben sich bewährt:
- Wir schlagen nicht.
- Wir sagen keine schlimmen Ausdrücke.
- Wir beherrschen uns.
- Wir halten zusammen.
- Wir behandeln uns gegenseitig gut.
- Wir werden versuchen, den Opfern von Gewalttätern zu helfen.

Als *Konsequenzregeln* wurden formuliert:
- Der Täter wird vom Sportunterricht ausgeschlossen und muss einen Aufsatz über sein Verhalten schreiben.
- Es erfolgt eine Mitteilung an die Eltern.
- Es erfolgt ein Verweis, und der Täter muss zwei Stunden mit dem Opfer etwas gemeinsam tun.

Als nächste Schritte greifen dann die üblichen *Ordnungsmaßnahmen*:
- Verschärfter Verweis durch die Schulleitung.
- Unterrichtsausschluss und Androhung des Schulausschlusses.

Die folgenden *Vorschläge für Klassenregeln* können als Anregungen insbesondere für *höhere Klassen* verstanden werden:
- Wir *grenzen niemand* aus der Klassengemeinschaft aus.
- Wir machen uns *über keinen lustig*, der einen *Fehler* macht.
- Wir *reden nicht schlecht über Fehler* anderer, wenn diese nicht dabei sind.
- Wir *erpressen niemand*.
- Wir *schlagen nicht zu*, wenn wir uns über etwas ärgern.
- Wir *lehnen es ab*, einem anderen den *Freund auszuspannen*.
- Wir *provozieren niemand*.
- Wir führen *keine Machtkämpfe* auf Kosten der Schwächeren.

Auch *positives Verhalten* kann *als Regel* vorgeschlagen werden:
- Wir bemühen uns nein zu sagen, wenn wir zu einer aggressiven Handlung gezwungen werden sollen, oder alternativ
- wir wollen stärker sein als der Gruppenzwang,
- wir *freuen uns über Erfolge*,

- wir bemühen uns, *anderen in der Klasse zu helfen*, wenn diese Probleme haben,
- wir sind davon überzeugt, dass *Psychoterror Gemeinschaft* zerstört.

Einigkeit sollte in der Klasse auch über Konsequenzen bei Regelverstößen erzielt werden, die über die gesetzlichen Ordnungsmaßnahmen hinaus gehen, z. B. Gemeinschaftsaufgaben übernehmen, konkret welche?

Moralisierende Formulierungen sind zu vermeiden. Bei Olweus (1996), für den das Aufstellen von Klassenregeln eine zentrale Bedeutung hat, können auch noch andere Regeln und Formulierungen entnommen werden.

Die Wirksamkeit von Klassenregeln hängt wesentlich davon ab, ob die ganze Schule, zumindest die Parallelklasse(n), in die gleiche Richtung geht und eine ähnliche Vorgehensweise mit trägt. Dies kann durch einen Pädagogischen Tag, durch gemeinsame Initiativen mit der SMV und in Kooperation mit dem Elternbeirat wirksam unterstützt werden.

6.3.3 Entspannungsverfahren für den Unterricht

Konflikte und aggressive Auseinandersetzungen entstehen zuweilen auch dann, wenn Menschen überfordert werden, sich keine Zeit mehr für Pausen nehmen und dies als unangenehmen Stress (Disstress) erleben. Dieser kann auf die Dauer krank machen. Das gilt auch für die Schule. Deshalb sollte man spielerischen Elementen und Entspannungsphasen eine größere Bedeutung zumessen und sich Zeit dafür nehmen. Es ist keine verlorene Zeit. Trotzdem ist bei der Auswahl darauf zu achten, dass sie den Unterrichtsverlauf nicht übermäßig in Anspruch nehmen. Deshalb sind Verfahren mit fünf bis sieben Minuten Dauer optimal. Die folgenden Literaturangaben mit Entspannungsverfahren entsprechen diesem Erfordernis.

Entspannungsverfahren

Friebel, F., Erkert, A. & Friedrich, S. (1994). *Kreative Entspannung im Kindergarten.* Freiburg i. Br.: Lambertus-Verlag (teilweise auch für Grundschule geeignet).
Friedrich, S. & Friebel V. (1989, 1991). *Entspannung für Kinder. Übungen zur Konzentration und gegen Ängste.* rororo-Sachbuch-Reihe Mit Kindern leben. Reinbek bei Hamburg: Rowohlt-Verlag. Dazu gibt es eine Begleitkassette von Paul G. Walter: Wiesbaden: text-o-phon-Verlag.
Hopf, H. & McWhite, M. (1993). *Entspannung mit Musik.* Muskelentspannung nach Jacobson für Kinder und Jugendliche. Wiesbaden: text-o-phon Verlag (Tonkassette mit Beiheft und Erfahrungsbericht von R. H. Weiß). Etwa ab 4. Klasse Grundschule geeignet. Auch für Erwachsene, besonders geeignet nach längerem Unterricht und auch vor Prüfungsarbeiten.
Krowatschek, D. (1994). *Entspannung in der Schule.* Anleitung zur Durchführung von Entspannungsverfahren in den Klassen 1–6 (Tonkassette mit Anleitung). Bezugsquelle: borgmann publishing , Hohe Straße 39, 44139 Dortmund, Best.-Nr. 8368 (Tonkassette und Begleitbuch).
Lenninger, I. (1995). *Entspannung und Konzentration: Grundlagen – Ruhe-, Atem- und Körperübungen – Praxishilfen für die Klassen 1–4.* Frankfurt am Main: Cornelson-Scriptor.

Die folgenden Bücher enthalten Übungen und Phantasiereisen, die sich in der für den Unterricht geeigneten Zeit von rund fünf Minuten zu entspannender Musik gut vorlesen lassen. Für alle Altersgruppen finden sich darin geeignete Beispiele.

Müller, E. (1983, 1995). *Du spürst unter deinen Füßen das Gras. Autogenes Training in Phantasie- und Märchenreisen.* Frankfurt am Main: Fischer Ratgeber 3325.

Müller, E. (1989). *Du fühlst die Wunder nur in dir. Meditatives Tagebuch zum Entspannen, Besinnen und Träumen.* Frankfurt am Main: Fischer Ratgeber 3534.

Müller, E. (1995). *Auf der Silberstraße des Mondes. Autogenes Training mit Märchen zum Entspannen und Träumen.* Frankfurt am Main: Fischer Ratgeber 3363.

Müller, E. (1993, 1995[8]). *Träumen auf der Mondschaukel.* Autogenes Training mit Märchen und Gute-Nacht-Geschichten. München: Kösel-Verlag.

Petermann, U. (1999). *Entspannungstechniken für Kinder und Jugendliche. Ein Praxisbuch.* Weinheim und Basel: Beltz Taschenbuch 19.

Vopel, K. W. (1989, 1994[3]). *Reise mit dem Atem – Kinder ohne Streß.* Salzhausen: iskopress.

Vopel, K. W. (1996[4]). *Phantasiereisen.* Band 3 der Reihe Wege des Staunens. Salzhausen: iskopress.

Spielerische Verfahren

Baum, H. u. a. (1995[2]). *Grundschul-Spielkartei.* Über 200 Spiele und Spielformen. Münster: ÖKOTOPIA-Verlag.

Flemming, I. & Fritz, J. (1994, 1996[3]). *Ruhige Spiele. Entspannungs- und Konzentrationsspiele für Grundschulkinder.* Mainz: Matthias Grünewald-Verlag.

Gudjons, H. (1977, 1992[5]). *Spielbuch Interaktionserziehung.* Schriften zur Beratung und Therapie im Raum der Schule und Erziehung. Bad Heilbrunn: Klinkhardt.

Hockel, O. (1994). *99 Kreative Spiele. Anregungen für Spielleiter.* Herausgeber und Bezugsquelle: Kreisjugendreferat und Pressestelle des Landkreises Böblingen.

Robra, A. (1995). *Zauberstein und Riesenstab. Abenteuer-Rallyes für Kinder Jugendliche und Erwachsene.* Langenbeutingen: LOGO Kommunikationswerkstatt.

Vopel, K. W. (1981, 1994[4]). *Interaktionsspiele für Jugendliche.* Vier Bände (Teile 1–4). Hamburg: iskopress.

6.4 Gestaltung von Elternabenden

Bei vielen Entscheidungen des täglichen Lebens stehen Eltern, spätestens zwei Jahre nach der Geburt des Kindes und bis zur Ablösung vom Elternhaus, vor der Frage, sollen wir den Wunsch des Kindes erfüllen oder nicht und z. B. ein Kind mit drei Jahren nicht fernsehen lassen, einem Fünfjährigen verbieten bei RTL die „Power Ranger-Comicserie" anzuschauen, einer Siebenjährigen keinen Gameboy zu kaufen, einem Neunjährigen untersagen, am Computer das PC-Spiel „Mortal Combat" zu betreiben, einem Zehnjährigen keinen eigenen Fernseher zu kaufen, einem Elfjährigen das erste eigene indizierte Horror-Video aus dem Rekorder zu entfernen, einem Zwölfjährigen das Abendprogramm in RTL 2 oder die Arabella Kiesbauer Show in ProSieben zu verbieten, einem Dreizehnjährigen beim Internetsurfen den Zugang zu Pornoangeboten zu verwehren, einem Sechzehnjährigen die CDs mit den zerstörerischen Songs der Neonazi-Band „Störkraft" abzunehmen und den entsprechenden „Zimmerschmuck" zu entfernen, oder soll man ihnen empfehlen, einfach gewähren zu lassen und alle Wünsche zu erfüllen? Einfach durchgehen und gewähren lassen wäre der einfachere Weg, kostet im Augenblick keine Kraft bei einer Auseinandersetzung mit dem Kind und schafft vordergründig Ruhe. Auf die Dauer zahlt es sich jedoch nicht aus. *Grenzen setzen* ist wichtig, weil das Kind ja oft einen Widerstand regelrecht sucht, um sich an etwas reiben zu können. Es braucht auch Widerstand, um seine Grenzen ausloten zu lernen, um sich *bewähren* zu können. Dies gilt vor allem für die Zwölf- bis 16-Jährigen.

Es gibt aber Dinge, vor denen muss ich mein Kind *bewahren*. Dazu gehören Erfahrungen, die für die kindliche Entwicklung nachweislich schädlich sind, weil sie den Weg zu einer stabilen, belastbaren Persönlichkeit unnötig erschweren oder gar blockieren, weil Ängste ausgelöst oder eine falsche Konfliktlösung bei Auseinandersetzungen gelernt wird. Diese Kinder haben es dann schwer, zu einer Ichstärke und einem ausgewogenen Selbstkonzept zu finden, weil ihr „psychisches Immunsystem" zerstört wurde.

Es ist wie bei einer schmalen Gratwanderung einer Bergtour. So besteht die Kunst im Erziehungsprozess darin, sich auf dem schmalen Grad zwischen Bewahren und Bewähren zu bewegen, denn jeder Fehltritt kann „tödlich" sein; dies gilt für beide Seiten des Grates.

Die obigen Beispiele habe ich deshalb gewählt, weil in fast all diesen Fällen ein Gewährenlassen bei den meisten Kindern zu irreversiblen Entwicklungsschäden führen kann. In Bezug auf das Alter der Kinder wäre für mich ein klares Nein am Platz. Für den zuletzt genannten Fall des 16-Jährigen gilt keine Altersgrenze. Generell halte ich eine individuelle, auf das Kind bezogene Abwägung auf jeden Fall für notwendig. Dazu sollte man auch mal einen Fachmann fragen.

Die beiliegenden Hinweise für Eltern zum Konsum von Horror-Gewaltfilmen, zu den maximalen Fernsehzeiten nach Altersbereichen, zur Bewertung von Zeichentrickfilmen und Computerspielen, stellen Empfehlungen dar und können für das Verhalten der Eltern ihren Kindern gegenüber eine Entscheidungshilfe darstellen. Dabei sollten positive Beispiele von spannenden Medien (Videos, Zeichentrickfilme, PC-Spiele) nicht fehlen.

6.4.1 Thematischer Elternabend am Beispiel „Gewalt und Medien" oder „Von der Gewalt fasziniert"

Die Vorbereitung

Ein thematischer Elternabend muss sorgfältig und längerfristig vorbereitet werden. Zwischen Klassenlehrer und dem Klassenelternvertreter ist in jedem Fall eine Abstimmung, besser eine gemeinsame Planung und Vorbereitung erforderlich. Wegen des relativ großen organisatorischen Aufwandes empfielt es sich, mehrere Klassen gemeinsam zu beteiligen, vor allem, wenn zur Durchführung externe Hilfen erforderlich sind: z. B. Beratungslehrer der Schule, Schulpsychologe, Erziehungsberater, Schulsozialarbeiter u. a. „Experten". Die Teilnehmerzahl muss aber überschaubar bleiben, es sei denn, man positioniert einen gemeinsamen Themen-Elternabend an den Beginn einer Veranstaltungsreihe, der dann weitere Abende mit besonderen Themen und individuelleren Arbeitsformen folgen: z. B. „Wenn *Eltern schwierig* werden" oder „Vom Sandmann zum Gewaltporno", „Mit eigenem Fernseher beginnt das Leben", „Die Droge im Wohn- oder Kinderzimmer", „Rauhe Sitten an den Schulen", „Müllplatz Seele – oder wo bleibt die Kreativität?", „Von kindlicher Innenweltverschmutzung" oder „Ich wollte reden – und bekam ein *Multimedia-Zimmer*" oder zum Thema Schülersuizid, „Wenn Kinder sich das Leben nehmen wollen". Bedenkenswert ist bei der Themenformulierung, ob es nicht besser ist, anstelle einer vielleicht eher abschreckenden Formulierung eine positive, aufbauende zu wählen, wie „Kinder stark machen", „Stärker werden als der Gruppenzwang" oder „Wie erreichen wir bei unseren Kindern einen wirkungsvollen Innenweltschutz?", „Wie können wir das psychische Immunsystem stärken?". Auch können sich Themen auf Eltern selbst beziehen, wie „Eltern stark machen", „Wie Eltern mit ihren Kindern wieder sprechen lernen" ... Diese Entscheidung sollte sich an den örtlichen Gegebenheiten orientieren, was auch für den Ort der Veranstaltung gilt: in der Schule oder außerhalb. Bei thematischen Elternabenden würde ich eher für einen Raum außerhalb der Schule plädieren.

Die schriftliche Einladung sollte insbesondere in Schulen mit einem hohen Ausländeranteil auch in ein oder zwei Sprachen übersetzt werden, um die zahlenmäßig stärksten ethnischen Gruppen direkt in ihrer Muttersprache ansprechen zu können. Besonders bei einem Medienthema denke ich dabei an Kinder aus türkischen Familien oder aus dem ehemaligen Jugoslawien. Der Einladung sollte ein Anmeldezettel beigelegt werden.

Zur Durchführung

In manchen Klassen, wo die Eltern relativ vertraut und zwanglos sind, kann es durchaus sinnvoll sein, einen Elternabend mit einem kleinen themenbezogenen Spiel zu eröffnen. Beispiele findet man bei Vopel (1992), Gudjons (1992), Robra (1995), Tielke, Wurz (1998).

Sollten solche Spiele nicht möglich sein, ist – um einer Anfangsspannung und Erwartungsängsten mancher Eltern zu begegnen – folgendes Vorgehen empfehlenswert: Man hängt (je nach Größe der Gruppe) vier bis sechs Kartons (Tafeln, Plakate) in DIN A4-Größe an die Wände des Veranstaltungsraumes, auf denen in großen Lettern Begriffe stehen, die mehr oder weniger zum Thema des Abends passen. Vorschläge dazu zeigt das nachfolgend gezeigte Schaubild.

Diese wären eher für die Sekundarstufe I denkbar. Für Klassen mit jüngeren Schülern folgende Beispiele: Montags-Syndrom – Zappelphilipp – Nintendo/Super Mario/Gameboy) – Walkman – Barbie – Träumen – Grenzen setzen.

Geht es an diesem Abend um das Rahmenthema Sucht oder Sucht und Gewalt, so sind folgende Begriffe empfehlenswert: Fernsehen – Kaufen – Jogging – Essen – Spielen für *stoffungebundene Abhängigkeiten*. Aspirin – Alkohol – Nikotin – Kokain – Ecstasy als *stoffgebundene Abhängigkeiten*.

Man kann die Tafeln auch beidseits beschriften (Vorderseite mit stoffunabhängigen Suchtformen, Rückseite mit den stoffabhängigen) oder mit Begriffen zum Gewaltthema in der Sekundarstufe:

Mobbing	Opfer	Skinhead	Waffen

Auf der Rückseite der Tafeln – dabei können sich die Teilnehmer einer neuen Gruppe zuordnen:

Schulangst	Grenzen setzen	Clique	Selbst-verteidigung

Vor der offiziellen Eröffnung sollte folgende Bitte vorgebracht werden: „Sie sehen an den Wänden sechs (vier) Tafeln mit Begriffen hängen, die irgendwie mit unserem heutigen Abend zu tun haben. Gehen sie zu einer dieser Tafeln und sprechen sie mit den an der selben Tafel Interessierten, über diesen Begriff." Nach etwa *10 Minuten* darum bitten, die Gespräche allmählich zu beenden und wieder Platz zu nehmen.

Bei 30 Teilnehmern bilden sich zumeist Gruppen mit vier bis sechs Gesprächsteilnehmern. Manchmal geht es dabei auch recht lustig zu, es werden Witze gemacht, manche wirken aber auch recht nachdenklich, weil damit zu Hause Probleme verbunden sind.

Man kann dieses *Eingangsspiel* auch bereits beginnen, wenn noch nicht alle Teilnehmer anwesend sind. Die Nachfolgenden werden aufgefordert, sich an eine der Gesprächsgruppen anzuschließen. Dadurch kann eine oft langweilig bis gespannte Wartesituation zu Beginn des Abends überbrückt werden.

Ein ähnlicher Effekt kann erzielt werden, wenn man auf Kärtchen oder Klebezettel *Erwartungen an den Elternabend* schreiben lässt. Diese können dann an eine Pinwand geheftet oder geklebt werden und vom Klassenlehrer, Moderator oder Referenten in das Gespräch eingebracht werden. Diese Methode ist auch bei größeren Veranstaltungen während der Pause zu empfehlen. Für manche Eltern stellt eine solche anonyme schriftliche Rückmeldung ohnehin die einzige Möglichkeit dar, eigene Probleme zur Sprache zu bringen.

Möglicher Aufbau eines Elternabends	
Nach der Begrüßung und Darstellung des Verlaufs der Veranstaltung	ca. 10 Min.
1. Impulsreferat zum Thema (z. B. durch Beratungslehrer, Schulpsychologe...):	ca. 30 Min.
2. a) Ergebnisse der Schülerbefragung der beteiligten Klassen zum Thema Gewalt/Mobbing und Medienkonsum (Kurzfragebogen in 6.7.1, S. 278ff.) durch einen Klassenlehrer:	ca. 20 Min.
alternativ oder zusätzlich, falls genügend Zeit zur Verfügung steht:	
b) Bericht über ein Klassengespräch im Anschluss an Videobeispiele zu Horror-Gewaltfilmen durch einen anderen Klassenlehrer:	ca. 15 Min.
Vorher können die selben kurzen Filmausschnitte vorgeführt werden, wie in Klassen gezeigt, z. B. je 2–3 Minuten, aus:	
Rambo, Cyborg, Freitag der 13., Comics, Wrestling-Showkampf, ...:	ca. 15 Min.
3. Im Anschluss an eine *Pause* oder einem kleinen „*Zwischenspiel mit Bewegung"* folgt die Reflexionsphase: Es sollten Gesprächsrunden in Kleingruppen stattfinden, in denen über die Klassenergebnisse Meinungen ausgetauscht und Lösungsvorschläge gemacht werden. Diese Gruppen können im gleichen Raum stattfinden. Es empfiehlt sich, die Sitzordnung so zu gestalten, dass jeweils sechs Personen an einem Tisch sitzen. Bei rund 30 Teilnehmern würden etwa fünf Tische mit je sechs Stühlen gebraucht:	15 Min. ca. 30 Min.
4. Der „Moderator" sammelt die wichtigsten Vorschläge aus den Gruppen und trägt sie im anschließenden Plenum vor. Der Referent baut sie in sein abschließendes Statement über mögliche Konsequenzen für Schule, Schüler, Lehrer, Eltern und Gesellschaft mit ein:	15 Min.
5. Besinnlicher Ausklang mit entspannender Musik und einem Gedicht, Text zum Nachdenken, z. B. „Im Zeichen des Friedens" von Hans-Dieter Hüsch (1994, S. 144f.):	5 Min.
Gesamtzeit rund 150 Min. = 2 1/2 Std.	

Die in 6.4.2 enthaltenen Papiere können Referenten und Eltern themenbezogene Informationen bieten.

Andere weiterführende Materialien: Informationssmappe zur Arbeit mit Eltern der Aktion Jugendschutz Baden-Württemberg mit dem Titel „Eltern stark machen" (Landesarbeitsstelle Stuttgart, s. Tilke & Wurz, 1998).

Zum Medienthema habe ich folgenden Text verfasst (Weiß, 1993 a, S. 17):

6.4.2 Papers für unterschiedliche Themen zu Gewalt und Medien

Je nach Themenschwerpunkt und Alter können die folgenden Materialien in den Informationsteil des Elternabends eingebracht werden, entweder in das Impulsreferat oder als schriftliche Vorabinformation bzw. Handout während des Abends.

6.4.2.1 Thema: Horror-Gewalt-Filme

a) Sachinformation

Die Liste (siehe Tab. 6.1) von Horror-Gewaltfilmen wurde eingesetzt bei repräsentativen Schülerbefragungen bei rund 4000 Schülern in Sachsen und Baden-Württemberg im Jahre 1992. Durch die zunehmend veränderten ,,Beschaffungsmöglichkeiten" von Horror-Gewaltvideos, insbesonders durch die massenhafte Verbreitung 1992 und 1993 durch die Privatfernsehanstalten Pro Sieben, RTL, RTL-Plus und SAT 1 haben sich mit Sicherheit Verschiebungen der Rangposition der dort ausgestrahlten zumeist indizierten Filme ergeben. Z. B. dürfte der 1992 mit 2,2 % Nennungen (Rangplatz 24 in den allgemeinbildenden Schulen) enthaltene indizierte Horror-Film ,,Friedhof der Kuscheltiere" durch die Ausstrahlung in ProSieben am 24.9.1993 viele Rangplätze nach oben gerückt sein, während RAMBO II und RAMBO III durch die Ausstrahlungen in RTL 1991 und wiederholte Ausstrahlungen in 1992 und 1993, durch RTL 2 im Jahre 1996 und Pro Sieben 1999 seine ,,Spitzenposition" (70 %) weiter ausgebaut haben dürfte. Ähnliches gilt für ,,Terminator" oder für den 1992 noch nicht enthaltenen indizierten Horror-Gewaltfilm ,,Cyborg".

Tabelle 6.1:
Video-Film-Liste für Schülerbefragung

i: *indizierte Filme*, d. h. von der Bundesprüfstelle für jugendgefährdende Schriften als „jugendgefährdend" eingestuft und nicht unter 18 Jahren freigegeben;
b: *beschlagnahmte Filme*, d. h. von der Bundesprüfstelle eingezogene Filme, kein Vertrieb mehr;
ohne Bezeichnung: sonstige Gewalt- und Actionfilme

1. Rambo (II/III). i	46. Halloween Night/Halloween II i	b
Rambo III seit Januar 1993	47. Blood Cult.	b
nicht mehr indiziert	48. Kettensägenmassaker	b
2. Tanz der Teufel . . . . b	49. Der Fan i	
3. Nightmare . . . . b	50. Das Omen I/II i	
4. Freitag der 13. (I–III) i	51. Alien, die Saat	
5. Predator i	des Grauens kehrt zurück i	
6. Poltergeist	52. Das Engelsgesicht i	
7. Bloodspot	53. Absurd	b
8. City Cobra. i	54. Geisterstadt der Zombies	b
9. Die Fliege II. i	55. Das Haus an der Friedhofsmauer . i	
10. Moonworker	56. The New York Ripper	b
11. Gesichter des Todes i	57. Blutiger Valentinstag. i	
12. Terminator. i	58. Die Mörderbestien i	
13. Zombies i	59. Die Halle der lebenden Toten i	
14. Die rote Flut i	60. Ausflug in das Grauen	b
15. Dämonen . . . . b	61. Ausgeburt der Hölle	b
16. American Werwolf. i	62. Cannibalis.	b
17. Running Men i	63. Brennende Rache	b
18. Death wishes i	64. Exzesse im Folterkeller	b
19. Die Klasse von 1984 i	65. Die Folterranch	
20. Cocktail	der gequälten Frauen.	b
21. House on Straw Hill i	66. Und wieder ist Freitag der 13.	b
22. Das Geisterhaus	67. Freitag der 13. – Das letzte Kapitel	b
23. Vampire	68. Fröhliche Weihnacht.	b
24. Totenschrei i	69. Das Geisterschiff	
25. Man Eater . . . . b	der schwimmenden Leichen.	b
26. Teufelsinsel i	70. Im Blutrausch des Satans	b
27. Splash – Jungfrau am Halse	71. Lebendig gefressen	b
28. Muttertag. . . . . b	72. Night Life	b
29. Die Geister die ich rief	73. Die Säge des Todes	b
30. Ein Zombie hing am Glockenseil . . b	74. Das Syndikat des Grauens.	b
31. The Fog – Nebel des Grauens	75. Der Teufel tanzt weiter	b
32. Das Haus des Todes – Blutnacht . . i	76. Zombies – das letzte Kapitel	b
33. Das Haus der toten Seelen	77. Zombies unter Kannibalen	b
34. Theater des Schreckens	78. Zombies – geschändete Frauen. . .	b
35. Todeskralle i	79. Die weiße Göttin der Kannibalen . .	b
36. Twilightzone	80. Todesmarsch der Bestien.	b
37. Powerman	81. Savage Street – Straße der Gewalt i	
38. Das Haus des Grauens	82. Friedhof der Kuscheltiere i	
39. Die Geister	83. Stirb langsam i	
40. Der Teufel in der Nacht	84. Horror-House i	
41. Weltraum-Vampire	85. Die Horror-Party i	
42. Tödliche Beute	86. Das Schweigen der Lämmer	
43. Großangriff der Zombies i	87. Karato, sein härtester Schlag i	
44. Nummer 5	88. Kung Fu – Die tödliche Rache i	
45. Die Hexenschlucht	89. Tag der Gewalt i	

beschlagnahmte *Computerspiele:* „Anti-Türken-Test", „Anti-Neger-Test", „Die Hiller-Show", „Hitler Diktator", „KZ-Manager", „Ninja Warriors", „Das Dritte Reich" (insgesamt 94 Titel 1999)

beschlagnahmte *Schallplatten/CDs:* Gruppe Brutale Haie: „Deutschtum"; oder Gruppe Störkraft: „Mann für Mann"; weitere Titel: „Heimatfront", „War Dance", „Cotzbrocken", „Jedem das Seine", „Death Metal"

Die Ergebnisse im Einzelnen

Die vorgegebenen Filme wurden in drei Kategorien eingeteilt, die sich wie folgt verteilen:
– auf beschlagnahmte Filme . . . . mit 33 Titeln = 39 %,
– auf indizierte Filme . . . . mit 29 Titeln = 34 %,
– auf sonstige Gewalt-/Gruselfilme . . . . mit 23 Titeln = 27 %.

Spitzenreiter *bei den beschlagnahmten Videos* ist in Sachsen wie in Baden Württemberg
– „Tanz der Teufel" . . . . mit 275 Einzelnennungen (18 %),
es folgen:
– „Nightmare" . . . . mit 217 Nennungen (14 %),
– „Und wieder ist Freitag der 13." . . . . mit 172 Nennungen (11 %),
– „Freitag der 13. – Das letzte Kapitel" . . . . mit 166 Nennungen (11 %),
– „Lebendig gefressen" . . . . mit 103 Nennungen (7 %)
u. a.

Da diese beschlagnahmten Videos weder in der Videothek ausgeliehen noch im Kino gezeigt werden dürfen, bei denen sogar der Besitz strafbar ist, müssen hier andere „Beschaffungsquellen" angenommen werden. Allein von diesen fünf beschlagnahmten Videos wurde von mehr als der Häfte aller Schüler mindestens einer gesehen.

Bei den indizierten Videofilmen, die jugendgefährdenden Inhaltes sind, und Jugendlichen unter 18 Jahren nicht zugänglich gemacht werden dürfen, rangiert
– „Rambo" an erster Stelle mit rund 70 %.

Auf den nächsten Plätzen folgen:
– „Die Fliege",
– „American Werwolf",
– „Halloween",
– „City Cobra",
– „Freitag der 13.",
– „Das Omen I/II",
– „Blutiger Valentinstag" u. a.

b) Hinweise für Eltern über die Wirkung von Gewaltfilmen und Horror-Videos, und was sie beachten sollten

1. Horror – Gewalt – Filme sind schädlich

Es kann als wissenschaftlich gesichert gelten, dass Horror- und Gewaltfilme eine schädliche Auswirkung auf die Psyche und das Verhalten von Kindern und Jugendlichen haben:
● Bei *empfindsamen Kindern* können sie massive Angstzustände und Alpträume auslösen, die oft monatelang anhalten.

251

- *Selbstunsichere Kinder und Jugendliche oder solche mit einem starken Geltungsbedürfnis* identifizieren sich leicht mit den aggressiven, brutalen und oft grausamen Tätern bzw. ‚Filmhelden‘, weil sie sich wie diese als Sieger fühlen.
  Viele fühlen sich dann stärker und sicherer, nicht wenige werden jedoch auch erregter und kämpferischer, wobei sie ihr gesteigertes Aggressionsbedürfnis dann oft ausleben – auf der Straße, im Jugendhaus, in der Schule...
- *Das Bedürfnis nach Gewaltmedien kann zur Sucht werden.* Je früher ein Kind mit solchen Medien in Berührung kommt, desto nachhaltiger und intensiver wird das Bedürfnis nach immer mehr und immer grausameren Filmen. Es gibt nicht wenige Jugendliche, die man regelrecht als süchtig nach Gewaltmedien bezeichnen kann!

2. Manche Eltern meinen aber ...

Leider gibt es Eltern, die bereits Kindern im Grundschulalter solche Filme sehen lassen. Manche Eltern meinen auch, es wird schon nichts schaden, wenn der Junge mal einen Horror-Gewalt-Film daheim gemeinsam mit den Eltern anschaut.

Dies ist aber eine falsche Annahme, denn, wie wir festgestellt haben, sind dabei die gleichen schädlichen Reaktionen bei Kindern und Jugendlichen zu beobachten: *Das ‚Schreckliche‘ und die Gewalt können zur Sucht werden, mit all den Folgen, wie sie auch bei anderen Süchten zu beobachten sind!* Besonders gefährdet sind zudem solche Kinder, die Dauerkonsumenten von Horror-Gewalt sind und die die Filme im Fernsehen oder auf Video zumeist allein anschauen. Bei diesen sind Verhaltensänderungen und soziale Isolation wahrscheinlich, im Extremfall kann es zu Realitätsverlust mit verminderter Zurechnungsfähigkeit, spontanen Aggressivitätsdurchbrüchen und Gewalttaten kommen.

3. Eltern als Vorbild

Wie wir wissen, ist es kaum zu verhindern, dass Kinder oder Jugendliche irgendwann einmal einen Horror-Gewalt-Film sehen (bei Freunden, Bekannten, Verwandten oder mit Geschwistern). Es wäre falsch, da gleich in Panik zu geraten, da es sich bei 13- bis 15-Jährigen häufig um pubertätsbedingten Gruppenkonsum handelt, der bei rund 80 % eine Episode ohne Dauerschäden bleibt. Genauso falsch wäre es aber auch, gleichgültig zu sein, etwa nach dem Motto, ‚es wird schon nichts schaden‘ oder ‚einmal ist keinmal‘. Grenzen sind wichtig für das Kind, sie müssen aber einsichtig und vor allem *glaubwürdig* sein; denn Kinder haben ein sehr feines Gespür dafür, was echt und damit glaubwürdig ist. Eltern, die selbst solche Filme anschauen, es den Kindern aber verbieten, sind unehrlich und setzen damit ihre Glaubwürdigkeit in den Augen des Kindes aufs Spiel. Sie sind kein gutes Vorbild.

Besser wäre es, mit dem Kind offen darüber zu reden und dabei sein eigenes ‚Gewaltbedürfnis‘ nicht auszusparen! Dies kann Vertrauen schaffen und Spannungen lösen. Bieten Sie Ihrem Kind aber auch andere und bessere Möglichkeiten zur Freizeitgestaltung an, die mehr aktive und kreative Tätigkeiten beinhalten. Jedes Kind braucht Gelegenheiten zum körperlichen Ausleben von Aggressionen im Spiel, ja sogar bei Kampfspielarten mit Körperkontakt, jedoch mit eindeutigen Regeln und Grenzen bieten sich dazu die besten Voraussetzungen.

c) Empfehlungen für die Eltern

- Keine ,,Durchsuchungsaktionen" nach verbotenen Videos, Kassetten usw. im Kinderzimmer, sondern, wenn Verdacht auf Medienmissbrauch besteht, vielmehr
  – das Gespräch suchen. –
- Über gemeinsam betrachtete Fernsehfilme mit den Kindern reden!
- Fernsehprogramm mit Kindern gemeinsam auswählen, dabei
  - *weniger Gewalt- und Actionfilme (bei Grundschulkindern am besten gar keine),*
  - *mehr Spaß-, Humorfilme und altersgemäße Produktionen auswählen*
  – gezielt Fernsehen! –
- Fernseh- und Videozeiten sowie Bildschirmspiele begrenzen (siehe gesondertes Blatt, S. 260f.)
  – Grenzen setzen – aber Kinder nie ,,ausgrenzen". –
  (Auch wenn Sie sich noch so sehr darüber ärgern, dass ihr Kind trotz Verbot indizierte Videos oder Filme angeschaut hat, keine überzogenen Strafen verhängen, sondern nach attraktiven Alternativlösungen suchen.)
- Den Fernseher nicht als ,,Einschlafhilfe" benutzen, wenn das Kind Angst hat oder Schwierigkeiten beim Einschlafen, vielmehr
  - *eine Gute- Nacht- Geschichte erzählen,*
  - *Vorlesen, je nach Alter Bilderbücher anschauen lassen oder Lesen,*
  - *,,Phantasiereise" machen mit Entspannungsmusik,*
  - *Entspannungsübungen machen.*
- Kindern/Schülern eine *Belohnung* versprechen und auch einlösen, wenn diese auf Fernseh-/Videokonsum zeitweilig verzichten oder die Konsumzeit einschränken.
- Belohnungen können sein:
  - *Spielen* (aber solche Spiele, die auch den Kindern Spass machen),
  - *Hobby fördern* (z. B. Musik, Zeichnen/Malen,
  - *Ausflug, Wanderung, Besichtigungsfahrt machen,*
  - *Sportarten ermöglichen,* bei denen sich Kinder auch mal richtig austoben können.

Allgemein:
- Leistungsdruck vermindern, um Schulangst und -stress zu verhindern.
- Kinder so akzeptieren wie sie sind und nicht eigene Erwartungshaltungen auf das Kind projizieren!

6.4.2.2 Tipps beim Kauf von Computerspielen und einige Beispiele für gute Computerspiele[4]

(Der Altersangabe der Produzenten sind in der Regel 1–2 Jahre hinzuzufügen!)

Fritzi Fisch und der verschwundene Schatz. Abenteuerspiel mit Filmqualität, Altersbereich: 4 bis 8 Jahre (Ravensburger Interactive Media GmbH)

Pocahontas/Der König der Löwen/Timon und Pumbaas. Spielesammlung", Sach-, Mal- und Spielgeschichten, Alter: ab 5 Jahre (Disney – Interaktives Filmbuch, CD-ROM)

Der kleine Tiger braucht ein Fahrrad" (Janosch). Verkehrserziehung spielerisch, Altersbereich: 4 bis 7 Jahre (Diogenes-Verlag)

Verkehrte Welt. Alter: ab 8 Jahren (Ravensburger/Burda)

Adi Junior 6–7 Jahre" (Spielerisch lernen: Lesen, Rechnen, Malen, Erfinden, Spielen...). Altersbereich: 6 bis 7 Jahre (Coktel, CD-ROM)

Entdeckungsreise durch Jerusalem. Multimedialer Reiseführer zur Stadt und Kultur der großen Religionen, Altersbereich: Jugendliche und Erwachsene (Softkey, Tewi-Verlag)

Opera fatal – Die haarsträubende Suche nach den verschwundenen Noten. Alter: ab 10 Jahre (CD-ROM, Heureka Klett)

Myst. Denk- und Abenteuerspiel, Alter: ab 14 Jahre (CD-ROM, Broderbund-Verlag)

6.4.2.3 Zeichentrickfilme und ihre Wirkung auf die Kinder – ein persönlicher Brief

Liebe Eltern
Liebe Omas und Opas

Die Zeit, als unsere Kinder noch zur Schule gingen, ist lange vorbei. Als neugieriger Opa, der gerne mit Kindern spielt, erfahre ich jedoch jede Woche von unserem Enkelkind, das den Kindergarten besucht, viele Dinge, die ich als Wissenschaftler nur ahnen kann. Man muss sich nur ein wenig Zeit nehmen und in die Kinder hineinhorchen, in einer anderen Rolle was erzählen lassen und über ihre Träume reden. Ich erfahre dabei jedoch auch, wie schwer es heute Eltern mit ihren Kindern haben, denn gegen die Konkurrenz der „heimlichen Miterzieher" – insbesondere des Fernsehens – ist nur schwer anzukommen.

Eigentlich hatten wir es vor fast 30 Jahren, als unsere eigenen Kinder noch klein waren, leichter. Da gab es von früh bis in den späten Nachmittag im Fernsehen fast nur das Testbild zu sehen. Sie mussten sich zwangsläufig mit etwas anderem beschäftigen. Heute kann man schon am frühen Morgen zwischen 35 Program-

---

4 Diese Spielempfehlungen wurden überwiegend entnommen aus ‚ajs informationen', Nr. 2/97 *Aktion Jugendschutz Baden-Württemberg, Stafflenbergstraße 44, 70184 Stuttgart.* Darin sind auch ausführliche Beschreibungen der Spiele enthalten. Weitere Info-Adresse mit Spielempfehlungen: Bundeszentrale für politische Bildung, Referat Neue Medien, Postfach 2325, 53013 Bonn (CD-ROM mit interaktiver Spieledatenbank „Search'n Play"; hier sind stets aktuelle Informationen zum Kauf von Computerspielen abrufbar sowie eine große Zahl pädagogischer Spielbewertungen, die im Informationsdienst ‚Computerspiele auf dem Prüfstand' aufgenommen werden. Dieser Infodienst erscheint zwei- bis dreimal im Jahr und kann – auch im Abonnement – kostenlos bezogen werden. Hilfreich ist ferner die Broschüre ‚Computer- und Videospiele pädagogisch beurteilt', die gegen eine Schutzgebühr von 7,– DM beim Jugendamt Köln (Jugendmedienschutz), Im Mediapark 7, 50670 Köln, erhältlich ist.
Eine ausgezeichnete Orientierungsgrundlage für Eltern bietet ein in der Rowohlt-Reihe „Mit Kindern leben" erschienenes Taschenbuch von Thomas Freibel (1997), ‚Multimedia für Kids: Spielen und Lernen am Computer'.

men wählen – und da ist weiß Gott vieles nicht für Kinder geeignet, obwohl es von den Kindern sehr attraktiv empfunden wird, denn nicht alle bewegten Trickbilder sind lustig oder witzig. Sie sind leider zumeist sehr gewalttätig.

Die allgegenwärtige „Bilderflut"

Schauen Sie mal zurück auf ihre Schulzeit: Was haben Sie da an den schulfreien Tagen gemacht, ohne Gameboy, Videoclip, Computerspiel oder morgendliches Fernsehprogramm? Sicher werden jetzt viele sagen, da haben wir halt miteinander gespielt, haben gebastelt und gemalt, Musik gemacht oder gelesen, vielleicht auch etwas für die Schule getan. Manchmal war es aber auch langweilig, und man wusste mit seiner Zeit nichts anzufangen, weil es nicht genügend Spielmöglichkeiten außer Haus gab. Jedenfalls war es anstrengender, etwas Interessantes zu finden, man mußte Phantasie aufwenden, aber man hatte auch mehr Zeit – auch zum Träumen.

Heute haben es die Eltern schwerer mit ihren Kindern, weil diese es eigentlich „leichter" haben. Sie können ohne eigenes Zutun, nur mit einem Tastendruck eine Unmenge von bewegten Bildern empfangen, im Bus oder in der Straßenbahn mit ihrem Game Boy ein Computerspiel betreiben, dazu mit einem Walkman Musik hören, beim Zappen durchs Fernsehprogramm mit einem Tastendruck was Spannendes oder Aufregendes auswählen oder im Internet surfen. Jedenfalls haben sie immer mehr Möglichkeiten, sich mit etwas zu „beschäftigen", wozu sie keine große Anstrengung brauchen und auch kaum eigene Phantasie aufwenden müssen. Viele Stunden des Tages werden so eigentlich von fremden Bildern bestimmt.

Komik, Spannung und Helden, diese drei Elemente von Zeichentrickfilmen stehen bei Kindern besonders hoch im Kurs; phantastisch und irreal muss es dazu sein, und der Held muss immer siegen, und ein „gutes" Ende muss garantiert sein. Hinzu kommt die ständige Suche nach etwas Neuem, wozu Videoclips und Cartoons geradezu ideal gestaltet sind. Die ständige Aufnahme immer neuer und bewegter Bilder und Stories kann aber bei Kindern, die z. B. Aufmerksamkeitsstörungen (z. B. bei Hyperaktivität) haben, zu einer Symptomverschlechterung führen.

Es kann auch zu einer Art Sucht werden. Dabei werden Gefühle immer mehr ausgeschaltet, weil der Wechsel von Bildern und Szenen viel zu schnell erfolgt.

Viele Kinder nutzen die Medien dazu nur passiv, so dass immer mehr Zeit bewegungsarm verbracht wird. Dies kann auch körperliche Haltungsschäden zur Folge haben.

Die Faszination der Gewalt in Bildern und „Vorbildern"

Bedenklich ist also zum einen die *große Menge an Fremdbildern*, für die psychische Entwicklung sind jedoch die *Inhalte* belastender, weil mit ihnen oft sehr gewalthaltige Geschichten transportiert werden. Bilder werden zu *Vor*bildern.

Besonders in den *Zeichentrickfilmen* – so konnten wir herausfinden – werden für die kindliche Entwicklung wenig förderliche Inhalte und bedenkliche ,,Vorbilder" dargestellt. Identifikationen mit diesen ,,Helden" oder Supermännern, bei denen sich viele Kinder vermeintlich stark fühlen, können schon bei Drei- oder Vierjährigen geschehen. Aber auch ältere Kinder fliegen begeistert wie im Traum mit Spiderman über tiefe Schluchten, es ist selbstverständlich, dass man nach schwersten Verletzungen einfach wieder aufsteht und stärker ist als jedes physikalische Gesetz. ,,Batman" schießt seine Gegner tot, andere schießen mit einer Laserkanone auf den Gegner, der sich im Nichts auflöst. Alles wird irgendwie ,,sauber" gelöst, das sogenannte Böse vernichtet, wozu der Superheld immer das Recht hat. Viele Kinder entwickeln erfreulicherweise eine Abneigung, manche sogar Abscheu gegen solche Darstellungen.

Leider aber nicht alle! Gerade auf Kinder, die selbst schon viele seelische Verletzungen und Demütigungen erlitten haben, üben im Vor- und Grundschulalter die gewalthaltigen Zeichentrickfilme, der Mut und die ,,Stärke" der Helden, eine enorme Faszination aus.

Dies wissen natürlich auch die Medienproduzenten und Medienverbreiter, denn sie versuchen sich damit neue Märkte, besonders bei den Kleinen, zu erschließen. Aber was für die Kasse der Produzenten und Medienmogule oder für die Werbeindustrie gut sein mag, muss noch lange nicht für unsere Kinder gut sein.

Aus einer neueren amerikanischen Untersuchung wissen wir, dass *Trickfilme die größte Anzahl von Aggressionen der gewalthaltigsten Form aufweisen.* Die meisten der bei uns ausgestrahlten Zeichentrickfilme stammen aus den USA. Deutsche Wissenschaftler haben bei einer Analyse der Programme von sechs Fernsehsendern nachweisen können, dass auf Trickfilme in deutschen – zumeist privaten – Fernsehprogrammen fast ein Viertel aller gezählten Gewaltszenen entfällt, so dass sie feststellen müssen: *Zeichentrickfilme haben ein besonders hohes Gewaltpotential.*

Wie reagieren Kinder auf Gewaltdarstellung –
welches Verhalten lernen sie?

Kinder zwischen drei und fünf Jahren können dieses mediale Gewaltszenario zumeist noch nicht verstehen, geschweige denn verarbeiten, weil sie sich noch in *einer magisch-animistischen Entwicklungsphase* befinden. Dennoch haben sie ihre Wirkungen auf das Unbewusste, das sich in den kindlichen Träumen widerspiegelt. Filmische Fiktion und Wirklichkeit können oft noch nicht voneinander getrennt werden.

Aber noch etwas anderes kommt hinzu: Aus Beobachtungen in Kindergärten und Grundschulen wissen wir, dass, ohne den Sinnzusammenhang zu verstehen, Gewalthandlungen bereits *nachgeahmt* werden und erstmals auch bei Schwächeren ,,erfolgreich" angewandt werden. Am meisten davon betroffen sind die

Jungen. Gelernt wird dabei: *mit Gewalt kannst du dich durchsetzen*, deshalb gilt für viele *mit Gewalt hast du Erfolg, da bist du der „King"*.

Durch Befragungen von 4000 Schülern in Baden-Württemberg und Sachsen konnte ich erfahren, dass bei jedem zweiten der sechs- bis zehnjährigen Kinder dann der Einstieg in die besonders grausamen *Horror- und Gewaltfilme* hinzukommt. Bei vielen „Problemkindern" wird dann die in diesen Gewaltfilmen raffiniert als Aufhänger benutzte Rolle des verletzten und gedemütigten Helden aber bereits zu einer verhaltensprägenden und normsetzenden Instanz. Ganz typisch ist dieses Muster bei „Rambo" und „Cyborg", z. T. auch im „Terminator" und anderen „Actionfilmen" ausgeprägt. Hier erfolgt auch vielfach bereits eine Fixierung der Jungen auf die „Täterrolle" und vieler Mädchen auf die „Opferrolle". Deshalb stellen solche Filme, die als Video erst ab 18 Jahren freigegeben sind, vor allem für die Jungen eine große Gefahr dar.

Für das Fernsehen stellten Wissenschaftler in einer anderen Studie fest, dass *die häufigste Form gezeigter Gewalt die eines klar dominierenden, erwachsenen, meist männlichen Angreifers ist. Gewalt ist sehr oft Selbstzweck, wenn nicht, wird sie eingesetzt, um bestimmte Ziele zu erreichen oder Konflikte zu lösen. Sie wird nur in den seltensten Fällen bestraft. Eine Einfühlung in die Leiden und Gefühle der Opfer wird selten nahegelegt.*

Dies gilt m. E. auch für viele der Zeichentrickfilme, deren geheime Botschaft oft lautet: „Konflikte kann man nur mit Gewalt lösen." Andere Lösungsmöglichkeiten werden nur selten gezeigt. Viele Kinder lernen daraus, „wenn du glaubst im Recht zu sein, dann kannst du dir auch mit Gewalt zu deinem Recht verhelfen. Du hast also das Recht, dich mit Gewalt durchzusetzen." Hierdurch wird das Rechtsbewusstsein auf einen allein gültigen subjektiven Rechtsbegriff reduziert. Das Recht des Stärkeren kann zur alleinigen Verhaltensmaxime werden, weil „ich alleine bestimmen kann, was gut und was böse ist". Auch das Empfinden von Mitgefühl oder Mitleid kann verloren gehen, weil von vielen Trauergefühl als Schwäche empfunden wird.

Kriegerische Auseinandersetzungen zwischen Völkern oder Nationen haben hier eigentlich ihren Ausgangspunkt, wenn später noch ein übersteigertes Nationalgefühl dazukommt.

Was könnte verändert werden?

Vor- und Grundschulkinder sind noch sehr leicht zu beeinflussen und zu formen. Diese Chance und Aufgabe sollte von den Eltern genutzt werden. *Setzen Sie* ihrem Kind *deutliche Grenzen* dort, wo sie überzeugt sind, das könnte schädlich für seine Entwicklung sein – auch wenn es mal Tränen gibt. Verbieten Sie das *Fernsehen niemals zur Strafe*, wenn das Kind eine solche verdient hätte, denn dies wirkt lernpsychologisch als besonderer Reiz mit der Folge, dass es zum Trotz umgangen wird und die Abhängigkeit von ihm verstärkt wird.

257

Machen Sie einmal einen Versuch

Zappen Sie am Samstag früh zwischen 8 und 9 Uhr durch das Fernsehprogramm; sie werden erstaunt sein, wieviele – vor allem private Sender – Zeichentrickfilme zur gleichen Zeit ausstrahlen. – Ich habe einmal fünf Trickserien während dieser einen „werbewirksamen" Stunde entdeckt. – Wenn Sie einen Videorekorder haben, zeichnen Sie sich einmal nacheinander aus den verschiedenen Serien solche Szenen auf, in denen irgendwelche Gewalthandlungen vorkommen und schauen Sie sich diesen *Gewaltzusammenschnitt* (vielleicht etwa 10 bis 15 Minuten) zusammen mit ihrem Kind (Kindern) an. Beobachten Sie dabei die Reaktion Ihres(r) Kindes(r) und reden Sie anschließend mit ihm (ihnen) darüber, welche Gefühle es (sie) dabei hatte(n). Lassen Sie erst das Kind reden, bevor Sie etwas kommentieren. Nur so können Sie auch erfahren, was den Kindern wirklich Spaß macht und auch warum manche bei brutalen Gewaltszenen so viel Lust empfinden. Vielleicht erfahren Sie auf diesem Wege auch, dass Ihr Kind bereits positive Erfahrungen mit Gewalt gemacht hat, weil es zu den Siegern gehörte und so ein Erfolgserlebnis hatte.

Und – schauen Sie sich anschließend ein *gutes Zeichentrick-Video* an, z. B. einige Szenen aus dem „Dschungelbuch" mit dem Bär Balu oder auch – je nach Alter des Kindes – „In einem Land vor unserer Zeit" oder „Der König der Löwen".

(In der Zusammenstellung auf Seite 259f. finden Sie noch eine Reihe geeigneter Videotitel nach verschiedenen Altersgruppen getrennt.)

Begrenzen Sie die Fernseh- und Videozeit auf ein altersgemäßes Maß, z. B. bei Kindern von 4–7 Jahren nie länger als eine halbe Stunde pro Tag. Suchen Sie dazu gemeinsam gute Filme oder Serien aus. Und reden Sie danach mit Ihrem Kind darüber. Auch im Altersbereich danach möglichst mit Ihrem Kind Programme aussuchen, gemeinsam anschauen, auch wenn sie kindgemäß sind, und die *Medienzeit begrenzen.* Das Kind sollte auch *nie mehr als eine Sendung auf einmal anschauen*, da sonst zu viele Eindrücke verarbeitet werden müssen. Was dabei Ihrem Kind gut tut und welcher zeitliche Umfang angemessen ist, das können Sie selbst am besten abschätzen. Berücksichtigen Sie jedoch auch, dass *Kinder mit Schlafstörungen*, Nervosität, mit besonderen „Ticks" oder mit Aufmerksamkeits- und Konzentrationsstörungen (z. B. bei Hyperaktivität) weniger an Fernseh-, Video oder Computerkonsum zugemutet werden kann. Wenn Sie meinen, dass eine Stunde an Medienkonsum pro Tag genug sind, dann sollte sich diese Gesamtzeit auf alle zur Verfügung stehenden visuellen Medien wie Fernsehen, Video, Computer, Game Boy beziehen, d. h., wenn das Kind bereits 45 Minuten Fernsehen geschaut hat, bleiben nur noch 15 Minuten für das Computerspiel oder umgekehrt; und – lassen Sie Ihr *Kind nicht nach dem Abendessen fernsehen*, sondern spielen Sie lieber noch etwas. Schwerverdauliche Filme können leicht Alpträume verursachen.

Und noch etwas: Verwenden Sie das Fernsehen oder Video niemals als *Ersatz-Babysitter* oder gar als *Einschlafhilfe* für Ihr Kind. Nehmen Sie sich statt dessen eine halbe Stunde Zeit und erzählen Sie eine kleine Geschichte, machen Sie eine Phantasiereise oder lesen Sie etwas vor. Bei Kindern mit Einschlafstörungen sollten Sie dazu eine beruhigende Entspannungsmusik auf dem Kassettenrekorder laufen lassen.

Wenn Kinder/Schüler auf Fernseh- bzw. Videokonsum zeitweilig verzichten oder die Konsumzeit einschränken, sollten Sie Ihnen eine Belohnung versprechen und auch einlösen! Belohnungen könnten etwa sein:
- Spielen (aber solche Spiele, die den Kindern auch Spaß machen),
- einen Ausflug oder eine Wanderung machen, für das Hobby etwas besorgen,
- Sportarten betreiben lassen, wobei sich Kinder auch austoben können.

Versuchen Sie Ihr *Kind stark zu machen*, indem Sie sein *Selbstwertgefühl* stärken; dazu gehört öfters eine anerkennende Bemerkung, ein Lob, wenn es z. B. jemand geholfen hat, eine Belohnung bei einer besonderen Leistung und natürlich Hilfen bei Schwierigkeiten. Wichtig ist auch, den Leistungsdruck zu vermindern, um Schulangst und Stress abzubauen.

Anerkennen Sie besonders, wenn sich Ihr Kind einem Gruppenzwang in der Freundesgruppe oder auch in der Klasse nicht beugt, und versuchen Sie Ihrem Kind zu vermitteln, dass Sie es ganz toll finden, wenn es *stärker ist als der Gruppenzwang*, weil es den Mut hat, der Mehrheit zu sagen, dass es den „Batman" eigentlich nicht mag und auch die „Power Rangers" nicht gut findet, in der dreizehnjährigen Freundesgruppe z. B. nicht mitraucht, auf das gemeinsame Horrorfilmerlebnis verzichtet oder beim Hänseln eines schwächeren Schülers nicht mitmacht.

Liste mit empfehlenswerten Videos für Kinder und Jugendliche

Diese Videoempfehlungen (3/99) wurden herausgegeben vom „Kinder- und Jugendfilmzentrum in Deutschland (KJF)", Küppelstein 34, 42857 Remscheid, Tel. 02191/794 235, Fax 02191/794 230, und finanziert aus Mitteln des Bundesministeriums für Familie, Senioren, Frauen und Jugend.

11 Beispiele, nach Altersgruppen geordnet

Lisa beim Zahnarzt. Schweden 1997, Magnus Carlsson, 6 Min., empfohlen ab 5 Jahre (Matthias)
Mulan. USA 1998, Barry Cook, Tony Bancroft, 84 Min., empfohlen ab 6 Jahre (Buena Vista)
Pauls Reise. Deutschland 1998, René Heisig, 88 Min., empfohlen ab 10 Jahre (Matthias/FUW)
Strike – Mädchen an die Macht! Kanada/USA 1998, Sarah Kernochan, 93 Min., empfohlen ab 12 Jahre (Kinowelt)
Central Station. Brasilien/Frankreich 1997, Walter Salles, 103 Min., empfohlen ab 12 Jahre (Buena Vista)
Kopftuch und Minirock. Deutschland 1998, Jana Matthes, Andrea Schramm, 30 Min., empfohlen ab 12 Jahre (Matthias)
My name is Joe. Großbritannien 1998, Ken Loach, 101 Min., empfohlen ab 14 Jahre (Universal)
Das Leben ist schön. Italien 1997, Roberto Benigni, 124 Min., empfohlen ab 14 Jahre (BMG)
Das Fest. Dänemark 1997, Thomas Vinterberg, 100 Min., empfohlen ab 16 Jahre (Kinowelt)

Nichts ist so wie es scheint. Deutschland 1998, Hans-Christian Schmidt, 94 Min., empfohlen ab 16
   Jahre (Buena Vista)

Zehn Brüder sind wir gewesen. Deutschland/Schweiz 1995, Erwin Leiser, 60 Min., empfohlen ab
   16 Jahre (Absolut)

Unter der o. a. Adresse kann auch die Broschüre *Videos für Kinder 2000* bestellt
werden. Auf ca. 40 Seiten werden Videos vorgestellt, die den Kleinen und
Kleinsten Gutes zu bieten haben. Rund 60 Kurz- und Langfilme, die ab 1997 neu
auf Video erschienen sind, werden anschaulich beschrieben und durch viele Fotos
kommentiert. Das Angebot reicht vom Zeichentrick- bis zum Action-Film, von
der Dokumentation bis zur Komödie. Für jede Altersstufe zwischen vier und
zwölf Jahren ist etwas dabei, und jeder Film ist mit einer Altersempfehlung
versehen.

Die Videos wurden vom Auswahlausschuss des Deutschen Jugend-Video-Preises
im Auftrag des Bundesministeriums für Familie, Senioren, Frauen und Jugend,
der die besten Neuerscheinungen auf Video regelmäßig ausfindig macht, ausgewählt. Eltern und Erziehern soll hiermit eine Entscheidungshilfe gegeben werden, um sich in dem unüberschaubaren Videoangebot zurechtzufinden.

6.4.2.4 Verantwortungsbewußter Umgang mit Fernsehen und Video

Entscheidend ist das **Vorbildverhalten** der Eltern, deshalb:
- Selbst mehr lesen, **Konsum einschränken**, gezielt auswählen!
- Gerät **nicht am Essplatz** der Familie aufstellen.
- Die **Fernsehzeit der Kinder** sollte **begrenzt** sein.
  Mit folgenden Zeitgrenzen möchte ich den Eltern ihre eigenverantwortliche
  Entscheidung nicht abnehmen. Es sind Empfehlungen, bei denen ich mir
  wünschte, dass sie nach unten korrigiert werden. Manche Eltern favorisieren
  einen Wochenpool vor dem Tagespool, weil es dann leichter fällt, fernseh-
  freie Tage durchzusetzen. Ganz persönlich möchte ich jene Eltern beglück-
  wünschen, die es schaffen, ihre Kinder bis zur Grundschulzeit vor dem
  Fernsehen zu bewahren.

Mit vielen Kollegen, die sich therapeutisch und wissenschaftlich mit Medienpro-
blemen beschäftigen, bin ich mir einig, dass Fernsehen im Kindergartenalter eher
schädlich als nützlich für die kindliche Entwicklung ist. Deshalb folgende Empfehlungen:
- Kinder **unter 5 Jahren** möglichst gar nicht fernsehen!
- **Vorschulkinder**: rund 30 Minuten Kindersendungen!
- **Grundschulkinder** nicht mehr als **2×30 Minuten** am Tag und dies möglichst nicht täglich.
- **Ältere Schulkinder**: 60 Minuten. Nicht mehrere Sendungen hintereinander!

Was sonst noch wichtig ist

- Kinder sollten **nicht alleine** Fernsehen, sondern Kontakt zu den Erwachsenen haben und nach den Sendungen mit den Eltern über die Sendungen sprechen können.
- Fernsehen sollte **nicht als Babysitter** benutzt werden, viele Kinder sitzen einsam vor der Kiste.
- Programm **vorher gemeinsam aussuchen**, statt sich berieseln zu lassen!
- Die **Fernsehzeit** muss sich dem Tagesablauf des Kindes unterordnen und nicht umgekehrt.
- Fernsehen sollte **nicht zur Belohnung oder zur Strafe** eingesetzt werden.
- Kinder brauchen Zeit zum **Nachbereiten** von Sendungen.

6.4.2.5 Beispiel für Vortragsabend – Gliederung/Verlauf

Rauhe Sitten an den Schulen
Auswirkungen der Gewalt im Schulalltag. Welchen Einfluss haben die Medien?
(Vortrag vor Eltern und Lehrern eines Gymnasiums)

Teil I: Auswirkungen der Gewalt im Schulalltag
1. Einige Fallbeispiele aus dem Schulalltag
2. Ergebnisse der Schülerbefragung zum Thema Gewalt/Mobbing
3. Mobbing – Bullying – Gewalt. Was ist das? Wo liegen die Ursachen?

Teil II. Welchen Einfluss haben die Medien?
1. Medienbeispiele (Video)
2. Ergebnisse der eigenen Schülerbefragung zum Thema Medienkonsum
3. Medienwirkungen und Persönlichkeitsmerkmale von Schülern/innen (Geschlechtsunterschiede bei Gewalt und Medienkonsum: ,,Junge S(s)ucht Männlichkeit"

Teil III: Konsequenzen für Schule – Elternhaus – Gesellschaft

1. Schule
   - schulinterne Lehrerfortbildung (auch Supervision)
   - Einführung von Klassenregeln zum Gewaltverzicht
   - Pausenaufsicht
   - Rollenspiele mit typischen Auseinandersetzungen
   - Schlichtergespräche mit Täter-Opfer-Ausgleich
   - Video-AGs
   - Schüler-Multiplikatorenseminare
   - anonymes Kontakttelefon (*Mobbing-Telefon*)
   - Schulatmosphäre (Umgang miteinander)
   - bauliche/gestalterische Veränderungen
   - schulisch organisierte Hausaufgabenbetreuung
   - mehr Ganztagsschulen
2. Eltern
   - Grenzen setzen
   - Freizeitgestaltung
3. Gesellschaft – u. a. Medienpolitik

Teil IV: Besinnlicher Ausklang

6.4.3 Hilfen für Eltern bei Problemen mit „Gewalt in der Schule"

6.4.3.1 Wie erkennen Eltern, dass ihr Kind unter solchen Mobbing-Auswirkungen leidet?

Bei extremem Mobbing mit Körperverletzung sicher keine Frage. Das Problem fängt aber meist im Kleinen an, oft schon in der Grundschule.

Beispiel: Ein Kind der 2. Klasse wird aus einer Clique in der Klasse verstoßen und gerät so in Isolation, steht allein auf dem Schulhof herum oder findet keine Freunde, mit denen es z. B. in der Pause spielen kann. Lehrerin sollte so etwas merken und helfend eingreifen. Oft wird es aber übersehen und nicht ernst genug genommen.

Ich weiß als Schulpsychologe aber, dass Kinder sehr wohl darunter leiden und oft stark darunter leiden. Eltern wissen davon häufig nichts!

Welche *Symptome* könnte man aber beim Kind dennoch erkennen?
- Kind hat keine Freunde, oder Freunde wenden sich ab.
- Kind zieht sich zurück, will dauernd alleine sein, sitzt nur noch vor der Glotze, spielt allein PC-Spiele, schaut Videos alleine (10 %!).
  - Kind erzählt nichts mehr über die Schule.
  - Kind erzählt nur noch Abfälliges über die Schule.
  - Kind hat Alpträume über die Schule.
  - Kind verweigert das Frühstück vor der Schule (psycho-somatische Beschwerden).
  - Kind möchte am liebsten nicht mehr in die Schule.
  - Kind schwänzt die Schule, ohne dass die Eltern es wissen.
- Es fehlt Geld im Geldbeutel (Hinweis auf Erpressung).

6.4.3.2 Was sollte man tun?

Eltern

1. Zuerst einmal herausbekommen, was los ist! (Leidensdruck?)
   - Sensibel sein, um die Probleme des Kindes wahrzunehmen.
   - Vorsichtig Fragen an das Kind stellen, wenn einem das Verhalten eigenartig verändert vorkommt: z. B. wie geht's denn der *Larissa,* mit der es bisher öfters zusammen war.
   - Über eigenen Traum was erzählen und dann das Kind fragen, was es geträumt hat: In Träumen tauchen solche Konflikte oft auf.
   - Rollenspiel mit Kind machen mit Hilfe von Puppen (bei Kleineren auch Barbies): Schulszenen mit einbeziehen.
   - Über ein Buch oder über einen Film reden, den man sich gemeinsam mit dem Kind angeschaut hat.

- Medienkonsum beobachten (schaut Kind Horror-Gewalt, spielt es oft PC-Baller-/Tötungsspiele?).
2. Sollte es sich herausstellen, dass das Kind in der Schule durch Mobbing isoliert wurde, so besteht *Handlungsbedarf*: Sie sollten versuchen das
    - Selbstwertgefühl des Kindes zu stärken durch mehr Anerkennung und Lob.
    - Versuchen, das Kind aus der „Opferrolle" herauszuführen.
    - Über die Ängste offen in der Familie reden.
    - Gemeinsam nach Lösungen suchen, z. B. dadurch, dass man ein anderes Kind aus der Klasse, zu dem vorher Kontakt bestand, nach Hause einlädt, um so in einer entspannten Situation, z. B. beim Spiel, einen neuen Kontakt zwischen den Kindern herzustellen (neuen Freund, neue Freundin gewinnen).

    Dies wäre eine bessere Methode als das, was manche Kinder in ihrer Not versuchen, sich Freundschaft regelrecht zu erkaufen.
3. Verhindern, dass aus Opfern Täter werden.

    Etwa die Hälfte der Kinder unter den 15–20 % Tätern war vorher selbst Opfer von Gewalt. Man bezeichnet sie auch als *Opfer-Täter*. Gedemütigte und ausgegrenzte Kinder können entweder suizidgefährdet werden, oder sie unterwerfen sich den Stärkeren, solidarisieren sich mit einer Gruppe und werden selbst zu Tätern. Anregungen dazu erhalten sie über Vorbilder in der unmittelbaren Umgebung, in vielen Fällen aber auch über Medien, wobei die audio-visuellen Gewaltmedien an erster Stelle zu nennen sind. „Gedemütigte Helden" nehmen Rache für erlittenes Unrecht – und sie nehmen sich selbst das Recht dazu. Das Kind selbst erfährt dabei Unterstützung in seiner Freundesgruppe bzw. Clique, in der Konflikte überwiegend gewalttätig gelöst werden. Eine Intervention kann in solchen Fällen nur über diese Gruppe erfolgen. Viele Eltern sind dabei überfordert, sie brauchen Unterstützung durch die Schule.

    Andere Kinder, die diesen „Gruppenprozess" nicht mitmachen, können sich zu Einzeltätern entwickeln. In der Familie geschlagene Kinder schlagen zumeist wieder. Aber auch Konflikte in der Familie und in der Schule mit „psychischen Verletzungen" können zu einer Überempfindlichkeit bei Kränkungen oder vermeintlichen Aggressionen durch Mitschüler führen. So kommt es oft aus nichtigem Anlass zu aggressiven Auseinandersetzungen. Eine Intervention ist in solchen Einzelfällen besonders kompliziert, weil es äußerst schwierig ist, die Streitenden zu einer Versöhnung zu bewegen. Wer fängt als erster an, auf den anderen zuzugehen, sozusagen den „ersten Schritt" zu tun? Angst vor Gesichtsverlust, „ich bin der Schwächere, wenn ich die Hand reiche", verhindert oft eine Konfliktlösung. Er schwelt dann dauernd vor sich hin, oder es kommt zu weiteren Verletzungen und Demütigungen. Je länger eine solche Auseinandersetzung dauert, um so schwieriger wird es, dass einer den ersten Schritt tut. Daher erklärt sich auch das zunehmende Bedürfnis, vor allem bei den Mädchen, *Selbstverteidigungskurse* zu besuchen, um auf diese Weise Selbstwertgefühl durch „Stärke" zu gewinnen. Die

Gefahr einer Eskalation gewaltsamer Konfliktlösungen wird dadurch aber nur größer.

4. Kinder, die isoliert, ausgegrenzt und gedemütigt wurden, haben oft keine Chance mehr, in die Gruppe oder Klasse „wieder aufgenommen zu werden". Sie brauchen Hilfe von außen. In solchen schwierigeren Fällen oder wenn der Versuch einer Selbsthilfe nichts fruchtet, ist es erforderlich, einen Fachmann oder eine Fachfrau aufzusuchen. Zunächst sollten die Eltern aber mit dem Klassenlehrer reden, falls vorhanden Beratungslehrer einbeziehen oder Rat bei einer Schulpsychologischen Beratungsstelle einholen.

Schule

Die Vorschläge zu schulischen Maßnahmen sind unter den Abschnitten 6.2 (Streitschlichtung/Mediation), 6.3 (Unterrichtsprojekte) sowie 6.5 (Pädagogischer Tag) und bei 6.6 dargestellt.

6.5 Pädagogischer Tag zum Thema Gewalt/Mobbing und Medien

6.5.1 Grundsätzliche Bemerkungen

Pädagogische Tage sollten wenigstens einmal jährlich in jeder Schule stattfinden. Sie können neben der Reflexion des eigenen pädagogischen Handelns, der Analyse von Störungsursachen auch einen erforderlichen Schulentwicklungsprozess initiieren und in Gang setzen. Konkrete Interventionsmaßnahmen sind einzuleiten und deren Effizienz nach einem gewissen Zeitraum zu überprüfen.

Dies bedarf in der Regel eines halbjährigen Vorbereitungszeitraums. In vielen Fällen sind dazu auch externe Berater (Schulpsychologen, Schulberater, Prozessbegleiter oder Pädagogische Berater) erforderlich. Schulinterne Berater, wie Beratungslehrer, Schulsozialarbeiter und Suchtpräventionslehrer, können dabei eine besondere Vermittlerrolle und Schaltstelle neben der Schulleitung wahrnehmen. Förderlich erwies sich auch ein externer Tagungsort. Aus vielen einschlägigen Erfahrungen empfehle ich auch, objektive Informationen über die Meinung der Lehrerschaft, die Problemlage der Schüler im Schulalltag sowie deren Einstellungen und Bedürfnislage durch Fragebögen und/oder ein Unterrichtsprojekt zu erheben. Je nach Schulgröße ist dazu eine Vorbereitungskommission aus Lehrern und Beratern erforderlich, die rechtzeitig auch den oder die externen Berater einschalten sollten. Dieser Gruppe würde auch die Nachbereitung bzw. Evaluation obliegen. Bei besonders schwierigen Interventionsmaßnahmen, wie beim Thema Gewalt in der Schule, ist es sinnvoll, nach etwa einem Jahr Bilanz zu ziehen, Lehrer- und Schülerbefragungen zu wiederholen, um Veränderungsprozesse objektivieren und gegebenenfalls korrigieren zu können. Diese Vorgehensweise wird auch von Olweus (1996) und Hanewinkel und Knaack (1997) nach wissenschaftlicher Überprüfung nahegelegt.

Beim Thema Gewalt/Mobbing in der Schule sind nicht nur die Schüler betroffen. Es gibt auch Mobbing von Lehrern gegen Schüler, Schüler gegen Lehrer, Mobbing unter Lehrern, Lehrer gegen Schulleiter und umgekehrt. Wenn man feststellt, dass an der besonderen Problemlage in der Schule nicht nur die Schüler ursächlich beteiligt sind, muss an einem Pädagogischen Tag auch das Verhältnis Schulleitung ⇔ Lehrer, Lehrer ⇔ Lehrer sowie Lehrer ⇔ Schüler thematisiert werden. Insbesondere bei der Aufarbeitung von Konflikten im Lehrerkollegium ist jedoch ein anderes Setting eines Pädagogischen Tages erforderlich als beim Thema Mobbing unter Schülern. Ich empfehle deshalb, derartige Konflikte, die das so wichtige Schulklima nachhaltig beeinträchtigen können, in einer separaten Veranstaltung zu behandeln und durch längerfristige Supervision zu unterstützen. Für den Einstieg in solche eher gruppendynamische Prozesse können die „Regeln für Gruppengespräche" in 6.5.3 gute Dienste erweisen.

6.5.2 Programmvorschlag zum Pädagogischen Tag

Es wird davon ausgegangen, dass eine *Schülerbefragung* zum Thema Gewalt und Medien durchgeführt und ausgewertet wurde. Hierbei genügt es in der Regel, wenn sich die Stichprobe bei einer durchschnittlichen Schulgröße von 500–600 Schülern auf drei bis vier Klassen (5., 7., 9., 10. oder 12. Klasse) mit 100 bis 120 Schülern erstreckt. In Beruflichen Schulen mit 2000 Schülern genügt eine Stichprobe von 150. Als Fragebogen kann u. a. der im Anhang enthaltene „Fragebogen zu Medien und Gewalt/Mobbing" für die Sekundarstufe verwendet werden. Interessant ist auch der Versuch, die Fragen zu Gewalt/Mobbing von den Lehrern und den Fragebogenteil zum Medienkonsum nach Abschluss der Schülerbefragung auch von den betroffenen Eltern anonym ausfüllen zu lassen. Die Diskrepanzen zwischen den durchschnittlichen Schülerangaben zum Konsumverhalten und denen der Eltern werden manchen in Erstaunen versetzen.

Wenn in Schulen bereits Unterrichtsprojekte in einzelnen Klassen zum Thema Medien und Gewalt durchgeführt wurden, kann auch deren Bilanz von Lehrerkollegen vorgetragen werden (Beispiel siehe unter 6.3).

Die Ergebnisse einer Lehrerbefragung sollten ebenfalls vorliegen. Zur Vorbereitung kann man sich u. a. am diesbezüglichen Fragebogen unter 6.5.4 orientieren.

Die statistischen Ergebnisse der Fragebögen sollten arbeitsteilig von Mitgliedern der Vorbereitungskommission am Pädagogischen Tag vorgetragen werden.

	Pädagogischer Tag Gewalt/Mobbing und Medien		
Zeit	**Inhalt/Thema**	**Arbeitsform**	**Moderator/ Referenten**
8.00	Begrüßung – Einstimmung in den Tag – Zielstellung – Tagesablauf	Plenum	Schulleitung, beauftragter Lehrer
8.30	Ergebnisse der Lehrerbefragung	Plenum	1. Moderator
9.00	Ergebnisse der Schülerbefragung	Plenum	2. Moderator
9.30	die wichtigsten Ergebnisse werden als Wandzeitung, Poster o. a. im Raum ausgehängt: Klärung von Verständnisfragen – Diskussionsgruppen	Klein-gruppen-Plenum	1. + 2. Moderator
10.00	Pause		
10.30	Referat durch externen „Experten": „Vergleich mit anderen Schulen und repräsentativen Schülerbefragungen – Entste-hungsbedingungen von Gewalt – u. a. Medieneinfluss, In-formationen über Mediationsverfahren, Elternabend u. a."	Plenum	Referent
11.15	Videobeispiele (Gewalt in der Schule, Medieneinfluss)	Plenum	Referent
11.45	gemeinsame Diskussion der Ergebnisse und Bewertung für schulische Interventionsmaßnahmen	Plenum	1. + 2. Moderator
12.15	Festlegung der Themen für die Arbeitsgruppen am Nachmit-tag – Gruppeneinteilung	Plenum	
12.30	gemeinsames Mittagessen		
14.00	Arbeitsgruppen zu folgenden beispielhaften Themen: 1. Intervention auf Klassenebene (z.B. Klassenregeln ge-gen Gewalt, Unterrichtsprojekte, Rollenspiele) 2. Intervention auf Schulebene (z.B. anonymes Telefon, Anti-Mobbing-Konvention, Maßnahmen bei Regelver-stößen, Pausenaufsicht, Schüler-Partnerschaften, „Was tun mit gewalttätigen Schulcliquen und gegen Lange-weile?") 3. Vorbereitung von Elternabenden (z.B. „Gewalt auf dem Bildschirm", „Was tun gegen Schulfrust und Gewalt") 4. Täter-Opferausgleich: Vorbereitung eines Projektes Schüler-Mediation und Elterngesprächskreise 5. Organisatorische und kommunikative Veränderungen (schulgestalterische-bauliche Verbesserungen, Umge-staltung des Schulhofes; Kooperation Schulleitung – Lehrerschaft – Elternbeirat – Schulträger; Schulsozial-arbeit)	Arbeits-gruppen	
16.00	Pause		
16.30	Präsentation der Ergebnisse aus den Arbeitsgruppen im Plenum mit dem Ziel: 1. Einigung bei der Festlegung von Prioritäten: „Wann und mit welcher Maßnahme soll der erste Schritt erfolgen?" Wer beteiligt sich wie an welchem Projekt? Zeitliche Abfolge – Wann wird bilanziert?	Plenum	Schulleitung und Moderatoren

17.30	Abschluss – Besinnlicher Ausklang – Impuls	Plenum	Schulleitung Lehrkraft

Eine ruhigere und intensivere Arbeit wäre möglich, wenn dieser „Pädagogische Tag" bereits an einem Nachmittag beginnen und am Folgetag bis gegen 17.00 dauern würde. Dadurch könnte der wichtigen Diskussion zu den Befragungsergebnissen und den Sachinformationen, z. *B. zu den Mediationsverfahren (siehe 6.2) und über andere bewährte Interventionsmaßnahmen mehr Zeit eingeräumt werden. Falls nicht, sollte auf jeden Fall den Lehrkräften vorab schriftliches Informationsmaterial zugänglich gemacht werden.*

6.5.3 Gesprächsregeln in der Gruppe

1. **Sei dein eigener Leiter,**
   d. h. bestimme, wie du dich in dieser Gruppe zu diesem Zeitpunkt verhalten willst. Versuche zu geben und zu empfangen, was *dir* wichtig ist.

2. **Störungen haben Vorrang,**
   d. h. sage, wenn dich etwas stört, dass du nicht mitmachen kannst. So gibt u. U. auch negativen Gefühlen Ausdruck. Damit hilfst du den anderen, auch dich zu verstehen, und der unterbrochene Austausch kommt wieder in Fluss.

3. **Sprich aus deiner eigenen Sicht und Erfahrung, sprich für dich,**
   d. h. sage *ich*, nicht *wir* oder *man* (also: „Ich habe das erfahren...", nicht: „Man erfährt, dass ...")

4. **Mach direkte Aussagen über dich,**
   d. h. frage den anderen nicht aus, sondern sage, warum dir eine Frage wichtig ist.

5. **Interpretiere und bewerte den anderen nicht,**
   d. h. sage ihm, wie sein Verhalten auf dich wirkt. Spreche nicht über andere Teilnehmer, sondern rede sie direkt an.

6. **Beobachte, was dein Körper dir mitteilt,**
   d. h. nimm die Signale von Herz, Atem und Gebärden bei dir wahr.

7. **Hör zu, wenn der andere spricht,**
   d. h. unterbrich ihn nicht, sondern versuche ihn vielmehr in seinen Aussagen zu verstehen.

8. **Wenn du „Feedback" erhältst,**
   höre erst ruhig zu! Achte dabei auf deine Gefühle und gehe erst dann auf den Inhalt ein!

Was hier besprochen wird, ist **vertraulich**.
Wenn du willst, verlange ein **Blitzlicht**.

(Regeln in Anlehnung an Ruth Cohn: *Themenzentrierte Interaktion*)

6.5.4 Lehrerfragebogen zu Gewaltprävention und -intervention

Fragen an die Lehrkräfte zu schulischen Verbesserungsmaßnahmen	bitte hier ankreuzen unwichtig ⇒ sehr wichtig				
1 Schlichtergespräche durch Beratungslehrer (Täter-Opfer-Ausgleich)	1	2	3	4	5
2 Schlichtergespräche durch Schüler mit Täter-Opfer-Ausgleich	1	2	3	4	5
3 Einführung von Klassenregeln zum Gewaltverzicht	1	2	3	4	5
4 Anti-Mobbing-Konvention für die Schule	1	2	3	4	5
5 Partnerschaften (⇒ Verantwortung ältere > jüngere Schüler)	1	2	3	4	5
6 Video-AGs (⇒ kritische Reflexion von AV-Gewalt)	1	2	3	4	5
7 Schüler-Rollenspiele mit typischen aggressiven Auseinandersetzungen	1	2	3	4	5
8 Unterrichtsgespräche über Gewalt und Medienkonsum	1	2	3	4	5
9 Sportunterricht ,,körperbetonter" gestalten (⇒ auch Kampfsport)	1	2	3	4	5
10 Fragebogen-Erhebung bei Schülern (⇒ Schülermeinungen)	1	2	3	4	5
11 Schüler-Projekttage	1	2	3	4	5
12 Schüler-Multiplikatorenseminare (unter Beteiligung von Lehrern)	1	2	3	4	5
13 Selbstverteidigungskurse für Schüler	1	2	3	4	5
14 Pausenaufsicht verbessern	1	2	3	4	5
15 Aktion ,,Sicherer Schulweg" (⇒ reduzieren von Gewaltangst)	1	2	3	4	5
16 Anonymes Kontakttelefon (*Mobbing-Telefon*)	1	2	3	4	5
17 Schulatmosphäre verbessern (Umgang miteinander)	1	2	3	4	5
18 Bauliche-/gestalterische Veränderungen	1	2	3	4	5
19 Schulsozialarbeit	1	2	3	4	5
20 Kooperation Lehrer-Elternbeiräte intensivieren	1	2	3	4	5
21 Thematische Elternabende gestalten (⇒ Gewalt/Medien)	1	2	3	4	5
22 Schulkonferenz (⇒ Kooperation zur Gewaltprävention)	1	2	3	4	5
23 Lehrer-AG zur Verbesserung des ,,sozialen Lernens"	1	2	3	4	5
24 Schulinterne Lehrerfortbildung (SCHILF, auch Supervision)	1	2	3	4	5
25 Sanktionen bei Gewalthandlungen (⇒ konkrete Maßnahmen)	1	2	3	4	5
Sonstige Vorschläge:	1	2	3	4	5
	1	2	3	4	5
	1	2	3	4	5
Anmerkung: In größeren Lehrerkollegien wäre es auch denkbar, auf dem anonymen Fragebogen die Fächerkombination der Lehrkraft angeben zu lassen, da die Beantwortung bestimmter Fragen vermutlich von Fach zu Fach unterschiedlich ausfällt.					

Dieser Fragebogen dient zur Vorbereitung eines Pädagogischen Tages zum Thema Gewaltprävention und -intervention an der Schule. Im Gegensatz zu den ähnlich strukturierten Fragebögen von Hanewinkel und Knaak (1997) bzw. Olweus (1996) wurden jedoch mehr Schwerpunktaktivitäten für Veränderungsprozesse aufgenommen. So besteht die Möglichkeit, sich den individuellen Bedürfnissen der Schule besser anzupassen, weil eine Auswahl nach den besonderen regionalen und schulischen Gegebenheiten getroffen werden kann. Aus der Übersicht auf S. 269f. zu opfer- und täterzentrierten Interventionsmaßnahmen könnten dazu weitere Fragestellungen entnommen werden. Nach etwa einem Jahr kann mit dem selben Fragebogen der Erfolg überprüft werden (ja-nein-Antworten).

6.6 Schulische Interventionserfordernisse im Überblick

6.6.1 Individuelle Hilfen und schulische Maßnahmen

a) für Opfer (präventiv und direkte Opferhilfe)

- anonymes Beratungstelefon („Mobbing-Telefon").
- ‚Entschärfen' von kritischen Plätzen auf dem Schulhof, an denen es gehäuft zu Übergriffen kommt; Aufsicht bei Gewalthandlungen im Schulbus organisieren.
- Pausenaufsicht verbessern.
- Stärkung des Selbstbewusstseins der Schüler, u. U. auch Selbstverteidigungskurs anbieten, Erfolgserlebnisse vermitteln.
- Integration von Opfern in den Klassenverband, besonders zu empfehlen bei Schullandheimaufenthalt der Klasse.

b) Täter (täterzentrierte Maßnahmen, präventiv und akut)

- Lehrer sollten nicht wegschauen! Sensibel Verhalten beobachten und bei Angriffen sich einmischen und reagieren; im Einzelfall auch wirksame Strafen setzen, z. B. nach Regel der Schule, bei Gewalthandlung einen Schuh auszuziehen für die Dauer des Unterrichts an diesem Tag.
- Schulvereinbarung: *Anti-Mobbing-Konvention* zur Abwehr von Psychoterror an der Schule (Beispiel für eine Anti-Mobbing-Konvention, siehe Kasper, 1998).

c) Sonstige schulische Maßnahmen

Schüler-Multiplikatoren-Seminar, an dem Schüler und Lehrer aus mehreren Schulen gemeinsam teilnehmen (Dauer: drei Tage).
Ziel: Eigene Gewaltanteile erkennen. „Stärker sein als der Gruppenzwang." Destruktive Verhaltensnorm in einer Klasse, wie „Anerkennung findet, wer zuschlägt", umkehren in „Anerkennung findet, wer stark ist, weil er(sie) anderen hilft" oder „weil er(sie) Einfühlungsvermögen besitzt". Dieses Opinion-Leader-Prinzip kann zur „Klassentherapie" gezielt durch Umkehr der Meinungsführerschaft eingesetzt werden.

Unterrichtsprojekte und konkrete Maßnahmen
- Aufstellen von Klassenregeln gegen Gewalt (mit regelmäßigen Gesprächen über deren Bewährung).
- Beratungslehrer organisiert Diskussionsgruppen von Opfern und Tätern.
- Regelmäßige Klassenkonfliktgespräche, Rollenspiele zum Perspektivenwechsel.
- Gewalt-Medien-Thema im Unterricht behandeln.

- Veränderungen im Sportunterricht durch Aufnahme von mehr spielerischen-körperbetonten Unterrichtseinheiten, auch Rugby.
- AGs mit regelgeleiteten Kampfsportarten (z. B. Judo, Boxen).
- Training zur Förderung der Selbstkontrolle und Perspektivenübernahme.
- Projekte, die die Identifikation mit der eigenen Schule fördern (z. B. Theaterprojekt).
- Video-AGs, Ziel: kritisch mit Medien umgehen lernen.
- Projektwochen, zum Beispiel mit täglichen Einzel-Projektangeboten von „Konflikte gewaltfrei lösen" durch Schulpsychologen, bis zu Theaterprojekten, Filmnachmittagen und zu Selbstverteidigungskursen (dabei ist allerdings bei den *Opfer-Tätern Vorsicht geboten)*. Wichtig: Folgeangebote zum Verstärkungslernen nach der Projektwoche.
- Projekttage für Schüler mit Einzelangeboten wie bei Projektwoche.
- Schulinterne Lehrerfortbildung – Supervision für Lehrer.
- Besondere Zusammenarbeit der Klassenelternbeiräte mit Lehrkräften.
- Institutionalisierte Hausaufgabenbetreuung oder Ganztagsschule.

d) *Unterstützung durch Schulträger*

Bei der Gewaltprävention ist auch **die Kommune** gefragt, durch
- Schaffung von *Freizeiteinrichtungen* mit aktiven Gestaltungsmöglichkeiten (Sport, Musik, ortsteilnahe Jugendfreizeitstätten, Schulhöfe öffnen, umgestalten.....)
- sowie durch Verstärkung der *Schulsozialarbeit*. Dies geht natürlich nicht kostenneutral!

6.6.2 *Zehn Thesen für Lehrer zur Bewältigung aggressiver Konflikte*

Eigenanteile erkennen – Schüler verstehen – bei Konflikten intervenieren
1. Akzeptieren, dass aggressives und undiszipliniertes Schülerverhalten nicht nur einer pathologischen Persönlichkeitsstruktur des Schülers, sondern auch mangelnder Anerkennung, fehlenden Erfolgen und vereinzelt auch Hoffnungslosigkeit zuzuschreiben ist. „Zerstörung ist die Kreativität des Hoffnungslosen" (Erich Fromm).
2. Eigene Aggressionsanteile bei gestörtem Lehrer-Schülerverhältnis eingestehen und sich als Lehrer nicht einfach auf die eigene, stärkere Machtposition stützen. Dazu gehört auch, eine berechtigte „Medienschelte" nicht zum Zudecken eigener Schwächen zu benutzen.
3. Bereit sein, bei Aggressionskonflikten mit Schülern den ersten Schritt zu tun und eine vermeintlich unveränderbare Rechtsposition auch einmal aufgeben zu können. Dies fördert eine echte persönliche Autorität.
4. Erkennen, dass Verletzung des Selbstwertgefühls durch den Lehrer zu Aggressionen beim Schüler führen kann.
5. Autoaggressionen des Schülers wahrnehmen und ernst nehmen. Damit beginnt eine wirksame Sucht- und Suizidprävention in der Schule.

6. Geschlechtstypische, soziale und medienbedingte Ursachen zerstörerischer Aggressivität beim Schüler erkennen und bei pädagogisch-psychologischen Interventionsmaßnahmen mitberücksichtigen.
7. Mehr Belohnung von erwünschtem Verhalten als Bestrafung von unerwünschtem Verhalten.
8. Besonders aggressive Cliquen in der Schule in Interventionsmaßnahmen mit einbeziehen und versuchen, deren unbewusste Suche nach Anerkennung durch zerstörerische Akte ins Positive umzukehren. Positive Ziele als attraktivere Alternative anbieten. Gefährdeten Schülern vermitteln, dass sie ,,stärker sind als die ganze Gruppe, wenn sie sich dem Gruppenzwang nicht beugen".
9. Mehr autonome Räume, ,,pädagogische Freiräume", in der Schule schaffen. Dies kann auch als vertrauensbildende Maßnahme wichtig sein.
10. Den Versuch unternehmen, aggressionsfördernde institutionelle Rahmenbedingungen menschlicher zu gestalten (z. B. Leistungsdruck und Konkurrenzdenken vermindern).

6.7 Diagnostische Hilfen und Materialien für schulische Berater
(Schulpsychologen, Schulberater, Suchtpräventionslehrer, Schulsozialarbeiter)

6.7.1 Fragebogen zu Medien und Gewalt/Mobbing

Siehe nachfolgende Seiten.

Fragebogen zu Medienkonsum und Gewalt/Mobbing
Version S (Sekundarstufe)

Schule:	Klasse:	Datum
❏ Mädchen ❏ Junge	Alter (in Jahren):	Staatsangehörigkeit:
Familie: *(bitte ankreuzen)*	Ich lebe bei meinen Eltern: ❏ bei der Mutter (alleinerziehend): ❏ beim Vater (alleinerziehend): ❏	sonstige:

1. Wie viele Stunden pro Tag siehst Du *an Schultagen, wenn Unterricht ist,* durchschnittlich Fernsehen, Videos und/oder Computerspiele?

	gar nicht	nicht mehr als 1 Std.	1–2 Std.	2–3 Std.	3–4 Std.	4–5 Std.	mehr als 5 Std.	Was siehst/spielst Du am liebsten?
Fernsehen	❏	❏	❏	❏	❏	❏	❏	Lieblings*sender*
Video	❏	❏	❏	❏	❏	❏	❏	Lieblings*film*
Computerspiele	❏	❏	❏	❏	❏	❏	❏	Lieblings*spiel*

2. Wie viele Stunden pro Tag siehst Du *an unterrichtsfreien Tagen* durchschnittlich Fernsehen, Videos und/oder Computerspiele?

	gar nicht	nicht mehr als 1 Std.	1–2 Std.	2–3 Std,	3–4 Std,.	4–5 Std.	mehr als 5 Std.	Ich sehe/spiele überwiegend *(ankreuzen)* alleine	mit Eltern/Geschw.	mit anderen
Fernsehen	❏	❏	❏	❏	❏	❏	❏	❏	❏	❏
Video	❏	❏	❏	❏	❏	❏	❏	❏	❏	❏
Computerspiele	❏	❏	❏	❏	❏	❏	❏	❏	❏	❏

3. Wie oft hast Du *in der letzten Woche* die folgenden Filmarten gesehen?

	gar nicht	1–2 mal	3–5 mal	6–10 mal	mehr als 10 mal	Lieblingsfilm/Sendung bzw. -Serie *(bitte eintragen)*	wo gesehen? *(ankreuzen)* Fernseher	auf Video
Actionfilme	❏	❏	❏	❏	❏		❏	❏
Krimis (z. B. Tatort)	❏	❏	❏	❏	❏		❏	❏
Horror – Gewaltfilme	❏	❏	❏	❏	❏		❏	❏
Karate und ähnliche Kampffilme	❏	❏	❏	❏	❏		❏	❏
Sciencefictionfilme	❏	❏	❏	❏	❏		❏	❏
Porno- oder Sexfilme	❏	❏	❏	❏	❏		❏	❏
Liebesfilme	❏	❏	❏	❏	❏		❏	❏
Musiksendungen (z. B. VIVA, MTV)	❏	❏	❏	❏	❏		❏	❏
Zeichentrickfilme	❏	❏	❏	❏	❏		❏	❏
Serien (z. B. am Vorabend)	❏	❏	❏	❏	❏		❏	❏
Magazine (z. B. Monitor, Report ...)	❏	❏	❏	❏	❏		❏	❏
Sportsendungen (z. B. Fußball ...)	❏	❏	❏	❏	❏		❏	❏
Wrestling o. ä. Kampfsport	❏	❏	❏	❏	❏		❏	❏
Talkshow, Quizsendungen	❏	❏	❏	❏	❏		❏	❏
Unterhaltungssendungen (z. B. Show)	❏	❏	❏	❏	❏		❏	❏
Nachrichten o. Politiksendungen	❏	❏	❏	❏	❏		❏	❏
Dokumentarfilme (z. B. Tiersendung)	❏	❏	❏	❏	❏		❏	❏

4. Was denkst Du persönlich über Gewalt?

Inwieweit kannst Du folgenden Aussagen zustimmen oder nicht zustimmen?

	stimmt	stimmt nicht
1. Gewalt ist in Ordnung, wenn ich mich im Recht fühle.	❏	❏
2. Ohne Gewalt wäre das Leben viel langweiliger.	❏	❏
3. Ich finde es gut, wenn es Leute gibt, die mit Gewalt für Ordnung sorgen.	❏	❏
4. Über Gewalt schaffen Jugendliche klare Verhältnisse. Die Erwachsenen reden doch nur rum.	❏	❏
5. *Auge um Auge, Zahn um Zahn,* das ist mein Leitspruch.	❏	❏
6. Wenn ich zeigen muss, was ich drauf habe, würde ich auch Gewalt anwenden.	❏	❏
7. *Wie du mir, so ich dir,* das ist für mich die einzig richtige Reaktion bei Auseinandersetzungen.	❏	❏
8. Man muss zu Gewalt greifen, weil man nur so beachtet wird.	❏	❏
9. Manchmal schaue ich ohne Hoffnung in die Zukunft.	❏	❏
10. Gewalt macht mir Angst.	❏	❏
11. Ich habe ein starkes Selbstbewusstsein.	❏	❏
12. Manchmal fühle ich mich ganz schwach.	❏	❏
13. Ich raste schnell aus.	❏	❏
14. Ich schlage schon mal zu, wenn mich jemand ärgert.	❏	❏
15. Auch in schwierigen Situationen bleibe ich cool.	❏	❏
16. *Bössein ist geil –* dieser Spruch eines Jugendlichen entspricht auch meiner Einstellung.	❏	❏
17. Die Anwendung von Gewalt ist für mich etwas völlig Normales.	❏	❏
18. In manchen Situationen bin ich durchaus bereit, auch körperliche Gewalt anzuwenden, um meine eigenen Interessen durchzusetzen.	❏	❏
19. Eine Schlägerei oder gewalttätige Aktion mache ich vor allem deshalb mit, weil mein Frust irgendwann einmal raus muss.	❏	❏
20. Ich habe Sympathien für rechtsradikale politische Gruppierungen.	❏	❏
21. Ich finde eher linke Gruppierungen – wie Autonome – sympathisch.	❏	❏
22. Ich bin schon einmal zusammengeschlagen worden.	❏	❏
23. Ich bin schon einmal erpresst worden.	❏	❏
24. Ich habe öfters Angst, dass mir in der Schule oder auf dem Schulweg etwas angetan wird.	❏	❏
25. In meiner Clique fühle ich mich stark.	❏	❏
26. Die meisten in meiner Clique finden es in Ordnung, eigene Interessen manchmal auch mit körperlicher Gewalt durchzusetzen.	❏	❏

Bitte wenden!

5. Fragen zum „Mobbing"

Was „mobben" ist, wird auf dieser Seite unten erklärt.

		stimmt	stimmt nicht
27. Ich bin selbst schon einmal in der Schule *gemobbt worden.*	durch Worte *)	❏	❏
28. Ich bin selbst schon einmal in der Schule *gemobbt worden.*	körperlich **)	❏	❏
29. Ich habe selbst schon einmal in der Schule *beim Mobben von Schülern (Schülerinnen) mitgemacht.*	durch Worte *)	❏	❏
30. Ich habe selbst schon einmal in der Schule *beim Mobben von Schülern (Schülerinnen) mitgemacht.*	körperlich **)	❏	❏
31. Ich habe schon einmal in der Schule beim Mobben von Lehrern (Lehrerinnen) mitgemacht. ***) In welcher Form? _____		❏	❏
		ja	**nein**
32. Wenn Du beim Mobben beteiligt warst, hat da einmal ein(e) Lehrer(in) mit Dir darüber gesprochen?		❏	❏
33. Wenn Du siehst, dass ein(e) Mitschüler(in) in der Schule gemobbt wird, versuchst Du diesem(r) zu helfen?		❏	❏

Mobbing-Definition und Fragen 34–36 in Anlehnung an Hanewinkel und Knaak (1997, S. 92) bzw. Olweus (1996)	kam gar nicht vor	ist 1–2 mal vorge- kommen	mehr als 2 mal vor- gekommen	etwa ein- mal in der Woche	mehrmals in der Woche
34. Kommt es vor, dass andere Schüler(in- nen) in der Pause nicht mit Dir zusam- men sein wollen und Du alleine bist?	❏ (nein)	❏	❏	❏	❏
35 Wie oft bist du seit den Herbstferien von Mitschülern(innen) gemobbt worden? In welcher Form überwiegend? _____ _____	❏	❏	❏	❏	❏
36. Wie oft hast Du seit den Herbstferien beim Mobben von Schülern(innen) mitgemacht? In welcher Form überwiegend? _____ _____	❏	❏	❏	❏	❏

Was versteht man unter Mobbing?

Bei *Schülern(innen)* heißt das, dass er (sie) „Gewalt ausgesetzt ist, indem er (sie) wiederholt oder über eine längere Zeit den negativen Handlungen eines oder mehrerer Schüler(innen) ausgeliefert ist".

Negative Handlungen können begangen werden durch:

*) *Worte* zum einen durch direktes Drohen, Spotten, Herabsetzen, Beschimpfen, zum anderen auch dadurch, dass man über jemand schlecht redet, ohne dass der oder die Betroffene davon was mitbekommt;

**) *körperlich* durch Schlagen, Stoßen, Treten, Kneifen oder Festhalten. Nicht dazu gehört, wenn zwei Schüler(innen), die körperlich oder seelisch etwa gleich stark sind, miteinander kämpfen oder streiten. E*s muss also immer ein Ungleich- gewicht der Kräfte vorliegen!*

***) *Lehrer(innen)* werden von Schülern(innen) auch gemobbt; das heißt, sie fügen ihnen bewusst Schaden zu, indem sie hässliche und unangenehme Dinge sagen und sie schikanieren, so dass diese darunter leiden.

Fragebogen zu Medienkonsum und Gewalt/Mobbing
Version GS3–4/OS (Grundschule/Orientierungsstufe)

In der Grundschule sollte der Fragebogen eher als individueller Interviewleitfaden eingesetzt werden.

Schule:		Klasse:	Datum
❑ Mädchen	❑ Junge	Alter (in Jahren):	Staatsangehörigkeit:
Familie: *(bitte ankreuzen)*	Ich lebe bei meinen Eltern: ❑ bei der Mutter (alleinerziehend): ❑ beim Vater (alleinerziehend): ❑		sonstige:

Bei den folgenden Fragen oder Aussagen, die *anonym* ausgewertet werden, musst Du jeweils das für Dich zutreffende Kästchen *ankreuzen bzw. in die leeren Felder Deine Antwort hineinschreiben.*

1. Wie viele Stunden pro Tag siehst Du *an Schultagen, wenn Unterricht ist,* durchschnittlich Fernsehen, Videos und/oder Computerspiele?

	gar nicht	nicht mehr als 1 Std.	1–2 Std.	2–3 Std.	3–4 Std.	4–5 Std.	mehr als 5 Std.	Was siehst/spielst Du am liebsten?
Fernsehen	❑	❑	❑	❑	❑	❑	❑	Lieblings*sender*
Video	❑	❑	❑	❑	❑	❑	❑	Lieblings*film*
Computerspiele	❑	❑	❑	❑	❑	❑	❑	Lieblings*spiel*

2. Wie viele Stunden pro Tag siehst Du *an unterrichtsfreien Tagen* durchschnittlich Fernsehen, Videos und/oder Computerspiele?

	gar nicht	nicht mehr als 1 Std.	1–2 Std.	2–3 Std,	3–4 Std,.	4–5 Std.	mehr als 5 Std.	Ich sehe/spiele überwiegend (ankreuzen)		
								alleine	mit Eltern/Geschw.	mit anderen
Fernsehen	❑	❑	❑	❑	❑	❑	❑	❑	❑	❑
Video	❑	❑	❑	❑	❑	❑	❑	❑	❑	❑
Computerspiele	❑	❑	❑	❑	❑	❑	❑	❑	❑	❑

3. Wie oft hast Du *in der letzten Woche* die folgenden Filmarten gesehen?

	gar nicht	1–2 mal	3–5 mal	6–10 mal	mehr als 10 mal	Lieblingsfilm/Sendung bzw. -Serie (bitte eintragen)	wo gesehen? (ankreuzen) Fernseher	auf Video
Actionfilme	❑	❑	❑	❑	❑		❑	❑
Krimis (z. B. Tatort)	❑	❑	❑	❑	❑		❑	❑
Horror – Gewaltfilme	❑	❑	❑	❑	❑		❑	❑
Karate und ähnliche Kampffilme	❑	❑	❑	❑	❑		❑	❑
Sciencefictionfilme	❑	❑	❑	❑	❑		❑	❑
Porno- oder Sexfilme	❑	❑	❑	❑	❑		❑	❑
Liebesfilme	❑	❑	❑	❑	❑		❑	❑
Musiksendungen (z. B. VIVA, MTV)	❑	❑	❑	❑	❑		❑	❑
Zeichentrickfilme	❑	❑	❑	❑	❑		❑	❑
Serien (z. B. am Vorabend)	❑	❑	❑	❑	❑		❑	❑
Magazine (z. B. Monitor, Report ...)	❑	❑	❑	❑	❑		❑	❑
Sportsendungen (z. B. Fußball ...)	❑	❑	❑	❑	❑		❑	❑
Wrestling o. ä. Kampfsport	❑	❑	❑	❑	❑		❑	❑

Bitte wenden!

275

Talkshow, Quizsendungen	❏	❏	❏	❏	❏	❏	❏
Unterhaltungssendungen (z. B. Show)	❏	❏	❏	❏	❏	❏	❏
Nachrichten o. Politiksendungen	❏	❏	❏	❏	❏	❏	❏
Dokumentarfilme (z. B. Tiersendung)	❏	❏	❏	❏	❏	❏	❏

4. Was denkst Du persönlich über Gewalt?

Inwieweit kannst Du folgenden Aussagen zustimmen oder nicht zustimmen?

	stimmt	stimmt nicht
1. Gewaltanwendung ist in Ordnung, wenn ich mich im Recht fühle.	❏	❏
2. Ohne Gewalt wäre das Leben viel langweiliger.	❏	❏
3. *Wie du mir, so ich dir,* das ist für mich die einzig richtige Reaktion bei Auseinandersetzungen.	❏	❏
4. Gewalt macht mir Angst.	❏	❏
5. Manchmal fühle ich mich ganz schwach.	❏	❏
6. Ich schlage schon mal zu, wenn mich jemand ärgert.	❏	❏
7. Ich bin schon einmal zusammengeschlagen worden.	❏	❏
8. Ich bin schon einmal erpresst worden.	❏	❏
9. Ich habe öfters Angst, dass mir in der Schule oder auf dem Schulweg etwas angetan wird.	❏	❏
10. In meiner Gruppe (Clique) in der Klasse fühle ich mich stark.	❏	❏
11. Die meisten in meiner Klassen-Clique finden es in Ordnung, andere zu schlagen, wenn es um die eigenen Interessen geht.	❏	❏
Die nächsten Fragen handeln vom *Mobbing.* Dabei geht es nicht um die übliche Rauferei zwischen zwei gleich starken Schülern, sondern darum, dass man anderen Schülern oder Schülerinnen, die schwächer sind und die sich nicht so wehren können, Schaden zufügt. Dies kann durch Schlagen, Stoßen, Treten oder Festhalten geschehen wie auch durch Verspotten, Herabsetzen, Beschimpfen oder Ausschließen.		
12. Ich bin selbst schon einmal in der Schule *gemobbt worden,* indem ich von anderen Schülern(innen) *verspottet, herabgesetzt oder beschimpft wurde.*	❏	❏
13. Mir ist schon einmal von anderen Schülern *körperliche Gewalt direkt angedroht worden.*	❏	❏
14. Ich bin schon einmal in einem Brief ohne Absender *bedroht worden.*	❏	❏
15. Ich bin schon einmal von Mitschülern(innen) als *dumm oder wenig intelligent bezeichnet worden.*	❏	❏
16. Mitschüler(innen) haben sich schon einmal über meine Herkunft *lustig gemacht.*	❏	❏
17. Ich habe selbst schon einmal in der Schule *beim Mobben* von Schülern oder Schülerinnen *mitgemacht,* indem ich andere Schüler(innen) *verspottet, herabgesetzt oder beschimpft habe.*	❏	❏
18. Ich habe selbst schon einmal in der Schule *beim Mobben* von Schülern oder Schülerinnen *mitgemacht,* indem ich andere Schüler(innen) *geschlagen, getreten, gestoßen oder gewaltsam festgehalten habe.*	❏	❏
19. Wenn Du siehst, dass ein(e) Mitschüler(in) in der Schule gemobbt wird, versuchst Du diesem(r) zu helfen?	❏	❏
20. Wenn Du gemobbt worden bist, ist Dir da einmal von einem Lehrer oder einer Lehrerin geholfen worden? *(Frage auslassen, wenn Du nicht gemobbt wurdest)*	❏	❏
21. Wenn Du beim Mobben von Schülern mitgemacht hast, hat da einmal ein(e) Lehrer(in) mit Dir darüber gesprochen? *(Frage auslassen, wenn Du nicht gemobbt wurdest)*	❏	❏

Fragen 23 und 24 in Anlehnung an Hanewinkel und Knaak (1997, S. 92)	kam gar nicht vor	ist 1–2 mal vorge- kommen	mehr als 2 mal vor- gekommen	etwa ein- mal in der Woche	mehrmals in der Woche
22. Kam es vor, dass andere Schüler(innen) in der Pause nicht mit Dir zusammen sein wollen und Du alleine bist?	❑ (nein)	❑	❑	❑	❑
23. Kam es vor, dass Du an den Spielen der anderen nicht teilnehmen durftest?	❑	❑	❑	❑	❑
23 Wie oft bist du seit den Herbstferien von Mitschülern(innen) gemobbt worden? In welcher Form überwiegend? _____	❑	❑	❑	❑	❑
24. Wie oft hast Du seit den Herbstferien beim Mobben von Schülern(innen) mitgemacht? In welcher Form überwiegend? _____	❑	❑	❑	❑	❑

Was versteht man unter Mobbing? *(Ergänzung)*

Wichtiger Hinweis, der bei diesen Fragen unbedingt gegeben werden muss:

Nicht zum *Mobbing* gehört, wenn zwei Schüler(innen), die körperlich oder seelisch etwa gleich stark sind, miteinander kämpfen oder streiten. *Es muss also immer ein Ungleichgewicht der Kräfte vorliegen!*

Kurz-Fragebogen zu Medienkonsum und Gewalt/Mobbing

Schule:	Klasse:	Datum
❏ Mädchen ❏ Junge	Staatsangehörigkeit:	

Bei den folgenden Fragen oder Aussagen, die *anonym* ausgewertet werden, musst Du jeweils das für Dich zutreffende Kästchen *ankreuzen bzw. in die leeren Felder Deine Antwort hineinschreiben.*

1. Wie viele Stunden pro Tag siehst Du *an Schultagen, wenn Unterricht ist,* durchschnittlich Fernsehen, Videos und/oder Computerspiele?

	gar nicht	nicht mehr als 1 Std.	1–2 Std.	2–3 Std.	3–4 Std.	4–5 Std.	mehr als 5 Std.	Was siehst/spielst Du am liebsten?
Fernsehen	❏	❏	❏	❏	❏	❏	❏	Lieblings*sender*
Video	❏	❏	❏	❏	❏	❏	❏	Lieblings*film*
Computerspiele	❏	❏	❏	❏	❏	❏	❏	Lieblings*spiel*

2. Wie viele Stunden pro Tag siehst Du *an unterrichtsfreien Tagen* durchschnittlich Fernsehen, Videos und/oder Computerspiele?

	gar nicht	nicht mehr als 1 Std.	1–2 Std.	2–3 Std,	3–4 Std,.	4–5 Std.	mehr als 5 Std.	Ich sehe/spiele überwiegend (ankreuzen)		
								alleine	mit Eltern/Geschw.	mit anderen
Fernsehen	❏	❏	❏	❏	❏	❏	❏	❏	❏	❏
Video	❏	❏	❏	❏	❏	❏	❏	❏	❏	❏
Computerspiele	❏	❏	❏	❏	❏	❏	❏	❏	❏	❏

3. Wie oft hast Du *in der letzten Woche* die folgenden Filmarten gesehen?

	gar nicht	1–2 mal	3–5 mal	6–10 mal	mehr als 10 mal	Lieblingsfilm/Sendung bzw. -Serie (bitte eintragen)	wo gesehen? (ankreuzen)	
							Fern-seher	auf Video
Actionfilme	❏	❏	❏	❏	❏		❏	❏
Krimis (z. B. Tatort)	❏	❏	❏	❏	❏		❏	❏
Horror – Gewaltfilme	❏	❏	❏	❏	❏		❏	❏
Karate und ähnliche Kampffilme	❏	❏	❏	❏	❏		❏	❏
Sciencefictionfilme	❏	❏	❏	❏	❏		❏	❏
Porno- oder Sexfilme	❏	❏	❏	❏	❏		❏	❏
Liebesfilme	❏	❏	❏	❏	❏		❏	❏
Musiksendungen (z. B. VIVA, MTV)	❏	❏	❏	❏	❏		❏	❏
Zeichentrickfilme	❏	❏	❏	❏	❏		❏	❏
Serien (z. B. am Vorabend)	❏	❏	❏	❏	❏		❏	❏
Magazine (z. B. Monitor, Report ...)	❏	❏	❏	❏	❏		❏	❏
Sportsendungen (z. B. Fußball ...)	❏	❏	❏	❏	❏		❏	❏
Wrestling o. ä. Kampfsport	❏	❏	❏	❏	❏		❏	❏
Talkshow, Quizsendungen	❏	❏	❏	❏	❏		❏	❏
Unterhaltungssendungen (z. B. Show)	❏	❏	❏	❏	❏		❏	❏
Nachrichten o. Politiksendungen	❏	❏	❏	❏	❏		❏	❏
Dokumentarfilme (z. B. Tiersendung)	❏	❏	❏	❏	❏		❏	❏

4. Was denkst Du persönlich über Gewalt?

Inwieweit kannst Du folgenden Aussagen zustimmen oder nicht zustimmen?

	stimmt	stimmt nicht	weiß nicht
1. Gewaltanwendung ist in Ordnung, wenn ich mich im Recht fühle.	❑	❑	❑
2. Ohne Gewalt wäre das Leben viel langweiliger.	❑	❑	❑
3. Ich finde es gut, wenn es Leute gibt, die mit Gewalt für Ordnung sorgen.	❑	❑	❑
4. Über Gewalt schaffen Jugendliche klare Verhältnisse. Erwachsene reden doch nur rum.	❑	❑	❑
5. *Auge um Auge, Zahn um Zahn,* das ist mein Leitspruch.	❑	❑	❑
6. Wenn ich zeigen muss, was ich drauf habe, würde ich auch Gewalt anwenden.	❑	❑	❑
7. Der Stärkere muß sich durchsetzen, sonst gibt es keinen Fortschritt.	❑	❑	❑
8. *Wie du mir, so ich dir,* das ist für mich die einzig richtige Reaktion.	❑	❑	❑
9. Durch Gewalt werden Probleme am besten gelöst.	❑	❑	❑
10. Gewalt macht mir Angst.	❑	❑	❑
11. Ich habe ein starkes Selbstbewusstsein.	❑	❑	❑
12. Manchmal fühle ich mich ganz schwach.	❑	❑	❑
13. Ich schlage schon mal zu, wenn mich jemand ärgert.	❑	❑	❑
14. Ich bin schon einmal zusammengeschlagen worden	❑	❑	❑
15. Ich bin schon einmal erpresst worden.	❑	❑	❑
16. Ich habe öfters Angst, dass mir in der Schule oder auf dem Schulweg etwas angetan wird.	❑	❑	❑
17. In meiner Clique fühle ich mich stark.	❑	❑	❑
Fragen zum „Mobbing". Was „mobben" ist, wird umseitig erklärt: *) Schüler, **) Lehrer			
18. Ich bin selbst schon einmal in der Schule gemobbt worden. *)	❑	❑	❑
19. Ich habe selbst schon einmal in der Schule beim Mobben von Schülern(innen) mitgemacht. *)	❑	❑	❑
20. Ich habe schon einmal in der Schule beim Mobben von Lehrern(innen) mitgemacht. **)	❑	❑	❑
	ja	nein	weiß nicht
21. Wenn Du beim Mobben beteiligt warst, hat da einmal ein(e) Lehrer(in) mit Dir darüber gesprochen?	❑	❑	❑
22. Wenn Du siehst, dass ein(e) Mitschüler(in) in der Schule gemobbt wird, versuchst Du diesem(r) zu helfen?	❑	❑	❑

	kam gar nicht vor	ist 1–2 mal vorgekommen	mehr als 2 mal vorgekommen	etwa einmal in der Woche	mehrmals in der Woche
23. Kommt es vor, dass andere Schüler(innen) in der Pause nicht mit Dir zusammen sein wollen und Du alleine bist?	❑ (nein)	❑	❑	❑	❑
24 Wie oft bist du seit den Herbstferien von Mitschülern(innen) gemobbt worden?	❑	❑	❑	❑	❑
25. Wie oft hast Du seit den Herbstferien beim Mobben von Schülern(innen) mitgemacht?	❑	❑	❑	❑	❑

Bitte wenden!

Was versteht man unter Mobbing?[1]

*) Bei *Schülern(innen)* heißt das, dass er (sie) „Gewalt ausgesetzt ist, indem er (sie) wiederholt oder über eine längere Zeit den negativen Handlungen eines oder mehrerer Schüler(innen) ausgeliefert ist".

Negative Handlungen können begangen werden durch *Worte* (Drohen, Spotten, Herabsetzen, Beschimpfen), *Körperkontakt* (Schlagen, Stoßen, Treten, Kneifen oder Festhalten) oder auch durch schmutzige Gesten, Fratzenschneiden, Ausschluss aus einer Gruppe.

Nicht dazu gehört, wenn zwei Schüler(innen), die körperlich oder seelisch etwa gleich stark sind, miteinander kämpfen oder streiten.

**) *Lehrer(innen)* werden von Schülern(innen) auch gemobbt; das heißt, sie fügen ihnen bewusst Schaden zu, indem sie hässliche und unangenehme Dinge sagen und sie schikanieren, so dass diese darunter leiden.

---

1 Definition in Anlehnung an Hanewinkel und Knaak (1997), ebenso die Fragen 24 und 25 (1997, S. 92), Fragen 1–7 in Anlehnung an Sturzbecher (1997, S. 269).

6.7.2 Diagnostik bei aggressiven Schülern

Fragen

1. Ist die Aggression angstmotiviert oder zielgerichtet?

2. Handelt es sich um eine angemessene Form der Selbstbehauptung?

3. Welche Ausdrucksform steht im Vordergrund:
   - gegen Personen,
   - gegen sich selbst,
   - gegen Sachen,
   - verbal oder handelnd,
   - offen oder hinterhältig?

4. Welche Ursachenbereiche stehen im Vordergrund?
   - Anamnese oder
   - Exploration

5. Wer hat das aggressive Verhalten beobachtet?

6. Wie äußert sich der Schüler über sein Verhalten?

7. Welche Funktionen hat das aggressive Verhalten für den Schüler?

8. Wie werden in der Familie (Klasse) Konflikte gelöst?

Testverfahren

- *Fragebogen:* Erfassung aggressiver Situationen (EAS, 9–13 Jahre).

- Beschreibung aggressiver Situationen (BAS) von Petermann (im Buch *Training mit aggressiven Kindern – TaK –*, S. 112–116).

- Weitere Beobachtungs- und Fragebögen im TaK.

- PFK von Seitz: Verhaltensstile, Motive, Selbstbild.

- HAMEL: Hamburger Erziehungsverhaltensliste für Mütter 9–14 Jahre. Erfasst werden: Unterstützung, Strenge und Zuwendung in der Erziehung.

6.7.3 Anamnesebogen bei der schulpsychologischen Beratung

Ein für die Anamnese bei schulpsychologischen Beratungen in Baden-Württemberg üblicher „Anmeldebogen" wurde für den Freizeitbereich ergänzt. Mitgewirkt hat dabei Kollege Dr. Werner Hopf von der Schulberatungsstelle OBB-Ost-München. Dieser Bogen wurde zusammen mit dem Interviewleitfaden zur Mediennutzung beim Schulpsychologen-Kongress in Halle 1998 in einem Workshop vorgestellt.

Beratungsstelle – Institution

Für eine umfassende schulpsychologische Beratung bitten wir um folgende Angaben, die wir vertraulich behandeln werden!

Anmeldebogen

Familienname:		Vorname:		Geburtsdatum:
Straße, Hausnummer:			Telefon mit Vorwahl:	
PLZ, Wohnort				

Schule (Name, PLZ, Ort):		Klasse:		Klassenlehrer:

Besonderheiten der Schullaufbahn *(Zutreffendes bitte ankreuzen!)*

	vorzeitige Einschulung		Zurückstellung		Schulwechsel
	wiederholen in Klasse:				

Schreiben Sie bitte in wenigen Worten, warum Sie eine Beratung wünschen:

Von wem wurde die Baratung angeregt?

	eigene Idee		Lehrer	andere Beratungsstelle		Bekannte		sonstige

Haben Sie sich schon früher einmal in Schul- und Erziehungsfragen bei einer anderen Stelle beraten lassen?

	nein		ja	Wenn ja, bei welcher Stelle?		Wann war die Beratung?

Schulnoten des letzten Zeugnisses bzw. Halbjahresinformation (bei allgemeinen verbalen Beurteilungen bitte Kopien beilegen).

Verhalten		Deutsch		Erdkunde		Biologie		Technik/ Werken	
Mitarbeit		Heimat- und Sachunterricht		Geschichte		Bildende Kunst/ Textiles Werken		Sport	
Religion		Mathematik		Englisch/Latein/ Französisch		Musik		Teilnahme AG	

An welchen Fördermaßnahmen nahm/nimmt Ihr Kind teil?

	Stützunterricht Deutsch		Stützunterricht Mathematik		Rechenschwäche/Lese- Rechtschreibschwäche		private Nachhilfe

Welche Fächer hat Ihr Kind am liebsten?

Wie lange braucht Ihr Kind im allgemeinen für seine täglichen Hausaufgaben?

	bis zu $\frac{1}{2}$ Std.		bis zu 1 Stunde		bis zu $1\frac{1}{2}$ Stunden		bis zu 2 Std. oder mehr

Wer kümmert sich um die Hausaufgaben Ihres Kindes?

	Mutter		Vater		Geschwister		Großeltern
	Andere Personen (welche?):						Kind macht seine Hausaufgaben weitgehend allein

Familiensituation

Vater			Alter	erlernter Beruf		ausgeübter Beruf	
Mutter			Alter	erlernter Beruf		ausgeübter Beruf	
Geschwister			Alter	erlernter Beruf		ausgeübter Beruf	

282

Womit beschäftigt sich Ihr Kind am liebsten?			
sportliche Aktivitäten	mediale Aktivitäten	kreativ/musisch/kulturelle Aktivitäten	soziale/politische Aktivitäten
Wandern	Fernsehen	Malen	Gemeinschaftsspiele spielen
Rad fahren	Video schauen	Basteln/ Handarbeiten u. ä.	zu Hause mitarbeiten
Fußball/Handball/ Tennis o. ä.	Computerspiele spielen	Lesen	Mitwirkung in einem Verein
Tanzen (Ballett)	Musik hören	Musizieren	Mitwirkung in einer kirchlichen Institution
Schwimmen	Radio hören	Theater spielen	politische Vereinigung
Kampfsportarten (z. B. Karate)			
Body Building			

Kontakte in der Freizeit – Mit welchen anderen Kindern kommt Ihr Kind in der Freizeit zusammen?			
mit Nachbarskindern	nie	gelegentlich	häufig
mit Klassenkameraden	nie	gelegentlich	häufig
mit Vereinskameraden	nie	gelegentlich	häufig
in Jugendgruppen	nie	gelegentlich	häufig
im Bekanntenkreis	nie	gelegentlich	häufig
sonstige			

Hat Ihr Kind körperliche Einschränkungen beim					
Sehen	Hören	Sprechen	Bewegen	sonstige:	

Versäumte Ihr Kind in den letzten zwei Jahren wegen Krankheit den Unterricht?			
nie	selten	gelegentlich	oft

Testeinverständnis!

Ich bin damit einverstanden, dass die im Rahmen der Beratung erforderlichen Tests durchgeführt werden können.		
ja	nein	unentschieden

Für die Beratung wäre wichtig, auch die Beobachtungen des Lehrers zu berücksichtigen. Wir wollen es aber nur mit Ihrer Zustimmung tun. Sind Sie damit einverstanden, dass wir mit dem Lehrer sprechen bzw. Testunterlagen und Auskünfte bei anderen Beratungsdiensten einholen?		
ja	nein	Ich möchte erst später darüber entscheiden.

Sind Sie damit einverstanden, dass wir mit dem Lehrer bzw. mit der Beratungsstelle über die Untersuchungsergebnisse sprechen?		
ja	nein	Ich möchte erst später darüber entscheiden.

Datum   Unterschrift

Wir bedanken uns für Ihre Angaben und hoffen auf eine gute Zusammenarbeit.

Ihre Schulpsychologische Beratungsstelle

6.7.4 Interviewleitfaden zum Medienkonsum von Kindern und Jugendlichen

A) Mediennutzung

1. Kurzbeschreibung eines Tagesablaufs (normaler Wochentag)

2. Fernsehnutzung
a) Wie lange sieht Ihr Kind an einem normalen Schultag fern?

	Ab welcher Uhrzeit?	Bis zu welcher Uhrzeit?
vor der Schule	von:	bis:
nach der Schule	von:	bis:
	von:	bis:
	von:	bis:

b) Wie lange sieht Ihr Kind am Wochenende fern?

Freitag	von:	bis:
	von:	bis:
	von:	bis:
Samstag	von:	bis:
	von:	bis:
	von:	bis:
Sonntag	von:	bis:
	von:	bis:
	von:	bis:

3. Videonutzung

Wie lange sieht Ihr Kind in der Zeit *von Montag bis Donnerstag* Videos an?

0–1 Std.	1–2 Std.	2–3 Std.	3–4 Std.	mehr als 4 Std.

Wie lange sieht Ihr Kind in der Zeit *von Freitag bis Sonntag* Videos an?

0–1 Std.	1–2 Std.	2–3 Std.	3–4 Std.	mehr als 4 Std.

4. PC-Nutzung

Wie lange sitzt Ihr Kind am PC an einem normalen Wochentag?

	Ab welcher Uhrzeit?	Bis zu welcher Uhrzeit?
vor der Schule	von:	bis:
nach der Schule	von:	bis:
	von:	bis:
	von:	bis:

284

B) Inhalte

Welche Fernsehsendungen bevorzugt Ihr Kind? (bitte die Titel der Sendungen benennen)	Welche Videos bevorzugt Ihr Kind?
_____	_____
_____	_____
_____	_____

Wie nutzt Ihr Kind den Computer		
zum Lernen (Anwendung von Lernprogrammen, Erledigung von Hausaufgaben)		zum Surfen im Internet
zum Spielen (Computerspiele)		zum Programmieren eigener Programme
zum Senden und Empfangen von E-Mails		

C) Verfügbarkeit von Medien

Über welche elektronischen Medien verfügt Ihr Kind?							
Fernseher der Familie		eigener Fernseher		Playstation		Gameboy	
Videogerät der Familie		eigenes Videogerät		Stereoanlage der Familie		eigene Stereoanlage	
PC der Familie		eigener PC		Internetzugang		Radio	

D) Soziale Situation bei der Nutzung von Medien

Wie werden die Medien Fernsehen und Video von Ihrem Kind genutzt?					
immer mit Eltern		manchmal mit Eltern		selten mit Eltern	
alleine		mit Geschwistern		mit Verwandten	
mit Freunden/Bekannten					

Wie wird der PC von Ihrem Kind genutzt?					
immer mit Eltern		manchmal mit Eltern		selten mit Eltern	
alleine		mit Geschwistern		mit Verwandten	
mit Freunden/Bekannten					

In welchem Lebensjahr begann Ihr Kind regelmäßig

fernzusehen: mit _____ Jahren	Video zu schauen: mit _____ Jahren	PC-Spiele zu spielen: mit _____ Jahren

Sprechen Sie mit Ihrem Kind über das Gesehene?
(z. B. über bestimmte Fernsehsendungen, Videofilme, Computersapiele ...)

über bestimmte Fernsehsendungen

ja, immer		gelegentlich		nie	

über bestimmte Videofilme

ja, immer		gelegentlich		nie	

über bestimmte Comupterspiele

ja, immer		gelegentlich		nie	

sonstige

Art:

ja, immer		gelegentlich		nie	

Literatur

Altherr, P. (1996). Der Stand der wissenschaftlichen Forschung. Soll ADS als Krankheit anerkannt werden? In J. Beck & Th. Fitzner (Hrsg.), *Kongressdokumentation Hyperaktive Kinder* (S. 19–36). Ev. Akademie Bad Boll.

Arbeiter, U. (1997). *MediaHouse.* Stuttgart: Aktion Jugendschutz Baden-Württemberg, ajs-info 2/97.

Arbeiter, U. (1998). *Medienpädagogische Elternarbeit.* Stuttgart: Aktion Jugendschutz Baden-Württemberg, ajs-info 4/98.

Arbeitsgemeinschaft für Gefährdetenhilfe und Jugendschutz in der Erzdiözese Freiburg i. Br. sowie Aktion Jugendschutz Rheinland-Pfalz (Hrsg.). (1995[2]). *Machtlos gegen Video-Gewalt?.* Freiburg: Arbeitsgemeinschaft.

Arendt, H. (1986). *Eichmann in Jerusalem. Ein Bericht von der Banalität des Bösen.* München: Piper.

Bandura, A. u. a. (1963). The influence of social reinforcement and the behavior of models in shaping children's moral judgements. *Journal of Abnormal and Social Psychology, 67,* 274–281.

Bandura, A. (1973). *Aggression: A social learning analysis.* Englewood cliff: Prentice-Hall (deutsch: Aggression. Stuttgart: Klett, 1979).

Barkenstein, K. (1994). *Gewalt in der Schule.* Unveröffentlichte Zulassungsarbeit, Universität Regensburg.

Barker, R., Dembo, T. & Lewin, K. (1941). Frustration and regression: An experiment with young Children. *University of Iowa Studies in Child Welfare, No. 18.*

Barkley, R. A. (1990). *Attention defizit hyperactivity disorder.* A handbook for diagnosis and treatment. Hove (GB): Guilford.

Barthelmes, J. & Sander, E. (1997). *Medien in Familie und Peer-group. Vom Nutzen der Medien für 13- und 14-Jährige.* München: DJI-Verlag.

Baudis, R. (Hrsg.). (1997). *Nach Gesundheit in der Krankheit suchen. – Neue Wege in der Sucht- und Drogentherapie.* Rudersberg: Verlag für Psychologie, Sozialarbeit und Sucht.

Baum, M. (1998). *Zurück zum Leben.* Otterbach: Verlag Arbogast.

Baumann, H. D. (1992). Zur negativen Ästhetik des Horrorfilms. *Pädagogik, ,,Horror- und Gewaltvideos", Heft 11/1992,* 24–25, Weinheim: Beltz.

Belson, W. A. (1978). *Television and the adolescent boy.* Westmead, England: Saxon House.

Benz, U. (1997). *Warum sehen Kinder Gewaltfilme?.* Beck'sche Reihe.

Berkowitz, L. (1993). *Aggression. Its causes, consequencies, and control.* Philadelphia: Temple University Press.

Brosius, H. B. (1987). Auswirkungen der Rezeption von Horror-Videos auf die Legitimation von aggressiven Handlungen. *Rundfunk und Fernsehen, 1987/1,* 71–91.

Brunmayr, Dr. – Sozialforschung (1993). *Österreichische Jugendstudie 1992. -Rechtsextremismus und Benachteiligung.* Erhebungszeitraum 1992. Forschungsbericht für die Bundesministerien für Unterricht und Kunst sowie Umwelt, Jugend und Familie, Graz.

Büschges, G. & Funk, W. (1995). *Nürnberger Schülerstudie 1994: Gewalt an Schulen.* Informationen für die Presse (insbesondere S. 9–11). Lehrstuhl für Soziologie, Universität Erlangen – Nürnberg.

Bundesprüfstelle für Jugendgefährdende Schriften (1999). *BPjS-Aktuell.* Amtliches Mitteilungsblatt mit den Indizierungslisten, Nr. 1–3/99.

Buss, A. H. (1961). *The psychology of aggression.* New York/London: Wiley.

Charlton, M., Haugg, R.-M., Carsten, U. & Herrmann, B.-J. (1975). Die Auswirkungen von Szenen zum sozialen Lernen aus der Fernsehserie ‚Sesamstraße' auf Vorstellungsinhalte und Spielverhalten von Kindern. *Zeitschrift für Sozialpsychologie, 6,* 348–359.

287

Cierpka, M. (1999). *Kinder mit aggressivem Verhalten. Ein Praxismanual für Schulen, Kindergärten und Beratungsstellen.* Göttingen: Hogrefe.

Döpfner, M., Schürmann, S. & Fröhlich, J. (1997). *Therapieprogramm für Kinder mit hyperkinetischem und oppositionellem Problemverhalten (THOP).* Weinheim: PVU.

Dollard, J. u. a. (1971). *Frustration und Aggression.* Weinheim: Beltz.

Dollard, J. u. a. (1939). *Frustration and Aggression.* New Haven, CT: Yale University Press.

Eibl-Eibesfeld, I. (1967). *Grundriss der vergleichenden Verhaltensforschung – Ethologie.* München.

Eron, L. (1992). TV-Gewalt: Langfristige Folgen. Bericht in *PSYCHOLOGIE HEUTE,* August 1992 (nach APA-News).

Eggert, H. (1996). Jugendgewalt im Osten – Die Schläger von Wolgast. *DER ,STERN',* Heft 32, *August 1996,* 44–58.

Faller, K., Kerntke, W. & Wackmann, M. (1996*). Konflikte selber lösen – Mediation für Schule und Jugendarbeit.* Mülheim: Verlag an der Ruhr.

Farin, K. (1994). *Die Scharfmacher.* Hamburg: Rotbuch.

Fehr, W. (1997). *Aktuelle Entwicklung auf dem Spiele-Software-Markt.* Stuttgart: Aktion Jugendschutz Baden-Württemberg, ajs-info 2/97.

Fehr, W. & Fritz, J. (1997). Computerspiele auf dem Prüfstand. *AOK-Jugendmagazin, 6/97.*

Feierabend, S. & Windgasse, Th. (1997). Was Kinder sehen – Eine Analyse der Fernsehnutzung 1996 von Drei- bis 13-Jährigen. *Media Perspektiven, 4/97,* 186–197.

Feierabend, S. & Klingler, W. (1997). Jugendliche und Multimedia: Stellenwert im Alltag von 12–17-Jährigen. *Media Perspektiven, 11/97,* 604–611.

Freibel, Th. (1997). *Multimedia für Kids: Spielen und Lernen am Computer.* Reinbek: rororo-Sachbuch 60423.

Gerhard, H. (1999). Programmanalysen im Vergleich. *Media Perspektiven 3/99,* 340–344.

Glogauer, W. (1990). Fallbeispiele medieninduzierter Delinquenz. In Lukesch, H. (Hrsg.) (1994[2]), *Wenn Gewalt zur Unterhaltung wird* (S. 165–176). Regensburg: S. Roderer.

Glogauer, W. (1991, 1994[4]). *Kriminalisierung von Kindern und Jugendlichen durch Medien. Wirkungen gewalttätiger, sexueller, pornographischer und satanischer Darstellungen.* Baden-Baden: Nomos.

Glogauer, W. (1993[2]). *Die neuen Medien verändern die Kindheit.* Weinheim: Deutscher Studien Verlag.

Gottberg, J. von (1995). *Jugendschutz in den Medien.* Herausgegeben von der Freiwilligen Selbstkontrolle Fernsehen e. V. (FSF), Berlin.

Gottberg, J. von (1996). Gesetze statt Erziehung? – Möglichkeiten und Grenzen des gesetzlichen Jugendmedienschutzes. *Fernseh- und Radiowelt für Kinder und Jugendliche. Schriftenreihe der LFK – Bd. 3 a,* 157–171. Villingen: Neckar-Verlag.

Grimm, J. (1992). Die Faszination des Schreckens. *Film & Fakten, 18,* 2–5.

Grimm, J. (1999). *Fernsehgewalt – Zuwendungsattraktivität, Erregungsverläufe, Sozialer Effekt – Zur Begründung und praktischen Anwendung eines kognitiv-physiologischen Ansatzes der Medienrezeptionsforschung am Beispiel von Gewaltdarstellungen.* Wiesbaden: Westdeutscher Verlag.

Groebel, J. (1998). *The UNESCO Global Study on Media Violence.* Paris: UNESCO.

Groebel, J. (1998). *Terminator – ein weltweites Jugendidol. UNESCO-Studie zur Gewalt in den Medien.* UNESCO-Aktuell Nr. 3/98, Pressedienst der Deutschen UNESCO-Kommission e. V. Pressemitteilung vom 19. 2. 1998. Bonn.

Groebel, J. & Gleich, U. (1992). *Analyse der Gewaltprofile von ARD, ZDF, RTL +, SAT 1, TELE 5, PRO 7.* Düsseldorf: Landesanstalt für Rundfunk Nordrhein-Westfalen.

Grossmann, D. (1999). Kinder trainieren Gewalt – Wie die Medien Kinder gewaltbereit machen. *FAMILY, 2/99,* 57–61.

Gruber, I. (1992). *Die Abbildung emotionalisierender Effekte eines Gewaltfilms mit der Methode des Katathymen Bilderlebens.* Unveröffentlichte Diplomarbeit: Universität Regensburg.

Guggenbühl, A. (1993). *Die unheimliche Faszination der Gewalt.* Zürich: Schweizer Spiegel Verlag.

Hahl, M. (1999). ,,*Wie bereiten die Schulen die Schüler auf die Anforderungen des Berufslebens vor?*" Ansprache anlässlich der Verleihung der Ehrensenatorwürde der PH-Ludwigsburg am 17. November 1999 in Ludwigsburg (öffentlicher Vortrag).

Häußler-Ebert, R. (1997). *Multimedia-Camp für Eltern und Kinder.* Stuttgart: Aktion Jugendschutz Baden-Württemberg, ajs-info 2/97.

Hanewinkel, R. & Knaak, R. (1997). *Mobbing: Gewaltprävention in Schulen in Schleswig-Holstein.* Landesinstitut Schleswig-Holstein für Praxis und Theorie der Schule und Gemeindeunfallversicherungsverband Schleswig-Holstein, Kiel/Kronshagen.

Hearold, S. (1986). A synthesis of 1043 effects of television on social behavior. *Public Communication and Behavior, 1,* 65–133.

Heinemann, M. (1997). Sprachentwicklung und Sprachentwicklungsstörungen. *Prävention 4/97,* 107–109.

Hofmann, G. (1998). Ein Mann macht sich unbeliebt. – Wilhelm Heitmeyer erforscht, was die Gesellschaft zusammenhält und wie Gewalt entsteht. *DIE ZEIT, Nr. 2/1998,* S. 3, Hamburg.

Hodapp, V. (1984). *Analyse linearer Kausalmodelle.* Bern: Huber.

Holowenko, H. (1999). *Das Aufmerksamkeits-Defizit-Syndrom (ADS). Wie Zappelkindern geholfen werden kann.* Weinheim: Beltz.

Hopf, H. (1998). *Aggression.* Göttingen und Zürich: Verlag Vandenhoeck & Ruprecht.

Hopf, W. (1998). Die Problematik des Fernsehkonsums von Schülern in drei Schularten. *Schulverwaltung BY, Nr. 2/98,* 65–72. Kronach: Carl Link-Verlag.

Hopf, H. & Weiß, R. H. (1991). *Konsum von Horror-Gewalt-Videos bei Kindern und Jugendlichen: Wirkungsmodell, Angst, Aggressivität und Veränderungen im Sozialverhalten.* Referat bei der 32. TeaP. Gießen.

Hopf, H. & Weiß, R. H. (1996). Horror- und Gewaltvideokonsum bei Jugendlichen. Eine Untersuchung von Videokonsumenten mit der Gottschalk-Gleser-Sprachinhaltsanalyse. *Praxis der Kinderpsychologie und Kinderpsychiatrie, 5,45,* 179–185.

Huesman, L. R., Moise, J. S. et al. (1997). The effects of mediaviolence on the developement of antisozial behavior. In D. M. Stoff, J. Breiling & J. D. Maser (Hrsg.), *Handbook of Antisocial Behavior.* New York: Wiley and Sons.

Hurrelmann, K. (1997). Koord.: Bielefelder Erklärung zur Kinder- und Jugendpolitik. *Prävention, 20. Jg., 3/1997,* 88–90.

Hüsch, H. D. (1993, 1994[4]). *Das Schwere leicht gesagt.* Freiburg: Herder.

Jäger, Th. & Jäger, S. J. (1998). *Sind Opfer nur Opfer? Sind Täter nur Täter? Eine empirische Gegenüberstellung von Opfern, Tätern und Opfer/Tätern.* Zentrum für empirische pädagogische Forschung der Universität Landau. Posterpräsentation beim 41. Kongress der DGP in Dresden, 27. 9. 1998.

Kamseder, O. (1994). *Die Wirkung gewalthaltiger Inhalte audiovisueller Medien auf reaktive Aggressivität und die Gewaltlegitimation von Jugendlichen.* Unveröffentlichte Zulassungsarbeit, Universität Regensburg.

Kasper, H. (1998). *Mobbing in der Schule. – Probleme annehmen – Konflikte lösen.* Weinheim und Basel: AOL + Beltz.

Kern, R. (1986). *Medienkonsum, Aggressivität und moralisches Urteil bei Jugendlichen – Eine Feldstudie über Bedingungen und Wirkungen des Medienkonsums.* Unveröffentlichte Diplomarbeit, Universität Regensburg.

Kleiter, E. F. (1997). *Film und Aggression – Aggressionspsychologie.* Weinheim: Beltz, Deutscher Studienverlag.

Klockhaus, R. & Habermann-Morbey, B. (1986). *Psychologie des Schulvandalismus.* Göttingen: Hogrefe.

Kornadt, H. J. (1982). Grundzüge einer Motivationstheorie der Aggression. R. Hilke & W. Kempf (Hrsg.), *Aggression.* Stuttgart: Huber.

Kroboth, R. (1994). Soviel Stunde Null, soviel Anfang war noch nie! *Lehren und Lernen, 1,* 40–81.

Krüger, U. M. (1999). Stabile Programmstrukturen trotz besonderer Fernsehereignisse. *Media Perspektiven 3/99,* 322–339.

Küng, H. (1994). *Weltethos und Erziehung.* WE-Erziehung, Nürnberger Forum, 28. 9.–1. 10. 1994 (Vortrag).

Kunczik, M. (1982). *Aggression und Gewalt.* J. Kagelmann & G. Wanninger (Hrsg.), *Medienpsychologie. Ein Handbuch in Schlüsselbegriffen* (S. 1–8). München: Urban und Schwarzenberg.

Kunczik, M. (1996). Gefährdete Problemgruppen. Expertenbefragung – ein empirischer Ansatz. *Fernseh- und Radiowelt für Kinder und Jugendliche. Schriftenreihe der LFK,* Band 3 a, 157–171. Villingen: Neckar-Verlag.

Landesanstalt für Kommunikation Baden-Württemberg (LFK 1996). *Fernseh- und Radiowelt von Kindern und Jugendlichen,* Band 3 a. Villingen: Neckar-Verlag.

Landeskriminalamt Baden-Württemberg (1999). *Jugendkriminalität und Jugendgefährdung in Baden-Württemberg.* Jahresbericht 1998, Stuttgart.

Landscheidt, K. (1998). *Die Behandlung aggressiver/oppositioneller Kinder – Empirische Befunde und schulische Interventionsmöglichkeiten.* Soest: Landesinstitut für Schule und Weiterbildung, Nr. 44, Informationen für Schulpsychologinnen und Schulpsychologen.

Landtag von Baden-Württemberg (1996). *Landtagsdrucksache vom 23. 2. 1996.*

Lauth, G. W. & Schlottke, P. F. (1995). *Training mit aufmerksamkeitsgestörten Kindern* (2., korr. Aufl.). Weinheim: Beltz/Psychologie Verlags Union.

Lamnek, S. (1995). Gewalt in Massenmedien und Gewalt von Schülern. *Bericht über Tagung zu Jugend und Gewalt.*

Lichtenberg, J. D. (1990). Klinische Relevanz der Säuglingsbeobachtung für die Behandlung von narzisstischen und Borderline-Störungen. *Psyche 44,* 871–901.

Lukesch, H. (1989). Video violence and aggression. *German Journal of Psychology, 13,* 293–300.

Lukesch, H. (Hrsg.). (1990). *Jugendmedienstudie. Eine Multi-Medien-Untersuchung über Fernsehen, Video, Kino, Video- und Computerspiele sowie Printprodukte.* Regensburg: S. Roderer.

Lukesch, H. (1991). *Pornografie oder Gewalt. Einblicke in aktuelle Videokonsumgewohnheiten bei Kindern und Jugendlichen in der ehemaligen DDR.* Vortragshandout bei der Jahrestagung der Bundesprüfstelle für jugendgefährdende Schriften, Bonn, 4. 12. 1991.

Lukesch, H. (1992). Verbreitung und Sehgewohnheiten – Horror- und Gewaltvideos in Zahlen. *Pädagogik, Horror- und Gewaltvideos 11/1992,* 33–35. Weinheim: Beltz.

Lukesch, H. (Hrsg.). (1990, 1994²). *Wenn Gewalt zur Unterhaltung wird. –* Beiträge zur Nutzung und Wirkung von Gewaltdarstellungen in audio-visuellen Medien. Regensburg: Roderer.

Lukesch, H. (1994). Gewalt und Medienkonsum. *Pädagogische Welt. Zeitschrift für Unterricht und Erziehung, 4,* 157–161.

Lukesch, H. (1997). *Medien und ihre Wirkungen* sowie *Mediennutzung durch Kinder und Jugendliche. –* Bausteine zur Medienerziehung des Bayerischen Kultusministeriums. Hrsg. Bayerisches Staatsministerium für Unterricht, Kultus, Wissenschaft und Kunst, München.

Lukesch, H. & Habereder, S. (1989). Die Nutzung indizierter und konfiszierter Videofilme durch Jugendliche nach Änderung der Jugendschutzbestimmungen. *Psychologie in Erziehung und Unterricht, 37,* 38–46.

Lukesch, H. & Schauf, M. (1990). Können Filme stellvertretende Aggressionskatharsis bewirken. *Psycholologie in Erziehung und Unterricht, 37,* S. 38–46.

Lukesch, H. & Scheungrab, M. (1995). Beiträge der Massenmedien zur Delinquenz Jugendlicher. *Gruppendynamik. Zeitschrift für angewandte Sozialpädagogik, 1,26,* 63–87.

Mangold, R. (1997). Zur emotionalen Wirkungsdynamik von Sex and Crime. G. Richardt, G. Krampen & H. Zayer (Hrsg.), *Gesellschaft im Wandel. Beiträge zur Angewandten Psychologie, 4. Deutscher Psychologentag, 19. Kongress für Angewwandte Psycholologie, 2.-5. Oktober 1997, Universität Würzburg* (S. 335–337). Bonn: Deutscher Psychologen Verlag.

Mast, C. (1999). *Programmpolitik zwischen Markt und Moral.* Wiesbaden: Westdeutscher Verlag.

Meyer, R. (1998). Computerspiele: Gefühle von Macht und Kontrolle. *Psychologie Heute, 11/98*, 16.

Meeus, W. (1994). zitiert nach Schuchhardt, (1994, S. 5).

Milgram, S. (1974). *Obedience to authority: An experimental view.* New York: Harper and Row.

Miller, A. (1990). *Am Anfang war Erziehung.* Frankfurt a. M.: Suhrkamp.

Millner, M. (1996). *Das Beta-Kind. Fernsehen und kindliche Entwicklung aus kinderpsychiatrischer Sicht.* Bern, Göttingen, Toronto, Zürich: Hans Huber.

Ministerium für Kultus, Jugend und Sport Baden-Württemberg (Hrsg.). (1999). *,,Sozial-Verhalten-Lernen" für die erzieherische Arbeit in Schulen und Jugendarbeit. Eine praktische Hilfe.* Stuttgart.

Mohr, B. (1999). Jugendschutz im Fernsehen: Aktuelle Entwicklungen. *Media Perspektiven, 3/99*, 119–127.

Nagl, W. & Walter, H. G. (1987). *Statistische Verfahren der empirischen Sozialforschung in einem Programmpaket. Das Konstanzer-Statistische Analyse-System KOSTAS.* Uni Konstanz, Sonderforschungsbereich 23.

Neuhaus, C. (1996). Psychologische Diagnostik. In J. Beck & Th. Fitzner (Hrsg.), *Kongressdokumentation Hyperaktive Kinder* (S. 51–74). Ev. Akademie Bad Boll.

Neuhaus, C. (1999). *Das hyperaktive Kind und seine Probleme.* Berlin: Urania-Ravensburger.

Ohnemüller, B. & Fritz, J. (1997). Mit dem Computerspiel verflochten – Erste Ergebnisse einer Untersuchung mit ,Spielexperten'. *Computer- und Videospiele – pädagogisch beurteilt*, Bd. 5/97. Stadt Köln.

Olweus, D. (1996[2]). *Gewalt in der Schule – Was Lehrer und Eltern wissen sollten – und tun können.* Bern: Huber.

Patterson, G. R., Reid, J. B., & Dishion, D. J. (1992). *A social learning approach. Volume IV: Antisocial Boys.* Eugene (Oregon): Castalia.

Petermann, F. (1994). Aggression und Gewalt bei Kindern. Sind die Medien schuld? *Universitas 49/5*, 434–443.

Petermann, F. & Petermann, U. (1990). *Training mit aggressiven Kindern.* München/Wien: Urban und Schwarzenberg.

Petermann, F. & Petermann, U. (1994*). Training mit aggressiven Kindern. Einzeltraining, Kindergruppen, Elternberatung.* Weinheim: Psychologie Verlagsunion.

Pfeiffer, Ch. u. a. (1998). *Gewalterfahrungen und Kriminalitätsfurcht von Schülerinnen und Schülern in Stuttgart.* Abschlussbericht für die Stadt Stuttgart über eine repräsentative Befragung von Schülerinnen und Schülern der 9. Jahrgangsstufe und des BVJ. Öffentlicher Vortrag über diese Studie am 22. 6. 1999 in Stuttgart.

Rogalla, A. (1992). Wer nicht rechts ist, ist links. *Die Zeit, Nr. 50*, 18–20.

Rogge, J.-U. (1985). *Heidi, PacMan und die Video-Zombies.* Reinbek: Rowohlt.

Rogge, J.-U. (1996). Vom Gebrauch medial inszenierter Gewalt: Angst-Lust und Leiden an der Gesellschaft. *Fernseh- und Radiowelt für Kinder und Jugendliche. Schriftenreihe der LFK, –* Bd. 3 a, S. 173–189. Villingen: Neckar-Verlag.

Sacher, W. (1992). Jugendgefährdung durch Video- und Computerspiele. *Zeitschrift für Pädagogik, 39. Jahrgang, Nr. 2.*

Schärli-Corradini, B. & Minssen, Th. (1994). *Bilder des Schreckens – Schreckliche Bilder.* Zürich: Verlag pro juventute.

Schenk, M. (1999). *Mediale und reale Gewalt.* München: Reinhard Fischer.

Scheungrab, M. (1990). Die Abbildung von Beziehungen zwischen Medienkonsum und Delinquenz im Rahmen kausalanalytischer Modelle. In H. Lukesch (Hrsg., 1990, 1994²), *Wenn Gewalt zur Unterhaltung wird* (S. 119–148). Regensburg: S. Roderer.

Scheungrab, M. (1993). *Filmkonsum und Delinquenz. Ergebnisse einer Interwiewstudie mit straffälligen und nicht-straffälligen Jugendlichen und jungen Erwachsenen.* Regensburg: Roderer.

Schorlemmer, F. (1995). *Bericht in Stuttgarter Nachrichten vom 17. 1. 1995.*

Schuchhardt, J. (1994). Schüler-Begleitkommentar zum Dokumentarfilm von Egon Humer: *Gehorsam und Verweigerung*, (Österreich 1994).

Seidel, Th. (1992). *Psychologie für Telekolleg II.* München: TR-Verlagsunion.

Selg, H. (1983). Viel Geschrei und wenig Wissen. Über die Wirkung von Video-Automaten-Spielen auf Kinder und Jugendliche. *Spielmittel, Heft 4.*

Selg, H. (1991). *Isolation am Automatenspiel: Freizeit total.* Vortrag bei der Jahrestagung der Aktion Jugendschutz Baden-Württemberg, Stuttgart.

Shortell, J., Epstein, S., Taylor, S. P. u. a. (1970). Instigation to aggression as a function of degree of defeat and the capacity for massive retaliation. *Journal of Personality, 38,* 313–328.

Sonesson, J. (1989). *Ven fostrar vara barn – Videon eller vi?* („Wer erzieht unsere Kinder – Video oder wir?"). Stockholm: Esselte-Studium-AB.

Staatsministerium Baden-Württemberg (1993). *Gewaltdarstellungen im Fernsehen – Problemaufriss und Konsequenzen.* Bericht der Kommission Gewalt in den Medien. Stuttgart: Staatsministerium Baden-Württemberg, August 1993.

Staatsministerium Baden-Württemberg (1994). *Gewaltdarstellungen im Fernsehen – Bericht der Kommission Gewalt in den Medien – Öffentliche Anhörung. Dokumentation der Stellungnahmen.* Stuttgart: Staatsministerium Baden-Württemberg, April 1994.

Stripf, R. (1996). Gewalt im Fernsehen. Eine neue Studie aus den USA. *SchulVerwaltung BW 5/96,* 177–179.

Sturzbecher, D. (Hrsg.). (1997). *Jugend und Gewalt in Ostdeutschland.* Göttingen: Verlag für angewandte Psychologie.

Thiel, R.-D. & Sikorski, P. (1994/1995). *Gewalt in der Schule.* Landesinstitut für Erziehung und Unterricht, Stuttgart. Zitiert nach Beratungslehrer-Information 1/99 des Landesinstituts für Erziehung und Unterricht, Stuttgart.

Thomä, H. & Kächele, H. (1985). *Lehrbuch der psychoanalytischen Theorie.* Berlin, Heidelberg, New York, Tokyo: Springer Verlag.

Tillmann, K.-J. (1999). *Schülergewalt als Schulproblem. – Verursachende Bedingungen, Erscheinungsformen und pädagogische Handlungsperspektiven.* Weinheim und München: Juventa-Verlag.

Trott, G.-E. (1996). Medikation. Ritalin und andere Medikamente. In J. Beck & Th. Fitzner (Hrsg.), *Kongressdokumentation Hyperaktive Kinder* (S. 89–96). Ev. Akademie Bad Boll.

Ueberall, L. (1996). Hyperaktive Kinder. Was sieht man vor Ort im pädagogischen Feld? In J. Beck & Th. Fitzner (Hrsg.), S. 83–88. Ev. Akademie Bad Boll.

Vahsen, F. & Wilken, K. (Hrsg.). (1994). *Jugendarbeit zwischen Gewalt und Rechtsextremismus.*

Vogelgesang, W. (1992). Die haben keinen Plan. Videocliquen als Orte der Erlebnisorientierung und der Abschottung gegen Pädagogik. *Pädagogik, „Horror- und Gewaltvideos", Heft 11/1992,* 18–22. Weinheim: Beltz.

Weber, U. (1994). *Medienkonsum, Delinquenz und soziale Beliebtheit.* Unveröffentlichte Zulassungsarbeit, Universität Regensburg.

Weiß, R. H. (1990). Horror-Gewalt-Video-Konsum bei Jugendlichen. Gefühlsreaktionen – Persönlichkeit – Identifikation Täter/Opfer. In H. Lukesch (Hrsg., 1994²), *Wenn Gewalt zur Unterhaltung wird* (S. 53–102). Regensburg: S. Roderer.

Weiß, R. H. (1991). *Von der Gewalt fasziniert. Horror-Gewalt-Videokonsum bei Jugendlichen. Gefühlsreaktionen-Persönlichkeit-IdentifikationTäter/Opfer-Interventionsmöglichkeiten.* Stuttgart: Aktion Jugendschutz.

Weiß, R. H. (1993 a). Rambo live. *Lehrer-Schüler-Unterricht, Handbuch für den Schulalltag,* Bd. 13,1 (S. 1–18). Stuttgart: Raabe.

Weiß, R. H. (1993 b). Perspektivlosigkeit, Verlustängste und Gewaltmedien – Ursachen für den Rechtsradikalismus (Ost-West-Vergleich). *Lehrer-Schüler-Unterricht, Handbuch für den Schulalltag, Bd. 13,2,* (S. 1–28). Stuttgart: Raabe.

Weiß, R. H. (1993 c). *Sächsische Jugendstudie 1992. I) Fernseh- und Videokonsum/ Horror-Gewalt-Videos; II A) Schule-Elternhaus-Beruf-Zukunft; II B) Freizeitinteressen; III) Einstellungen zu gesellschaftlichen Gruppierungen.* Herausgeber: Arbeitsgemeinschaft Jugend- und Freizeitstätten Sachsen (AGJF- Sachsen), Chemnitz.

Weiß, R. H. (1993 d). *Gewaltmedienkonsum. Video-Gewalt 1992 – Eine Feldstudie bei 12–16-jährigen Schülern aus Baden-Württemberg.* Stuttgart: Forschungsbericht (Teilveröffentlichung in Weiß, 1994).

Weiß, R. H. (1994). Von der Gewalt fasziniert – Gewaltmedienkonsum und seine Auswirkungen auf die jugendliche Psyche (insbesondere Aggressivität und Sozialverhalten). *PSYCHOLOGIE MACHT SCHULE, Kongressbericht der 10. Bundeskonferenz für Schulpsychologie 1992 in Heidelberg* (S. 256–272). Bonn: Deutscher Psychologen Verlag.

Weiß, R. H. (1994/1995). *Gewaltmedienkonsum und Rechtsradikalismus bei Schülern in Baden-Württemberg und Sachsen – faktoren- und kausalanalytische Überprüfung eines vermuteten Zusammenhanges* oder *„Wie kommt das nur in diese Köpfe rein?“* Referat bei: a) 36. Tagung experimentell arbeitender Psychologen (36. TeaPP) am 30. 4. 1994 in München mit ersten Ergebnissen; b) 18. Kongress für angewandte Psychologie (3. Psychologentag) am 15. 9. 1995 in Bremen mit Abschlussanalysen. Publiziert im Kongressbericht 1997.

Weiß, R. H. (1996 a). *Wirkungen medialer Gewaltdarstellungen auf Kinder und Jugendliche. Ein Beitrag zum Thema Persönlichkeitsmerkmale und Medienwirkung.* Positionsreferat bei der 38. Tagung experimentell arbeitender Psychologen, Eichstätt, 4. 4. 1996.

Weiß, R. H. (1996 b). ADS und Schule. In J. Beck & Th. Fitzner (Hrsg.), *Kongressdokumentation Hyperaktive Kinder* (S. 75–82). Ev. Akademie Bad Boll.

Weiß, R. H. (1997 a). Im pädagogischen Visier: Computerspiele. *Eltern-Journal, Nr. 4/97 (S. 12–13), Zeitschrift für Eltern von Schülerinnen und Schülern der Klassenstufen 1–10.* Herausgeber: Ministerium für Kultus, Jugend und Sport Baden-Württemberg Stuttgart.

Weiß, R. H. (1997 b). Gewaltmedienkonsum und Rechtsradikalismus bei Jugendlichen in Baden-Württemberg und Sachsen. In F. Baumgärtel (Hrsg.), *Innovation und Erfahrung: Analysen, Planungen und Erfahrungsberichte zu psychologischen Arbeitsfeldern.* Bonn: Deutscher Psychologen-Verlag.

Weiß, R. H. (1998 a). Wirkungen medialer Gewaltdarstellungen auf Kinder und Jugendliche – Gibt es einen Zusammenhang zwischen Persönlichkeitsmerkmalen und Medienwirkung? In G. Richardt, G. Krampen & H. Zayer (Hrsg.), *Gesellschaft im Wandel. Beiträge zur Angewandten Psychologie 4. Deutscher Psychologentag, 19. Kongress für Angewandte Psycholologie, 2.–5. Oktober 1997,* Universität Würzburg (S. 493–500) Bonn: Deutscher Psychologen Verlag.

Weiß, R. H. (1998 b). Rauhe Sitten (an der Schule) – und die Rolle der Medien. *GLOBUS: Kinder und Umwelt, 3/98,* 144–146.

Weiß, R. H. (1998 c[3]). *Grundintelligenztest Skala 2 mit Wortschatz- und Zahlenfolgentest (CFT 20 + WS/ZF).* Göttingen: Hogrefe-Verlag (3., erweiterte Auflage).

Weiß, R. H. (1998/99). Mediengewalt bei Kindern und Jugendlichen. *SchulVerwaltung, BW 4/98,* S. 232–242; *SchulVerwaltung, BY 2/99,* 65–73.

Wetzels, P. & Pfeiffer, C. (1997). Kindheit und Gewalt. *Praxis der Kinderpsychologie und Kinderpsychiatrie, 3/97,* 143–152.

Wilhelm, P., Myrtek, M. & Brügner, G. (1997). *Vorschulkinder vor dem Fernseher. Ein psychophysiologisches Feldexperiment.* Bern: Hans Huber.

Williams, T. M. (Hrsg.). (1986). *The Impact of Television – A Natural Experiment in Three Communities. University of British Columbia, Vancouver, Academic Press, Inc. Orlando.* Toronto: Harcourt Brace Jonanovich Publishers.

Winterhoff-Spurk, P. (1996). Gewalt im Fernsehen – Medienpsychologische Befunde zur Nutzung und Wirkung. *Fernseh- und Radiowelt für Kinder und Jugendliche.* Schriftenreihe der LFK – Band 3 a, S. 139–156. Villingen: Neckar-Verlag.

Zametkin, A. J. u. a. (1990). Cerebral Glucose Metabolism in Adults with Hyperactivity of Childhood. *The New England Journal of Medicine, Vol. 323, Nov. 15, 1990,* 1361–1367.

Anhang

Gewaltfragen sowie Fragen zum Mobbing, differenziert nach Geschlecht

Hauptschulen und Gymnasien Februar 1999 9. Klassen (HS 8. + 9. Klassen) N = 117 Ergebnis für ‚stimmt'-Antworten in %	HS		Gymnasium		HS + Gym
	Ju N = 24	Mä N = 20	Ju N = 24	Mä N = 49	N = 117
Einstellung zur Gewalt – aktive Gewaltbereitschaft					
1. *Gewaltanwendung ist in Ordnung,* wenn ich mich *im Recht fühle.*	46	37	70	19	**43**
2. *Ohne Gewalt* wäre das Leben viel *langweiliger.*	21	16	50	10	**24**
4. Über *Gewalt schaffen Jugendliche* *klare Verhältnisse.* Die Erwachsenen reden doch nur rum.	55	28	26	10	**30**
5. *Auge um Auge, Zahn um Zahn,* das ist mein Leitspruch.	17	5	14	4	**10**
6. Wenn ich zeigen muss, was ich drauf habe, würde ich auch *Gewalt anwenden.*	35	10	35	12	**23**
7. *Wie du mir, so ich dir,* das ist für mich die einzig richtige Reaktion bei Auseinandersetzungen.	46	45	65	42	**50**
14. *Ich schlage schon mal zu,* wenn mich jemand ärgert.	59	40	50	18	**42**
16. *Bössein ist geil –* dieser Spruch eines Jugendlichen entspricht auch meiner Einstellung.	13	0	22	4	**19**
17. Die *Anwendung von Gewalt* ist für mich etwas völlig Normales.	25	20	26	6	**19**
18. In manchen Situationen bin ich durchaus bereit, *auch körperliche* *Gewalt anzuwenden,* um meine eigenen Interessen durchzusetzen.	38	32	52	14	**34**
19. *Eine Schlägerei oder gewalttätige Aktion* mache ich vor allem deshalb mit, weil mein Frust irgendwann einmal raus muss.	25	20	17	2	**16**
Mobbing gegen Mitschüler und Lehrer – Täter					
29. Ich habe selbst schon einmal in der Schule beim *Mobben von Schülern* (Schülerinnen) mitgemacht – *durch Worte.*	50	55	79	58	**60**
30. Ich habe selbst schon einmal *in der Schule* beim *Mobben von Schülern* (Schülerinnen) mitgemacht – *körperlich.*	13	20	25	4	**16**
36. Seit den Herbstferien (3 Mon.) einmal die Woche bis mehrmals in der Woche beim *Mobben von Schülern* mitgemacht.	4	0	17	4	**6**
31. Ich habe schon einmal in der Schule beim *Mobben von Lehrern/*Lehrerinnen mitgemacht.	12	35	58	39	**36**
Gewalterfahrungen – Opfer					
22. Ich bin schon einmal *zusammengeschlagen worden.*	14	35	18	6	**18**
23. Ich bin schon einmal *erpresst* worden.	13	20	22	12	**17**
27. Ich bin selbst schon einmal in der Schule *durch Worte gemobbt* worden.	50	55	54	53	**53**
28. Ich bin selbst schon einmal in der Schule *körperlich gemobbt worden.*	17	30	18	16	**20**

Hauptschulen und Gymnasien Februar 1999 9. Klassen (HS 8. + 9. Klassen) N = 117 Ergebnis für ‚stimmt'-Antworten in %	HS		Gymnasium		HS + Gym
	Ju N = 24	Mä N = 20	Ju N = 24	Mä N = 49	N = 117
Mehrfache Mobbing-Opfer					
35. Seit den Herbstferien (3 Mon.) bin ich *einmal die Woche bis mehrmals* *in der Woche gemobbt worden.*	4	0	8	6	**5**
34. *Isolation* von Klasse/Gruppe: ein- bis mehrmals wöchentlich.	8	11	13	6	**10**
Angst vor Gewalt					
10. Gewalt macht mir Angst.	41	68	25	57	**48**
24. Ich habe öfters Angst, dass mir in der Schule oder auf dem Schulweg etwas angetan wird.	13	25	13	4	**14**

Faktorenanalyse zu Fragen zur Einstellung zur Gewalt, Gewaltbereitschaft, Gewalterfahrungen und Geschlecht

Die folgenden Fragen mussten mit ‚stimmt', ‚stimmt nicht' oder ‚weiß nicht' beantwortet werden.

Die Frage lautete: *Inwieweit kannst du folgenden Aussagen zustimmen oder nicht zustimmen?*

- Gewaltanwendung ist in Ordnung, wenn ich mich im Recht fühle.
- Ohne Gewalt wäre alles viel langweiliger.
- Es ist gut, wenn es Leute gibt, die mit Gewalt für Ordnung sorgen.
- Über Gewalt schaffen Jugendliche klare Verhältnisse, Erwachsene reden doch nur rum.
- Auge um Auge, Zahn um Zahn, so ist nun mal das Leben.
- Wenn ich zeigen muss, was ich drauf habe, würde ich auch Gewalt anwenden.
- Der Stärkere muss sich durchsetzen, sonst gibt es keinen Fortschritt.
- Gewalt gehört einfach dazu, um Spaß zu haben.

- Gewalt macht mir Angst.
- Durch Gewalt werden Probleme am besten gelöst.
- Ich habe ein starkes Selbstbewusstsein.
- Manchmal fühle ich mich ganz schwach.
- Ich schlage schon mal zu, wenn mich jemand ärgert.
- Ich bin schon einmal zusammengeschlagen worden.
- Ich bin schon einmal erpresst worden.
- Ich habe öfters Angst, dass mir in der Schule oder auf dem Schulweg etwas angetan wird.
- In meiner Clique fühle ich mich stark.

Fragen 1–7 in Anlehnung an Sturzbecher (1997, S. 269).

Die Verrechnung für die Faktorenanalyse erfolgte nach 0 – 1 Daten: 0 = stimmt nicht und weiß nicht, 1 = stimmt. Für die Interpretation wurde primär die Rotation zur Einfachstruktur nach dem Varimaxkriterium verwendet. Die Hauptachsenlösung kann besser zur Zuordnung der Gewalt-/Persönlichkeitsparameter zum Geschlecht der befragten Schülerinnen und Schüler benutzt werden.

Die Frage lautete: *Inwieweit kannst du folgenden Aussagen zustimmen oder nicht zustimmen?*	
Ladungshöhen a ab .40	
Jungen 1	**Mädchen**
Der Stärkere muss sich durchsetzen, sonst gibt es keinen Fortschritt.	Ich bin schon einmal erpresst worden.
Ohne Gewalt wäre alles viel langweiliger.	Gewalt macht mir Angst.
Gewalt gehört einfach dazu, um Spaß zu haben.	Manchmal fühle ich mich ganz schwach.
Ich schlage schon mal zu, wenn mich jemand ärgert.	Ich habe öfters Angst, dass mir in der Schule oder auf dem Schulweg etwas angetan wird.
Gewaltanwendung ist in Ordnung, wenn ich mich im Recht fühle.	
Über Gewalt schaffen Jugendliche klare Verhältnisse, Erwachsene reden doch nur rum.	**Jungen 2**
Wenn ich zeigen muss, was ich drauf habe, würde ich auch Gewalt anwenden.	Ich habe öfters Angst, dass mir in der Schule oder auf dem Schulweg etwas angetan wird.
Auge um Auge, Zahn um Zahn, so ist nun mal das Leben.	Ich bin schon einmal zusammengeschlagen worden.
negative Ladung (bipolar)	
Gewalt macht mir Angst.	

Faktorendarstellung nach dem Varimax-Kriterium mit Rotation zur Einfachstruktur

Faktor 1	Faktor 2	Faktor 3	Faktor 4	Faktor 5
Gewaltlegitimation/ stark sein wollen	Angst (Opfer-Rolle und Opfer-Täter)	Gewalt-Spaß (Täter-Rolle)	konkrete Angst (körperliche Gewalterfahrung)	Law and Order – Legitimation von Gewalt
positive Ladungen	**positive Ladungen**	**nur signifikant negative Ladungen**	**positive Ladungen**	**nur signifikant negative Ladungen**
Gewaltanwendung ist in Ordnung, wenn ich mich im Recht fühle.	Geschlecht (Mädchen)	Gewalt gehört einfach dazu, um Spaß zu haben.	Ich habe öfters Angst, dass mir in der Schule oder auf dem Schulweg etwas angetan wird.	Es ist gut, wenn es Leute gibt, die mit Gewalt für Ordnung sorgen.
Ich habe ein starkes Selbstbewusstsein.	Gewalt macht mir Angst.	Ohne Gewalt wäre alles viel langweiliger.	Ich bin schon einmal erpresst worden.	Auge um Auge, Zahn um Zahn, so ist nun mal das Leben.
In meiner Clique fühle ich mich stark.	Manchmal fühle ich mich ganz schwach.	Durch Gewalt werden Probleme am besten gelöst.	Ich bin schon einmal zusammen- geschlagen worden.	Wenn ich zeigen muss, was ich drauf habe, würde ich auch Gewalt anwenden.
Über Gewalt schaffen Jugendliche klare Verhältnisse, Erwachsene reden doch nur rum.	Ich bin schon einmal erpresst worden.	Der Stärkere muss sich durchsetzen, sonst gibt es keinen Fortschritt.		
	bipolar (negative Ladungen)			
	Ich bin schon einmal zusammengeschlagen worden.			
	Ich schlage schon mal zu, wenn mich jemand ärgert			
Varianzanteile in % (von rund 50 % aufgeklärter Varianz)				
8%	12 %	11 %	8%	10 %

Signifikante Ladungsanteile (a) mit a > .35.
Die Reihenfolge ist nach der Ladungshöhe a von + nach – geordnet. Als Abbruchkriterium wurde der Wert von 1.0 eingesetzt.

Die faktorielle Zuordnung bestimmter Einstellungsfragen zu Gewalt, u. a. zum Geschlecht der befragten Schülerinnen und Schüler, erbrachte nach der Haupt-achsenlösung eine Bestätigung des erwarteten Zusammenhangs.

Bei einer Kombination der Gewaltvariablen mit den Medienkonsumvariablen erwies sich der Konsum von Horror-Gewaltfilmen, Porno-Sexfilmen sowie Wrest-lingsendungen im TV als hoch bedeutsam im Zusammenhang mit den Täterfra-gen bei Faktor „Jungen 1".

Sachwortverzeichnis

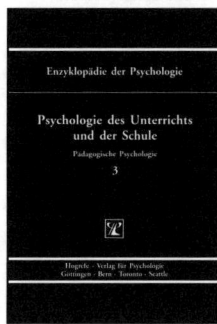